王先明 等 / 著

中国乡村建设思想
百年史 上

ZHONGGUO
XIANGCUN JIANSHE
SIXIANG
BAINIAN SHI

商务印书馆
The Commercial Press

目 录

前 言 1

第一章 乡村建设思想形成之背景 9
一、时代背景一：乡村破坏之征象 9
二、时代背景二：破坏乡村的力量与原因 22
三、从"农村立国"到"村治"主张 36
四、沈定一与东乡自治 50

第二章 乡村建设思想之孕育与形成 66
一、孙中山建设思想之影响 67
二、乡村建设思想的源起 79
三、乡村建设与乡村自治 88
四、乡村建设与农村复兴思潮 98
五、基本释义：乡村建设及其思想 104

第三章 走向高涨的乡村建设思想 115
一、民国知识分子与乡村建设 115
二、农村合作派的乡村建设思想 131
三、乡村建设派的乡村建设思想 142
四、中国经济派的乡村建设思想 166

五、中国农村派的乡村建设思想 185

第四章　乡村建设思想的传播与扩展 199
　　一、乡村建设思想的传播概况 199
　　二、大众媒体对乡村问题的关注 217
　　三、乡村报道焦点之一：乡村现状及乡村衰落的原因 221
　　四、乡村报道焦点之二：解决乡村问题的呼吁与探讨 231
　　五、乡村报道焦点之三：乡村建设的着力点 236
　　六、乡村报道焦点之四：对乡村建设运动的反思与展望 243

第五章　多种乡村建设理论与模式的比较 255
　　一、米迪刚与"翟城村模式" 255
　　二、晏阳初与"定县模式" 262
　　三、梁漱溟与"邹平模式" 273
　　四、卢作孚与"北碚模式" 282
　　五、彭禹廷与"宛西模式" 290
　　六、沈鸿烈与"青岛模式" 297
　　七、其他代表人物的乡建思想与实践模式 306
　　八、各种乡村建设模式的综合比较 320

第六章　国民政府的乡村建设理论与政策 324
　　一、理论家的思想主张——以陶希圣为例 324
　　二、蒋介石的乡村建设主张 339
　　三、国民政府的乡村治理与建设的政策、措施 356
　　四、阎锡山的"村政"及乡村十年建设 381
　　五、其他地方的乡村建设实践 397

第七章　中国共产党乡村建设的思想与主张 413
  一、早期共产党人的乡村建设思想 413
  二、毛泽东革命理论中的乡村建设思想 439
  三、从苏维埃到延安时期的乡村建设 449
  四、中国共产党乡村建设的历史经验 470

第八章　历史转折与乡村建设思想的时代诉求 479
  一、引论——延安论辩的思想意义 480
  二、社会建设：乡村建设思想的主导方向 483
  三、固本之举：建设路径选择的再思考 491
  四、历史转折：乡村建设思想的时代价值 498
  五、留待未来：一个必须面对的时代课题 503

第九章　新中国建设的路向选择与乡村建设 506
  一、历史转折：工作重心的转移 507
  二、主导取向：乡村重心的时代性转移 512
  三、三大建设：新中国建设的基本内容 515
  四、建设方针：重点建设城市的政策取向 519
  五、集体化：乡村重建与农业改造 526
  六、新探索：工业化道路与乡村建设问题 531

第十章　对新中国农村建设问题的调研与思考 540
  一、邓子恢关于新中国农村建设的认识 540
  二、周恩来与新中国农业建设主张 555
  三、刘少奇与新中国农业建设的认识 564
  四、中国共产党领导层关于农村建设思想的侧重点 580
  五、毛泽东与《全国农业发展纲要》 585

第十一章　社会主义新农村建设思想的孕育 591
- 一、道路探索中的思想碰撞与互动 591
- 二、新农村建设思想的孕育 616
- 三、刘少奇与新农村建设思想的提出 620
- 四、新农村建设思想的制度根基 624
- 五、"四化"建设的题中之意 626

第十二章　时代主题的摆动与"优农"思想的形成 631
- 一、中共八大与"建设"的时代主题 631
- 二、摆动中的时代主题：建设抑或革命 635
- 三、乡村危象的持续发生及其反思 643
- 四、"实现农轻重"："优农"思想的提出 648
- 五、"抓革命，促生产"："文化大革命"时期的乡村建设 653

第十三章　"一心一意搞建设"——新时期的农村改革与制度重建 661
- 一、农村率先改革与"四化"建设再起航 662
- 二、生产责任制与乡村建设的体制性变革 669
- 三、直选与自治：乡村民主建设的思想与实践 682
- 四、公共服务与社会保障："新时期"的乡村社会建设 697
- 五、发展中的新问题：新时期的"三农"之困 709

第十四章　新农村建设思想与实践的国家战略 724
- 一、"三农"问题再聚焦：新农村建设的新背景 725
- 二、从农村城市化到建设新农村：新农村建设新路径 744
- 三、五位一体：新农村建设思想再阐释 755
- 四、城乡一体化：新农村建设的战略目标 799
- 五、和谐社会基础：新农村建设的落脚点 818

第十五章 中国乡村建设思想发展的时代性跨越 832
 一、新农村建设思想历史探源 832
 二、新农村建设思想的制度建构 835
 三、新农村建设思想内涵的时代性跨越 837
 四、历史演变进程的比较与审思 839
 五、主导方向与基本诉求 843
 六、"新常态"下新农村建设思想的新高度 847
 七、振兴乡村——谱写新时代中国乡村建设新篇章 850

结　语 853
主要参考文献 855
后　记 864

前 言

一、意义与价值

党的十六届六中全会明确把"和谐"同"富强、民主、文明"一起作为我国社会主义现代化建设的奋斗目标，而推进新农村建设是构建和谐社会的重点、难点。早在2002年中央农村工作会议上，胡锦涛就指出要把解决"三农"问题作为全党工作的"重中之重"。特别是2006年一号文件，提出推进新农村建设的重大决策，通过政策惠农、制度利农、法律护农、科技兴农、基础强农、发展富农、服务助农、城市支农、环境宜农等一系列举措，基本形成解决"三农"问题的政策框架，支农、惠农政策力度不断加大。全面建设小康社会最艰巨、最繁重的任务在农村；构建和谐社会，重点和难点也在农村。

党的十八大提出要全面建成小康社会的目标，社会主义新农村建设是建成小康社会的基础和前提。"新农村建设"思想与实践已经构成"我国现代化进程中的重大历史任务"，成为国家发展战略的重要组成部分。习近平总书记指出："小康不小康，关键看老乡。"新世纪以来，农民收入连续九年增长，生活水平不断提高，但全面建成小康仍极为艰巨。要大力促进农民增加收入，不要平均数掩盖了大多数，要看大多数农民收入水平是否得到提高。如果不把社会主义新农村建起来，不把农业现代化搞上去，现代化事业就有缺失，全面小康就没有达标。[①] 针对"农业还是'四化'同步的短腿，农村还是全面

[①] 见《习近平重访兰考：焦裕禄精神是永恒的》，中国共产党新闻网（www.cpcnews.cn），2014年3月18日。

建成小康社会的短板"的瓶颈问题，习近平总书记从战略高度上提出新农村建设思想的要求："中国要强，农业必须强；中国要美，农村必须美；中国要富，农民必须富。"①

这样一个重要战略机遇期，为我们的乡村建设思想史研究提供了一个时代高度，同时也凸显了这一课题具有特别重要的现实意义。树立和落实科学发展观，贯彻落实习近平新时代中国特色社会主义思想是妥善应对我国经济社会发展关键时期可能遇到的各种风险和挑战的正确选择。而建设新农村，又是科学发展观在我国农业、农村和农民问题（以下简称"三农"问题）方面的实践，是关系到经济和社会发展全局的重大问题；是在新的时代背景下，在全新理念指导下的一次农村综合变革。

把"三农"问题置于近代以来的历史进程中审视则不难发现，今天新农村建设所试图解决的"三农"问题实质上是一个世纪以来中国最本质、最重要的社会矛盾在当代的具体体现。或者说，是国家在长达上百年的向现代化转型的过程中最关键的、带有连续性特点的矛盾问题在当代的具体体现；它是一个现实问题，也是一个历史问题。历史上关于乡村建设思想、实践及其所形成的理论，是今天的新农村建设中的历史资源，起着重要的历史资鉴作用。

20世纪以来，在现代化、工业化和城市化进程中，在近代民族—国家建设的历史进程中，乡村建设思想和理论构成其重要的内容之一。早在20世纪二三十年代，基于乡村问题的重要性和严峻性，各种社会力量掀起了一场颇具声势的乡村建设运动。参与的社会团体、组织和机构达600多个，建立各种实验区1000多处。其中，许多思想理论在与社会实践的结合中，形成了不同的乡村建设模式。在时代的演进和变化中，乡村建设思想不断变化和日渐丰富，其区域实践的差异、特色及其背后蕴含着的共趋性、规律性认识等，对于我们今天所着力从事的新农村建设而言，诚为宝贵的思想、理论财富。如何从学理性角度和现实价值方面，从"中国乡村建设思想史"研究中汲取富含时代性和历史性的理性认识，对于社会主义新农村建设理论和实践均有着不可缺少的意义与价值。它既可以从历史层面和思想资源方面充实、完善和丰厚当代的新农

---

① 中共中央宣传部编：《习近平总书记系列重要讲话读本》，学习出版社、人民出版社2014年版，第68页。

村建设理论；也可以在区域实践方面为今天的新农村建设的实际运作提供历史的样本和历史参证。

我们研究的起点建立在前人富有创建性的基础之上，但对问题的思考和展开也更多地努力凸显自身特色。无论从研究路线上，还是从表述结构上，力求既从纵向上着力揭示20世纪以来中国乡村建设思想演变、发展的历史轨迹与思想脉络，也力求从横向上揭示各种不同乡村建设思想、理论与实践模式的内在关联和不同特征，以及乡村建设思想与民族—国家建设思想的互动关系。本研究总体结构上以纵向演变为主线：从20世纪之初乡村建设思想的源起讨论为开端渐次展开。重点研究内容有：二三十年代走向纵深的乡村建设思想、多种乡村建设理论与模式的比较、中共乡村建设的思想与主张、中国革命胜利后的乡村变迁与乡村建设思想、社会主义新农村建设思想的孕育、新时期的乡村建设理论以及新世纪以来新农村建设思想与实践，等等。我们也特别注意到不同流派、不同政治集团关于乡村建设与发展道路的横向思想关联；在总体把握纵向发展线索前提下，关注不同的乡村建设思想的内在关系和共性特征，从而揭示隐含在差异性背后的具有共同性、共通性的价值与意义，从中寻求历史的启示与借鉴。

我们拟在超越个案研究的基础上，把百年来的中国乡村建设思想当作一个系统工程加以研究。我们的重点在于，将近百年来的中国乡村建设思想置于近代以来中国现代化历史进程中，深入揭示其独特的时代特征、传统文化要素与现代性要素的互动价值、发展演进的历史轨迹及其社会实践效应。同时，在克服教条主义影响的前提下，对其历史教训做深入的学理性研究，以有助于当代乡村建设理论的发展和实践。总体框架上，以个案为切入点，但在体系建构上又超越个案。在厘清思想个案的前提下，把握乡村建设思想的共性特征和历史演进趋向，力求提炼出具有规律性、趋势性的理论认识和历史启示。

二、方法、原则与框架

近代以来，各种社会思想与社会运动竞相迭起，前涌后续，在历史进程中留下了丰富多彩而纷纭繁复的样貌。中国乡村建设，无论就其思想史还是运动史而言，自有其独特的内涵与时代特征。20世纪初年它渐次兴起并勃发于二三十年代，很快蔚为社会思潮并聚合为社会运动，建构了多种理论与实践的乡村建设模式。其后虽渐消歇却脉绪不绝，适时抉发。及至21世纪之初，新一轮乡村建设思想与运动再度崛起，且更具声势；以至于新乡村建设提倡者之一的温铁军自然地认为他们"其实现在要做的事情，和三十年代的事情是相似的"。今天的乡村建设或者说新农村建设"不是个新鲜事，是个老事儿，20世纪发生过两次"。① 近百年来，"一代又一代的仁人志士孜孜不倦地致力于通过农村建设来改造中国社会的伟大事业"②。有学者明确地以"中国新乡村建设悄然兴起"③来表述这一现象。这一绵延不绝的历史现象表明，乡村建设的思想与运动深度地揭示中国社会发展的本质性问题，昭示中国现代化战略选择的方向性问题。

乡村建设思想是极富时代感的一种社会思想，也是具有鲜明社会实践性的思想。为了准确地界定与把握中国乡村建设思想史的基本内涵与时代诉求，我们在梳理和比勘史实的基础上，对其百年来的思想与实践的共趋性特征和基本脉络进行了认真思考和讨论，基于以下几点原则建构我们的诠释体系和理论构架。

其一，中国乡村建设思想所指的乡村建设并非一般意义上的在"乡村中的建设事项"（类如乡村中的河渠、道路、桥梁等方面的建造，村学、乡教乃至乡约、村社等教化规制的创设），而是特定历史情势下"以乡村为本位（或以乡村为重心）的民族—国家建设的思想理论"。如果以为"举凡在乡村的建设"均可包容在内，实际上就淹没了乡村建设思想及乡村建设运动的时代价值与历史意义。在传统中国，无论是制度建设还是社会文化建设，其实都是立足于乡土社会的建设；无论是具体的"乡绅之治"还是具有普适性的"乡约""乡治"规范等，本质上体现着"以农立国""以农为本"的理念。传统社会的发展和建设原本就是"城乡一体"，并不单独存在一个"乡村建设"问题。

---

① 这是温铁军于2004年4月7日在中央财经大学所做的报告的内容。
② 徐杰舜、海路：《从新村主义到新农村建设——中国农村建设思想史发展述略》，《武汉大学学报》2008年第2期。
③ 王景新：《中国新乡村建设悄然兴起——写在〈中国新乡村建设丛书〉出版之际》，《中国农村经济》2005年第5期。

乡村建设思想其实是近代以来面对新的民族—国家建设的时代问题时产生的一种思想理论，诚如梁漱溟所言："我主张之乡村建设，乃是想解决中国的整个问题，非是仅止于乡村问题而已。建设什么？乃是中国社会之新的组织构造（政治经济与其他一切均包括在内），因为中国社会的组织构造已完全崩溃解体，舍重新建立外，实无其他办法。"① 在当时中国，唯有走"由乡村建设以复兴民族"②之路，才能自救。因此，在乡村中单纯的水利、农田甚或乡学诸类事业的建造设置，并不构成"乡村建设思想"研究的内容。与传统的"村治""乡治""绅治"相比，它具有完全属于自己时代的内容。梁漱溟说："我等来鲁之后，佥以'村治'与'乡治'两名词不甚通俗，于是改为'乡村建设'。"③ 不同话语的表达，传递的其实是时代内涵的不同。

其二，中国乡村建设思想是近代以来整个国家建设思想或战略选择中的诉求之一。20世纪二三十年代之际，近代中国乡村建设思想在理论建构和区域实验方面已经磨砺既久，并且在各种主张、认识的互动和碰撞中，取得了相对的共识。在各种思想和社会改造方案的竞相争锋的态势中，乡村建设思想自成体系，也影响深远，一如梁漱溟所言："有人想走近代资本主义的路，有人要学苏俄，有人要学意大利，所见种种不同。乡村建设亦是其中一种，并且亦许是渐渐要占势力的一种。"④ 其实，中华民国甫一成立，"新中国"建设的时代课题就摆在世人面前。作为近代"革命之父"的孙中山已经在认真思考和规划国家建设的方案——《建国方略》已在筹谋之中。⑤ 南京国民政府建立后，建设倡议和主张一时并起，且已从某些实务层面上加以落实，建设问题也凸显为时代问题。如何建设的问题，或者说建设的方向逐渐成为社会所瞩目的焦点。"现在的中国人都正在徘徊歧路，有的指引他们走到苏俄去，有的指引他们走到美

---

① 《梁漱溟先生讲演·自述》（讲演者梁漱溟，笔记者朱秉国），山东邹平乡村建设研究院出版股1935年版，第62页。
② 张鉴虞：《从农村破产说到乡村建设（续完）》，《农村经济》第3卷第12期，1936年11月1日。
③ 《梁漱溟先生讲演·自述》（讲演者梁漱溟，笔记者朱秉国），第62页。
④ 梁漱溟：《乡村建设理论》，《乡村建设》第5卷第1期，1935年8月16日。
⑤ 参见王先明：《建设告竣时 革命成功日——论孙中山建设思想的形成及其时代特征》，《广东社会科学》2013年第1期。该文认为："辛亥革命以及民国的建立，才真正促动了孙中山对于建设问题的深入思考和系统建构……孙中山建设思想的体系化，当以1919年《建国方略》的完成为标志。"

国去，有的指引他们走到德国或意大利去，真可谓分歧之至。"① 乡村建设思想的路向选择，旨在超越以上所谓"歧路"徘徊，另辟蹊径，另谋一条"去求得中国问题的解决，而建设一中国新文化之运动"②的道路（参见本书第八章，并详见王先明：《历史转折与时代诉求——对近代中国乡村建设思想的再思考》，《人文杂志》2014年第8期）。它是整个民族—国家建设路向选择中的一个具有独特内涵的思想之一。如果脱离开这一整体的历史情势，泛泛而言"在乡村中的建设"只能导向望文生义的皮相之论。

其三，中国乡村建设思想所对应的是对工业建设、城市建设发展偏向的反思与重建的理性思考。30年代之际的乡村建设思想，实际上是近代以来更是民国以来"建设"发展路向的一个历史性反拨。近代以来的整体建设却基本依循"以都市支配农村"的方向展开，"在以都市支配农村的经济组织系统下，抛却了都市与农村的关系"③。这一取向逆转了传统中国社会运行的路线。这一现代性的建设进程，却导致传统时代城乡一体化进程的逆转，在工业化、城市化和现代化趋向中，中国"城乡背离化"趋势隐然发生。当人们面对20世纪30年代爆发的乡村危机时，不得不从历史演变的进程中寻源探因，也不得不对已经展开的所谓建设的历史取向进行反思。"且建设中国必从农村做起，方不致落空——因为中国社会是一个乡村社会……我们并不忽视都市建设，但都市的建设要由乡村建设引发出来，乡村建设是都市建设的基础。"④ 正是基于对近代以来尤其是民国以来现代化建设路径选择教训的总结，乡村建设思想家们才重新规划现代化建设的路向，以乡村建设为其"固本之方"。乡村建设就是要将整个建设的"社会重心，从都市中移到乡村来"⑤。因此，脱离开近代以来"城乡背离化"进程这一基本的历史前提，乡村建设思想及其运动就是无的之矢，了无意义。

其四，中国乡村建设思想是相对于近代以来"革命"思想与理论的一种

---

① 《何序》，载马芳若编：《中国文化建设讨论集》上编，《民国丛书》第一编四十三（文化·教育·体育类），上海书店1989年版，第1页。
② 黎康民：《乡村运动与政府农政之分际问题》（中），《乡村建设》第6卷第8期，1936年12月1日。
③ 王枕心：《对于农村建设的意见》，《乡村建设》第6卷第5期，1936年10月16日。
④ 张鉴虞：《从农村破产说到乡村建设（续完）》，《农村经济》第3卷第12期，1936年11月1日。
⑤ 吴承洛：《复兴农村声中一个重要问题——乡村建设和划一度量衡标准》，《乡村建设》第4卷第1期，1934年8月1日。

思想体系。"建设"思潮以至于"乡村建设"思潮的涌现,是近代中国历史演进的必然取向。历史运行的基本轨迹昭示,它是革命之后或踵接革命的一个必然的历史选择。革命目标的最终达成期待于建设之完成。梁漱溟提出"中国必将'从进步达到平等,以建设完成革命'"①,并在其《乡村建设理论提纲》中从五十个(问题)方面展开,论证了只有通过建设才可真正实现革命的目标:"乡村建设为中国民族自救运动之最后觉悟。亦外界问题演变至今应有之反应,将以完成过去维新运动、革命运动所未了之任务。"②建设事业之成功,"中国革命于是完成;而自近百年世界大交通所引起中国历史从来未有之剧变,至是乃得其结局"③。这其实也是孙中山"建设告竣时,革命成功日"④思想的深度阐释。革命与建设,这一思想命题既是历史的产物,也是指向未来的思想启示。然而,无论是从历史逻辑还是从思想逻辑而言,革命的思想理论与建设的思想理论又完全不同,虽然二者密切相关,甚至在思想内容上也有相融相通之处;但作为相对独立的思想理论体系而言,又分属于不同的历史与时代。虽然我们不能否认"革命思想"主导的时代也有着建设的事业或内容,"建设思想"主导的时代也有着革命性的变革,但从思想体系而言,革命思想并不等同于建设思想,反之亦然。

因此,尽管"继续革命"思想主导下的"文化大革命"时期也有着可观的农田水利建设、社队工业建设、乡村医疗卫生事业建设,但它们整体上仍归属于"革命"的思想或理论体系,并不能形成独立的乡村建设思想内容(详见第十二章"五、'抓革命,促生产':'文化大革命'时期的乡村建设")。同样,我们也不能简单地将中国共产党关于"农村包围城市"、建立农村根据地的革命理论等同于"乡村建设思想"。对此,毛泽东本人作过明确的解说:"过去干的一件事叫革命,现在干的叫建设,是新的事。"⑤我们不可以将面相类同的史

---

① 梁漱溟:《乡村建设理论提纲》(初编),《乡村建设》第7卷第4期,1937年10月16日。
② 梁漱溟:《乡村建设理论提纲》(初编),《乡村建设》第7卷第4期,1937年10月16日。
③ 梁漱溟:《乡村建设理论提纲》(初编),《乡村建设》第7卷第4期,1937年10月16日。
④ 参见王先明:《建设告竣时 革命成功日——论孙中山建设思想的形成及其时代特征》,《广东社会科学》2013年第1期。
⑤ 《经济建设是科学,要老老实实学习》(1959年6月11日),《毛泽东文集》第8卷,人民出版社1999年版,第72页。

实装入既定的认知框架中，完全不考虑思想与实践的实质内容及其时代特征。

尤需说明的是，百年中国乡村建设思想的历史并不是一般意义上的思想史（如哲学、宗教等更具有抽象或思辨性的思想史），而是与社会实践紧密相关的社会思想史；它是与中国乡村建设社会运动相契合的社会思潮。同时，它也是近代以来民族—国家建设整体历史进程中的一种思想体系。因此，在社会实践层面上，它的思想或理论特色通常又与相关的国家建设战略、政策、举措密切相关，或者它的思想要义和特色，在特定历史时期常常通过国家建设战略规划和政策导向而得以呈现。相关的思想、理论融汇在国家或政府的政策、规划之中，以及相关的政策、规划体现着思想与理论的力量，这其实是难以清晰剥离解析的事实。1949年后的乡村建设思想或新农村建设思想的历史演进尤其如此。

总之，百年中国乡村建设思想史是一个具有独特内涵的体系。面对历史上复杂的思想、人物与实践资源，我们既不可能将其尽数纳入，也不可能完全罗致（事实上既不可能做到，也无必要）；我们依从溯其渊源、辨其流绪、明其趋向的原则，适度选取可以说明问题的人与事、知与行的资料，建构一个可以自圆其说的百年中国乡村建设思想史的解释框架。

第一章 乡村建设思想形成之背景

鸦片战争后，在"数千年未有之大变局"的演变态势中，中国传统的"重农抑商"政策终被"重商"政策所替代。"商本"替代"农本"的历史趋势在洋务运动、戊戌变法的历史进程中被反复强化，几乎成为朝野上下的共识。然而，到20世纪之初，"重农"思潮开始复苏，使得"农业立国"还是"工商立国"成为朝野各界争议的一个焦点。随着乡村经济、社会、教育等诸多问题的逐渐凸现，米鉴三、米迪刚、晏阳初等部分有识之士开始呼吁重视乡村社会问题，并转而推行"村治""平民教育"等改进工作，"乡村运动"渐次推展，声势日隆。卢作孚、梁漱溟等人在"村治""乡治""乡村自治"等社会实验的基础上，开始从不同角度提出"乡村建设"思想和主张。

一、时代背景一：乡村破坏之征象

梁漱溟在《乡村建设理论》一书中曾将"乡村建设"兴起的缘由概括为四个层次："从浅的一层来说：乡村建设运动，是由于近年来的乡村破坏而激起来的救济乡村运动。""第二层——是起于中国乡村无限止的破坏，迫得不能不自救；乡村建设运动，实是乡村自救运动。""第三层——乡村建设运动是起于中国社会积极建设之要求。""进而言第四层：今日中国问题在其千年相沿袭之社会组织构造既已崩溃，而新者未立；乡村建设运动，实为吾民族社会重建一新组织构造之运动。"[①] 这四个层次均与"乡村破坏"有直接或者间接的关

---

① 梁漱溟：《乡村建设理论》，《梁漱溟全集》第2卷，山东人民出版社2005年版，第149—161页。

联,以至于梁氏本人断言,"中国近百年史,也可以说是一部乡村破坏史"①。因此,"乡村破坏之征象"便成为"乡村建设"的重要背景之一。这些征象主要表现在农业、手工业、商业与金融、乡村教育、城乡关系以及梁漱溟所强调的伦理本位和职业分立社会的崩溃等方面。

农业生产的破坏集中体现在耕地面积变化、农产品的商品化和鸦片种植的泛滥等方面。在耕地面积变化方面,章有义、吴承明等学者曾做了深入研究。在其成果中1873—1933年间的耕地面积变化如以下两表所示:

表1-1　1873—1933年间22省耕地面积变化表(单位:万市亩)

年份 地区	1873	1893	1913	1933
河北	11136	10913	11136	10913
山东	10146	10451	10654	10045
山西	6625	6824	7288	7288
河南	8565	8479	10021	9850
陕西	5014	4914	4793	4563
甘肃	2218	2573	2595	2617
江苏	7754	7831	7909	8529
安徽	6835	7245	7313	7313
江西	4763	4715	4429	4334
浙江	5341	5448	3899	4116
湖北	5039	5241	5493	6450
湖南	5706	5021	5078	5021
福建	2604	2500	2396	2109
广东	4019	4059	4059	4099
广西	2235	2347	2615	2749
云南	792	879	1053	2621
贵州	1782	2049	2156	2317
四川	14132	14414	14697	15545
青海	385	651	673	781

---

① 梁漱溟:《乡村建设理论》,《梁漱溟全集》第2卷,第150页。

续表

年份 地区	1873	1893	1913	1933
宁夏	187	187	191	185
绥远	1942	1845	1806	1709
察哈尔	1493	1553	1672	1553
22 省合计	108713	110139	111896	114757

资料来源：许涤新、吴承明主编：《中国资本主义发展史》第三卷，社会科学文献出版社 2007 年版，第 202 页。

表 1-2　各地区占全国耕地面积比重变化表（单位：%）

年份 地区	1873	1893	1913	1933
华北 6 省	38.2	37.1	36.6	32.2
华中 6 省	30.9	29.9	26.9	25.5
东南 3 省	7.7	7.5	7.2	6.4
西南 3 省	14.6	14.6	14.4	14.6
西部 6 省	4.1	4.5	4.3	4.4
东北 4 省	4.4	6.1	10.9	16.9
台湾	0.1	0.3	—	—

资料来源：许涤新、吴承明主编：《中国资本主义发展史》第三卷，第 204 页。

综合以上两表可以看到：其一，1873—1933 年间，尤其是 1913—1933 年间，尽管 22 省耕地总面积呈增长趋势，但河北、山东、河南、陕西、江西、湖南、福建、宁夏、绥远、察哈尔 10 省耕地面积呈下降趋势，山西 1913—1933 年耕地面积保持不变。这 11 省占了 22 省的半数。其二，尽管华北、华中、东南三个地区的部分省份的耕地面积有所增长，但这三个地区耕地面积占全国耕地总面积的比重却呈持续下降的趋势。只有东北 4 省耕地面积所占比重明显呈上升趋势。这表明在华北、华中、东南等中国传统的重要农业区，耕地存在着不同程度的破坏（荒芜等）。

在农产品商品化方面，特别是棉花、粮食等农产品的加速商品化，加快了自然经济解体的进程。以棉花为例，1840—1894 年间，全国棉花产量由 802.48 万担（关秤担）增至 831.75 万担，增加了 29.27 万担，国产棉花商品量由 211.23 万担增至 270.807 万担，增加了 59.58 万担。1894—1920 年间，全国棉花产量由 1894 年的 831.75 万担猛降至 652.21 万担，后又逐渐回升到 1920 年的 876.24 万担；国产棉花商品量由 1894 年的 270.807 万担增至 1920 年的 506.17 万担，占全国棉花产量的比重，由 32.56% 增至 57.77%。①

表 1-3　1840—1936 年间中国棉花销用状况表

项目 \ 年份	1840	1860	1894	1913	1920	1936
植棉户销用自给棉（千关担）	738.54	739.85	720.72	681.58	731.54	533.02
非植棉户销用商品棉（千关担）	1344.79	1369.53	1527.20	1692.38	1743.46	2045.11
全国自给棉总量（千关担）	5912.53	5977.79	5605.77	2171.77	3675.92	1452.55
全国商品棉总量（千关担）	2612.25	2642.17	1996.03	3678.30	5294.17	11629.58
自给棉占全国棉花销量比例（%）	69.36	69.35	73.71	37.05	40.87	10.87
商品棉占全国棉花销量比例（%）	30.64	30.65	26.24	62.75	58.86	87.05

资料来源：许涤新、吴承明主编：《中国资本主义发展史》第二卷，社会科学文献出版社 2007 年版，第 248—249 页。

从表 1-3 可以清楚地看到，1840—1936 年间，植棉户销用自给棉的数量由 738.54 千关担下降至 533.02 千关担，下降了 27.8%；非植棉户销用商品棉（包括部分进口棉花）的数量则由 1344.79 千关担上升到 2045.11 千关担，上升了 52.1%；全国自给棉总量由 5912.53 千关担下降至 1452.55 千关担，下降了 75.4%；商品棉总量则由 2612.25 千关担上升至 11629.58 千关担，上升了 345%；自给棉占全国棉花销量的比例由 69.36% 锐减至 10.87%；而商品棉所占比例，则由 30.64% 激增至 87.05%。尽管棉花的加速商品化意味着商品经济的发展，但对于自然经济而言，则意味着严重的破坏。

在鸦片种植方面，由于"作为农产品来说，它唯一的作用是夺取粮食和其他经济作物的耕地和劳动力，败坏农业生产"②，因此鸦片在甘肃、山西等省的种植，成为当地农业遭到破坏的表现形式之一。鸦片战争前，中国国内基本尚无鸦片生产，但到 19 世纪六七十年代，甘肃、陕西、山西、东北、山东、

---

① 许涤新、吴承明主编：《中国资本主义发展史》第二卷，社会科学文献出版社 2007 年版，第 222，752—753 页。原表数字稍有不一致处，故本书做了修正。
② 许涤新、吴承明主编：《中国资本主义发展史》第二卷，第 224 页。

河南、安徽北部、江苏徐州地区、浙江温州地区、福建北部等地已有鸦片种植。到 1894 年产量估计已达 325000 关秤担。①1906 年以后，由于清政府和北洋政府的禁烟运动，鸦片种植一度大幅减少。但 1916 年袁世凯死后，国内出现军阀割据和混战局面，鸦片种植再次泛滥，到 20 年代已恢复到 1906 年以前的规模并有所扩大。1928 年以后，"全国各地，不论南北，不论东南沿海还是西部内陆，也不论平原还是丘陵山区，无不种植鸦片。其中以四川、云南、贵州、广西、河南、陕西、甘肃、宁夏、热河、辽宁等省种植最广，情况最为严重"②。据估计，1930 年全国鸦片产量约 1.2 万吨，占世界总产量的 87%。③ 鸦片种植泛滥给农业生产带来了多方面的破坏：一是罂粟生长力极强，消耗地力远较普通农作物为烈。其大量种植进一步加剧了土壤结构的破坏、土地的沙化和贫瘠化，由此加速了水土流失和生态环境的破坏；二是罂粟种植大量占用耕地和农业劳动力，严重影响和破坏正常的农业生产尤其是粮食生产；三是在罂粟种植面积不断扩大的过程中，不少农民逐渐染上了吸食鸦片的恶习，严重影响了劳动力的素质，进而影响农业生产。④

乡村手工业的破坏是自然经济解体和乡村经济破坏的集中体现之一。以棉纺织业为例，中国乡村民众从事纺织业在元代逐渐推广，明代又有较大发展，19 世纪前期达到最盛时期。鸦片战争后，尤其是 1860 年之后，乡村棉纺织业开始遭到破坏，土纱和土布逐渐遭到洋（机）纱和洋（机）布的排挤。

表 1-4 土纱、土布销用情况表

产品	项目	1840	1860	1894	1913	1920	1936
纱	全国农村土布销用机纱量	25.00	35.38	1434.22	3739.76	2914.34	2786.23
	占用纱总量百分比（%）	0.40	0.56	23.42	72.33	50.76	75.94
	全国农村土布销用土纱量	6183.79	6250.15	4689.65	1430.58	2826.60	882.75
	占用纱总量百分比（%）	99.60	99.44	76.58	27.67	49.24	24.06
	全国农村土布销用土纱量的变化	100.00	101.07	75.84	23.13	45.71	14.08

---

① 许涤新、吴承明主编：《中国资本主义发展史》第二卷，第 223 页。
② 刘克祥、吴太昌主编：《中国近代经济史 1927—1937》（上册），人民出版社 2010 年版，第 767 页。
③ 刘克祥、吴太昌主编：《中国近代经济史 1927—1937》（上册），第 771 页。
④ 参见刘克祥、吴太昌主编：《中国近代经济史 1927—1937》（上册），第 774—777 页。

续表

产品	项目	1840	1860	1894	1913	1920	1936
布	自给布在农村土布应有产量中的比重（%）	47.24	47.59	52.72	62.30	59.94	74.04
	商品布在农村土布应有产量中的比重（%）	52.76	52.41	49.28	37.70	40.06	25.96
	农村土布自给量在全国棉布应有产量中所占比重（%）	47.02	46.03	43.51	39.80	39.27	28.71
	农村土布商品量在全国棉布应有产量中所占比重（%）	52.52	50.74	42.31	24.08	26.25	10.06

资料来源：许涤新、吴承明主编：《中国资本主义发展史》第二卷，社会科学文献出版社2007年版，第242—247页。

从上表可以看到：一方面，1840—1936年间，全国乡村土布销用的机纱占用纱总量比重，由0.4%增至75.94%（尽管国产机纱逐渐增加），土纱占用纱总量的比重，则由99.6%下降至24.06%。另一方面，同一时期，自给布在乡村土布应有产量中的比重虽然呈增长趋势，但无论是乡村土布自给量在全国土布应有产量中所占的比重，还是乡村土布商品量在全国棉布应有产量中所占的比重，均呈急剧减少的趋势。这说明，乡村棉纺织业在洋纱、洋布和国产机纱、机布的冲击下，已经严重衰退。这一趋势不仅在河北省宝坻等土布重要产区表现十分明显，而且在全国各地均有不同程度的体现。宝坻县（今天津市宝坻区）在1900年以后开始有洋纱和华北本地所产棉纱输入。[①]1912—1916年间，宝坻全县可销津纱（购自天津的棉纱）1000余包（平均每大包360斤），1917—1918年间每年可销2000—3000包，1919—1928年间每年可销10000余包，1929年和1930年以后，每年仅可销2000—3000包，1931年可销2000包以内，1932—1934年间，每年销量不过1000包。[②]河北省束鹿县（今辛集市）在光绪末年，"洋布输入甚夥，尽夺中国纺织之利。间有织者，其线仍购之外国，故利入益微"[③]。河北省成安县在清朝末年，土布"尚为多数民众之普

[①] 方显廷、毕相辉：《由宝坻手织工业观察工业制度之演变》，南开大学经济研究所1936年版，第8页。

[②] 《北宁铁路沿线经济调查报告》，殷梦霞、李强选编：《民国铁路沿线经济调查报告汇编》第2册，国家图书馆出版社2009年版，第589—590页。

[③] 李中桂等纂修：《光绪束鹿县志》，台湾成文出版社1968年影印，第150页。

通衣料，至于少数之商学两界，其衣料亦多为国产之丝织品"。"至近年来整个的农业社会日趋没落，农民之副业日趋衰落，吾县土布之销路遂一跌不堪再振，渐为外来品压倒。至外来布匹，则以舶来品居多，虽亦间有高阳出品，但其销路不大。而舶来布匹又以日本出品为多，西欧各国次之。由是舶来布匹销路日广，一般民众在衣料上遂渐与舶来货相依。"[①]山东陵县在清朝中叶"出产白粗布最多，当时淄博店、神头镇、凤凰店各街有布店七座，资本雄厚，购买白粗布运销辽沈，全县收入颇有可观，惟此纯系家庭手工业，农家妇女于春冬两季闲暇之余自纺自织，法既笨拙，效率亦颇滞缓。然农家者流女子均有工可作，家计不无小补"，"迄机器纺纱（俗呼洋布）输入内地，白粗布销路顿形滞涩，渐至断绝，全县手工业无形破产，农民经济影响甚巨"。[②]河南省太康县"织布业亦有可观，所织布匹纱粗幅窄，坚实耐用，向为输出大宗。惜自洋布输入后，渐被压倒，然农民暇日仍时为当户之织"[③]。江苏吴县在光绪二十年（1894）以前上海未设纱厂时，"盘门外苏纶纱厂亦未兴筑，织布纱线均手车所纺，其后纱厂逐渐开设，机器渐推渐广，凡手纺纱织成之布曰杜纱布，机器纱织成之布曰洋纱布。近年市上所出洋纱布已居太半矣"[④]。浙江镇海县"农家自织者，谓之女机；匠织之者，谓之腰机；黑白相间成五色，谓之花布；织棋盘纹者，谓之棋盘布。自光绪中叶后，机器盛行，纱用机器出者日广，手纺织出数渐减，布亦多用新式机织之，本机布已减少矣"[⑤]。

不仅乡村棉纺织业在近代以后日益遭到破坏，其余缫丝、丝织等众多行业也遭受了不同程度的破坏，由此加速了乡村自然经济的分解，使其原有的以耕织为主体的经济结构日益解体。

在乡村商业尤其是北方地区的乡村商业中，集市是最主要的交易形式，店铺、庙会是重要的补充形式。乡村市场与国际市场联系的日益密切，尤其是洋纱、洋布等进口和国产工业品的逐渐增多，是乡村商业变迁的重要内容和自然

---

① 张应麟等纂修：《成安县志》，台湾成文出版社1969年影印，第411页。
② 苗恩波等纂修：《陵县续志》，台湾成文出版社1968年影印，第369—370页。
③ 杜鸿宾等纂修：《太康县志》，台湾成文出版社1976年影印，第182页。
④ 吴秀之等纂修：《吴县志》，台湾成文出版社1970年影印，第859页。
⑤ 洪锡范等纂修：《镇海县志》，台湾成文出版社1983年影印，第2865—2866页。

经济解体的一个重要标志。以河北省各县为例，天津开埠初期，各县村镇市场上的商品仍以自产农产品为主。1866年前后，昌黎县"虽城堡各有集市，集市皆有定期，日出而聚，日昃而散，所易者，不过棉布、鱼、盐，以供邑人之用，初无奇珍异物，各安本业以谋生"①。1873年前后，静海县（今天津市静海区）有独流、唐官屯、子牙、中旺、陈官屯等集市，"贩粟者南至卫辉、磁州，北至京师，视年之丰欠，以为籴粜。其余贸易，东则海滨之盐，西则独流洋芬港之苇席蒲藕，北则直沽之海味鱼虾，南则临清之百货"②。1878年前后，乐亭县"城堡市集皆有定期，遇期远近毕聚，日夕而散，所易不过布、粟、鱼、盐之属，无他异物。而市布、粟者尤众。粟则来自关外，以资一县之用"③。1880年前后，宁河县（今天津市宁河区）"市有长期，列肆中只布米鱼虾菜蔬之类"，其他衣履器玩和零星杂物"未尝见也，居民婚嫁诸礼需备物者，必过天津求之矣"④。到清末时期，大量洋货进入河北省乡村市场。昌黎县"商场以本城及蛤泊街为上，赤崖、静安、施各庄次之，新集、姜各庄、团林、石门、会里、安山又次之"。"运入本境者为烟叶、烟丝、纸烟、火柴、土药、瓷器、铁器、砂糖、南纸、洋纸、洋线、洋布、洋呢、洋烛、火油、茶叶"等物，"销数每年约五十万余金"⑤。宝坻县"不特天津所运外来洋纱得长驱运入宝坻，即华北本部自纺棉纱，该县亦得资用"⑥。宁河县"他境货物运入本境者，大率木料、纸张、洋货、油、糖等项，由南省运入天津、烟台等处，转入本境，以赡乡民之不足"⑦。赞皇县"外来杂货如糖如纸如烟如洋布等项，难以悉数"⑧。永年县由他处运销本境货物中，洋布"每岁由天津运至，所销约值银三万余两"；

---

① 马恂等纂修：《昌黎县志》，戴鞍钢、黄苇主编：《中国地方志经济资料汇编》，汉语大词典出版社1999年版，第602页。
② 郑士蕙等纂修：《静海县志》卷一，清同治十二年刻本。
③ 蔡志修等纂修：《乐亭县志》，戴鞍钢、黄苇主编：《中国地方志经济资料汇编》，第602页。
④ 丁符九等纂修：《宁河县志》卷十五，清光绪六年刻本。
⑤ 《昌黎县乡土志》，国家图书馆分馆编：《乡土志抄稿本选编》第2册，线装书局2002年版，第303页。
⑥ 方显廷、毕相辉：《由宝坻手织工业观察工业制度之演变》，南开大学经济研究所1936年版，第8页。
⑦ 《宁河县乡土志》，国家图书馆分馆编：《乡土志抄稿本选编》第1册，线装书局2002年版，第372页。
⑧ 《赞皇县乡土志》，国家图书馆分馆编：《乡土志抄稿本选编》第2册，第476页。

纸张、糖、煤油一切杂货"每岁由天津运至，所销约值银四五万两"。①到1917年前后，静海县独流镇德成号织工厂、华盛织布厂、华兴纺织工厂、金记工厂、德顺成织布厂、万顺号织布工厂等工厂所用洋线大都由天津购买。乐亭县"现以洋纱充斥。织物略仰洋纱，纺业已有停歇之势"②。宝坻县新集镇"交通便利，商业繁盛，尤以布业为大宗，共有布店十余家"，"所用之线用本市纱厂之纱或自天津购来十码洋线"。③到1928年时，静海县独流镇有煤油铺2家。获鹿县石家庄有洋广货店44家。青县兴济镇有煤油行3家，洋货铺8家。宁津县柴胡店有洋线庄4家，洋布行4家，煤油庄2家。交河县泊头镇有煤油公司3家，洋线店6家，洋广货铺8家。文安县胜芳镇有洋布铺13家，煤油行2家。饶阳县"织洋布者亦有数十村庄，每村数家至数十家不等，洋线自天津运来，织成以后，售向布庄，染成杂色，再发小贩，在集市或村庄零售"④。到1934年前后，昌黎县所需商品"大都在天津、唐山、秦皇岛三处采购。如棉纱或在唐山、天津购办，或在秦皇岛购办；如煤油、纸烟或在天津购办，或在秦皇岛购办；如瓷器、布匹，或在天津购办，或在唐山购办；如颜料、杂货、文具、书籍、火柴、衣帽、叶茶等，则在天津购办"⑤。乐亭、宝坻县"洋广杂货多由天津采购"。同一时期，河北省其他各县乡村市场亦有进口及国产工业品出售。据调查，1935年时，河北省有38%的农户购买洋布，39.8%的农户购买洋袜，94.7%的农户购买煤油，32.1%的农户购买肥皂，30.5%的农户购买香烟。⑥除河北省以外，其余各省亦大体相似。到1935年时，包括河北省在内的关内22省农户中，平均约有29.9%购买洋布，43%购买洋袜，54.2%购买煤油，34.1%购买肥皂，19.3%购买香烟。⑦

随着乡村经济的日趋衰落，乡村金融亦日渐枯竭，"农民或以田亩荒芜，

---

① 《永年县乡土志》，国家图书馆分馆编：《乡土志抄稿本选编》第2册，第726页。
② 《第二区调查报告书》，《直隶商品陈列所一次实业调查记》，1917年，第10页。
③ 《第三区调查报告书》，《直隶商品陈列所一次实业调查记》，1917年，第9页。
④ 河北省政府建设厅编：《调查报告·第四编·工商》，1928年，第31页。
⑤ 《北宁铁路沿线经济调查报告》，殷梦霞、李强选编：《民国铁路沿线经济调查报告汇编》第3册，国家图书馆出版社2009年版，第472页。
⑥ 章有义编：《中国近代农业史资料 1927—1937》第三辑，生活·读书·新知三联书店1958年版，第310页。
⑦ 章有义编：《中国近代农业史资料 1927—1937》第三辑，第310页。

或以农产价落,致收入减少,而其日用必需,未能尽捐,仍须求之于市。乡间富户,或以匪患迁徙城市,或以农产衰败,不再投资田亩,乡间储蓄,逐渐向城市推移。结果农村对于市镇,市镇对于都市,都市对于通商大口,均立于入超地位,现金纷纷流出"①。这一时期乡村地区钱庄的日益衰落便是一个重要表现。据刘克祥等人研究,乡村地区的钱庄源于货币兑换,至迟在鸦片战争或稍后已开始产生。但直到甲午战争前,除山西晋中外,其他地区钱庄数量一般比较有限,表明乡村钱庄业尚处于早期发展阶段。甲午战争以后,随着乡村自然经济日益瓦解和农产品商品化等诸多因素的影响,乡村钱庄进入全面形成和迅速发展的阶段。到 20 世纪初,大多数省区 50% 以上的县份设有钱庄。1911—1937 年间,乡村地区钱庄数量的变化趋势呈现明显的单峰骆驼形,1921—1931 年是驼峰。从全国范围看,20 世纪 20 年代末以前,乡村钱庄业基本上处于兴起和发展、扩散阶段,1931 年达到高峰。此后数量明显下降,到 1935—1937 年间,已不到高峰期的 60%。1937 年全面抗战爆发后,绝大部分钱庄停业、倒闭,乡村钱庄业陷入凋零状态。②

在"乡村破坏征象"中,乡村教育的衰落和危机较早受到关注。在近代以前,私塾教育和书院教育是中国教育的主要形式,城市教育与乡村教育之间的差距尚不明显。鸦片战争尤其是清末以后,随着新式教育(新学教育)的迅速发展,乡村教育与城市教育之间的差异日益扩大。据统计,1902 年全国有新式学校 222 所,学生 6804 人;1907 年增至 16895 所,489005 人;1912 年增至 87272 所,2933387 人;1915 年增至 129739 所,4294257 人。1912—1928 年间,新式学校学生年均增长率为 6.89%。③ 但这些学校和学生大都分布于城市,分布于乡村者仅有 10%。④ 不仅乡村地区学校和学生数量少,而且质量较差。清末时,城市"大都有蒙养院,初等小学堂,或两等小学堂之设立",乡村则"以人才与经费关系,多仅设初等小学堂。校舍既多借用祠堂庙宇不能适

---

① 章有义编:《中国近代农业史资料 1927—1937》第三辑,第 678 页。
② 参见刘克祥、吴太昌主编:《中国近代经济史 1927—1937》(下册),人民出版社 2010 年版,第 1965—1978 页。
③ 参见郝锦花编著:《新旧学制更易与乡村社会变迁》,人民出版社 2009 年版,第 21—22 页。
④ 陶行知:《陶行知全集》第一卷,湖南教育出版社 1984 年版,第 167 页。

用，而设备亦甚简陋，若与私塾比较，相差亦无几也"。同时期的乡村社会教育"亦甚简单，只于各乡中之大市镇上设立宣讲所，宣讲圣谕而已"。民国成立以后，虽然乡村学校数量有所增加，但"学校大都设备简陋，教员资格不合，毕业生程度低劣，固不能谓为真正之乡村教育也"[①]。"我国自改革教育制度以来，偏重城市，漠视乡村，故城市中之教育虽已渐次发达，而乡村间之教育则依然望尘莫及；城市失学者日见其少，而乡村失学者愈显其众。"[②] 新式学校不仅在分布上偏重于城市，而且在各类专门学校及专业设置上，与乡村社会关系比较密切的农业学校数量也很少。1912年全国106所专门学校中，属于农业者仅占4.7%，1915年时，全国70所专门学校中，属于农业者也仅占10%。就全国的大学而言，1928—1931年间学农科的大学生占学生总数的比例仅有3%左右。不仅农校和学生数偏少，而且毕业后务农的学生也很少。据调查，1917年全国农校毕业生务农者仅占55%。1921年，全国6个中等农业学校293名毕业生中，仅有6.8%是实地经营农业的，与农业有关的技术者及教育者占43.7%，其余50%无业或者升学。1922年10个中等农业职业学校毕业生中，实地经营农业者仅占4.7%，升学及无业占42.6%。[③] 与此同时，新式学校的教学内容也与乡村社会相脱节。在普通中小学中，关于社会科学与自然科学的课程较多，而关于选种、耕种等农业知识的课程却几乎是空白。在专科以上的高等学校中，课程内容同样以政法、文哲、工程类为重。而与乡村社会密切相关的农林课程所占比重异常轻微。

新式教育在建构和发展中存在的学校和学生分布失衡，专业设置、教学内容与乡村社会脱节等种种弊端，成为乡村精英逐渐离开乡土社会的一个重要致因。"二三十年来普及教育的成绩，似乎唯一的目的是教他们脱离农村，而加入都市生活；这种教育所给他们的是，多识几个字，多提高些他们的经济欲望和消费的能力，一些一知半解的自然科学与社会科学的知识和臆说，尤以社会科学方面的臆说为多；至于怎样和土地以及动植物的环境发生更不可须臾离的关系，使百分之八十五的人口更能够安其所遂其生，便在不闻不问之列。……

[①] 卢绍稷：《中国现代教育》，商务印书馆1934年版，第138—139页。
[②] 陈侠、傅启群编：《傅葆琛教育论著选》，人民教育出版社1994年版，第74页。
[③] 郝锦花编著：《新旧学制更易与乡村社会变迁》，第251—264页。

百分之八十五的人口原是在农村里长下了很好的根的，如今新式的教育已经把他们连根拔了起来。"①新式教育所促成的乡村精英的离乡，对于乡村而言，无疑成为一种严重的"破坏"。

继乡村农业、手工业、商业、金融业及教育之后，城乡关系也发生明显变化。近代以前，中国城乡关系②具有十分浓厚的传统性特征：建立的基础是自给自足的小农经济；京城、省城、府城、县城占据"城"的角色，除少数大镇以外的绝大多数市镇和为数众多的村庄处于"乡"的地位，两者之间的关系，更多地表现为政治上的统治与被统治，经济上的剥削与被剥削，而非经济上的城乡工农业分工；城乡间的人口迁移以地理空间上的流动为主，伴随着少量的职业和身份的转换；参与城乡经济交流的商品，主要由广大乡村提供等。③近代以后，随着通商口岸的兴起和近代工商业、交通业的发展，城乡关系发生了前所未有的变动。在华北地区，逐渐形成了三种新的城乡结构模式：其一，在石家庄、唐山、廊坊、辛店、焦作、阳泉等新兴城市和市镇的兴起过程中，由于工矿企业、铁路工厂、纺织、面粉等近代工业企业在产业结构中居于突出地位，其核心城市的生产职能更突出，经济活力更强，逐渐成为区域产业发展的组织核心和支配经济活动空间与组合的重心④，直接影响着城乡产业结构的重组；由于近代工商业有相当发展，近代企业工人和各类商人成为城乡间人口迁移的主要趋向，身份和职业的转换比较普遍。这就形成了一种新的城乡结构模式。由于县城与新兴城市之间的此消彼长，这一模式的经济中心大都经历了

---

① 潘光旦：《忘本的教育》，《潘光旦文集》，光明日报出版社1999年版，第430—433页。

② 所谓城乡关系，包括城乡间的工农业分工、工业化与城市化、乡村—城市间的人口迁移、非农化、城乡经济组织、城乡经济一体化等诸多方面。参见周叔莲、金碚主编：《国外城乡经济关系理论比较研究》，经济管理出版社1993年版。

③ 林刚先生指出：中国古代（传统时期）城市的总体性质基本上是政治中心、军事中心、消费中心，往往是商业中心，却非生产中心。因此，这一时期的城乡关系有两个本质属性：一方面，城市统治阶级对农民生产者阶级在政治上的控制权，及由此引发的经济利益、财富分配上的压迫、剥削和不平等。另一方面，城市上层集团以及为其服务的市民阶层主体，所消费的越多，意味着农民大众所付出的剩余产物以至生产生活的必需品越多。参照林氏观点并结合其他相关资料、论著，笔者将传统时期城乡经济关系概括为以上数条。参见林刚：《中国城乡关系的历史变动与当代三农问题》，http: //economy.guoxue.com/article.php/13230。

④ 也就是说，这些新兴城市或工商业市镇，开始成长为区域经济的增长极。参见李小建主编：《经济地理学》，高等教育出版社1999年版，第201页。

由"单核心"（县城）到"双核心"（县城、新兴城市），再到"单核心"（新兴城市）的演变过程。其二，河南郑州，山东济南，河北邯郸，河南新乡、陕县（今三门峡市），山东潍县（今潍坊市），山西榆次、大同，江苏北部的徐州等传统城市的发展过程中，城关至城外车站之间地区不断地发生变动，或直接演变为城市的一部分，或经历了由乡村到城乡边缘区，再到城市的演变过程；随着车站附近地区近代工业的迅速发展和扩张，城市、城乡边缘区和乡村的产业结构以及城乡间工农业分工格局亦不断发生变动；大规模的人口迁移和职业转换，使城市、城乡边缘区和乡村居民的职业结构不断发生改变。这些变化标志着又一种新的城乡结构模式的产生。其三，在天津、青岛等沿海港口与腹地进行经济交流的过程中，又一种城乡关系模式逐渐形成。这一模式与传统时期沿海港口与腹地关系的显著区别有二：一方面，随着对内对外贸易的发展，港口城市的近代工业有了长足的进步，生产职能大大增强。工业产品成为其与腹地经济交流的重要内容。另一方面，铁路成为沿海港口城市联络腹地各级城市和广大乡村的最重要渠道，其腹地更广阔，经济交流更畅通。上述三种城乡关系模式的形成，是工业化、城市化和城乡背离化发展的必然产物，对乡村产生了巨大的"破坏"作用。

以上各种"乡村破坏"，最终促成了梁漱溟所强调的伦理本位和职业分立社会的崩溃。梁氏认为："伦理关系即是情谊关系，也即表现相互间的一种义务关系。""伦理关系彼此互以对方为重，一个人似不为自己而存在，乃仿佛互为他人而存在者。这种社会，可称伦理本位的社会。"[①] 但近代以来，西洋"一切皆以个人为本位，对外抗争，向外用力的风气"传入中国，使中国人开始"以自己为重，以伦理关系为轻；权利心重，义务念轻，从让变为争，从情谊的连锁变为各自离立，谦敬变为打倒，对于亲族不再讲什么和厚，敬长尊师的意味完全变了，父子、兄弟、朋友之间，都处不合适——旧日风气，破坏得厉害。而尤要者，因政治上的变动，使社会风气上的变化更大且速；如辛亥革命与十五年至十七年的北伐，都使社会风气有更大更快的变化"。[②] 在梁氏看来，

---

① 梁漱溟：《乡村建设理论》，《梁漱溟全集》第 2 卷，第 168 页。
② 梁漱溟：《乡村建设理论》，《梁漱溟全集》第 2 卷，第 204 页。

中国社会又是一种"职业分立的社会",近代以来,"职业分立的社会"也遭到了破坏。"在旧日的中国社会中,农、工、商等也可以入仕途,士也可以为农、工、商,一家之中,甚且有几种职业,绝无限制。""但自西洋文化侵入后,遂发生了两个主要的变化:一是西洋功利思想进来,士不惟不以言利为耻,反以言利为尚;士与商从前很不接近,现在则异常接近,也惟有头脑,有知识,能运用观念的人,其谋利也最巧。此变化很大。另一变化是,现在言利(要发财),必须具有较复杂的知识方法,无论为农、为工、为商,都要有知识方法才能发财。从前农、工、商不上书本,高文典册尽载治道;现在的高文典册则亦讲做买卖,故想发财就要弄高文典册(专门学术)。这一个事实,更让士与商接近。"①

随着伦理本位和职业分立的社会的崩溃,乡村破坏已经到了中国文化的"根","中国文化有形的根就是乡村,无形的根就是老道理"。"最近的破坏,已经破坏到中国文化有形的根,已经破坏到乡村,这是第一层的意思。再说第二层:最近的破坏,也已经破坏到中国文化的无形的根,已经破坏到中国的老道理了。"②

二、时代背景二:破坏乡村的力量与原因

近代以来,中国乡村农业、手工业、商业、金融业、城乡关系直至于乡村社会秩序的破坏,是多种因素共同影响的结果。对此,梁漱溟亦坦言:"有时我也采用三分法:一、政治属性的破坏力——兵祸匪乱,苛捐杂税等;二、经济属性的破坏力——外国经济侵略为主,洋行买办等也为破坏乡村的助手;三、文化属性的破坏力——从礼俗、制度、学术、思想的改变而来的种种(此处文化二字是狭义的用法)。"同时梁氏又认为,政治、经济、文化三方面的破坏力三者又是"相连环的,互相影响的,如政治制度改变了便影响于经济,经济也影响于文化,而政治制度的改变又是由文化问题引起来的(由新思

---

① 梁漱溟:《乡村建设理论》,《梁漱溟全集》第2卷,第209—210页。
② 梁漱溟:《乡村建设大意》,《梁漱溟全集》第1卷,第613页。

想的输入)。三者相连环的辗转影响，加紧加重了乡村破坏"①。综合梁氏所论，并结合其他相关论著和史料，可以看到，破坏乡村的力量与原因，主要表现为西方列强的侵略与西方思想文化的影响，中国政府与革命力量所进行的政治、经济和文化制度变革，工业化和城市化，中国国内的战乱与匪患，频发的自然灾害等五个方面。

自1840年英国发动第一次鸦片战争开始到1937年7月7日日本帝国主义发动全面侵华战争，在近百年中，西方列强先后发动了第二次鸦片战争、中法战争、甲午战争、八国联军侵华战争等一系列侵华战争，强迫中国签订了《南京条约》《天津条约》《马关条约》《辛丑条约》等一系列不平等条约，强迫中国开放了上海、广州、福州等一大批通商口岸和租借地，向中国输出大量商品和资本并从中国进口大量农产品和其他原料，从中国攫取了大量的矿山开采权和铁路修筑权。这些侵略活动给广大乡村带造成严重破坏。

首先，西方列强所发动的侵略战争和强迫中国赔偿巨额军事赔款，直接或间接地影响了乡村的经济生活。如浙江沿海原本"半系捕鱼为业，煮海为生之户"，商船和渔船大多经由定海出海。第一次鸦片战争中，英国侵略者占据定海县城，致使各种船只裹足不前，舟山渔场的渔船因此不得出海，严重影响了浙江渔业和盐业的发展②。八国联军侵华战争结束后，列强迫使清政府赔款4.5亿两。这笔款项中有相当一部分被转嫁到了乡村民众的头上。"谨将拟裁拟增各款逐一开列，……一、地丁收钱，酌提盈余，剔除中饱，山东已奏准办理，臣部亦钞录原奏，行咨各省仿照，现拟再通饬各省切实遵办。一、盐斤加价，前已奏明办理有案，然为数尚少，款项亦均已拨用，拟令各省就现在盐斤价值每斤再加增四文。一、各省土药一项，茶糖烟酒四项，非民生日用所必需，重征之尚无甚妨碍，拟令就现抽厘数，再加三成。"③

其次，西方列强在划定租界过程中，往往擅自圈占耕地，间接影响农业生产和乡村经济。同治初年，美国在上海的租界只有900余亩。"嗣后美领事西

---

① 梁漱溟：《乡村建设理论》，《梁漱溟全集》第2卷，第150页。
② 严中平主编：《中国近代经济史1840—1894》(上册)，人民出版社1989年版，第430页。
③ 李文治编：《中国近代农业史资料》第一辑，生活·读书·新知三联书店1957年版，第314页。

华不商关道,自画界线将未租民地圈入万余亩。"① 德国占据胶澳之后,在未与中国签订《胶澳租界条约》之前即已着手收买土地。在1898—1902年的四年中,"以青岛为中心,北自海泊河起,经仲家洼小湛山,南至会前角以西一带土地,收买者约一万四千余亩。迨至日德开战前之十余日,在李村沧口及海西半岛等处收买者,又四千五百余亩"②。

　　再次,西方列强利用通商口岸和铁路等交通运输工具,将国外和通商口岸所设工厂生产的棉纱、棉布、煤油等工业品运至中国广大内地乡村销售,同时又从内地乡村攫取各种农矿产品用作工业原料。这在客观上加速了通商口岸附近及铁路沿线乡村地区自然经济的解体。据统计,1841—1927 年间,中国被迫开放和自主开放的 103 个商埠中,甲午战争前开放者有 34 处,甲午战争后开放者有 69 处,"甲午战争前所开口岸中,18 处在内地,占 53%,而甲午战争后所开口岸中,53 处在内地,占 77%"③。同时列强还修建了胶济等铁路干线并控制了正太等铁路干线的经营权和管理权。这些铁路成为西方列强扩大侵略的重要工具之一。在中国国内"其他事业——沿海各省的工业,内地各省的农业林业矿业——没有随之发达"的情况下,铁路的开通为洋货进入华北内地创造了条件,对中国传统手工业形成了重大冲击,"则交通便利的结果,乃为洋货造成一新市场,以吸收内地的财力"④。在大量涌入中国内地乡村的洋货中,棉纱和棉布占有重要地位。据估计,1840 年中国棉纱进口量为 25000 关担,棉布进口量为 530 千匹,1860 年分别增至 35384 关担和 3857.97 千匹,1894 年又分别增至 1159596 关担和 13343.40 千匹,1913 年分别为 2685363 关担和 30754 千匹,1920 年分别为 1325378 关担和 24737 千匹,1936 年分别为 108750.44 关担 13068.72 千匹。⑤ 棉纱和棉布的大量输入严重破坏了中国乡村手工棉纺织业的发展。一方面,洋纱、洋布的大量输入导致手工棉纺织业停织

---

① 李文治编:《中国近代农业史资料》第一辑,第 244 页。
② 李文治编:《中国近代农业史资料》第一辑,第 249 页。
③ 刘克祥:《1895—1927 年通商口岸附近和铁路沿线地区的农产品商品化》,《中国社会科学院经济研究所集刊》第十一集,中国社会科学出版社 1988 年版,第 2—3 页。
④ 陈岱孙:《交通发展与内地经济》,转引自陈晖:《中国铁路问题》,生活·读书·新知三联书店 1955 年版,第 121 页。
⑤ 许涤新、吴承明主编:《中国资本主义发展史》第二卷,第 239 页。

停纺,"自道光年间,大开海禁,西人之工于牟利者,接踵而来,操贸易之权,逐锥刀之利,民间生计,皆为其所夺。未通商之前,大布衣被苍生,业此为生者何可数计。自洋布洋纱入口,土布销场遂滞,纺织稀少,机轴之声几欲断矣"①。"近代洋货骤赢,土货骤绌,中国每岁耗银至三四千万两,则以洋布洋纱畅销故也。盖其物出自机器,洁白匀细,工省价廉,华民皆乐购用,而中国之织妇机女束手坐困者,奚啻千百万人。"②另一方面,洋纱的输入和使用又促使手工棉织业中出现了用洋纱织布的现象,"考之通商贸易册,[纱]、布、毛布、三项,年盛一年,不惟衣土布者渐稀,即织布者亦买洋纱充用"③。

与此同时,随着通商口岸的开辟和铁路的延伸,中国国内棉花、蚕桑、烟草、芝麻、花生等种植面积逐渐扩大并形成若干专业性的种植区,而其兴衰则与西方列强的需求密切相关。"当帝国主义对某种农产品的需求增加时,这种农产品的生产就发展、扩大。""反之,如果帝国主义的需求缩减,或者同帝国主义的同类产品的销售相抵触,不但出口即行下降,连国内市场也无法保持。这种农产品的生产也随即衰退。19世纪六七十年代,茶叶、蔗糖是帝国主义掠夺的主要农产品,茶、蔗的种植一度迅速扩张。80年代后,印度、锡兰、爪哇、日本等国的茶叶种植园兴起,法国等地的榨糖业发展。……中国的茶叶、蔗糖的种植也就一蹶不振。"④

最后,西方各国传教士在中国内地乡村的传教活动,对乡村经济和民众日常生活也具有一定的破坏作用。一方面,传教士以抵还教堂等为名霸占田产。1860年以后,传教士依据中法《北京条约》规定到各省地方要求"抵还教堂","一时江苏、江西、湖北、四川、直隶、山东、山西、陕西、河南、奉天、广东……等省都发生教士以还堂名义霸占田产的事件。此外教士霸占田产的方法正多,如法国教士在淮安强买民房,英国教士在福州乌石山圈占公地,美国教士在登州强租民房"⑤。另一方面,传教士所宣传的基督教、天主教的教

---

① 李文治编:《中国近代农业史资料》第一辑,第502页。
② 李文治编:《中国近代农业史资料》第一辑,第502页。
③ 李文治编:《中国近代农业史资料》第一辑,第509页。
④ 刘克祥:《1895—1927年通商口岸附近和铁路沿线地区的农产品商品化》,《中国社会科学院经济研究所集刊》第十一集,第99页。
⑤ 李文治编:《中国近代农业史资料》第一辑,第233页。

义，与中国传统儒家文化的观念格格不入，从而不仅冲击了乡村固有的礼俗观念，而且容易引发民教对立与冲突，影响乡村社会生活的稳定。

此外，西方列强及其传教士在进行侵略和传教的过程中，不断地将西方的思想文化传入中国内地乡村，使中国传统文化和伦理道德观念受到前所未有的冲击，由此构成了其影响和破坏中国乡村的另一个重要方面。

面对西方列强侵略的不断加剧，清政府、北洋军阀和南京国民政府相继推动了一系列改革，以孙中山为代表的资产阶级革命派等革命力量进行的革命活动，在为中国社会发展注入新的内容的同时，也对原有的乡村政治经济秩序和思想文化具有一定的"破坏"作用。在各项改革中，地方自治和乡村教育是对乡村影响较为显著的两项。

自清末至1937年，历届中央政府及其各级地方政府制定了一批相关法令，使地方自治由天津开始，逐渐扩展至全国，成为中国地方政治制度改革中的一项极其重要的内容。其间，随着《城镇乡地方自治章程》《市自治制》《乡自治制》《区自治施行法》《乡镇自治施行法》等法令的公布和实施，区、乡、镇逐渐由自治单位演变为一级地方行政建制，对中国地方政治制度的近代化具有明显的积极影响。而与此同时，由于政权更迭频繁、政局动荡，这一时期的地方自治在推行过程中也存在不少弊端，从而在一定程度上对乡村造成了破坏。一方面，由于近代交通和工商业的发展，一些村庄迅速崛起为新兴城镇，各级政府在推行自治的过程中，大都依据这些城镇的发展状况做了变通和调整。例如，在石家庄崛起为市镇的过程中，1921—1928年依据《市自治制》推行了"市自治"，成立了市政公所，"市自治"取消后又制定了《石门特种公安局组织暂行章程》，规定"石门特种公安局以原来石家庄、休门为其管辖区域"，特种公安局除维持辖区内社会秩序外，还具有处理宗教、劳工、出版、捐税、卫生、户籍、工商、注册、邮电等事务的权力，其余人口、财政、土地、税收等则归获鹿县（今石家庄鹿泉区）第八区统计。唐山1926—1928年间亦成为河北省11个"自治市"之一。"市自治"取消后，行政事务分别由特种公安局和丰润、滦县管辖。与此同时，《县组织法》中关于"乡镇均不得超过千户"的规定并未关照到分属两个以上县份管辖的市镇，由此使某些大镇在相关机构和组织建立过程中被分割为几个"镇"。如桓台县张店一度分设张店镇和张店车站镇。河南郾城县漯河镇一度分设车站和寨内两个"镇",建有两个商会。河北泊头由于分属南皮和交河分辖,一度建有两个区公所和两个警察机构。即便是唐山这样的大镇,除特种公安局兼管的事务外,其他事务由丰润和滦县分管,实际上形成了三足鼎立的局面。这就使得乡村的政治制度和组织更加复杂和紊乱,对于原有的乡村政治制度和组织而言,应是一种破坏。另一方面,更为重要的是,在地方自治推行过程中,乡村精英阶层的构成发生了重大变化,劣绅往往在乡村权力结构中占据较为重要的地位,并由此对乡村社会经济的发展方向产生影响。"地方自治使得'绅权'通过组织化而得到扩张。在实行地方自治的过程中,新旧士绅纷纷进入各级民意机构和地方自治执行机构,向来主导地方社会的'绅权'因而进一步实现了组织化。对于这种组织化的'绅权',一般民众更加无力与之抗衡,国家行政对于它的制约也大大减弱,豪劣横行乡里,欺压良善的现象因此更加严重。"①

教育改革是近代以后中国政府所进行的一项重要改革。1862 年成立的京师同文馆,是"革新浪潮中最早的一个新教育机关"②。1872 年,清政府派遣首批幼童赴美留学。1881 年,李鸿章在天津设立水师学堂。1901 年,清政府谕令各省、府、直隶州及各州、县分别将书院改为大、中、小学堂。1902 年 8 月清政府公布了一系列学堂章程。其中《钦定蒙学堂章程》则规定"城内坊厢、乡镇、村集,均应设立蒙学堂"。"凡各省、府、厅、州、县原有义塾,并有常年经费,此后应按照此次蒙学课程一律核实,改办为公立蒙学堂。"③ 蒙学堂课程包括修身、字课、习字、读经、史学、舆地、算学、体操等八项。1904 年 1 月,清政府颁布了《奏定学堂章程》(癸卯学制)。同年张百熙、荣庆、张之洞奏请递减科举注重学堂。次年(1905),清政府认为袁世凯、赵尔巽、张之洞等人奏请停止科举"所陈不为无见",于是下令自丙午科开始,"所有乡、会试一律停止,各省岁科考试亦即停止"。同时责成"各该督抚实力通筹,严饬府、

---

① 魏光奇:《官治与自治:20 世纪上半期的中国县制》,商务印书馆 2004 年版,第 391 页。
② 舒新城编:《中国近代教育史资料》上册,人民教育出版社 1961 年版,第 119 页。
③ 璩鑫圭、唐良炎编:《中国近代教育史资料汇编·学制演变》,上海教育出版社 1991 年版,第 281 页。

厅、州、县赶紧于城乡各处遍设蒙小学堂，慎选师资，广开民智"①。民国成立后，教育部于1914年2月制订了《教育部整理教育方案草案》，其中规定："各县暂就原有区划，分为若干学区，于一定期限内必须设置学校。"②

随着以上教育改革的推行，中国新式学堂的数量迅速增加，但同时也出现了学校和学生分布失衡，专业设置、教学内容与乡村社会脱节等种种弊端，从而加速了乡村精英离乡，造成了十分严重的后果。"其一，乡村文化衰落，城乡一体化的传统文化格局从此出现了难以弥合的裂痕；其二，乡绅继替中断，基层政权日益痞化，社会控制逐渐失范，社会矛盾尖锐；其三，乡村经济衰退，城乡差距进一步拉大，本已衰败不堪的农村社会陷入了全面危机之中。"③

在政府进行各项改革的同时，革命派进行的一系列革命活动，也对乡村社会变迁产生了极其明显的影响。其中有些影响属于梁漱溟所谓的"破坏乡村"的范畴。1911年10月10日，革命党人发动武昌起义，最终推翻了清政府的统治，结束了中国长达2000多年的君主专制制度。辛亥革命不仅引发了上层政治体制的变革，而且更影响着乡村社会、经济结构的深层变动。其中，绅权的扩张及其影响，便是一个十分重要的方面。早在"庚子国难"后，清政府威信一落千丈，控制力急剧衰减，绅权的扩张逐步打破传统乡村社会官—绅—民利益之均衡。在湖南"自咸同军兴以来，地方官筹办各事，借绅力以为辅助，始则官与绅固能和衷共济，继则官与绅遂多遇事优容，训致积习成弊，绅亦忘其分际，动辄挟持"。同时随着自治的推行，一些自治机构"名目新异，张皇耳目，实不相符，则侵渔有所借口，苛索为之引例"。由此导致民变现象层见迭起。为避免劣绅恶行加剧社会矛盾，进而危及自身统治，清政府在调整自身利益倾向时，一定程度上开始向"民"倾斜，并运用有限的控制力约束、惩处劣绅。辛亥革命以后，旧有的社会秩序被打破，新的控制体系又未形成，这就为绅权的迅速扩张提供了契机，形成了"绅权甚张，治理不易"的局面。一方面，在湖南、湖北等地，由于匪患频发，团练组织普遍得到强化，一些地区团练与地方自治机构出现融合，如宜都县"一时各乡成立民团分局者约六十余

---

① 璩鑫圭、唐良炎编：《中国近代教育史资料汇编·学制演变》，第533页。
② 舒新城编：《中国近代教育史资料》上册，第234页。
③ 郝锦花编著：《新旧学制更易与乡村社会变迁》，第267页。

处","而以各镇乡自治会为其镇乡民团总局,县议会为全县民团总局……广济县改清末七乡三镇为十区。区既是团防设置,又是行政区划,区以下仍保留里、甲"。由此,乡绅仍然以"区团练局为核心建立对县以下乡村宗族社会的全面控制"。另一方面,在川、鄂、江、浙、粤五省各级新政权中,以革命党人势力为主的占总数的47.8%,地方乡绅为主的占23.9%,以旧官吏、旧军官为主的占13%,官、绅、革命党联合的新政权占15.2%。另据李侃统计,江苏、湖北38个州县新政权中,充当主要行政、军事职务的共57人,其中士绅(包括立宪派)23人、旧官僚(包括新军军官)21人,两者共占总人数的77%强,而革命党人仅有10人。[①] 这些乡绅凭借对乡村各项资源和权力的掌控盘踞一方,甚至成为割据一方的"土皇帝"。"平日假借功名,或恃其财势,勾结官府,包庇盗匪,盘踞团局,把持乡政,侵吞公款,鱼肉良民。凡诸所为,俨同封殖。"这一方面加剧了劣绅与民众之间的冲突,另一方面又使绅权与民族—国家形成对抗[②],由此导致乡村社会秩序受到更为严重的破坏。

面对西方列强侵略所造成的种种危局,清朝统治集团内部的有识之士提出了"师夷之长技以制夷"的口号,并在洋务运动中付诸实践,由此开启了中国的工业化之路。随着工业化和城市化进程的加快,城乡背离化的发展趋势日益凸现,最终成为"破坏"乡村的最重要的力量。

一般来说,所谓的工业化是指近代工业化,其含义是大力发展(近代)工业,使之在国民经济中占主要地位。[③] 同治元年(1862),曾国藩在安庆设立安庆内军械所,仿造火轮,成为中国第一家近代军事工业企业。同年,李鸿章在上海设立制炮局。此后,随着洋务运动的兴起,江南制造总局(1865年)、福州船政局(1866年)、天津机器局(1867年)等军工企业相继创办。同一时期,民用工业也有所发展。其中较为重要的企业有甘肃绒呢总局(1878年)、上海机器织布局(1890年)、湖北纺纱织布局(1893年)等。此后中国近代工

---

① 李侃:《从江苏、湖北两省若干州县的光复看辛亥革命的胜利和失败——兼论资产阶级革命党人与农民的关系》,中华书局编辑部编:《纪念辛亥革命七十周年学术讨论会论文集》,中华书局1983年版,第470页。

② 参见任金帅:《辛亥革命与乡村公产运作的历史变迁——以两湖为中心的历史考察》,《人文杂志》2011年第5期。

③ 李伯重:《江南的早期工业化(1550—1850)》,社会科学文献出版社2000年版,第2页。

业企业数量日益增多，规模亦有所扩张。在这些企业中，纺织和面粉两大行业中的民族资本企业占有重要地位。近代纱厂在 1895—1899 年间增设 10 家，共有纱锭 19 万余枚，资本额 500 余万元，平均每家有纱锭 1.9 万枚，资本 50 万元；1905—1910 年间增设 9 家，平均每家纱锭 1.4 万枚，资本约 55.6 万元；1914—1922 年间增设 44 家，平均每家有纱锭约 2.6 万枚。近代面粉厂在 1911 年前有 38 家，1912—1913 年间增设 20 家，1913—1921 年间增设 105 家，拥有生产能力 203585 包，其中有资本可查的 85 家共有资本 2318 万元，平均每厂有资本 28.9 万元。①

1927 年后，随着南京国民政府的建立和全国的逐步统一，国民党在确立全国统治地位的同时，制定了一系列发展工业的政策，对此后的工业化进程产生了积极影响。1927—1937 年间，机械、电子、电力、化学、纺织等工业均有较大发展。机械工业方面，以造船工业为主，发展到生产各种动力机、铁路车辆、机床、纺织机、农用机械及其他轻工食品机械等。1927—1936 年间，全国机械工厂增加 377 家，增长 1 倍。到 1936 年时，全国 44 个城市共有公私营机械厂 753 家（不含铁路车辆工厂），资本 783.6 万元，全年产值 2239 万余元。②电子工业方面，1929 年国民党在陆海空军总司令部所属南京军事交通机械修造厂内增设电信工场，从事装修 5 瓦和 15 瓦无线电收报机及电话机等。1935 年资源委员会在南京珠江路水晶台设立电气研究室，内设电话、电报、电子管研究组，用美国零件装配整机。1935 年该室研制出我国第一支 30 型号放大电子管，是我国电子工业发展的里程碑。③电力工业方面，除东北外，关内各省 1932 年有发电厂 452 家，装机容量 47.9 万千瓦，全年发电 12 亿度，投资总额 2.82 亿元。1936 年有发电厂 461 家，装机容量为 63.1 万余千瓦，全年发电 17.2 亿度，投资总额 3.08 亿元。5 年间，装机容量增长 32%，发电度数增长 44%，投资总额增长 10%。④基本化学工业方面，1936 年，上海、广州、湖南、济南、青岛、天津、唐山、陕西 8 地共有酒精厂 10 家，年产酒精 200 余

---

① 参见汪敬虞主编：《中国近代经济史 1895—1927》，人民出版社 2000 年版，第 1609—1663 页。
② 陆仰渊、方庆秋主编：《民国社会经济史》，中国经济出版社 1991 年版，第 367—369 页。
③ 陆仰渊、方庆秋主编：《民国社会经济史》，第 369 页。
④ 谭熙鸿主编：《十年来之中国经济（1936—1945）》，沈云龙主编：《近代中国史料丛刊续编》第九辑（0083—0085），台湾文海出版社 1974 年版，第 388 页。

万加仑。① 纺织工业方面，1927 年中国境内共有纱厂 119 家，纱锭 3531588 枚，布机 29788 架。到 1937 年时，全国共有纱厂 148 家，纱锭 5102796 枚，布机 58439 架。②

随着各类工业的发展，上海、天津、武汉、青岛、无锡等地发展成为重要的工业中心。作为全国最大的工业中心，上海 1929 年共有大小工厂 1781 家，1930 年有工厂 2000 余家，其中有 676 家符合《工厂法》规定，1932 年有工厂近 4000 家，其中 1229 家符合《工厂法》规定。③ 1936 年，上海民族资本棉纺织业、毛纺织业、面粉、卷烟、造纸、火柴、机器与船舶修造、电力等行业生产总值达 37534.1 万元。1936 年，上海全部近代工业产值（包括全部外资产值）为 118225.5 万元。④ 天津工业发展在 1927—1937 年间呈现出两大特征：一方面，民族工业在 30 年代初大幅下降甚至衰退，1935 年以后缓慢增长；另一方面，外资工业迅速发展，特别是日资工业在 20 年代末还不及欧美诸国的水平，到 1936 年却一跃超过其他国家，工业投资额占到整个外资工业的 56%以上。⑤ 武汉在 1927 年前有民族工业（包括较大的半手工业及手工作坊）600 余户，分布于纺织、碾米、印刷、机器等 20 多个行业。其后，由于政局影响，武汉工业停滞不前。直到 1933 年，符合《工厂法》规定的工厂恢复到 300—400 户，加上一些小厂，总数不下 500 家，约有资本 3000 万元。到 1936 年，工厂数增加到 516 户，有资本 5148 万余元，年产值 1.9 至 2 亿元，在全国各大城市中仅次于上海和天津。⑥ 青岛在 1926 年前约有近代工厂 90 余家，其中日商工厂占据多数，华商工厂仅为日商工厂四分之一。1932 年时有外商工厂 49 家（其中 40 家共有资本 7600 余万元），华商工厂 125 家（其中 118 家共有

---

① 中国文化建设协会编：《抗战十年前之中国（1927—1936）》，沈云龙主编：《近代中国史料丛刊续编》第九辑（0082），第 171—174 页。陆仰渊、方庆秋主编：《民国社会经济史》，第 372—375 页。
② 龚骏：《中国新工业发展史大纲》，商务印书馆 1933 年版，第 123—133 页。谭熙鸿主编：《十年来之中国经济（1936—1945）》，沈云龙主编：《近代中国史料丛刊续编》第九辑（0083—0085），第 78 页。
③ 刘大钧：《中国工业调查报告》上册，"第三编 工业分地略说"，经济统计研究所 1933 年版，第 10 页。
④ 徐新吾、黄汉民主编：《上海近代工业史》，上海社会科学院出版社 1998 年版，第 212—213 页。
⑤ 罗澍伟主编：《近代天津城市史》，中国社会科学出版社 1993 年版，第 505—510 页。
⑥ 皮明庥主编：《近代武汉城市史》，中国社会科学出版社 1993 年版，第 413—419 页。

资本1700余万元）。① 无锡工业在1929年有129家，资本1404万余元。1930年2月有工厂211家，资本1177万余元。而在另一项调查中，符合《工厂法》规定者为153家，有资本1217万余元。1933年前有纺纱厂7家、织布厂20余家、丝厂49家、袜厂50余家、面粉厂4家、榨油厂五六家、碾米厂10余家、砻坊10余家、铁工厂六七十家。②

  随着工业的发展和工业化水平的提升，城市化水平也有较大提高。众所周知，衡量城市化水平的一个重要指标是城市总人口数占全国总人口数比例的变动。但要在缺乏较为精确的人口统计资料的情况下做到这一点，显然十分困难。在这种情况下，通过不同时期、不同人口等级规模的城市数量的变化，从一个侧面揭示城市化水平的变化，成为一个行之有效的途径。相关统计资料显示，在1924年前，中国人口100万—200万的城市有3个（上海、广州、北京），人口50万—100万的城市有6个（杭州、天津、福州、香港、苏州、重庆），人口10万—50万的城市有41个，人口5万—10万的城市83个。③ 到1937年前，人口200万以上的城市有1个（上海），人口100万—200万的城市4个（北京、广州、天津、南京），人口50万—100万的城市有5个（汉口、香港、杭州、青岛、沈阳），人口10万—50万的城市有66个，人口5万—10万的城市有112个。④ 比较之下，人口100万—200万的城市增长33%，人口50万—100万的城市减少17%，人口10万—50万的城市增长61%，人口5万—10万的城市增长35%。上述城市中，上海、天津、武汉、重庆、青岛、郑州、石家庄、唐山等城市分别成为这一时期通商口岸城市、新兴交通枢纽城市和新兴工矿业城市中人口迅速增长的典型代表。上海1927年时有人口264.1万，1930年增至314.5万，1935年又增至370.2万⑤，1935年人口较1927年增

---

① 龚骏：《中国都市工业化程度之统计分析》，商务印书馆1934年版，第162页。刘大钧：《中国工业调查报告》上册，"第三编 工业分地略说"，第15页。
② 龚骏：《中国都市工业化程度之统计分析》，商务印书馆1934年版，第107—111页。刘大钧：《中国工业调查报告》上册，"第三编 工业分地略说"，第20页。
③ 阮湘等编辑：《中国年鉴》第一回，商务印书馆1924年版，第54—55页。
④ 顾朝林等：《中国城市地理》，商务印书馆1998年版，第76页。
⑤ 忻平：《从上海发现历史——现代化进程中的上海人及其社会生活（1927—1937）》，上海人民出版社1996年版，第40页。

长了40%。天津市区1928年时有人口112.2万,1935年增至123.7万,1936年增至125.4万①,1936年较1928年增长了12%。武汉三镇城区1928年时有人口85万,1930年突破100万,1935年达到129万②,1935年较1928年增长了52%。重庆1927年有人口20.8万,1930年增至25.3万,1936年增至47.1万,10年间增长了1倍多。③青岛1927年市内(仅含第一、第二警区及海西警署之大小港两分驻所)人口已达19615户,9.2万余人,1932年市区(大致包括第一、第二、第三、第四警区)人口已达49000余户,24.1万余人④,1932年人口数较1927年增长了162%。郑州1928年时有人口20513户,81360人;1930年时增至22433户,95482人;1934年又增至27892户,124377人⑤;1934年人口数较之1928年增长了53%。石家庄1926年人口约有4万人(含休门镇),1933年时增至6.3万人⑥,1933年较1926年增长了58%。唐山1926年人口约有4.8万,1931年时曾一度达到15万,1937年前约有人口7.8万⑦,1937年前较1926年时增长了63%。尽管上述统计数字并不十分精确,但这一时期城市化迅速发展应是不争的事实。

  工业化和城市化的迅速发展,使城乡背离化的趋势日益加剧,成为"破坏"乡村的最重要力量之一。首先,近代以来以工业化、城市化和现代化为导向的历史发展,基本上以"牺牲"乡村为前提。在近代史上,新工业和新都市的勃兴,"没有一个地方不是以农村劳动力被牺牲为代价"⑧。"这种发展受其自身所具各种特性的规定,会使农民大众所受的剥削越发加强,都市与乡村间

---

① 罗澍伟主编:《近代天津城市史》,第457页。
② 皮明庥主编:《近代武汉城市史》,第660页。
③ 隗瀛涛主编:《近代重庆城市史》,四川大学出版社1991年版,第398页。
④ 赵琪修,袁荣叟纂:《胶澳志》,台湾成文出版社据1928年铅印本影印,第231—276页。实业部国际贸易局编:《中国实业志》(山东省),丙,1934年,第9—10页。
⑤ 刘宴普主编:《当代郑州城市建设》附录之"郑州市城市建设大事记",中国建筑工业出版社1988年版,第336页。陈赓雅:《西北视察记》,申报馆1937年版,第472页。
⑥ 江沛、熊亚平:《铁路与石家庄城市的崛起(1905—1937)》,《近代史研究》2005年第3期。
⑦ 王先明、熊亚平:《铁路与华北内陆新兴市镇的发展(1905—1937)》,《中国经济史研究》2006年第3期。程昌志:《唐山市镇简述》,《市政评论》第3卷第14期,1935年7月16日。《北宁铁路沿线经济调查报告》,殷梦霞、李强选编:《民国铁路沿线经济调查报告汇编》第3册,国家图书馆出版社2009年版,第75页。
⑧ 钱俊瑞:《〈中国农村〉发刊词》(1934年10月),陈翰笙、薛暮桥、冯和法编:《解放前的中国农村》第二辑,中国展望出版社1986年版,第8页。

的矛盾越发深刻"①，在"大都市作了病态的繁荣"的另一极则是"农村相继破产"，"结果都市日愈繁荣，农村日益衰落"②，以至于"都市的繁华正成了农村破产表现的新姿态"③。其次，工业化、城市化所导致的乡村"发展危机"既是一种集中在乡村的区位性危机，同样也体现在社会结构或社会分层变动方面，并扰动了城乡之间人口的变动，"农民莫不纷纷离村，徙居都市，富者仍然享其舒适的生活，贫者改为工厂工人，农村组织因之破坏，国家基础逐渐动摇"。"今日农村破产，日益剧烈"④，另一面却是"工商业的发达，都市的发展"⑤。与此相应，社会分层结构的变化也很显然，"一方面发现旧地主的崩坏"，"另一方面产生了新起的地主。这些新起的地主，不是有雄厚政治背景的军人和官吏，便是和都市资本发生密切关系的商人"⑥。因此，农民所遭受的剥夺固然与地主直接相关，但整体上却更突出地体现为城乡区位性差异，即体现在城市（或具有城市背景）的商业资本或高利贷资本的强势压迫上。"农村副业的衰落，简直可置小农于死地……随着农村中商业资本与高利贷资本的侵入，一切农产物都卷入商品的旋涡，农民更逐渐趋于贫乏之途。"⑦再次，工业化、城市化发展造成的城乡剪刀差，也成为破坏乡村的直接因素。"工业品价格的上涨，一般说来，总是比农产品涨得快……因此形成了二者之间的'剪刀差'。"近代以来伴随着现代化进程的推进，乡村整体上"在物价高涨的现状下，依旧是都市经济的牺牲者"。面对持续的物价高涨，"农民唯一自卫的办法便是自动地减少他们的购买力……如果农民固执他们原来的消费量，那么他们一定会破产的"。

最后，在内忧外患政局中发生的国内战乱、匪患和自然灾害，也是"破

---

① 钱俊瑞：《目前农业恐慌中的中国农民生活》（1935年1月），陈翰笙、薛暮桥、冯和法编：《解放前的中国农村》第二辑，第199页。
② 蓝梦九：《农村复兴之路》，《中国建设》，第8卷第5期，1933年11月。
③ 千家驹：《救济农村偏枯与都市膨胀问题》，《新中华杂志》第1卷第8期，1933年4月25日。
④ 董汝舟：《中国农民离村问题之检讨》，钱亦石等：《中国农村问题》，中华书局1935年版，第69页。
⑤ 张岂文：《中国农村经济的没落与挽救方法》，《农村》第1卷第3期，1934年1月15日。
⑥ 钱俊瑞：《中国现阶段的土地问题》，陈翰笙、薛暮桥、冯和法编：《解放前的中国农村》第二辑，第196页。
⑦ 冯和法：《中国的农业经营》，陈翰笙、薛暮桥、冯和法编：《解放前的中国农村》第二辑，第563页。

坏"乡村的重要力量。在战乱方面，据统计，1912—1930 年间，中国每年都有战争发生。其中 1912 年有 1 省发生战争，1913 年增至 6 省，1916 年增至 9 省，1917 年为 5 省，1918 年为 9 省，1919 年为 2 省，1920 年为 7 省，1921 年为 7 省，1922 年为 10 省，1923 年为 6 省，1924 年为 8 省，1925 年为 13 省，1926 年为 15 省，1927 年为 14 省，1928 年为 16 省，1929 年为 14 省，1930 年为 10 省。① 频繁的战争使乡村经济遭到严重破坏。在 1927 年的一场战争中，"从驻马店到遂平车站，这四十里之间，沿着京汉铁路两边的五里之内，所有乡村，都是十室九空，有几个乡村简直是十室十空！""从大刘庄沿铁路北上，有一个叫做王庄的乡村，在从前，大约有七、八十家户口，这在农村中，实在是一个极大的乡村。但我们到这个乡村上的时候，立刻发觉了这个很大的而且风景很幽美的村庄，是一个'死的村庄'。""像这样一个村子，其人口至少也该有五六百人，但我们到这个村庄的时候，连鬼也找不见一个。"② 在匪患方面，尽管"一年以来，大小股之土匪几可在河北的每一个县中见到，甚至连天津北平附近之村庄也有被土匪占去者"③ 的说法不免有所夸张，但 1927—1937 年间河北省匪患严重，应是不争的事实。匪患对乡村商业的影响，亦显而易见。该省永清县信安镇"昔日为本县要镇之一，嗣受匪患蹂躏，苛杂剥削，一蹶不振矣"④。香河县刘宋镇 1926 年前商业颇盛，"自民国十五六年间遭匪洗劫，即一落千丈"，到 1935 年前后尚未恢复，仅有商号 20 余家。⑤ 青县兴济镇 1928 年时"土匪之多，较青县为尤甚，所幸保卫团训练颇佳，勉能维持治安，由是工商业受此影响，仅余一线曙光矣"⑥。新河县部分村镇 1929 年前因"地面不靖，土匪猖獗，架票勒索，层出不穷，于是市易减色，贩夫裹足"⑦。在自然灾害方面，据夏明方研究，仅旱灾一项，1920 年全国有 343 县受灾，1921 年有 172

---

① 章有义编：《中国近代农业史资料 1912—1927》第二辑，第 609 页。
② 章有义编：《中国近代农业史资料 1912—1927》第二辑，第 614 页。
③ 《崩溃过程中之河北农村》，《中国经济》第一卷，1933 年第 4—5 期。
④ 《北宁铁路沿线经济调查报告》，载殷梦霞、李强选编：《民国铁路沿线经济调查报告汇编》第 2 册，第 186—187 页。
⑤ 《北宁铁路沿线经济调查报告》，载殷梦霞、李强选编：《民国铁路沿线经济调查报告汇编》第 2 册，第 565 页。
⑥ 河北省政府建设厅编：《调查报告·第四编·工商》，1928 年，第 52—53 页。
⑦ 傅振伦等纂修：《新河县志》，台湾成文出版社 1968 年版，第 300 页。

县，1922 年有 168 县，1924 年有 122 县，1925 年有 257 县，1926 年有 144 县，1928 年有 668 县，1929 年有 533 县，1930 年有 411 县。自然灾害对乡村经济和社会结构产生了明显的"破坏"作用。①

总之，近代以来中国乡村的破坏，是西方列强入侵、国内政治腐败、战乱、匪患和自然灾害，以及单向度工业化、城市化进程等多种因素聚合的历史结果。但各种要素、触因的辐辏效应显然不是偶然的"巧合"，而是近代城乡背离化发展态势下的必然趋势。

三、从"农村立国"到"村治"主张

在卢作孚、梁漱溟等人明确提出"乡村建设"并对其内涵进行阐释之前，已经有相当多的"农村立国"或"村治"思想与主张提出。就现有史料而言，"以农立国"思想积极倡导者有章士钊，"村治"②思想代表人物有米迪刚、王鸿一、吕振羽、茹春浦等，这些思想、主张某种意义上也构成了乡村建设思想重要的思想资源。

章士钊（1881—1973），幼名永煮，字行严，别号孤桐等，湖南省善化县（今属长沙市）人，著名政治活动家和学者。章士钊早年曾就读于私塾，1898 年开始寄读于武昌两湖书院。1903 年 4 月，章士钊提出"废学救国"主张，5 月受聘为《苏报》主编，1905 年转而提出"苦读救国"主张，同年入东京正则学校专攻英语、数学等课程。1910 年开始发表介绍西方政治学说及评论国内政治的文章。1921 年 2 月，赴欧洲考察"一战"后的西方政治，同年 9 月回国。从1922 年开始，章氏先后发表了《文化运动与农村改良》《农村自治》《注重农村生活》《农国辨》《何故农村立国》等著作和演讲，一方面明确提出"农村立国"主张，另一方面提出以村为单位"改良农村"以实现"国治"的思想。鉴于这些主张和认识与米迪刚等"村治"派代表人物有相通之处，因此本书将其列为乡村建设思想代表人物之一。

---

① 参见夏明方：《民国时期自然灾害与乡村社会》，中华书局 2000 年版。
② 所谓"村治"，有"村本政治"和"乡村自治"两种理解，前者如王鸿一的《建设村本政治》，后者如吕振羽的《乡村自治问题》等。

在章士钊明确表达其"农村立国"主张之前,"以农立国"思想在中国已有相当长的历史,并对中国的历史进程产生了显著的影响。直到20世纪初,仍有不少有识之士提倡"以农立国"。如1901年,张之洞等人即在《江楚两制军条陈农政折》中指出:"中国以农立国,盖以中国土地广大,气候温和,远胜欧洲,于农最宜,故汉人有天下大利必归农之说,夫富民足国之道,以多出土货为要义。无农以为之本,则工无所施,商无可运。"①1902年,湖北巡抚等人分别指出:"农桑为立政之经,衣食乃养民之具。"②"农桑为立政之本,衣食乃养民之具。"③1904年《申报》刊载的《广蚕桑以兴利说》一文认为中国自古以农立国,"上之取给于民与夫民间之一切日用,无不仰赖于农",主张"广蚕桑以兴利"。④1907年,直隶省农会会长强调了农业在中国的重要地位:"惟农业则吾国固有之物,且属内政完全无缺,依生计学论,土地则广漠也,佣值则低减也。"⑤1912年中华民国成立伊始,财政部长陈锦涛即阐述了农林在国家强盛中的重要地位,"窃维立国之道,以民为本,养民之法,惟食为天。旷观古今,纵览宇宙,国势之强弱,商业之盛衰,恒视乎农业之兴废以为准"⑥。1920年,吕瑞庭发表了《农业立国意见书》,从十个方面阐述了其"农业立国"的主张。

然而,在20世纪初倡导"以农立国"的有识之士中,除了米迪刚等极少数人之外,绝大多数人强调的是"农业立国",直到章士钊将"农业立国"变为"农村立国"。1922年10月,章氏尚表示:"我们中国以农业立国,谁都知道的,欧西以工业立国,谁也知道的,无容再说。"⑦仅仅3个月后便又表示:

---

① 《江楚两制军条陈农政折》,《农学报》第162期,姜亚沙、经莉、陈湛绮主编:《中国早期农学期刊汇编》第7册,全国图书馆文献缩微复制中心2009年版,第673页。
② 《湖北巡抚端中丞饬地方整顿农务札》,《农学报》第188期,姜亚沙、经莉、陈湛绮主编:《中国早期农学期刊汇编》第10册,第11页。
③ 《安陆府钟祥县知县徐嘉禾禀》,《农学报》第188期,姜亚沙、经莉、陈湛绮主编:《中国早期农学期刊汇编》第10册,第15页。
④ 《广蚕桑以兴利说》,《申报》1904年8月17日。
⑤ 《直隶农会会长增方伯演说稿》,《大公报》1907年5月15日。
⑥ 《财政部长陈锦涛呈请筹设兴农殖边银行文》,《申报》1912年3月13日。
⑦ 《注重农村生活——章行严在甲种农业讲演》(1922年10月14日),《章士钊全集》第4卷,文汇出版社2000年版,第151页。

"故吾此次欧游所得之结论，乃中国宜保存农业立国之制，以后提倡农村，使一村自给自治。一村如此，一县一省莫不如此，乃农村制推行各省，国乃可治也。然以农村立国者，决不至如以工业者以生产有剩，竞争市场，而至血战不解也。"① 自此，章氏开始频繁使用"农村立国"代替"农业立国"。

在提倡"农村立国"的同时，章士钊初步提出了"改良农村"的设想，认为要"注重农业"，应"改良农村"，"把无产业的游民，一齐送田间去"，"士农应连成一气，达到握笔为士，罢笔为农"。② 同时应以村为单位改良农村，以最终实现治国的目标。"改良湖南，第一步须改良农村。改良农村方法，兄弟所理想的地方非常之小，顶好以村为单位，调查一村内农产物之出产额几何？如不足，则自外买入，多则酌量买（卖）出，概由公共管理，以资调剂。另发行一种纸币，流通本村，则一村之人都可以无衣食之虞。由此修筑通路，改良建筑，办小学及文明应有之机关，都可由公共买卖局设立。"③ 然后逐步将农村制由各县推行到各省，以达到"国治"④。

米迪刚出生于直隶省定县（今河北省定州市）翟城村。青少年时期曾十分仰慕范仲淹和吕和叔等人关于乡村问题的思想和学说。清末新政期间，定县创办中学，延聘贾恩绂"主讲坐"，米迪刚"遂入学受业焉"⑤。其间，米迪刚得到的"治一身时，则希望此身可以为一家之模范，治一家时，则希望此家可以为一村之模范，治一村时，则希望此村可以为一县之模范，治一县时，则希望此县可以为一省之模范，治一省时，则希望此省可以为一国之模范，治一国时，则希望此国可以为全世界之模范"这一心得，受到贾氏的"嘉许"。"自此以后，遂本兹志愿，力图进行。"⑥ 即便是赴日留学之时，米迪刚仍然对村治事宜"遥为筹措"。"然五六年间，不过粗具规模，迨学期届满回国，感

---

① 《在上海暨南大学商科演讲欧游之感想》（1923 年 1 月 23 日），《章士钊全集》第 4 卷，第 160 页。
② 《注重农村生活——章行严在甲种农业讲演》，《章士钊全集》第 4 卷，第 152 页。
③ 《文化运动与农村改良——在湖南教育会讲演记》（1922 年 10 月 8 日），《章士钊全集》第 4 卷，第 146 页。
④ 《在上海暨南大学商科演讲欧游之感想》（1923 年 1 月 23 日），《章士钊全集》第 4 卷，第 160 页。
⑤ 米迪刚：《余之中国社会改良主义》，尹仲材编述：《翟城村志》，台湾成文出版社 1969 年版，第 278 页。
⑥ 米迪刚：《余之中国社会改良主义》，尹仲材编述：《翟城村志》，第 279 页。

国家环境之日非，乃更决意专办此事。"①1914 年，他将翟城村事务交给三弟米阶平打理，亲赴绥远进行垦荒以建设新农村。其间，完成《第一次呈定县知事文》，指出："吾国社会经济，以农业为基础，由来已久，当此万国竞争之世，改良农民生计，发展社会经济，尤为当务之急。"1916 年返回天津后，"服务省会"，力倡划一全省"县治"和"村治"，其间又完成了《论吾人之天职》《余之中国社会改良主义》等著作；1920 年以后，因"知省政府之不足与有为也"，于是转而经营西北实业，同时闭门读书。其间又撰写了《绥西试办屯垦计划书》等著作。1924 年，米迪刚与王鸿一等人在北京成立中华报社，明确将讨论"中华民国根本改建问题"作为宗旨之一。1925 年春，米氏又完成了《中华民国建国方案说略》《东北试办屯垦意见书》等著作。这些著作大都被收入《翟城村志》一书，成为研究米迪刚"村治"思想的重要文献。在这些著作中，米迪刚提出了颇为系统的"村治"思想和"村治"方案，使其成为"村治"派和早期乡村建设思想最重要的代表人物之一。

米迪刚的思想，可以概括为以下五个方面：

第一，中国固有文化和社会以农村组织和家族制度为基础。米迪刚认为，中国固有文化之所以能够流传数千年而未中断，其中一个重要原因，便在于"服田力啬之农民，最为社会所推重，于是家族制度，农村组织，均相因以成，休养生息，涵煦于吾民族固有文化中者，且数千年，社会基础，牢不可破，非偶然也"②。因此，"古圣先贤，著书立说，明君良相，硕画宏猷，罔不于农民生聚，家庭教养，三致意焉"。这就使得道德伦常、典章制度以及一切文化，"属于家族农村者，且泰半焉"。基于此认识，米迪刚认为如果中国能够凭借社会固有规模"宜保守者保守，宜改良者改良，扩充而广大之，同时再将欧美各国近百年来所发明物质上之新文化取长补短"，那么二十年后，中国应能超过欧美各国。③

第二，中国国家政治以"农村"为根本。1916 年，米迪刚在《论吾人之天职》一文中指出："国家政治，千端万绪，其大纲有二，官治自治是也，而

---

① 米迪刚：《余之中国社会改良主义》，尹仲材编述：《翟城村志》，第 281 页。
② 米迪刚：《余之中国社会改良主义》，尹仲材编述：《翟城村志》，第 293 页。
③ 米迪刚：《余之中国社会改良主义》，尹仲材编述：《翟城村志》，第 300—301 页。

自治尤以初级之农村为本。……且以国家政治而论，如普及教育也，振兴实业也，征兵也，纳税也，调查户口清理田地也，及其他关于政治上社会上之一切事宜，均非初级之村落、自治发达而后，绝不能收美满之效果。"①1919年在《河北日报发刊小引》中又强调："村者，乃全国大多数聚族而居之地，为国家一切政治之根源，如普及教育、振兴实业、征兵纳税、户籍清丈诸大端，无一非以村为策源地。是村治之一级，其关系于国家之隆替，视省县为尤要也。盖国犹花木也，村落则犹花木之根，省县则其枝叶，通都大邑乃其花也。根不深者叶不茂，而花则更无鲜艳之望也。"②同时在《余之中国社会改良主义》一文中提出："农村之为物，一方为国家政治之根本，一方又为社会组织之基础，修明政治，固不能舍农村而他求，致入轻本重末之歧途，改良社会，更必须对农村特别注意。"③

在反复强调"农村"为"国家政治之根本"的同时，米迪刚还专门探讨了农村与民治主义及一切政治之关系。在农村与民治主义关系方面，他认为如能积极利用农村中的某些特长，"使其由消极的自治，进而为积极的自治，一转移间，则民治主义必风行全国，且异常巩固矣"④。在农村与选举关系方面，认为国家政治的根本改善，"全在农村，亦非为过，以欲得良政府须有良社会（按：此所谓政府者，兼指省县政府而言，非专指中央也），欲得良社会须有良人民，欲得良人民须有良农村也"⑤。在农村与财政之关系方面，指出国家财政和社会经济关系密切，认为中国经济基础"全在农产"，因此在国家财政亟待整理之时，"欲培养税源，如不对于农村三致意焉，庸有当耶？"⑥在农村与军政之关系方面，认为中国原有军队"滋内乱则有余，敌外患则不足"，根本改良途径只能是施行有限制的征兵制度，"按照法规从农村选举有身家之农民，充当兵役不为功。然欲施行此制，则事先在农村普及救急的社会教育，使农民

---

① 米迪刚：《论吾人之天职》，尹仲材编述：《翟城村志》，第268—269页。
② 米迪刚：《河北日报发刊小引》(1919年)，尹仲材编述：《翟城村志》，第222页。
③ 米迪刚：《余之中国社会改良主义》，尹仲材编述：《翟城村志》，第314页。
④ 米迪刚：《余之中国社会改良主义》，尹仲材编述：《翟城村志》，第311页。
⑤ 米迪刚：《余之中国社会改良主义》，尹仲材编述：《翟城村志》，第312页。
⑥ 米迪刚：《余之中国社会改良主义》，尹仲材编述：《翟城村志》，第313页。

咸晓然于今世立国之大本，实为至要"。①

第三，"村治"以"农村立国"为思想基础。米迪刚在其著作中，反复强调中国数千年来"以农立国"。"果图长治久安者，除以中国之道治中国外，无他道也。此中华报所以主张刷新东方文化，于传贤政体之下，施行考绩制度，以期治平之实现，而尤以划一全国农村为立国之本也。"②"吾国数千年来，以农立国，业农者占全国人民之最大多数，而尤以农村组织，为其安身立命之根源。欲改良社会，以谋多数人民福利，须从农村着手，前已言之屡矣。"③"吾国既以农立国，欲谋社会永久安宁幸福，固宜从农民方面着眼，即欲图振兴工商业，冀在世界经济界中占一席，亦应以发展农业为当务之急。而希望农业充分发展，尤非铁路四通八达不为功。"④"为今之计，惟有一面振兴工商业，以图对外，一面仍保我农业立国之精神，以巩固社会基础。"⑤以上文字表明，米氏对"农"的含义的理解有四个要点：其一，"农村"是"农"的最基本、最重要的含义。其二，由于农村经济的基础在农业，因此"农业"应为"农"的一部分。其三，"农民"亦应为"农"的应有之意，要"谋求社会永久安宁幸福"，应从"农民"着眼。其四，"农业"这个义项，更多的是用于将"农业"与"工商业"对举之时。由此，米氏将"以农立国"由"农业立国"扩展为"农村立国"，使其成为"村治"的重要思想基础。

第四，"村治"以"整理内地旧农村"和"建设边藩新农村"为主要形式。米氏认为，整理内地旧农村"虽千头万绪，而最要者则在就乡野间自然环境随在指点，触景生情，借以养成其优良之美感，提高其互助之良能，务使全体人民，因受适当教化，保持其本来浓厚之天性，不为恶风浊俗所污染，而道德观念，自油然而生"⑥。由此，农村自治便成为实现这一目标的一个重要途径。"农村自治，积极方面，急应兴办之特别要点，曰教育问题，生计问题，道德

---

① 米迪刚：《余之中国社会改良主义》，尹仲材编述：《翟城村志》，第314页。
② 米迪刚：《余之中国社会改良主义》，尹仲材编述：《翟城村志》，第286页。
③ 米迪刚：《余之中国社会改良主义》，尹仲材编述：《翟城村志》，第344—345页。
④ 米迪刚：《余之中国社会改良主义》，尹仲材编述：《翟城村志》，第339页。
⑤ 米迪刚：《中华民国建国方案说略》，尹仲材编述：《翟城村志》，第385页。
⑥ 米迪刚：《中华民国建国方案说略》，尹仲材编述：《翟城村志》，第377页。

问题。"① 在教育方面,米氏指出,最宜研究者为如何使全国人民均有享受相当教育的机会,"不致因个人一时处境不顺,遂至失学,酿成社会不平之乱源而已"。要解决这个问题,就必须从农村着手,预备教育费贷用储金。米氏基于其在翟城村十多年的实践,认为这是改良中国社会的"第一要着",同时提出了筹集储金及贷用偿还办法。② 在生计方面,一方面奖励移民垦荒,巩固边荒土地,振兴工业、发展海外贸易,另一方面要竭力提倡发展农村固有的生计,具体办法"除相度土质物产"外,还有改良农事、提倡副业、迅速颁布农村因利协社及各种产业协社条例,由农村自设金融机关等。③ 在道德方面,除学校教育外,还要特别提高村长的地位,使其"列于师长之林焉,全国士夫,以教化农村为进身之要路,则人民道德,犹不日进高明者,未之有也"。④ 建设"边藩新农村"则以"移民殖边"为最重要措施。米氏在《余之中国社会改良主义》一文中指出"移民殖边"的必要性为灾荒和战乱的影响,在其所附《上冯督办绥西试办屯垦计划书》中则做了进一步的发挥。米氏首先由"以农立国"这一立足点出发,从国家状况和社会状况两个方面申述了屯垦西北的必要性,"此就国家现状言,必须寓兵于农,实行屯垦,然后始可言裁兵,以整理国家财政也明矣"。"此就社会现状言,必须移民边荒,实行垦殖,然后始可言福民以巩固社会基础也又明矣"。⑤ 米氏进而提出了兴修水利和创设新农村等设想,"内地各省,苦于人多地少之人民,可以携其旧家族,创设新农村,以保其业农为本之固有精神,而徐图发展"⑥。其具体方案为:"约地两万顷,筹立一设治局……每一设治局,所辖地域以内,共组织新农村二百所,约有民户百家,则组设一新农村,略仿古井田制度,八口之家,授田百亩,惟八家同井之公田,则作为村有公产……以为办理全村一切公益事业之基本。"⑦

第五,"村治"以实现"国治"和改善"民生"为重要目标。 一方面,早

---

① 米迪刚:《余之中国社会改良主义》,尹仲材编述:《翟城村志》,第 325 页。
② 米迪刚:《余之中国社会改良主义》,尹仲材编述:《翟城村志》,第 316—321 页。
③ 米迪刚:《余之中国社会改良主义》,尹仲材编述:《翟城村志》,第 322—324 页。
④ 米迪刚:《余之中国社会改良主义》,尹仲材编述:《翟城村志》,第 324—325 页。
⑤ 米迪刚:《余之中国社会改良主义》,尹仲材编述:《翟城村志》,第 359—360 页。
⑥ 米迪刚:《余之中国社会改良主义》,尹仲材编述:《翟城村志》,第 369 页。
⑦ 米迪刚:《余之中国社会改良主义》,尹仲材编述:《翟城村志》,第 365 页。

在求学时期，米迪刚就萌生了由"村治"到"县治"到"省治"再到"国治"的认识。1924年以后，在其与王鸿一等人共同讨论完成的《治平书》上篇《治平原理》中，指出："欲求教养普及充分发达之良果，必先由传贤民主国体为之造因，此一问题也。而欲传贤民主国体得以达其真实得贤之积极目的，或制止传子之消极目的，又非先有略具教养雏形之全国划一组织之村治不为功。此又村治与国治两者互为因果，而另属为一问题者也。"①进而又提出："一般平民各踞其所出生之地域，直接组成村治，而后以全县之村治，变化一县之僵腐，以全省之村治，变化一省之僵腐，以全国之村治，变化一国之僵腐，各级治具治设备以此，传贤民主之产出以此，学治主义之实现亦即以此。……此即所谓村治与国治互为因果，因果相寻之谓也。"②基于上述认识，米迪刚于1925年春完成《中华民国建国方案说略》，提出了包括"农村立国"在内的12个问题。这12个问题大体可以归为基本指导思想及原则与具体制度设计两个方面。其中，基本指导思想和原则包括三点：一是明确提出了中华民国建国的标的，即"以中国固有文明为主，以欧美物质文明副之，建设政教合一，君师并重，凡我五族人民均能正德利用厚生之中华民国，为世界开一真正共和之先例（按：欧美今日所谓共和者非共和实共争也）"③。二是重申了"农村立国"这一基本原则，"吾国自古以农立国，数千年于兹，本源所关，尤在农村"④。三是尊崇"学治主义，以济法治之穷"⑤。在具体制度设计中，米氏从"农村立国"这一指导思想出发，分别就重农政策、工商政策、殖边政策、政治制度、财富分配制度、传贤政体、选举制度以及教育制度、军事善后制度、敬老制度等提出了自己的设想，形成了一个比较完整的建国方案，体现了其由"村治"达到"国治"的愿望。

另一方面，尽管米迪刚在其著述中很少使用"民生"一词，但却反复强调要解决"国计民生""发展平民生计""谋多数人民福利"，表明改善"民生"是

---

① 米迪刚：《治平书上篇治平原理第九章划一村治》，尹仲材编述：《翟城村志》，第244—245页。
② 米迪刚：《治平书上篇治平原理第九章划一村治》，尹仲材编述：《翟城村志》，第245—246页。
③ 米迪刚：《中华民国建国方案说略》，尹仲材编述：《翟城村志》，第373页。
④ 米迪刚：《中华民国建国方案说略》，尹仲材编述：《翟城村志》，第375页。
⑤ 米迪刚：《中华民国建国方案说略》，尹仲材编述：《翟城村志》，第398页。

"村治"的应有之义。由于米迪刚深受颜元等人的影响，而颜元等又反复批驳"几视谋国计民生者为大逆不道"的宋明理学①，因此米氏多次强调应从农村着手解决民生问题，"欲改良社会，以谋多数人民福利，须从农村着手，前已言之屡矣"②。他还"试就农村旧有生活状况，利用其相习成风之互助精神，酌定办法，略举数端，与有志发展平民生计者，一商榷焉"。其所举者，除前述预备教育费贷用储金、移民殖边等外，还有利用外资修建铁路这一项。"将来为调济社会，保障民生，大可利用运费之伸缩，操纵一切，甚至时机到来，即完全免费运输，亦殊易易，此记者所以主张由国家借用外资，提前建造全国铁路。"③

王鸿一（1874—1930），名朝俊，字黉一，以"鸿一"行世，濮州刘楼（今属山东省鄄城县）人，是晚清民国时期的革新派政治家、教育家、实业家和社会活动家。④王鸿一早年曾就读私塾并参加过科举考试。1900年到济南就读于省立高等学堂。次年公费赴日本留学并加入孙中山领导的革命组织。1903年回国后，创办菏泽县小学。1904年，在创办菏泽第一、第二公立小学之后，又先后创办巡警学堂、桑氏女塾、黄庵工艺局、自新学堂等。由于兴办教育成绩突出，他被委任为山东省提学使司学务公所视学员。1908年，就任曹州中学堂监督（即校长），次年创办保姆养成所，培训幼儿教师，开菏泽女子教育之先河。1912年，就任山东省教育司司长。同年设立善后局于曹州，教群众编织草帽辫，并在红船镇种桑养蚕。1914年，开始大力兴办实业，并提出"教养化之政治及教养化之教育，实为先务之急"。1916年，后到济南就任山东省议员，提出一面创设烟台、青州、东昌、济南等处渔业、蚕丝、棉业、矿务各项试验厂，一面由议会制定单行法规，在各县设立"劝业所"。1918年，赴察哈尔、绥远就移民垦殖问题进行考察。1924年，同米迪刚等人在北京组织中华报社，标明"东方文化"和"西北移垦"两大主义。1927年，创办《村治月刊》，提出到"乡村去，到边疆去"。1930年，王鸿一病逝⑤。

---

① 米迪刚：《余之中国社会改良主义》，尹仲材编述：《翟城村志》，第354页。
② 米迪刚：《余之中国社会改良主义》，尹仲材编述：《翟城村志》，第345页。
③ 米迪刚：《余之中国社会改良主义》，尹仲材编述：《翟城村志》，第339—340页。
④ 蔡应坤、邵瑞编：《毕生尽瘁为民生：王鸿一传略》，黄河出版社2003年版，第1页。
⑤ 《附录一：王鸿一年谱》，蔡应坤、邵瑞编：《毕生尽瘁为民生：王鸿一传略》，第97—100页；王鸿一：《三十年来衷怀所志之自剖》，蔡应坤、邵瑞编：《毕生尽瘁为民生：王鸿一传略》，第101—106页。

由于王鸿一"平日好谈事实,不好谈思想",因此留下的著作并不多。其中《三十年来衷怀所志之自剖》《伦理为文化重心案》《建设村本政治》《民主政治下考试选举两权并用之精神》《恢复民族自信力之研究》等集中体现了其"村治"的主要内容。除与米迪刚等人的相似之处外,王鸿一的"村治"思想还包括以下几个要点。

其一,王鸿一认为中国的政治建设,必须遵照国家现状,适应时代要求,"以历史上文化精神、政治原理,及进化原则为重要之根据",才能够挽救时弊,"奠定国基也"。①在王鸿一看来,中国的现状是经过三十年变法,却"民族日衰,文化日微,民生日蹙"。救国的根本大计在于进行健全应时的政治建设。中国的最高政治原理为"天下为公,选贤与能,讲信修睦,使人不独亲其亲,不独子其子,使老有所终,壮有所用,幼有所长,鳏寡孤独废疾者皆有所养,男有分,女有归,货恶其弃于地也,不必存于己,力恶其不出于身也,不必为己","政权公诸天下,治权付之贤能"。②因此,孙中山的民权主义应成为王鸿一进行村治建设的"标的"。

其二,王鸿一认为推行"村治"的原因有三:一是"村治"为实现全民主义的必由之路。"西洋虽有民主之制度,而无亲民爱人之精神,终至徒法不能以自行。吾国旧有政治之原理,而无详密确当之法度,终至徒善不足为政。惩二者之失,应时代之要求,根据教养原则,实现全民主义,舍建设村本政治,其道无由,可断言也。"二是中国自古以农业立国,全国人民十有八九生活在农村,形成天然的政治基础。"国家根本大致在农村,治道之正当起点亦在农村,则村本政治,乃为真正之全民政治。"三是"村治"可以运用选举和考试这两个民主政治的主要条件。"惟村本政治,一切权利,根本在民,政权操于民众,治权始于乡村……村之治权,则由村民直接选举本村贤良以治本村,并得直接参加。……换言之,惟村本政治,始可运用选举考试两种,以为选材之方法而谋治权之公开,民治基础,民权保障,胥是赖焉。"③

其三,王鸿一认为,"村治"应以"文化之伦理"和"教养"为原则,"以

---

① 王鸿一:《建设村本政治》,蔡应坤、邵瑞编:《毕生尽瘁为民生:王鸿一传略》,第119页。
② 蔡应坤、邵瑞编:《毕生尽瘁为民生:王鸿一传略》,第120—121页。
③ 王鸿一:《建设村本政治》,蔡应坤、邵瑞编:《毕生尽瘁为民生:王鸿一传略》,第122—124页。

伦理为本，以教养为用"①。一方面，人伦观念几乎是历代"不易之宪法"，社会共守的信条，在中国文化方面占有极重要的地位。中国的经济重心又在农业，因此"欲谋人民经济巩固，非先谋农业巩固不可，惟农业非一人所能担任，欲谋农业巩固，又非先有极安定极和谐之家庭不可"。而"农业社会之精神，全赖人伦维系之力"。②另一方面，"今后建设之方针，应确定一面由学术上积极阐发教养精神，而使学者憬然于推恩尽性，服务乡里之本分。一面由政治上积极实施教养原则……合学术思想政治制度二者，共同归宿于教养，植基于村本"③。

其四，王鸿一认为，"村治"应以"村制"和"村政"为主要内容。"村制者，规划农村组织及市区办法，制定村民行使四权规条及村市中一切规约是也。村政者，村市中一切设施是也。举其要：曰保持秩序，如保卫息讼等；曰增进生产，如农田、水利、森林及各种合作组织等；曰培养村风，如孝弟、勤俭、互助等；曰开通民智，如国家观念、世界大势、民族思想、民权使用等是也。"④

其五，王鸿一认为，"村治"以解决"贫民生计"即民生为主要任务。从日本留学归来后，王鸿一创办了黄庵工艺局，但又觉得"此项实业不能解决多数贫民生计问题，遂又改而提倡草帽辫"。其后又将"西北移垦"作为贫民生计的一条出路。经过长时间研究和考察，王鸿一认为解决贫民生计问题只有"内而提倡村治以增加生产（农田、水利、保卫、合作等皆属之，再以孝弟勤俭之精神养成村风尤为重要），外而提倡移垦以开发边疆而已"⑤。

吕振羽（1900—1980）⑥，名典爱，字行仁，学名振羽，湖南省邵阳市人，著名历史学家。吕振羽1916年就读于武冈县立中学，1921年就读于湖南省公立工业专门学校电机系，1927年赴日留学，入明治学院学习经济。⑦早在中学读书时，吕振羽就萌生了自治思想，曾任学生自治会会长。后又曾组织武冈

---

① 王鸿一：《三十年来衷怀所志之自剖》，蔡应坤、邵瑞编：《毕生尽瘁为民生：王鸿一传略》，第105—106页。
② 蔡应坤、邵瑞编：《毕生尽瘁为民生：王鸿一传略》，第109—110页。
③ 蔡应坤、邵瑞编：《毕生尽瘁为民生：王鸿一传略》，第125—126页。
④ 蔡应坤、邵瑞编：《毕生尽瘁为民生：王鸿一传略》，第124—125页。
⑤ 蔡应坤、邵瑞编：《毕生尽瘁为民生：王鸿一传略》，第105—106页。
⑥ 此据作者年表，吕振羽：《吕振羽集》，中国社会科学出版社2001年版，第413页；另有1901年出生说，参见李德芳：《民国乡村自治问题研究》，人民出版社2001年版，第95页。
⑦ 作者年表，吕振羽：《吕振羽集》，第413页。

"东四区学会",担任会长,1928年参加了《村治月刊》的筹备和出版工作,1929年底辞职。① 其"村治"思想集中体现在《乡村自治问题》等著作中。

首先,吕振羽认为,国家政治的基础为社会的实体和民众的心理,而社会的基础又是人民,"地方的自然区域(农村)或职业团体,是社会团体的基础,人民自治,就是把国家政治的重心,放在这个社会的基础上面,使全社会的人民为国家政治的原动力"②。

其次,吕振羽认为,乡村自治既是民众自动的一种社会组织,又是国家一种正式的行政组织。其实现步骤分为两步:第一步,政府帮助人民完成自治方面的各种设施和训练;第二步,等到人民的自治能力和技术均有相当训练,能形成健全的自治组织时,人民成为完全的自治成员,成为国家政治的主动者,国家政治组织则退为被动机关。③

再次,吕振羽指出,乡村自治与交通发展、乡村经济和乡村教育均有极为密切的关系。在交通方面,吕振羽认为以道路最为重要,其中村与村之间,应"由政府协助地方自治机关敷设乡道,使各村互相联络"。在乡村经济方面,由于改良乡村的首要问题是经济问题,因此又要解决好三个问题,即"要固定农村本身的经济基础","要建设农民之共同的经济关系","要救济贫乏"。然而,这三个问题的解决如果完全依靠国家力量,则"或者定要使我们失望",因此"顶可靠的,还只能从农村本身上去设想,才有所保证"。④ 在乡村教育方面,"普及民众教育,提高人民程度,为自治前途之生死关键",因此,"只要民众教育能够普及,人民的程度自然便渐渐的增高,社会的文明也自然随着就增进了,乡村的自治或民权运动的问题,便容易解决"。⑤

复次,吕振羽认为,乡村自治应是实施三民主义的具体办法。乡村自治"是三民主义的乡村自治,乡村自治从三民主义的原则之下产生出来,乡村自治的原则,包含民族民权民生各自的实施上的一点具体办法,乡村自治的作

---

① 李德芳:《民国乡村自治问题研究》,人民出版社2001年版,第95—96页。
② 吕振羽:《由现代民主政治之一般的矛盾说到人民自治》,《村治之理论与实施》,北平村治月刊社1932年版,第31页。
③ 吕振羽:《乡村自治问题》,《村治之理论与实施》,第113—114页。
④ 吕振羽:《乡村自治问题》,《村治之理论与实施》,第127—128页。
⑤ 吕振羽:《乡村自治问题》,《村治之理论与实施》,第131—132页。

用,在创造民族的文化,实现民权的政治,发达农村的经济"①。

最后,吕振羽提出,理想中的"自治村",组织上以村民大会为全村最高权力机关,下设村自治公所,自治公所之下分设村理事会、经济合作委员会、教育董事会等。②

除米迪刚、王鸿一、吕振羽三人外,茹春浦亦就"村治"提出自己的设想。他首先认为"村治"是村本政治的简称,进而论证了"村治"与政治制度、村治与各派社会主义、村治与新村等之间的关系,最后强调了三点:"一、村治为以一县为自治单位之最高组织的基础。二、村治为适合于中国国情民性之一种组织,为恢复中国民族精神之唯一的方法。同时即为适合时代进化之最高政治原则。三、村治为实行三民主义之起点,又为三民主义成功之终点。"③

作为中国"乡村自治的起点"的翟城村治,在实践上对山西村治、云南村治等产生了不同程度的影响。④ 而作为"村治"思想的重要代表人物,米迪刚、王鸿一等人的"村治"思想,尤其是其共同讨论完成的《建国刍言》等著作及其主张,对作为"乡村建设"派代表人物的梁漱溟等人的思想产生了明显的影响。⑤ 例如,梁漱溟在《主编本刊(《村治》)之自白》一文中写道:

> 所以十三年(1924 年。——引者注)间,鸿一先生连合米迪刚先生创办《中华报》,请尹仲材先生为主笔,组织一研究部,要从这个意思讨论得一具体建国方案,……出一本《建国刍言》:内容先谈原理,后提出一《中华民国治平大纲草案》。其中很有些伟异的识见与主张,——大纲上第一条规定了传贤民主国体,第二条规定了农村立国制,我颇点头承认;然我总不敢信,就是这样便行。

《治平大纲》共十七条,每条于条文之前有一小题目。其目如下:民主传贤国体,农村立国制,村治纲目,县治与省治之宾兴事项,选贤与传

---

① 吕振羽:《乡村自治问题》,《村治之理论与实施》,第 142 页。
② 吕振羽:《乡村自治问题》,《村治之理论与实施》,第 134 页。
③ 茹春浦:《村治之理论与实质》,《村治之理论与实施》,第 59 页。
④ 尹仲材编述:《翟城村志》,第 210—244 页。
⑤ 关于米氏思想对梁氏的其他影响,可参见李德芳:《民国乡村自治问题研究》,第 104—105 页。

贤，考绩制，中央行政，省行政，县行政，均田制度，因利的金融制度，公营的营业制度，工商制度，礼俗，军制，度支，附则。内容卤莽灭裂，在所不免，然亦自有难能可贵之处。①

这两段文字清晰地反映出梁氏部分地认同了米迪刚、王鸿一等人的主张。

梁漱溟又在《乡村建设理论》一书中写道："作乡村运动而不着眼整个中国问题，那便是于乡村问题也没有看清楚，那种乡村工作亦不会有多大效用。须知今日整个中国社会日趋崩溃，向下沉沦，在此大势中，其问题明非一乡、一邑或某一方面（如教育一面、工业一面、都市一面、乡村一面等)，所得单独解决。所以乡村建设，实非建设乡村，而意在整个中国社会之建设，或可云一种建国运动。"②这也清楚地表明，梁漱溟在通过"乡村建设"来实现中国建设的路径选择上与米迪刚、王鸿一等人颇为一致。

综上所述，章士钊、米迪刚、王鸿一等人的"农村立国"思想和"国家的根本在农村"等认识以及"建国"主张，对梁漱溟的"新中国建设是以乡村为本位的社会"③等思想产生了直接的影响。而王鸿一、茹春浦等人对"三民主义"特别是"民生主义"的强调和重视，则既是对孙中山建设思想的继承，又与梁漱溟等人重视民生和地方自治等思想颇为一致。就此意义而言，米迪刚、王鸿一等人的"村治"思想不仅是"乡村建设"思想的重要渊源之一，而且是孙中山建设思想和"乡村建设"思想之间的一个重要的中间环节。

其实，在思想家与知识分子对于中国乡村发展路向的重新思考和探索的同时，各种救治乡村、改造乡村的社会实践也相继展开。与思想认识的转向相呼应，他们"知行合一"的具有社会实验价值的乡村建设活动，也构成了乡村建设思想形成的重要社会基础。

---

① 梁漱溟：《主编本刊（《村治》)之自白》，《梁漱溟全集》第 5 卷，第 15—16 页。对照前文所引《翟城村志》一书中之《治平大纲》可知，《梁漱溟全集》中"县治与省治之实与事项"的"实与"二字，系"宾兴"之误。
② 梁漱溟：《乡村建设理论》，《梁漱溟全集》第 2 卷，第 161 页。
③ 梁漱溟：《中日农村运动的异同及今后中国乡村建设之动向》（1936 年)，《梁漱溟全集》第 5 卷，第 923 页。

四、沈定一与东乡自治

沈定一（1883—1928），本名宗传，字叔言；辛亥前后改名定一，字剑侯；流亡日本时将寓所取名"玄庐"，后多以"玄庐"为笔名发表文章。浙江萧山（今杭州市萧山区）人，生于福建顺昌。8 岁进家塾，19 岁中秀才。1903 年，沈定一通过出资助赈，捐得云南楚雄府广通县知事一职。当时清政府刚签订《辛丑条约》，政治腐败，列强侵略日深，他决心效法维新志士，做出一番为国利民的事业。

云南是偏僻之区，广通更贫瘠闭塞，沈定一为开通风气，剪发便服，单骑上任，滇人见之新奇。到任后，将兴办教育视为县政急务，利用庙宇广开学堂，置办教具书籍，聘请有革新思想的人士执教，所需费用均由他负担。并多方劝导乡民子弟入学，贫寒学生之部分膳宿费由学校提供，每名学生每月发给若干津贴。此外，还招募团练，减免赋税，省讼简政，可谓治绩卓然。后又任武定知州、省会巡警总办等职，在任期间惩治恶吏，革除陋习，严禁赌博，提倡卫生。1905 年，经蔡元培介绍，在日本东京加入同盟会。1907 年，因协助同盟会发动河口起义而被清廷通缉，流亡日本。不久归国，正值浙江人民拒款保路运动高潮，以股东代表身份上京请愿，竭力反对清政府的卖国行径。

辛亥革命爆发后，沈定一参加了陈其美领导的上海起义，为光复上海立下大功。随后招募革命青年 1300 余人，在沪成立"中华民国学生军团"，沈自任军团长，军团所需军服及其他开支，除由团员自筹一部分外，全由其出资解决。学生军对维护非常时期沪杭地区的社会安定，起到了一定的作用。1912 年 1 月，光复后的浙江省成立临时省议会，沈定一被选为议员，并担任议会法律审查股副股长，在参与制订《浙江军政府临时约法》的过程中，提出了许多进步主张。他还在上海发起成立"公民急进党"，以"养正锄非，化私就公，巩固民权，发展民意，各尽公民天职，造成完全共和国家"为宗旨，在沪、浙等地发展组织。

"二次革命"爆发后，沈定一多次策动浙省议会议员，劝说浙江都督朱瑞实行独立，同时又在南京、上海等地联络同志，协同反袁。朱瑞将沈定一的言行密告袁世凯，袁即严令逮捕究办，沈定一遭通缉，被迫再次流亡日本，省议会被解散，公民急进党总部被查封。1915年1月，日本政府以支持袁世凯称帝为条件，提出灭亡中国的"二十一条"。沈定一召集留日学生共商对策，决定成立"留日学生总会"，他被推举为总干事，并筹划全体留日学生返国施压，以断绝中日邦交。他的活动引起日本政府的敌视，遭到刑警的严密监视，于是与刘大白等9人秘密前往新加坡，半年后转赴荷属苏门答腊，在日里棉兰担任华侨所办的《苏门答腊报》主笔。

1916年6月6日，沈定一在袁世凯死去的当天回国，不久当选为第二届浙江省议会议长。同年12月，浙江军政界发生内讧，督军吕公望和警察厅长夏超为争权夺位，冲突不断升级，段祺瑞趁机派杨善德、齐耀珊到浙主政，以期直接控制浙江。沈定一持"浙人治浙"观念，对此极力反对并与杨、齐开展斗争，触怒了军阀当局，因而受到长期监视，被迫于1917年6月底避居上海。

五四运动爆发后，沈定一立即投身上海各界的声援活动，甚至亲自领导工人罢工，还发电号召浙江人民力救危亡。1919年6月，他和戴季陶等人在沪创办《星期评论》，该刊以介绍和研究社会主义，特别是世界和中国的劳工运动而获盛名。沈定一作为主编之一，同时也是该刊的重要撰稿人，发表诗文共计124篇，他还是《民国日报》副刊《觉悟》杂志的主要撰稿人。他的作品大多以中国的国家、社会、阶级、妇女解放问题以及外国的劳工运动等为题材，试图唤醒民众，启发民智，寻求中国的出路。

1920年5月，陈独秀、沈定一、陈望道、邵力子、俞秀松、施存统等人在沪成立马克思主义研究会。7月19日，他们在沪举行会议。会上，沈定一坚决赞成成立中国共产党。8月，中国共产党上海早期组织成立，沈定一系该组织成员。8月15日，上海党的早期组织创办《劳动界》周刊，沈定一是编辑和撰稿人之一，其间还参与指导上海的工人运动。1921年2月，他在广州创办和主编了《劳动与妇女》。在这些刊物上，他发表了大量宣传马克思主义学说的文章。

革命的实践使沈定一逐渐认识到农民运动的重要性。1921年4月，他回到家乡萧山衙前，着手开展农民运动。他仿照城市中办夜校组织工人的做法，创办了免费招收贫苦农民及其子弟的衙前农村小学，并聘请了浙江第一师范的进步师生刘大白、宣中华、杨之华等来校任教。学校不仅向农民传授文化知识，还宣传革命道理，俨然成为发动和团结衙前农民的革命中心。在广泛宣传发动的基础上，1921年9月27日，衙前农民协会成立，这是中国第一个农民协会，沈定一为协会起草了《宣言》和《章程》，明确提出土地归农民所有和减租减息的主张，并阐明协会与田主地主立于对抗地位。衙前农民协会的成立得到附近农民的热烈响应，短时间内萧绍平原上就出现了82个农民协会，11月底，还在衙前成立了农民协会联合会。农民运动的勃兴，引起地主豪绅和统治当局的恐慌和仇视，农民协会终遭血腥镇压，农民领袖李成虎被捕并死于狱中。

1923年8月，沈定一作为"孙逸仙博士代表团"的成员访问苏联，年底回国后，即以个人身份加入了中国国民党。1924年1月，出席在广州召开的中国国民党第一次全国代表大会，并当选中央执行委员会候补委员。会后，与宣中华等人回浙筹建国民党各级党组织，3月，浙江临时省党部成立，沈定一身兼执委常委二职，是临时省党部的主要负责人。

然而此时沈定一的思想却发生了巨大变化，1925年1月，他参加了在上海召开的中国共产党第四次全国代表大会，在会上公开反对党的国共合作路线，遭到与会代表的严肃批评。在同年5月召开的国民党一届三中全会上，他支持戴季陶鼓吹的所谓"纯粹三民主义"，被中共中央开除党籍。不久，沈定一沦为"西山会议派"，极力反共、反苏，破坏国共合作。1927年6月，他被南京国民党中央任命为浙江省改组委员会委员兼秘书长及浙江省清党委员会主任委员，负责浙江的清党工作，其间虽试图避免血腥屠戮，但仍有数百人被捕。同年8月，宁汉合流，桂系势力膨胀，蒋介石被迫下野，汪精卫退回广州，"西山会议派"得势，沈定一被任命为中央农民部委员和浙江省临时党部特派员，达到其政治生涯的顶点。然而蒋介石很快就卷土重来，"西山会议派"在权力斗争中失败，沈定一不得不辞职返乡。

沈定一素来主张"三民主义之实现，必须努力于地方自治法的实行"，因此在回乡后即开展自治实验。1928年2月6日，他在衙前成立村自治会，四个月后又扩大范围成立萧山东乡自治会，所辖地域占萧山面积的三分之一左右。

8月28日,沈定一在衙前车站遇刺身亡,其曲折的一生落下帷幕。①

(一)东乡自治的始末

萧山东乡位于钱塘江口南岸,其三分之二的土地凸出于钱塘江中。有北海塘横贯其间,土地分塘外、里畈二部。江水一涨,塘外往往尽成泽国,故沿江多为面积不定的沙涂。据1929年的调查,全乡共有可耕土地483000余亩,居民53032户,总人口241237人。②

东乡自治的基础是各类民众团体,而初期工作则几乎全由国民党员承担。东乡原有区党部2个,区分部11个,党员200人左右。为了满足自治事业的需要,从1927年10月1日到1928年2月10日,沈定一在第二区和第六区党部举办了党务训练讲习班,并亲自执教,其妻王华芬任校长。讲习班共有三期,200多名热血青年接受了培训,成为自治事业的生力军。③

尽管沈定一在1921年领导的衙前农民运动以失败告终,但东乡民众在那时就已受到充分的组织和训练,因此在1927、1928年间,在国民党的指导下,东乡的民众运动蓬勃发展,各类民众团体纷纷成立。计有村农民协会30个,其中衙前农民协会规模最大,有会员2830人,最小者也有八九百人,全乡会员总数达3万余人;商民协会11个,共有会员约2000人④;工会组织包括建筑业工会、交通工会、成衣业工会、脚夫工会、苞业工会等,有会员千余人;妇女协会8个,会员约500人。此外还有儿童会,受国民党萧山县第二区一分部监督指挥,将6—14岁的儿童也组织起来。⑤国民党地方组织的发展,及其领导下的民众团体的兴起,为东乡自治奠定了基础。

1928年2月6日,沈定一首先发起成立了"衙前村试办乡村自治筹备会",

---

① 关于沈定一的生平,参见史明:《沈定一事略》,《萧山文史资料选辑》第1、3辑,萧山市政协文史工作委员会1988、1989年。〔美〕萧邦齐:《血路:革命中国中的沈定一(玄庐)传奇》,江苏人民出版社1999年版。陈功懋:《沈定一其人》,《浙江文史集粹》第2辑,政治军事卷(下),浙江人民出版社1996年版。侯桂芳:《中国共产党早期党员沈定一》,《上海党史与党建》2003年8月号。
② 孔雪雄编著:《中国今日之农村运动》,中山文化教育馆1934年版,第327页。
③ 〔美〕萧邦齐:《血路:革命中国中的沈定一(玄庐)传奇》,第205—206页。
④ 孔雪雄编著:《中国今日之农村运动》,第330页。
⑤ 王雪园:《萧山东乡自治概况》,《再造》1929年第30期。

在成立宣言中，他指出，数千年来专制巨石压迫着中华民族的自治种子，清末以来的地方自治运动，"不过是石上的青苔绝对不是民众本身的自治萌芽，这些青苔，一方面点缀了自治，欺骗民众；一方面更给土豪劣绅一个新的地位，加紧地压迫民众榨取民众"。而"革命的春雷，不容许民众再蛰伏于'理乱不知，黜陟不闻'的地位"，革命不只是消极的破坏，更是要用社会的力量促社会的进步，即实现自治。他特别强调党对自治的领导作用，认为各个不同职业不同地位的民众团体，必须在政治的密切组织下发生不可分离的关系，"这个关系的中心，在训政时期，必须一切受命于党"。因此试办衙前村自治，是在县党部核准之后举行，在区分部指导下实施，其目的"不单是使一般民众得到实际的团结机会，并且要在自治的设施上救济我们的穷困，振拔我们的愚鲁"①。

根据《衙前村自治会章程》，村自治筹备会由农民协会、建筑工会、妇女协会、商民协会和农村小学各选派代表组成，其中衙前村农民协会和新林周农民协会各3人，其余团体各1人。筹备会受国民党萧山县第二区第一区分部的指导和监督，其自治事项包括：清查户口及财产；筹备乡村经济组织；测量土地，估定地价；修筑道路及设备各种交通机关；垦殖荒山旷地；改良农田水利，保护森林；建设学校。该会由筹备员中互选3人组成执行委员会，执行村民大会及全体委员会的决议。②执委会下设统计、建设、教育三股，股下设有局处。③筹备会的成立，使"农民情绪的紧涨，高至极点，一种从来未有的热烈空气，布满衙前"④。

衙前村自治推动了全东乡的自治。1928年6月8日，由沈定一发起，召开了国民党萧山县第二、六区党部党员联席大会，会上议决了《萧山东乡自治会组织法》《萧山东乡自治会条例》及《乡自治指导委员会组织法》，并当场选出乡自治会委员5人，指导委员5人，东乡自治会就此成立。东乡自治的范围，东南至绍县，北至钱江中流，西至县城东门外东阳桥，西南至大通桥与南乡为

---

① 孔雪雄编著：《中国今日之农村运动》，第331—333页。
② 孔雪雄编著：《中国今日之农村运动》，第342—345页。
③ 孔雪雄编著：《中国今日之农村运动》，第353—354页。
④ 林味豹：《衙前印象记》，《中国农村》第1卷第7期。

界，共计衙前、钱清、瓜沥、长巷、仁化、坎山、南阳、西仓、靖江、头蓬、赭山、义盛、新湾、党湾、蜀山等15个村自治区①，约占萧山全县面积的三分之一。东乡自治分为乡自治和村自治两级，乡自治会为最高权力机关，受区党部直接指导；村自治会为基本组织，受区分部指导监察，受乡自治会指挥。在15个村自治会中，除衙前村自治会先于乡自治会成立外，钱清、瓜沥、南阳、仁化、靖江等村自治会在1928年内成立，坎山、长巷、赭山、西仓、头蓬等村自治会于1929年相继成立，其余各村虽由乡自治会派出指导员宣传筹备，但直到东乡自治结束时也未能成立。②

根据《萧山东乡自治会组织法》，组织完竣后的乡自治会，其权力机关应包括：（1）乡民大会，由各村自治村民组成；（2）各乡代表大会，由各村民众团体代表组成；（3）全体委员会，由各村自治会全体委员选出9名代表组成；（4）执行委员会，由全体委员互选执行委员3人组成。其职权包括：组织村自治会，指挥村自治会工作；整顿全乡水利、交通事宜；发展全乡农工商业，改善民众生产境遇；组织全乡经济合作；组织、训练、监察全乡治安、卫生及警备；管理、调整、发展全乡粮食；发展全乡教育事宜；指挥、归纳各村的调查和统计。③东乡自治会成立伊始，分设计、总务、调查三股，工作机关最初有东乡水利局、东乡区公款公产委员会、东乡医院、萧山县教育委员会东乡分会及南沙育婴堂，前三者系新成立，后二者乃旧有组织而新归入。④而事实上，由于人员有限，事务纷繁，一切又都是草创，没有前例可循，所以乡自治会起初并没有完备的组织充分发挥效力，一切事务仍集中于衙前村自治会。⑤

衙前村自治会和东乡自治会的工作人员，最多时达二百多人，经常工作者亦有五六十人，其中大多是国民党员。根据曾亲身参与自治工作的孔雪雄的记载，工作人员个个精神奋发兴趣浓郁，除了白天的工作，晚上还要担任小组会的指导员。每天有几十处地方开小组会，所谓小组会，是召集一个小村庄的

---

① 孔雪雄编著：《中国今日之农村运动》，第334页。
② 《萧山县志》，浙江人民出版社1987年版，第684页。
③ 孔雪雄编著：《中国今日之农村运动》，第347—348页。
④ 孔雪雄编著：《中国今日之农村运动》，第387—388页。
⑤ 孔雪雄：《沈定一先生及其主办的乡村自治》，《乡村建设》第2卷第7—8期合刊，1932年10月21日。

村民或几个小村庄的同业者，或解决问题，或处理纠纷，或教授知识。工作人员之间相互平等，没有职位高下之别。而一位参观者则如此描绘当时的景象："走来走去都看见若干自治机关和民众团体的牌子，就中一所比较大的房子门口悬着一个牌子，是农村宿舍。走进这所房子，就可以遇到几十个青年在那里，做文章的做文章，画表册的画表册，三个五个坐在大树底下讨论党义的也有，十个八个围在一张圆桌周围计划工作的也有。他们很忙，但是每个人脸上都带着无邪的愉快。他们做的也是政治生活，却没有一个谈到——甚至于想到策划或机谋。你问他们什么，他们就一五一十地尽其所知所做通盘告诉你。……在这宿舍里常可以遇到多少短裤赤脚的农民，叼着长烟管和平而天真地和他们讨论那里的沙田将要被水淹没应如何救济，那里的新蚕种试验成功，应如何推广这一类的事。"① 他们几乎是无偿工作，或只需伙食不领薪水，或只支取必需的生活费。②

普通工作人员能如此富有工作激情，在很大程度上是受到沈定一的精神感召。沈定一对于东乡自治事业倾注了大量心血，那位参观者提到的农村宿舍原本是沈定一的家，他无偿地贡献出来，其中容纳了农村小学、萧山县教育委员会东乡分会、虎春阁书报社和国民党萧山县第一、二区党部。③ 沈定一和其他青年们一样住在宿舍里，他每天亲自分配工作，并常常担任小组指导员。那位参观者这样写道：

> 不管你是哪里来的访问者罢，一遇到了沈定一先生，他就会滔滔滚滚地和你谈他们实行自治的经验和计划。他永远是元气淋漓滔滔不倦，他和一个人谈话所用的精力和声音也像是对了几十个人那样诚挚，那样响亮。他能叫你相信那些话是从心里说出来的事实报告，不是宣传。他能叫你听两三点钟忘了厌倦。你听他剖析一件小事的利弊——譬如怎样挖掘一条小沟可以把山泉引到某一方小小的旱田去灌溉，譬如要怎样才能使得托儿园的保姆能教导儿童喜欢清洁，等等，你也许会嫌他过于琐碎，但你不能

---

① 孔雪雄编著：《中国今日之农村运动》，第335页。
② 孔雪雄编著：《中国今日之农村运动》，第336页。
③〔美〕萧邦奇：《血路：革命中国中的沈定一（玄庐）传奇》，第213页。

不佩服他的精细；你见他激昂壮烈的谈打倒土豪劣绅，你见他兴致勃发的谈到如何把地方自治由那弹丸之地的一个乡村扩充到全省全国，你真可以误认他是一个初出茅庐的青年。①

"吾曹不出如苍生何？"的确，沈定一所表现出的改造社会、改善民生的强烈使命感与责任感，以及巨大的勇气、魄力与热情，是令人无比钦佩的。他曾为东乡自治会题词："填海底，削山头，把大地打匾锤圆，请自乡始！扫文盲，换穷骨，为群众谋生设教，不让人先！"②在遇刺前一个月，沈定一仍踌躇满志，欲"罄毕生之力，以从事于乡村自治"③。

随着东乡自治声势的一天天壮大，外界的猜忌和攻击也一天天猖狂。竟有人将衙前村自治会消防队的木棍架拍了照，诬为沈定一训练农民自卫军所用的枪架而向南京方面报告。森林局在山上建造纪念碑，又有人造谣称是沈在建造炮台，意图不轨。④这些谣言或许不值一驳，但沈定一大张旗鼓地从事乡村自治，领导群众运动，已经使某些当权者感受到了威胁。此外，还有几个问题困扰着自治实验，其中最大的问题是物质资源的匮乏。由于得不到省党部和省政府的批准，所以从省里得不到任何资助。尽管根据自治条例，自治会受相应国民党区党部区分部的指导和监督，但也没有任何财政支持。而沈定一的私人财产业已消耗殆尽，无法持续提供财力支持。⑤为了筹集自治经费，自治会采取了各种方法：对于修筑堤坝、改良蚕丝等特别建设，临时发行地方公债；其他日常开支除原有地方公款外，由各民众团体分摊，尤以农民协会分摊最多；农户每亩缴米3升于农民协会以补充会费，仅衙前农民协会一处就得米三四百石之多，作为村自治会工作人员一年的口粮绰绰有余。自治会原计划完成土地调查后即征收地价税，这项收入除向县政府缴纳粮税外，全部作为地方自治经费。但直至东乡自治结束，仅完成衙前村的调查，因而并未实行。⑥除了物质

---

① 〔美〕萧邦奇：《血路：革命中国中的沈定一（玄庐）传奇》，第214页。
② 孔雪雄编著：《中国今日之农村运动》，第340页。
③ 《沈定一致张蔡蒋戴痛论党政书》，《再造》第15期。
④ 孔雪雄编著：《中国今日之农村运动》，第339页。
⑤ 〔美〕萧邦奇：《血路：革命中国中的沈定一（玄庐）传奇》，第218页。
⑥ 孔雪雄编著：《中国今日之农村运动》，第336页。

资源的匮乏，沈定一的权力基础——国民党各级党组织，逐渐落入 CC 系的控制，这也给自治事业带来了诸多不便。①

1928 年 8 月 27 日，沈定一赴莫干山与戴季陶、张继、朱家骅、周柏年等人商讨地方自治工作，次日下山返乡，在衙前汽车站遇刺身亡。沈定一遇害后，东乡自治会呈请省政府免办村里制，继续开展自治实验。12 月 7 日，浙江省政府第 185 次会议决定，"准予继续试办一年，他处不得援以为例"②。东乡自治会遂特聘省内外热心地方自治者多人，组成萧山试行地方自治设计委员会，以代替乡自治会设计股工作。委员会制定了《东乡自治会章程》，该章程进一步明确了乡民的民主权利，规定："凡住居本乡满二年以上，不分男女，年在十八岁以上（优秀者不在此列），均有选举权、创制权、罢免权、复决权"；"凡住居本乡满二年以上，确尽地方义务或义务代价者，均得享受自治团体之权利，其年老残疾未成年之人不在此列，妇女在孕育期内得免一年之义务。"③依照章程先后设立了户籍、地籍、教育、实业、财务、社会、水利、道路、息争、粮食、运输等十一局。1929 年 6 月奉民政厅令裁并各局，重行改组，仅设户地、教育、建设、财务四局。④是年底，省政府以"法令所关，碍难长此特异"为由，取消东乡自治会及一切民众组织，改行区乡镇制，东乡自治就此结束。⑤

（二）东乡自治事业概况

东乡自治时间虽然短暂，但其乡村建设的基础性内容却很丰富。简要而言，主要有以下几个方面：

1. 户口调查

根据孙中山所订《地方自治开始实行法》，清户口为第一步工作，且户口调查能为各项建设方案提供依据，故东乡自治以户口调查为开端。这项工作开

---

① 〔美〕萧邦奇：《血路：革命中国中的沈定一（玄庐）传奇》，第 219 页。
② 《浙江民政年刊》下册，浙江省民政厅 1929 年 12 月，"会议录"，第 239 页。转引自李德芳：《民国乡村自治问题研究》，第 129 页。
③ 孔雪雄编著：《中国今日之农村运动》，第 350—351 页。
④ 孔雪雄编著：《中国今日之农村运动》，第 388 页。
⑤ 孔雪雄编著：《中国今日之农村运动》，第 339 页。

始于1928年2月，50多名调查员在10天之内完成了对衙前村自治区的调查。①在调查之初，许多村民尚有抵触心理，误认为调查是为了征兵抽税，所以坚决不吐露实情，这大大增加了调查的难度。经过调查员恳切地解释，才消除了村民的疑虑，调查得以顺利进行。②调查不仅明确了衙前村自治区的户数及人数（计2490户，10355人），还大致了解了村民的受教育程度、财产状况及其他生产生活方面的情况。同年7月，继续进行全乡调查，分作二区，调查员40人，预算1000元，调查时间为20天。全乡共计51525户，246689人。但这两次调查均属笼统简单，且调查完毕，没有继续办理人事登记。③故1929年重新拟订计划章程，并制定户口生计调查表以及各种人事登记表册，再行详细调查。根据《东乡自治会户籍章程》，"凡本乡区域内居住者，不论久暂，并不限籍贯，一律调查登记；但于外国侨民，别有条约规定者，不在此限"；户则分住户、铺户、公共处所、寺庙四类。④这一次的调查员完全由各村遴选，先接受10天短期培训，再作普averaging遍宣传。进行调查时，先从每村东北角开始，编贴临时门牌，然后按照门牌挨户调查，调查员共60人，用时108天，全乡共计53032户，241237人。接着由各村落长办理人事登记，同时审核调查表，编订正式门牌，编造门牌对码簿，填注名录户档，抄编户籍册，统计户口生计状况。⑤这次调查成效显著，有助于各项建设事业的开展。

2. 土地测量

紧接着户口调查而进行的是土地测量。这项工作也是在衙前村率先进行的，并得到了省民政厅的帮助。测量人员有100人左右，大多是当地农民，由测量局派人指导，由村自治会提供经费。⑥遗憾的是，直至自治结束，仅有衙前村基本完成了土地测量。不过土地陈报和编造土地清册这两项工作得以在全乡推行，由120多名工作人员，历时九个半月，花费24000元完成。先测量全乡分村地形图，次绘制各村分村落的简明图，再绘制各村落分字段的草图，然

---

① 孔雪雄编著：《中国今日之农村运动》，第388页。
② 周一志：《萧山衙前农村考察记》（三），《再造》第13期。
③ 孔雪雄编著：《中国今日之农村运动》，第388—389页。
④ 孔雪雄编著：《中国今日之农村运动》，第364—365页。
⑤ 孔雪雄编著：《中国今日之农村运动》，第389页。
⑥ 周一志：《萧山衙前农村考察记》（三），《再造》第13期。

后以字段为单位,绘制坵形草图,编列坵号,按坵实丈亩分,调查各坵业主佃户姓名住址及收获量等。接着分单通知陈报,根据陈报及调查编造土地清册。此类清册除总册外,又分列业主土地清册、佃户土地清册、已测土地清册,以及以户为纲以门牌号码为序、以固有字号为纲、本乡管业者、异乡管业者等七种分册。全乡土地共计 156482 号、483417 亩,皆有图可考,有册可稽,有助于清除纳税还租的种种积弊。①

3. 发展教育

东乡在 1921 年之前,除教会办有一两所初级小学,以及几处私塾之外,几无教育可言。1922—1927 年间,小学教育才有所发展。东乡自治会成立后,全乡教育统归萧山县教育委员会东乡分会及其后成立的教育局管理。在 1928 年度第一学期,全乡共有小学 32 所,计男生 1930 人,女生 234 人②,教职员 80 余人。③根据《十七年度教育计划大纲》,发展教育的举措包括以下四个方面:(1)学校教育方面,一是整顿原有各学校,具体措施有切实视察指导、组织小学教育研究会、举办小学教育讲习会、举行各种竞赛及标准测验;二是增设小学,每一学区内,至少设立复级小学 1 所,单级小学 2 所,长远目标是建立 300 所小学,以满足全乡 3 万余学龄儿童的需求;三是设置循环文库;四是设立循环仪器标本库;五是确定全乡各校关系,加强相互联系。(2)社会教育方面,致力于平民学校的整顿与推广,编订教本确定办法,每学区至少设立平民学校 2 所。(3)教育行政方面,注意调查统计,审查教材与课本,组织教育用品消费合作社,调查全乡学龄儿童。(4)教育财政方面,向民众团体募集资金,整理原有产业,没收庙产,劝募基金。④自治会采取集权主义,力图控制每一所学校,极力取缔私塾及教会学校,对于不合潮流及非国民党党主义的教育极端排斥。⑤从实施的效果来看,尽管自治会十分努力,但受时间和资源的限制,许多计划并未实现。

---

① 孔雪雄编著:《中国今日之农村运动》,第 389 页。
② 孔雪雄编著:《中国今日之农村运动》,第 390 页。
③ 王雪园:《萧山东乡自治概况》,《再造》第 30 期。
④ 王雪园:《萧山东乡自治概况》,《再造》第 30 期。
⑤ 孔雪雄编著:《中国今日之农村运动》,第 390 页。

4. 改良蚕丝

东乡本为蚕桑区域,每年丝茧产值在300万元左右,但因生产方式陈旧落后,蚕丝业每况愈下,直接影响到农民的生计。自治会为了重振产业,计划第一步指导饲养改良蚕种,提高茧质;第二步建造茧灶,共同烘茧,共同贩卖;第三步设立缫丝厂,精制细丝,以发展国际贸易;第四步设立制种场,彻底统一全乡品种。其中以指导饲养改良蚕种最有成效,东乡的蚕种,向来产自嵊县、新昌、余杭等地,土种虽然价格便宜,但所产蚕茧品质较差。自治会遂与浙江大学劳农学院、浙江省立蚕业改良场合作,大力推广改良蚕种。1928年就推广了4000张,并集合蚕农组织卖茧合作社,收茧37000余斤,卖价比土种高三分之一。1929年,改良种增至45000张,共同卖茧收入达232000余元。东乡原本不饲秋蚕,是年秋应蚕农要求发行秋蚕种12000余张,共收茧近20万斤。同年冬天即筹备组织东乡模范丝厂,计划自行缫丝,直接运销于国际市场,以避免上海丝厂的盘剥。办厂经费除合作卖茧的余利外,还通过发行地方公债的方式筹集,额定资本50万元。丝厂建在衙前与坎山之间,设丝车500部,于1931年正式开工。但因丝茧价格的惨落,丝厂开工以后亏损严重,难以维持,在1933年全部停工,而设立制种场的计划也未能实现。①

5. 提倡合作

合作事业对于改善民众生计大有裨益,故东乡自治会竭力倡导。东乡合作事业,以信用合作为中心。据孔雪雄记载称,东乡第一个合作社——衙前农村有限责任信用合作社成立于1928年7月,成立之初有社员300余人,公推沈定一为社长,主要经营借贷和储蓄业务,第一年放款1000余元,第二年6000余元,1930年初社员增至540人。继衙前信用合作社成立者,有瓜农(瓜沥)信用社及杨农(南阳)信用社,前者社员400人,后者社员200余人。②事实上,衙前信用合作社不仅是东乡,也是全省最早成立的合作社。上述三社最初均由当地农会派副会长负责领导,在东乡自治开始后又接受自治会的指导。③以衙前信用社为例,资金来源主要有三项:一是社员缴纳的股

---

① 孔雪雄编著:《中国今日之农村运动》,第391页。
② 孔雪雄编著:《中国今日之农村运动》,第392页。
③ 《萧山农村信用合作社志》编纂委员会编:《萧山农村信用合作社志》,浙江人民出版社2009年版,第37页。

金，每股1元；二是农会没收的祠堂庙宇中的现金；三是浙江大学劳农学院的借款，当时劳农学院在衙前驻点推广改良蚕种和新法育蚕，得到农会的大力支持，经沈定一与该院院长谭熙鸿协商，劳农学院无息借给信用社500元作为借贷基金。1928年秋，浙江省农民银行筹备处成立，也以低息贷款给信用社。信用社的贷款主要用于生产，有关口粮、修缮、丧葬等用途的贷款，须经信用社主任特准。贷款一般是每笔3—5元，极少数超过10元，利息视资金来源而定，前期为无息贷款，后期因转入银行资金而收取低息。贷款手续比较简便，一般情况下，借款人只需与农会小组长或社员到社提出口头申请，经信用社委员或农会会长批准，由借款人和陪同者分别在借据上盖印即可。① 根据浙江省建设厅1929年的调查，上述三社的情况如下表所示：

表1-5　东乡地区信用社基本情况表（1929年）

社名	社员人数	认股数	每股金额（元）	已缴金额（元）	借入资金（元）	放款总额（元）	注册年月	调查日期
衙前信用社	540	540	1	540	6490	6820	无	9月30日
瓜沥信用社	560	589	1	589	2000	2575	无	8月21日
南阳信用社	252	399	1	399	2000	2300	无	9月3日

资料来源：《萧山农村信用合作社志》编纂委员会编：《萧山农村信用合作社志》，第37页。

东乡自治会解散后，南阳社当即结束，衙前、瓜沥两社也退还股金，清理账目，但牌子仍在，并于1932年4月向萧山县政府补办登记手续，望继续取得农工银行贷款，未果。瓜沥社旋于1933年被关闭，1935年，衙前社被浙江省建设厅除名。②

此外，还成立了一些商业合作社，如东乡改良种茧贩卖合作社、东乡缫丝贩卖合作社、衙前菜籽贩卖合作社、坎山桑叶购卖合作社等，在当时均起到了一定作用。但到了30年代中期，这些合作社都消失了。

6. 水利工程

东乡的土地大半凸出于钱塘江中，清末以来，因江流南徙，有近50万亩

---

① 萧山市政协文史工作委员会编：《萧山文史资料选辑》（一），1988年印行，第37—38页。
② 《萧山农村信用合作社志》编纂委员会编：《萧山农村信用合作社志》，第37页。

成熟沙地被江水吞没，民众深受其害。东乡自治会成立后，力图从根本上解决这一问题，在1928年6月与浙江省建设厅及钱塘江工程局协商，确定了修筑挑水坝的计划。于是召集全乡民众团体举行整治钱塘江代表大会，决议筹募萧山东乡治江工程公债50万元，以塘外沙地每亩4角，塘内民田每亩2角，随粮带征3年特捐作为还付本息基金，呈请省政府核准，而省政府也提供了三分之一的工程经费。同年12月正式动工，在茬山、赭山间沿江27里，修筑挑水坝47座，坝长数百至数千尺，据称成效显著。①

7. 其他建设

其中比较重要的有：（1）修路，完全采用征工的方式进行，在1928年内就已至少修筑7条道路②；（2）造林，森林局共造林3000余亩；（3）设立小工厂，自治会下属有水泥制品厂、印刷局、丐工局3处，全乡所需水泥制品以及全部印刷事宜均能自给，且水泥制品可输出外县；（4）治虫，1928年螟虫成灾，各村自治会宣传督促，改良秧田，劝种早稻，掘毁稻根，次年螟虫大减。其他如托儿园、医院、消防队等机构也相继设立。③

客观地说，东乡自治的大部分举措在当时均产生了不错的效果，但在自治结束之后，由于制度变易，人员更替，各种设施，有的停顿，有的荒废。除教育事业、水利工程、蚕丝改进由独立机关继续进行外，其他事业都昙花一现。

东乡自治的最大特点是"以党训政"。"东乡自治，可以说是沈玄庐先生领导着一班国民党员所做的事业。"④"东乡的自治，既因党的活动而产生，故一切原理组织，方法等，无一不以党为中心，以总理所指示的为准绳。"⑤从自治人员来看，沈定一特意在国民党萧山县第二区和第六区党部举办了三期党务培训讲习班，为自治事业培养人才，衙前村自治会和东乡自治会的工作人员也大多是国民党员。从自治组织来看，东乡自治分为乡自治和村自治两级，乡自治会受区党部直接指导，村自治会受区分部指导监察，受乡自治会指挥。从自治

---

① 孔雪雄编著：《中国今日之农村运动》，第393—394页。
② 孔雪雄编著：《中国今日之农村运动》，第392—393页。
③ 孔雪雄编著：《中国今日之农村运动》，第394页。
④ 孔雪雄编著：《中国今日之农村运动》，第337页。
⑤ 王雪园：《萧山东乡自治概况》，《再造》第30期。

原则来看，沈定一明确表示："组织自治会是民众党化，就是民众主义化，主义民众化。"①因此，东乡自治被深刻地打上了党治烙印，有人这样描述道："高竿上飘扬的党旗，粉墙上及旧式牌坊上许许多多青天白日的党纲、标语和口号，随处都是青白色写的民众团体牌子和机关，甚至于河里小船的前后都画着青天白日，一切一切都显着一个党治底下的模范区域。"②

那么，沈定一为何依靠国民党基层组织的力量推行地方自治？我们认为原因有二：首先，遵照孙中山的革命纲领，实现北伐统一国家之后，紧接着就应当在国民党的监护下实行训政，以训练人民实行自治的能力。因此以党治国是训政时期的重要内容，而沈定一作为孙中山的忠实信徒，自然以总理遗教为行事准则。在他看来，以党治国要求党员必须到群众中去，从社会底层开始建设一个新国家。他曾有言："今后当以党员资格，深入民众为三民主义植坚深不拔之基，为本党领袖立民众之信，良以民众尚未能到真能活动时期，训练之工作，实不容缓。期以十年，必有可观。"③因此他才选择从下级党部做起，推行地方自治。其次，沈定一曾在浙江省党部担任要职，在党的体系内有着深厚的权力基础，虽然他在1927年12月辞去省党部一切职务，但在下级党部中仍有着很强的影响力和号召力，因此才能以此为凭借推行地方自治。

李紫翔认为："我国农村运动的历史，可以远溯至一九〇四年米迪刚先生在定县翟城村的'村治'，民国以后山西'模范省'的'村治'，'五四'后的新村运动，平民教育运动及晓庄乡村教师等……一九二五年的'五卅'运动，深入农村的结果，另外引起一个政治性质的农民运动……就以'民族自救''民族改造'的新姿态，广泛地在各处活动起来。"④20世纪初年，无论米氏在翟城村⑤的社会重建，还是彭禹廷在镇平村的乡村自卫，抑或是沈定一

---

① 孔雪雄编著：《中国今日之农村运动》，第340页。
② 周一志：《萧山衙前农村考察记》（一），《再造》第11期。
③ 孔雪雄：《东乡自治始末》。转引自〔美〕萧邦齐：《血路：革命中国中的沈定一（玄庐）传奇》，第205页。
④ 李紫翔：《中国农村运动的理论与实际》（1935年9月），载陈翰笙、薛暮桥、冯和法编：《解放前的中国农村》第2辑，第502页。
⑤ 茹春浦认为，近代乡村自治运动"如河北定县之翟城村，在清末即开始新村运动，近年各处仿行者日多。"《关于区乡镇自治公约问题之讨论》，《乡村建设》第2卷第2期，1932年6月11日。并参见李伟中：《20世纪30年代县政建设实验研究》，人民出版社2009年版，第310页。

在萧山的乡村自治，无疑都是立足于乡村建设的区域实践，其动力均源于"非政府"的社会力量。彭禹廷在镇平推行"由绅治到自治"①的乡村重建，"在初步一切责任，均由地方正绅担负"。作为总揽乡村自卫、教育及地方建设的"十区自治办公处"的"该处之成员，多数为县中绅士"②。20世纪20年代，沈定一在萧山衙前村，"整理各种民众组织，使完全归属于自治会，并举办诸种事业，以期达到乡村改造的理想"，力主"要用社会的力量促进社会的进步"③，并不与地方政府发生直接关系。但是，翟城"村治"、河南镇平乃至于浙江萧山的乡村自治等，其基本动力均源于乡村地方领袖或士绅等社会强势力量，尚没有形成相对稳定的社会组织或团体发动的持久性和扩张性作用，以至于它们各自都处于割离型的"孤岛"效应，既少了扩张型社会影响，也没有形成连锁型扩展或递进型的社会运动。乡村建设如何从根本上突破孤岛型"村治"而走向社会运动，显然也呼唤着具有引领性思想理论的形成。

---

① 丁宝福：《镇平县地方自治始末》，镇平县志总编室1986年版，第31页。
② 李腾仙等：《彭禹廷与镇平自治》，镇平县十区自治办公处编印1936年版，第191页。
③ 孔雪雄：《沈定一先生及其主办的乡村自治》，《乡村建设》第2卷第7—8期合刊，1932年10月11日。

第二章　乡村建设思想之孕育与形成

近代以来，随着西方列强侵略的加剧尤其是工业化、城市化进程的加快，中国城乡背离化发展趋势日益明显。到20世纪初年，清末新政的推行及随之而来的政权更迭，致使政局急剧动荡，社会变乱四起，乡村社会由此遭受到更加严重的破坏，社会矛盾和社会问题日益扩展。在此情势下，"中国农业前途日趋于危殆。使整个的中国农业经济破产，即是整个中国经济的破产。所以，解决农民问题，安定农业经济，为中国一切问题当中的第一个重要问题"[①]。

因此，从19世纪60年代业已出现并逐渐主导社会运势的重商主义，此时被"中国农村、农业、农民"的焦点问题所取代。20世纪二三十年代，伴随着中国乡村社会的衰败与式微，社会各界对中国乡村社会的关注、讨论与期待，开始成为最为炽烈的时代话语，并在相当程度上成为当时主要社会、政治力量规划未来的基点。在此过程中，一些有识之士关于乡村问题的思考逐渐系统化，由此形成了早期乡村建设思想。而作为近代革命领袖的孙中山，也开始从革命向建设转折的思考。在民国时期多彩纷呈的乡村建设思想中，我们从中不难体察到孙中山的《建国方略》及其以"民生"为目标的建设思想的深度影响。

---

① 文公直：《中国农民问题研究》，上海三民书局1929年版，第33页。

一、孙中山建设思想之影响

作为民主革命的先行者，孙中山先后撰写了《革命方略》《建国方略》《三民主义》与《建国大纲》等著作，形成了独具特色的"建设"思想，并成为王鸿一等"村治"派代表人物和梁漱溟、晏阳初、卢作孚等诸多"乡村建设"代表人物思想的重要渊源。

孙中山建设思想的孕育，经历了一个由实务而理论的过程。在晚清革命风潮涌动不息的时代大潮中，"建设新中国"是聚合一切反清力量形成合力的共同诉求。所以，"大体上，从《革命军》出版和'苏报案'发生以后，'建设新中国'逐渐成为革命舆论的中心话题"①。同盟会成立后，《民报》不时刊文倡言"吾党日以为建设新中国无上之宗旨"②。但是革命舆论中的"建设新中国"言说只停留在政治主张层面，而孙中山真正意义上的建设思想（或主张）也还处于萌动之中，并没有付诸理论构建。

辛亥革命以及民国的建立，促动了孙中山对于建设问题的深入思考和系统建构。清王朝的轰然倒塌和共和制度的建立，将建设问题凸显为时代性主题。在《祝参议院开院文》中孙中山即指出："革命之事，破坏难，建设尤难。……若夫建设之事则不然。建一议，赞助者居其前，则反对者居其后矣；立一法，今日见为利，则明日见为弊矣……"③面对民国肇立，百废待兴之局，如何建设，建设什么，既是繁难而艰巨的现实问题，也是复杂而系统的思想理论课题，对于革命领袖孙中山而言尤其如此。"政治革命的任务已经完成，现在我正集中我的思想与精力于从社会、实业与商务几个方面重建我们的国家。"④

随着建设问题聚焦为时代主题，孙中山关于建设思想或理论的思考逐步萌生。

---

① 刘学照：《论孙中山建设新中国的思想》，上海市孙中山宋庆龄管理委员会、上海中山学社、上海宋庆龄研究会编：《孙中山：历史·现实·未来国际学术研讨会论文集》，今日中国出版社2007年版，第126页。

② 冯自由：《民生主义与中国革命之前途》，《辛亥革命前十年时论选集》第2卷上册，生活·读书·新知三联书店1963年版，第423页。

③ 《祝参议院开院文》（1912年1月28日），《孙中山全集》第2卷，中华书局1981年版，第44页。

④ 《孙中山全集》第2卷，第392页。

首先，他提出了"革命时代"与"建设时代"①的概念。在共和初建之际，他就提出了两个时代的区分，认为分属不同时代的"破坏事业与建设事业，成就于一人之手者，实所罕见。今日民国成立已历二年，种种实施虽不甚完备，然求之历史上，已经是收效最速的了"②。随后他在《在东京中国留学生欢迎会的演说》（1913年）中进一步明确指出："盖破坏固宜急进的，建设亦宜急进的。欲筹建设，虽无破坏时代的危险，仍必与破坏时具同一之精神。"建设时代虽与破坏时代具有"同一之精神"，却显然具有自己的时代特征，因为"建设事业，不仅要与破坏时代持同一之牺牲主义，并且要一绝大学问。欲求此种建设的学问，必须假以时期，或十年，或六七年之苦心研究，方能应用"③。正是在民国肇基亟待建设的现实需求中，孙中山开始了对建设事业的系统研究，"吾国种族革命、政治革命俱已成功，惟社会革命尚未着手。故社会事业，在今日非常紧要"④。

其次，孙中山认为建设事业具有长期性和复杂性特点。他多次强调"革命之事，破坏易，建设尤难"。"我国此次革命，不过数月即告成功，吾民之幸福，实在保全不少。惟建全（设）事业，历二年之久尚无头绪。"⑤比之以破坏为手段的革命而言，孙中山已经感受到建设的艰难复杂性："建设难而破坏易。破坏者，竭千百人之力以为之，或数年，或数十年，未有不成功者。一旦旧政府推翻，则破坏之功竣矣。建设则不然。"⑥"总而言之，今日艰难之建设，为最高之代价，可以买将来之安乐，为子孙谋幸福……俟三五年后，自然知道今日之价值矣。"⑦建设尤需专业人才的长期培养和积累，所以孙中山寄望于留学生，"正好安心在日本留学，用数年功夫，求数年学问，以为建设之用"⑧。

再次，孙中山认为建设事业繁复万端，而地方自治建设为其根本。孙中山

---

① 《孙中山全集》第2卷，第495页。
② 《孙中山全集》第3卷，第23页。
③ 《孙中山全集》第3卷，第22页。
④ 《孙中山全集》第2卷，第335页。
⑤ 《孙中山全集》第3卷，第24页。
⑥ 《孙中山全集》第3卷，第62页。
⑦ 《孙中山全集》第3卷，第48页。
⑧ 《孙中山全集》第3卷，第24页。

最初着力于铁路建设规划，认为"建设大业以交通政策为重要"①，但不久孙中山即提出了两大建设之说，"然所谓建设者，有精神之建设，有物质之建设"②。随着民国政治和经济建设实践的展开，孙中山开始超越了具体实务建设，而从更高的层面上建构民国建设理论问题。1916年，他指出："今国人竞言建设，但尚无一定方针，故以先定方针为最要。兄弟奔走革命二十年，从事破坏，然亦时时研究建设。今以后，亦惟与国人共谋建设……至民国始开一新纪元，当与从前之建设不同。"③亦即民国时代的国家建设与历史上的建设具有根本之不同，端在于"民为邦本，故建设必自人民始"。体现"民权"制度的"地方自治"当为国家建设之基础。"地方自治，乃建设国家之基础"。不仅"地方自治者，国之础石也"，而且"现代民权机关，已甚发达，如用得法，则建设甚易"④，不啻如此，在孙中山看来，地方自治本身即是建设本身，因为"欲求地方自治之有效，第一振兴实业……二在讲求水利，三在整顿市政"⑤。

到1917年时，孙中山构建的建设思想已初具规模："敝人革命，平昔持破坏而未能建设。近日欲著一书，言中国建设新方略。其大意：一精神上之建设；一实际上之建设。精神上之建设，不外政治修明；实际上之建设，不外实业发达，如斯而已。吾人今日但实力肩任，勉为其难，实力造去可矣！"⑥1919年《建国方略》的完成为孙中山建设思想系统化的重要标志。其后，孙中山的建设思想逐步得以充实和发展，至1924年，孙中山"草作《国家建设》，以完成此帙"。《国家建设》的体系较《建国方略》更系统，思考内容更为精细，如孙中山自称："较前三书（即《建国方略》之《心理建设》《物质建设》《社会建设》。——引者）为独大，内涵有《民族主义》《民权主义》《民生主义》《五权宪法》《地方政府》《中央政府》《外交政策》《国防计划》八册。"⑦然正在"俟有余暇，便可执笔直书，无待思索"之际，"不期十（一）年六月十六日陈炯

---

① 《孙中山全集》第2卷，第496页。
② 《孙中山全集》第2卷，第480页。
③ 《孙中山全集》第3卷，第325页。
④ 《孙中山全集》第3卷，第325—327页。
⑤ 《孙中山全集》第3卷，第350—351页。
⑥ 《孙中山全集》第4卷，第123页。
⑦ 《孙中山全集》第9卷，第183页。

明叛变，炮击观音山，竟将数年心血所成之各种草稿，并备参考之西籍数百种，悉被毁去，殊可痛恨！"①据此应可以确认，20世纪20年代之际，孙中山的建设思想体系已经基本完成。

作为孙中山建设思想走向系统化的重要标志，《建国方略》则既是孙中山革命理论由"破坏"而"建设"的重大历史转向，也是其"建设时代"最富于成就的理论贡献之一。《建国方略》的构成及其内容表明，社会建设、物质建设与心理建设三大部分搭建了孙中山建设思想的基本框架。

就孙中山建设思想演进的历史线索而言，以"民权"为核心的"社会建设"思想发端最早。早在1906年他在《民报》创刊周年大会演说中，就相当系统地提出"为中国民族前途"计，当进行民族、民权、民生"三大主义"革命，要在西方民主国家的"三权分立"基础上，融合中国传统文化，建造一种"五权分立"的新主义，以成"破天荒的政体"，"这便是民族的国家，国民的国家，社会的国家皆得完全无缺的治理"②。孙中山一生追求建设"主权在民"的新国家，新型民主国家与过去封建王朝的根本区别，便在于前者系"主权在民"，后者系"主权在君"。"主权在民"遂成为现代型新国家的基本政治特征。"主权在民"意味着人民在政治上平等，有参与政治的充分权利，"凡人民之事，人民分理之"③。在这一意义上，孙中山将自己所倡导的革命，称之为"国民革命"或"平民革命"，"今者由平民革命以建国民政府，凡为国民皆平等以有参政权；大总统由国民公举；议会以国民公举之议员构成之；制定中华民国宪法，人人共守；敢有帝制自为者，天下共击之！"④"主权在民"，使国家的法理基础从万世一系的"君权"转移到"四万万人一切平等"的民权，这不仅扩大民众政治参与的程度，唤起民众对政治改革的欲望，而且奠定新型民族国家的"政治合法性"⑤。

---

① 《孙中山全集》第9卷，第183页。
② 《孙中山全集》第1卷，第330—331页；刘学照：《论孙中山建设新中国的思想》，载上海市孙中山宋庆龄管理委员会、上海中山学社、上海宋庆龄研究会编：《孙中山：历史·现实·未来国际学术研讨会论文集》，今日中国出版社2007年版，第129页。
③ 《孙中山全集》第1卷，第318页。
④ 《孙中山全集》第1卷，第296—297页。
⑤ 马敏：《论孙中山的现代国家建设思想》，《华中师范大学学报》1998年第4期。

其中，以"民权"建设为核心的内容构成其社会建设的主体。这其实是孙中山一以贯之的思想。"一个十分重要的思想，是将国家的富强同人权和民权直接联系起来。"①民权并不是抽象的理念，在社会—政治建设上孙中山将民权具体化为四大民权，即选举官吏之权、罢免官吏之权、创制法案之权、复决法案之权。"只有人民享有这四大权利，方才可以称得上'民国'。"建设民国的目的，"就是保证让人民享有四大权利"②。就思想发展进程而言，无疑"早在同盟会的宣言中，孙中山就将'建立民国'作为四大纲领而提出"。但民国成立后，真正的民权建设却无有成效，"民国有名无实"，这不能不引起孙中山进一步的思考。除独裁者的个人因素之外，一个更重要的原因就在于"一般民众还缺乏民权意识和民权观念。而且即便没有这样的独裁者，民众也无法知道如何行使自己的权利"。因此，"普及和推广民权知识是国家民主政治建设中一项十分重大的工程"③。或许这正是名其为"社会建设"的意义之所在。

基于此，《民权初步》的主旨并不在于理论的阐发，而重在社会操作或社会普及，其"主要内容是关于如何召集会议、选举代表、发言、表决、提议、附议……等等的有关规定和说明，其中学理的探讨不多，更多的是关于具体规定的讲解和示范"。"目的是为了在民众当中真正培养起一种民主集会的习惯，是立足于践行"④的社会建设宗旨。这是《建国方略》中的"民权"建设思想与《革命方略》中的"民权主义"思想建构的时代性区别之所在。

《实业计划》（即"物质建设"）也是其《建国方略》的主体内容，这是一个包括交通、农业、矿业等在内的庞大的实业发展计划。它集中体现了孙中山关于民国"物质建设"思想的基本思路。需要指出的是，孙中山提出的"物质建设"直接与社会进步与社会问题的解决联系起来，"它毋宁说首先是一项社会发展工程"。"他的出发点是将经济组织形式首先联系社会问题来考虑。他追求的是物质进步，同时又人人平等的大同世界"⑤，是经济发展与社会福利同时

---

① 张岱年主编：《中国启蒙思想文库·建国方略》，辽宁人民出版社 1994 年版，编序，第 12 页。
② 张岱年主编：《中国启蒙思想文库·建国方略》，编序，第 13 页。并见《孙中山全集》第 6 卷，第 413 页。
③ 张岱年主编：《中国启蒙思想文库·建国方略》，编序，第 13—14 页。
④ 张岱年主编：《中国启蒙思想文库·建国方略》，编序，第 15 页。
⑤ 张岱年主编：《中国启蒙思想文库·建国方略》，编序，第 8—9 页。

考虑的建设思想。故此，孙中山特别强调说，"夫物质文明之标的，非私人之利益，乃公共之利益。而其最直捷之途径，不在竞争，而在互助"。此"经济建设"计划最终走向消灭国际之"商业战争"和国内之"阶级战争"，"以促进将来世界之文明也"①。

值得关注的是，辛亥革命后孙中山的实践活动轨迹是先行建设实务（"担任铁路一事"），然后建构其建设思想（《建国方略》）；而其建设思想的形成仍然循此先实后虚的路径展开。《建国方略》由《民权初步》《实业计划》和《孙文学说》三篇汇集而成。《民权初步》出版于1917年（后编为《建国方略之三：社会建设》）；《实业计划》发表于1919年（后编为《建国方略之二：物质建设》）；《孙文学说》出版于1919年（后编为《建国方略之一：心理建设》）②。可是，在正式结构《建国方略》时，最后形成的《孙文学说》即《心理建设》却被置为首篇。

《心理建设》作为《建国方略》的第一部，主旨在于阐释民国建设的社会认知问题，它是孙中山对于民国建设实践深入思考的理论结晶。"他认为，民国成立以后，革命建设之所以无成，国事之所以日非，其中原因固多端，而革命党人于革命宗旨、革命方略信仰不笃、奉行不力不能不是一个重要原因。"③"而其所以然者"，即源于"知之非艰，行之惟艰"的错误认识。"故予之建设计划，一一皆为此说所打消也。"④他断言自己的建设思想不为党人所认同是导致民国建设"一败涂地"的主要原因，即"当满清之世，予之主张革命也，犹能日起有功，进行不已；惟自民国成立之日，则予之主张建设，反致半筹莫展，一败涂地。吾三十年来精诚无间之心，几为之冰消瓦解，百折不回之志，几为之槁木死灰者，此也"⑤。

正是在"建设时代"的实践中，孙中山开始探求"夫破坏之革命成功，而建设之革命失败，其故何也"⑥的时代问题。在孙中山看来，这一问题包含两

---

① 张岱年主编：《中国启蒙思想文库·建国方略》，第268—269页。
② 《孙中山全集》第6卷，第157页。
③ 张岱年主编：《中国启蒙思想文库·建国方略》，序，第1—2页。
④ 张岱年主编：《中国启蒙思想文库·建国方略》，自序，第2页。
⑤ 张岱年主编：《中国启蒙思想文库·建国方略》，自序，第2—3页。
⑥ 张岱年主编：《中国启蒙思想文库·建国方略》，自序，第69页。

个方面，一是"破坏革命成功"而"建设革命失败"之何因；二是革命事业，"莫难于破坏，而莫易于建设，今难者既成功，而易者反失败"之何因。他断言"民国建设"之成功与否，首在于革命党人心理建设或思想建设之统一与否，即主义之力量。《在广州大本营对国民党员的演说》中，他宣称"建国方法有二：一曰军队之力量；二曰主义之力量"①。而当"破坏之革命"完成后，"建设之革命"的主义力量，即思想问题或心理问题就成为其主导因素，所谓"能知必能行"②。因此，以《心理建设》置于篇首的《孙文学说》，显然突出的是孙中山思想由"革命方略"向"建设方略"的时代性转变，是对其建设思想或主义的强调："要做建设的事，便要有主义和方法。要全国人民都明白建设的主义，便要有宣传。"③民国之"建设责任，非革命党所得而专也。迨夫民国成立之后，则建设之责任当为国民所共负矣"。然而，历经七年而"犹未睹建设事业之进行"，在于国民之"非不行也，不知也"。"倘能知之，则建设事业亦不过如反掌折枝耳。"所以，将其建设之思想"笔之于书，名曰《建国方略》，以为国民所取法焉"④。准乎此，立意为《心理建设》的《孙文学说》旨在破除"今日国人社会心理"之"大敌"，以成"万众一心"之势，"建设一政治最修明、人民最安乐之国家"⑤。因此，《建国方略》的内在结构与孙中山建设思想形成轨迹的反差，恰恰体现了其历史实践与理论建构上的逻辑统一。

《心理建设》不外乎是其建设思想的哲理解说。因此，孙中山建设思想的主体内容实际由《实业计划》（物质建设）和《民权初步》（社会建设）构成。

由六大计划所构成的《实业计划》虽落笔于具体的港口、商埠、交通、产业，但也只是一个经济建设的宏观蓝图，并不具有项目建设的实践意义。其经济分区的建设计划、铁路系统的建设计划、工业本部之五大建设（即粮食工业、衣服工业、居室工业、行动工业和印刷工业）以及原料工业建设计划，虽多有具体规划和设计，却诚如孙中山本人的评判："此书为实业计划之大方针，为国

---

① 《孙中山全集》第8卷，第503页。
② 张岱年主编：《中国启蒙思想文库·建国方略》，自序，第60页。
③ 《孙中山全集》第8卷，第578页。
④ 张岱年主编：《中国启蒙思想文库·建国方略》，自序，第3页。
⑤ 张岱年主编：《中国启蒙思想文库·建国方略》，自序，第4页。

家经济之大政策而已。"① 它体现了孙中山建设思想（经济方面）的基本内容。

相对于《实业计划》而言，《民权初步》的社会建设内容则体现着孙中山建设思想的本质。六大经济建设计划只是"吾欲建设新中国之总计划之一部分耳"②。而从根本上决定民国建设之不同于历史上固有之建设者，则在于"民权"。民权何由发达？"是集会者，实为民权发达之第一步。"孙中山认为"集会自由"是民权实现的基本形式，它使得传统时代的"乌合之众"转变为现代意义上的国民。这就是《民权初步》"以教国民行民权之第一步"的主旨。③

孙中山特别强调《民权初步》对于新国民教养的社会建设意义，视之为自己独特的贡献——自诩为"议学"。他说："西学东来也，玄妙如宗教、哲学，奥衍如天、算、理、化，资治如政治、经济，寿世如医药、卫生，实用如农、工、商、兵，博雅如历史、文艺，无不各有专书，而独于浅近需要之议学则尚阙如，诚为吾国人群社会之一大缺憾也。夫议事之学，西人童而习之，至中学程度则已成为第二之天性矣，所以西人合群团体之力常超吾人之上也。"④ 他将《民权初步》定位于民国社会建设的必要读本，"凡欲负国民之责任者，不可不习此书。凡欲固结吾国之人心、纠合吾国之民力者，不可不熟习此书"。"家族也、社会也、学校也、农团也、工党也、商会也、公司也、国会也、省会也、县会也、国务会议也、军事会议也，皆当以此为法则。"⑤ 通过养成"民权初步"，以"民权"为中心的新中国才能建设起来。"民国成立了十二年以来，徒有民国之名，毫无民国之实。满清政府虽然已经推倒，满清的余毒还未肃清，所有留存下来的官僚武人，都把政府霸占住了。所以民国还不是在人民之手，完全是在武人官僚之手。"⑥ 事实上，没有民权的普及和训练，"如果全国的人民不能自治，总是要靠官治，中华民国便永远不能成立。……兄弟个人在开国的时候，便做总统，以后更做总裁、总统，都没有做到很多治国的事情。所以我现在相信建设民国，不是完全从上面可以做到的；以后建设民国，还是要从下

---

① 张岱年主编：《中国启蒙思想文库·建国方略》，第 108 页。
② 张岱年主编：《中国启蒙思想文库·建国方略》，第 269 页。
③ 张岱年主编：《中国启蒙思想文库·建国方略》，第 271—272 页。
④ 张岱年主编：《中国启蒙思想文库·建国方略》，第 272 页。
⑤ 张岱年主编：《中国启蒙思想文库·建国方略》，第 273 页。
⑥ 《孙中山全集》第 8 卷，第 319 页。

面做起来。"① 民国之所以为民国，就是"用人民的四个政权来管理政府的五个治权"。只有"政府的一动一静，人民随时都是可以指挥的"，"人民和政府的力量才可以彼此平衡"，"民权问题才算是真正解决，政治才算是有轨道"。② 显然，孙中山社会建设思想的取向是"民权（政权）为本，治权（政府）为用"。这是一个充满现代理想色彩的社会建设构图（见下图）：

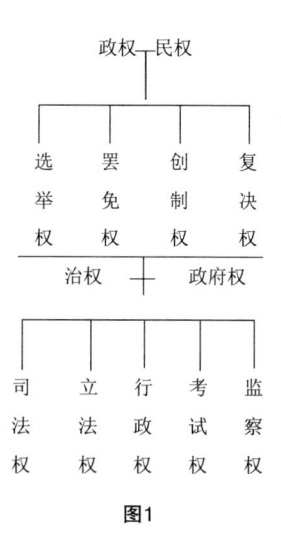

```
              政权—民权
        ┌──────┬──────┬──────┐
        选     罢     创     复
        举     免     制     决
        权     权     权     权

              治权—政府权
      ┌──────┬──────┬──────┬──────┐
      司     立     行     考     监
      法     法     政     试     察
      权     权     权     权     权
```

图1

辛亥革命后，民国政治、经济和社会问题丛生，局势险象环生。革命与建设的双重困厄及其理论诠释，逐渐聚焦为急迫的时代课题。孙中山面对"至民国始开一新纪元，当与从前之建设不同"③的"建设时代"，在实践与理论的双向互动中，建构了引领时代的建设思想；而"民为邦本"，"故建设必自人民始"④的宗旨，则构成其建设思想的核心内容。"我们今日的革命是建设民国，成功之后是请诸君来做民国的主人翁，做公司的股东（与旧时的'英雄崛起，成功之后便做皇帝，施行政治，代代相传都是专制，具有时代的区别和本质的不同）。"⑤

在由"破坏之革命"到"建设之革命"的时代性转变中，孙中山通过"革

---

① 《孙中山全集》第8卷，第325页。
② 《孙中山全集》第9卷，第352—354页。
③ 《孙中山全集》第3卷，第325页。
④ 《孙中山全集》第3卷，第325页。
⑤ 《孙中山全集》第9卷，第62页。

命方略"到《建国方略》完成了自己思想体系的跃迁。无论就历史进程还是思想进程而言，这无疑都是一个时代性的转折。然而，在由"破坏之革命"到"建设之革命"的思想变迁中，我们能够体察到其中恒定不变的思想主线：以"民生"为目标。这一目标集中体现了孙中山建设思想的时代特征。

早在民国奠立之际，孙中山已开始思考国家建设的方向方针。他认为："纵能以革命党而统一中国，亦不能行革命之建设，其效果不过以新官僚而代旧官僚而已。其于国家治化之源，生民根本之计，毫无所补，是亦以暴易暴而已。"① 那么，"何谓革命之建设？""革命之建设者，非常之建设也。"② 这个"非常之建设"的宗旨仍然是"三民主义"。因此，尽管建设思想与革命思想的时代性判然有别，但仍然以三民主义为其宗旨，而其中的民生主义则成为贯穿于"破坏之革命"与"建设之革命"两个时代的基本目标。因此，在孙中山建设思想的形成和发展进程中，尽管其所强调的内容和立足点时有变化，但其基本目标却始终如一：以民生为首要。正是"民生主义"贯穿其革命与建设思想之始终，将手段与目标完整结合，构成其思想体系发展的一条基本主线。

首先，"革命的程序，既由军政时期，到了训政，那么破坏的工作，应该停止，大家向建设的方面努力"；而"建设的首要在民生"。③ 经历"破坏之革命"的成功和"建设之革命"的顿挫后，孙中山以"民生"为目标，将两个不同时代的"革命"统合为一个完整的历史进程，提出"有始有终，来做彻底成功的革命"④。晚年孙中山再次强调"国民政府本革命之三民主义、五权宪法，以建设中华民国"。而"建设之首要在民生。故对于全国人民之食衣住行四大需要，政府当与人民协力，共谋农业之发展，以足民食；共谋织造之发展，以裕民衣；建筑大计划之各式屋舍，以乐民居；修治道路、运河，以利民行"⑤。与"革命时代"三民主义思想侧重点显然不同（此前三民主义是首言民族，次言民权，最后言民生）。

---

① 张岱年主编：《中国启蒙思想文库·建国方略》，第62页。
② 张岱年主编：《中国启蒙思想文库·建国方略》，第63页。
③ 张范村：《农业建设》，《中国建设》第1卷第6期，1930年6月1日，农业专号，第1页。
④ 《孙中山全集》第9卷，第126页。
⑤ 《孙中山全集》第9卷，第126—127页。

在孙中山看来，民生问题之所以成为建设时代之首要，并非中国国家建设的特殊要求，而是世界文明历史进程发展之必然。"民生问题，今日成了世界各国的潮流。推到这个问题的来历，发生不过一百几十年……简单言之，就是因为这几十年来，各国的物质文明极进步，工商业很发达，人类的生产力忽然增加。"从而因为"机器发明了之后，便有许多人一时失业，没有工做，没有饭吃。……所以近几十年来便发生社会问题"。而"这个社会问题，就是今天所讲的民生主义"①。在孙中山整个思想体系中，始以"三民主义"建构其革命理论，将"民生主义"作为其"毕其功于一役"的理论基石；终则以"民生为首要"确定为建设思想的基本目标。孙中山认为："实行民生主义，是建设二十世纪以后新国家的完全方法。"②因此，"民生主义"实际成为串结其革命时代与建设时代的一条思想主线。

其次，以民生为目标的建设模式，是超越西方资本主义发展的新选择。何谓民生？孙中山阐释说："民生就是人民的生活——社会的生存、国民的生计、群众的生命便是。"③而民生最大之问题，说到底就是"社会问题"。孙中山极为关注的就是人民的生活及其发展，所谓的主义或意识形态问题，只能服从于"民生"的需要。立足于此，孙中山的建设思想显然具有超越西方资本主义的自觉。他早已意识到："（英美）富者愈富，穷者愈穷。所以他们的社会，小康之家是很少的。没有中产阶级，只有两种绝相悬殊的阶级，一种是资本家，一种是工人……这种现象不是好现象，这就是社会上的毛病。我们革命成功，民国统一后，要建设成一个新国家……再过十三年，到民国二十六年，中国或者不穷，也是象英国、美国一样的富足……我们现在是患贫，贫穷就是我们的痛苦。英国、美国的毛病，不是患贫，是患不均。"④我们的建设必须超越既有的西方国家模式，以新的主义来"建设一个新民国"。这个主义"便是大家所知道的三民主义"。"私人资本制度之下，种种生产的方法都是向往一个目标来进行，这个目标是什么呢？就是赚钱。"但是，"我们的民生主义，目的是在打

---

① 《孙中山全集》第9卷，第355—358页。
② 《孙中山全集》第6卷，第5页。
③ 《孙中山全集》第9卷，第355页。
④ 《孙中山全集》第10卷，第23页。

破资本制度"①。

因此，新中国建设的目标是要"完全解决民生问题，不但是要解决生产的问题，就是分配的问题也是要同时注重的"。所以，在孙中山的建设思想中，民生主义国家建设所走的道路是超越西方资本主义的一种新的模式，即"民生主义和资本主义根本上不同的地方，就是资本主义是以赚钱为目的，民生主义是以养民为目的"。而且"有了这种以养民为目的的好主义，从前不好的资本制度便可以打破"。②我们人民的衣食住行四大需要，"一定要国家来担负这种责任"③。"如此，流氓尽绝，人人皆为生产之分子，则必丰衣足食，家给人足，而民生问题便可以解决矣。"④这就是"我们要实行三民主义来造成一个新世界"⑤的基本目标。

最后，对于"民生主义"内涵的阐释和发展，是孙中山一生中超越意识形态局限的内在动力。在孙中山构想中，只有民生问题得以解决，才能真正建设起一个完完全全的新世界，所谓"毕其功于一役"；"如果不然，破坏的事业是永无穷期的"⑥。"我们想造成一个完完全全的新世界，一定要用三民主义来做建设这个新世界的工具……如果有了不均，三十年之后不革命，五十年一百年之后一定是要革命的。我们要防止永远不再革命，一定要实行三民主义，那么，才可以替子子孙孙谋永久的幸福。"⑦正是基于民生的立场，孙中山的建设思想超越了意识形态的局限，并不拘泥于社会主义、共产主义、三民主义的界限。因此，在俄国十月社会主义革命成功后，孙中山立即予以高度赞同，认为"三民主义的第三项是民生主义，世界上行这项主义最新的国家，只有俄国"⑧。当日本对俄国坚持敌对的立场时，孙中山在《致犬养毅书》中劝诫说："日本当首先承认露国政府，宜立即行动，切勿与列强一致。"日本与俄国"既有密

---

① 《孙中山全集》第 8 卷，第 469 页。
② 《孙中山全集》第 9 卷，第 409—410 页。
③ 《孙中山全集》第 9 卷，第 411 页。
④ 《孙中山全集》第 9 卷，第 427 页。
⑤ 《孙中山全集》第 9 卷，第 411 页。
⑥ 《孙中山全集》第 6 卷，第 6 页。
⑦ 《孙中山全集》第 6 卷，第 470 页。
⑧ 《孙中山全集》第 8 卷，第 349 页。

切之关系外","夫苏维埃主义者,即孔子之所谓大同也。""露国立国主义不过如此而已","况日本为尊孔之国,而对此应先表欢迎,以为列国倡,方不失为东方文明之国也"①。在此,孙中山高度开放和兼容的立场昭然若炬:"故民生主义就是社会主义,又名共产主义,即是大同主义。"②

对于"民生"问题的关怀和求解之道的探索,不仅成为孙中山革命理论体系中的内容之一,而且也构成其建设思想孜孜以求的终极目标。"本党既服从民生主义,则所谓'社会主义''共产主义'与'集产主义',均包括其中。"③在孙中山的思想体系中,民生主义具有超越历史局限,具有跨时代的久远的思想价值和社会意义。"'民生'二字,实已包括一切经济主义。"④

总之,在民国成立后孙中山逐步构建了一个由三大部分构成的,以民权为核心,以民生为目标的建设思想体系。这一思想体系不仅对于近代中国由革命走向建设的路径选择,以及对于革命的近代释义和历史定位,具有重要的认知价值和理论意义,而且对此后致力于"村治"和乡村建设理论思考和实践的王鸿一、梁漱溟、晏阳初、卢作孚等人的思想具有明显的影响,成为其"村治"思想和乡村建设思想的重要渊源之一。

二、乡村建设思想的源起

关于近代中国乡村建设思想或主张的提出者,人们首先想到的是梁漱溟、梁仲华等人,其依据主要源于梁漱溟的记述和梁仲华的解释。1930年河南村治学院受挫后,主政山东的韩复榘电邀梁仲华、梁漱溟等赴鲁商拟办法。梁漱溟等人经过商议,决定创办山东乡村建设研究院,"当时社会各界都高谈'建设',我们在此影响下就提出'乡村建设',创办山东乡村建设研究院"⑤。随后,梁漱溟在当年11月16日发表的《山东乡村建设研究院设立旨趣及办法概

---

① 《孙中山全集》第8卷,第405页。
② 《孙中山全集》第9卷,第355页。
③ 《孙中山全集》第9卷,第112页。
④ 《孙中山全集》第9卷,第112页。
⑤ 梁漱溟:《我从事的乡村工作的简略回顾》(1984年),《梁漱溟全集》第7卷,第565页。

要》一文中明确提出:"中国的建设问题便应当是'乡村建设'。"① 这是梁漱溟首次明确使用乡村建设一词并阐述其含义。与此同时,梁仲华也表示"不谈建设而已,欲谈建设,必须注重乡村建设"②。1934 年 1 月 6 日,梁漱溟在一次演讲中又追述道:"民国十九年河南村治学院停办。诸同人来鲁创办类似于村治学院性质之学术机关。我等来鲁之后,皆以'村治'与'乡治'两名词不甚通俗,于是改为'乡村建设'。这一个名词,含义清楚,又有积极的意味,民国二十年春季即开始应用。"③ 1936 年 1 月,梁漱溟又强调:"'乡村建设'四个大字,以前从来没有见人用过,也没有听人说过;这是从民国二十年本院(山东乡村建设研究院)成立时才标出来的。以前虽也有人曾经做过类似这样的事,但没有明白标出'乡村建设'这一名词。自从本院标出之后,国内乡村建设的风气亦日渐开展,'乡村建设'一词,才不断地为大家所引用。尤其是近二三年来,乡村建设的风气,更是蓬蓬勃勃,全国都在讲求乡村建设了。"④

随着西南大学刘重来先生相关研究成果的问世,梁漱溟所谓的"'乡村建设'四个大字,以前从来没有见人用过,也没有听人说过;这是从民国二十年本院(山东乡村建设研究院)成立时才标出来的"这一论断发生了动摇。据刘重来先生研究,卢作孚在 1930 年时已经提出了"乡村建设"。"1930 年 1 月,卢作孚撰写了《乡村建设》一文,这是卢作孚第一篇关于乡村建设的理论专著。"⑤ 刘重来先生的依据,应当是凌耀伦、熊甫合编的《卢作孚文集》一书中所收录的,发表于北碚《嘉陵江报》1930 年 1 月 7 日至 2 月 8 日的《乡村建设》一文。⑥ 该文足以证明卢作孚提出"乡村建设"的时间比梁漱溟等人稍早。然而,刘著《卢作孚与民国乡村建设研究》一书中的一段话颇引人注意。其文曰:"卢作孚 1930 年 1 月 7 日撰写的《乡村建设》,是研究民国时期乡村建设运动和研究卢作孚乡村建设思想与实践的重要文献。图为 1935 年 9 月出版的

---

① 梁漱溟:《山东乡村建设研究院设立旨趣及办法概要》,《梁漱溟全集》第 5 卷,第 222 页。
② 梁代院长仲华讲,晏东升笔记:《本院创刊之旨趣——代发刊词》,《乡建院刊》第 1 卷第 1 期。转引自郑大华:《民国乡村建设运动》,社会科学文献出版社 2000 年版,第 76 页。
③ 梁漱溟:《自述》,《梁漱溟全集》第 2 卷,第 31 页。
④ 梁漱溟:《乡村建设大意》,《梁漱溟全集》第 1 卷,第 602 页。
⑤ 刘重来:《卢作孚与民国乡村建设研究》,人民出版社 2007 年版,第 18 页。
⑥ 《乡村建设》,凌耀伦、熊甫编:《卢作孚文集》,北京大学出版社 1999 年版,第 86—101 页。

《乡村建设》封面短短的五年间，已出第 4 版了。"[1] 这自然产生一个疑问：《乡村建设》在 1935 年已经出版到第四版了，那么第一版刊出于何时？这是关涉到"乡村建设"思想或主张形成的关键问题。

我们在重庆市档案馆保存的一份题为《卢作孚编辑之乡村建设》的档案中发现了《乡村建设》一书的全文。它与刘重来先生所提供的第四版封面相对照可以看到，两者的封面样式完全一致，但封面上的文字并不相同。第四版封面上的文字为分别为"中华民国二十四年九月四版""乡村建设"和"卢作孚编辑"。而此档案中的《乡村建设》封面上的相应文字则为"中华民国十八年十月一日出版""乡村建设""江北县自治研究所编印""卢作孚编辑"。将 1929 年 10 月 1 日版《乡村建设》的内容与 1930 年 1 月 7 日至 2 月 8 日刊登的《乡村建设》相对照，可以发现，两者的目录和绝大多数内容相同，仅有个别文字存在差异。例如，前者中"今天这一个自治研究所是简单的给予大家一种自治方法的训练——还不算训练，只算一种讲演"[2]一句在后者中改为"今天办这一个团务学校是简单的给予大家一种自治方法的训练——还不算训练，只算一种讲演"[3]。前者中"刚才说：现在办的自治研究所，只是一种讲演，须要知道大家将来实地建设的时候，才会开始受自治的训练"[4]一句在后者中改为"刚才说：现在办的团务学校，只是一种讲演，须要知道大家将来实地建设的时候，才会开始受自治的训练"[5]。前者中"现在我们应该知道建设的根本问题在那的？"一句中的"那的"在后者中更正为"哪里"[6]。前者"政治上最后的问题是全国的问题，他的基础却在市村"一句中的"市村"在后者中更改为"乡村"[7]。由此，从封面和内容这两个方面应该可以认定，1929 年 10 月 1 日版应

---

[1] 刘重来：《卢作孚与民国乡村建设研究》，第 113 页。
[2] 《乡村建设》，《卢作孚编辑之乡村建设》（1929 年 10 月 1 日），重庆市档案馆藏，档号：0081-0001-00386，第 26 页。
[3] 《乡村建设》，凌耀伦、熊甫编：《卢作孚文集》，北京大学出版社 1999 年版，第 100 页。
[4] 《乡村建设》，《卢作孚编辑之乡村建设》（1929 年 10 月 1 日），重庆市档案馆藏，档号：0081-0001-00386，第 26 页。
[5] 《乡村建设》，凌耀伦、熊甫编：《卢作孚文集》，第 100 页。
[6] 《乡村建设》，《卢作孚编辑之乡村建设》（1929 年 10 月 1 日），重庆市档案馆藏，档号：0081-0001-00386，第 27 页。《乡村建设》，凌耀伦、熊甫编：《卢作孚文集》，第 101 页。
[7] 《乡村建设》，《卢作孚编辑之乡村建设》（1929 年 10 月 1 日），重庆市档案馆藏，档号：0081-0001-00386，第 4 页。《乡村建设》，凌耀伦、熊甫编：《卢作孚文集》，第 87 页。

是《乡村建设》一书的最早版本。①

另外，卢作孚在《乡村建设》一书中提及安设电话一事时曾讲道："应以最短时间把各乡场安设完备，而且须予一般人民以说话的权利。"②而黄子裳、刘选青又在《嘉陵江三峡十年来之经济建设》一文中说道："四川有乡村电话，当以本区为首创。其时在民国十七年秋季，由前峡防局购买机器及杆线材料，从事架设，先于局内安设三十门之交换机，次第安设小学校，图书馆，银行，医院，常备队，三峡厂，消费社，温泉公园各处谈话九月十二日全部通话。……次年（1929年。——引者注）即着手于江巴璧合四县各镇乡之电话与北碚重庆间，北碚合川间等县之安设，一月动工，五月全部完成。下年（1930年。——引者注）江巴两县全境相继安设乡村电话，未几而全四川亦有普遍设置之势矣。"③将这两段文字相对照，则可以推断出卢作孚提出"乡村建设"主张的时间，应在1929年前后。

据此，可以认定卢作孚所著的《乡村建设》（1929年10月1日版），应该是最早的版本。卢作孚提出"乡村建设"的时间应在1929年10月1日之前，这比梁漱溟声称的"乡村建设"最早提出于1931年春早了一年有余。所以，卢作孚应是"乡村建设"的最早提出者。

卢作孚不仅是"乡村建设"的最早提出者，而且对"乡村建设"的内涵进行了较为系统的阐释。卢作孚之所以能够提出"乡村建设"思想，与其早年萌生的"教育救国"思想和加入中国同盟会，认同孙中山的思想主张有密切的关系。这二者构成卢作孚"乡村建设"思想的重要渊源。

卢作孚早年便萌生了"教育救国"思想，并努力将其付诸实践。④1917年时，卢作孚明确表示自己"始终认为教育为救国不二之法门"⑤。这一认识，使教育一度在其乡村建设思想中居于首要地位。1929年10月1日出版的《乡村

---

① 此外，民国时期出版的图书在标注版本时，一般会采用"出版"（"初版"）、"再版"、"三版"、"四版"等形式。这也能够印证1929年10月1日版是该书的最早版本。
② 《乡村建设》，《卢作孚编辑之乡村建设》（1929年10月1日），重庆市档案馆藏，档号：0081-0001-00386，第18—19页。
③ 黄子裳、刘选青：《嘉陵江三峡十年来之经济建设》，《北碚月刊》第1卷第5期，1937年1月1日。
④ 刘重来：《卢作孚与民国乡村建设研究》，第4页。
⑤ 卢作孚：《各省教育厅之设立》（1916年9月17日），凌耀伦、熊甫编：《卢作孚文集》，第1页。

建设》第一版不仅明确提出"乡村第一重要的建设事业是教育"①，而且提出了不少具体设想，如在乡村学校教育方面提出应将学校"扩充到市场以外，到四乡去，尽量容纳一切该读书的小孩子""培育教师""设置学校""更要紧的工作，是改良学校教育的质"等。

卢作孚早年曾加入中国同盟会，因此对孙中山的思想主张颇为认同。在《乡村建设》一书出版时，卢作孚将《总理训词》置于扉页上："三民主义，吾党所宗，以建民国，以进大同……"②卢作孚还明确表示：孙中山提出的三民主义，五权宪法，建国方略，建国大纲，是为全国人建设一种公共理想，"以促成全中国人的团结"。随后，卢氏提出了经营四川的四个步骤，即各地方的专门人才宜联合起来组织团体，研究政治问题，同时亦考察四川的情形；为各军将领介绍解决四川问题的方法；发起全省专门人才集会就专门问题进行讨论，会议可由将领发起，亦可由社会方面的有心人发起；组织一个由各军将领和专门人才组成的委员会，指导考核各种事业的进行，逐渐促成统一。卢作孚认为，他本人所提倡的办法，"是无悖乎三民主义的，是可以在三民主义之下具体实施的"，"只有提出具体的办法，实施具体的办法，以建设中华民国——以建设中华民国里的四川，乃能为三民主义下一个极正确的注解"。③卢作孚还指出："我们要实现民治的精神，自治便是训练我们的最好机会，几乎一致而很少例外的。故孙中山先生所订国民革命程序，于军事时期之后，继以训政时期。在训政时期内，便以地方自治为重要工作之一。"④

卢作孚对于孙中山思想主张的认同，在其"乡村建设"思想中有着不同程度的体现。例如，卢作孚提出的"人们在努力于一种事业的建设以前，应先有一种心理建设，有一种美满的建设的理想，在心理上先建设起来"⑤的认识，与孙中山的"是以建国之基础当发端于心理……当急起直追，万众一心，奠

---

① 《乡村建设》，《卢作孚编辑之乡村建设》（1929年10月1日），重庆市档案馆藏，档号：0081-0001-00386，第6页。

② 《乡村建设》，《卢作孚编辑之乡村建设》（1929年10月1日），重庆市档案馆藏，档号：0081-0001-00386。

③ 卢作孚：《四川人的大梦其醒》（1930年1月），凌耀伦、熊甫编：《卢作孚文集》，第85页。

④ 卢作孚：《四川的问题》（1931年6月2日），凌耀伦、熊甫编：《卢作孚文集》，第194页。

⑤ 《乡村建设》，《卢作孚编辑之乡村建设》（1929年10月1日），重庆市档案馆藏，档号：0081-0001-00386，第27页。

国基于方寸之地，为去旧更新之始，以成良心上之建设也"①的主张较为接近。卢作孚强调的"开会和选举，是自治问题中的两个中心问题，……怎样推举主席，怎样提出议案，怎样讨论，怎样表决，是开会应有的问题；怎样选择人，怎样投票，是选举应有的问题，必须随时随地训练里民"②，"我们所虑还是人的问题，人没有训练的问题，人没有建设秩序的训练问题"③等认识，亦应受到孙中山地方自治思想和训政思想的一定影响。

卢作孚对其"乡村建设"思想的阐述，集中在《乡村建设》和《四川嘉陵江三峡的乡村运动》等论著中，刘重来教授将其概括为"卢作孚'乡村现代化'思想""卢作孚乡村教育思想""卢作孚农村金融建设思想""卢作孚廉政思想"等四个方面，并分别做了较为深入的论述。④因此下文仅就其中的四个重要问题略陈管见。

第一，卢作孚推行乡村建设的终极目标应在于"创造出现代需要的新社会"和建立一个"完全独立自主的民主国家"。1929年时，卢作孚在谈到乡村的重要性时指出："政治上最后的问题是全国的问题，他的基础却在市村，……一个乡村问题放大起来，便是国家的问题。"⑤1934年3月，卢作孚在回答"如何训练人使能创造中国的新社会使成现代的？"这一问题时，强调要"训练成功许多训练的人才，使他们能够从旧社会当中创造出新的社会来"⑥。1934年10月提出："中华民国根本的要求是要赶快将这样一个国家现代化起来。所以我们的要求是要赶快将这一个乡村现代化起来。"⑦1944年，卢作孚强调："我们希望中国能够建设起来，先曾以北碚这个小小的地方作一度经营的

---

① 孙中山著，林家有整理：《建国方略》，中华书局2011年版，第58页。
② 《乡村建设》，《卢作孚编辑之乡村建设》（1929年10月1日），重庆市档案馆藏，档号：0081-0001-00386，第25—26页。
③ 《乡村建设》，《卢作孚编辑之乡村建设》（1929年10月1日），重庆市档案馆藏，档号：0081-0001-00386，第28页。
④ 参见刘重来：《卢作孚与民国乡村建设研究》，第112—193页。
⑤ 《乡村建设》，《卢作孚编辑之乡村建设》（1929年10月1日），重庆市档案馆藏，档号：0081-0001-00386，第4页。
⑥ 卢作孚：《中国的根本问题是人的训练》（1934年3月20日），凌耀伦、熊甫编：《卢作孚文集》，第297页。
⑦ 卢作孚：《四川嘉陵江三峡的乡村运动》（1934年10月1日），凌耀伦、熊甫编：《卢作孚文集》，第353页。

实验，悬出了一个理想，叫作'将来的三峡'。"①1946年2月，卢作孚再次强调："完成一切物质基础的建设，提高人民的生活水准和文化水准，使国家成为一个本身健全的现代国家，尤为吾人必须全力趋赴的积极的目的。"②

第二，卢作孚乡村建设思想的核心是"乡村现代化"，尤其是"人"的"现代化"。对于"乡村现代化"，刘重来教授已依据"将来的三峡"等史料做了一些分析。③但鉴于刘教授并未引用1939年前后的"将来的三峡"和1949年前后的"将来的北碚"这两份史料，而这二者的内容较此前版本又有明显变化，因此下文再对此略作分析。在1929年12月关于"将来的三峡"的展览会的介绍中，经济方面的"用机器解决采煤问题，创设水门汀厂，创设造纸厂，创设水电厂"，"改革现有农业、工业"以及修建铁路、公路、普及电话、乡村邮递，文化方面的"设立科学院"等④，应属于"现代化"的范畴。到1934年10月，又增加了"较重要的地方可通电报"和人民"皆能为公众服务"等属于"现代化"的内容。⑤1939年前后，又使用了"大规模开发矿产——由土法采煤到机械采煤"，"大规模创办工业——由手工业到机械工业"，人民"皆有现代的知识和技术"等更具"现代化"色彩的表述。⑥1949年前后，更是大量增加了"修建嘉陵江大水利工程"，"有由北碚直达重庆的电气铁道"，"有与周围邻县连接的公路县道"，全区有"无线电广播电台"，每乡镇有"新型收音乐（机）"，每保有"收音转播器"，"皆有现代集团生活的习尚"，"皆有现代生活的设备"等具有"现代化"色彩的内容。⑦由于这些内容的表述方式与卢作孚的《四川嘉陵江三峡的乡村运动》中的相应部分颇为接近，因此应是卢作孚本人思想的反映。这一点，也可以从其"今天中国什么都不缺乏，只缺乏人——只缺乏有训练的

---

① 卢作孚：《国际交往与中国建设》（1944年10月1日），凌耀伦、熊甫编：《卢作孚文集》，第577页。
② 卢作孚：《论中国战后建设》（1946年2月15日），凌耀伦、熊甫编：《卢作孚文集》，第600页。
③ 参见刘重来：《卢作孚与民国乡村建设研究》，第112—128页。
④ 转见刘重来：《卢作孚与民国乡村建设研究》，第123页。
⑤ 卢作孚：《四川嘉陵江三峡的乡村运动》（1934年10月1日），凌耀伦、熊甫编：《卢作孚文集》，第359—360页。
⑥ 《将来的三峡》，《北碚月刊》第3卷第2期，1939年12月。
⑦ 《将来的北碚》，北碚管理局：《北碚概况》，扉页。

人,所以根本在先解决人的问题——解决人的训练问题"①,"人的训练有三个要点:第一要他们的头脑有现代化整个世界那样大……"②等认识中得到印证。

第三,秩序建设是乡村建设、社会建设和国家建设中的根本问题。1929年,卢作孚指出:"现在我们应该知道建设的根本问题在那的?不在经济,也不在教育,也不在……却在秩序。无论何种事业,秩序建设不起来,绝对不会有良好结果的。我们对于任何事业,事前应有精密的计划,事后应有精密的整理,其性质都是建设秩序。秩序问题,是包含着自治事业的经营问题和组织问题,是乡村建设中不可避免亦不可疏忽的根本问题。"③1930年,卢作孚强调:"我们向来亦都知道教育、交通、经济事业是建设上重要的问题。然而此外还有更重要的问题,是根本、是解决一切问题的前提,我们却忽略了,便是如何建设秩序的问题。要这个问题有法解决,其余一切问题才可以迎刃解决。不管教育也罢,交通也罢,经济事业也罢,如果秩序建设不起来,任何事业也是建设不起来的。"④1934年,卢作孚再次强调:"创造一个现代的物质建设和社会组织"的工作"是要在安定的秩序下面才能前进起来;所以首先要创造的尤其是安定的秩序"。⑤

第四,由于认为"现代世界上最显著的特征是组织科学的方法"⑥,因此,组织建设便成为卢作孚实现其乡村建设、现代新社会建设和国家建设目标的重要桥梁。1933年,卢作孚强调:"现代文明因为有了科学方法,适用在社会上,便有了科学的组织方法。社会愈进化,便是组织愈扩大。一个组织形成一个集团。"⑦1934年1月提出要将整个中国现代化,应重视社会组织建设,"换句话

---

① 卢作孚:《中国的根本问题是人的训练》(1934年3月20日),凌耀伦、熊甫编:《卢作孚文集》,第298页。
② 卢作孚:《四川嘉陵江三峡的乡村运动》(1934年10月1日),凌耀伦、熊甫编:《卢作孚文集》,第353页。
③ 《乡村建设》,《卢作孚编辑之乡村建设》(1929年10月1日),重庆市档案馆藏,档号:0081-0001-00386,第27—28页。
④ 卢作孚:《四川人的大梦其醒》(1930年1月),凌耀伦、熊甫编:《卢作孚文集》,第76页。
⑤ 卢作孚:《嘉陵江三峡的乡村运动》(1934年10月1日),凌耀伦、熊甫编:《卢作孚文集》,第353页。
⑥ 卢作孚:《四川的问题》(1931年6月2日),凌耀伦、熊甫编:《卢作孚文集》,第162页。
⑦ 卢作孚:《民生公司的三个运动》(1933年4月16日),凌耀伦、熊甫编:《卢作孚文集》,第223页。

说：就是促使中国完成现代的物质建设和现代的社会组织"①。同年8月，卢作孚反复强调："（练海陆军、修铁路、造轮船、设制造厂、变法、办学堂等）这些都是新的社会生活，尤其是新的集团组织，不得不转变其原有的集团组织"，"如何促起几千年安眠的农业社会转而变为现代的社会，急切需要……创造新的适于现代生存的集团生活。""我们觉得复兴中华民国只有这一条路，只有运用中国人比世界上任何文明民族更能抑制自己、牺牲自己，以为集团的精神，建设现代的集团生活，以完成现代的物质文明和社会组织的一个国家。"②1946年，卢作孚更明确指出，国家是"最强有力的集体生活"③。基于以上认识，卢作孚一方面认为，通俗教育馆、民生公司以及"将嘉陵江三峡布置成功一个生产的区域，文化的区域，游览的区域"等，都是创造集团生活的试验。另一方面强调，作为重要组织的民生公司④也是重要的桥梁。"民生公司最后的意义决不是帮助本身，而是帮助社会。"⑤"第一是我们要助成国家跑到现代前面去；第二是要握着现代的武器——技术与管理；第三是要造成现代的社会生活依赖关系。我们要用全力达到这三个非常明了的要求，特在本公司十一周年纪念会中再郑重地将这要求提起！"⑥

总之，卢作孚不仅是"乡村建设"的最早提出者，而且在"教育救国"思想和孙中山"三民主义"等思想的影响下，对"乡村建设"的内涵做了深刻的阐释，提出了"乡村现代化""建设以经济为中心"⑦、"乡村建设的根本在秩序"

---

① 卢作孚：《从四个运动做到中国统一》（1934年1月29日），凌耀伦、熊甫编：《卢作孚文集》，第267页。
② 卢作孚：《建设中国的困难及其必循的道路》（1934年8月2日），凌耀伦、熊甫编：《卢作孚文集》，第323、341、345页。
③ 卢作孚：《论中国战后建设》（1946年2月15日），凌耀伦、熊甫编：《卢作孚文集》，第621页。
④ 卢作孚指出："组织最要紧的精神，是分工与合作，是从个别的活动，完成整个的事业，而且时时刻刻尊重公共的规律。""今天以后，因为产业发达，将由农业社会进入工业社会，经济生活的单位，将有相当改变。……参加经济生活的单位——企业组织，或非企业性的社会组织。"据此可知，民生公司应属于组织。参见卢作孚：《四川的问题》（1931年6月2日），凌耀伦、熊甫编：《卢作孚文集》，第163页；《论中国战后建设》（1946年2月15日），凌耀伦、熊甫编：《卢作孚文集》，第622页。
⑤ 卢作孚：《民生公司的三个运动》（1933年4月16日），凌耀伦、熊甫编：《卢作孚文集》，第223页。
⑥ 卢作孚：《一桩事业的几个要求》（1936年10月），凌耀伦、熊甫编：《卢作孚文集》，第445页。
⑦ 卢作孚本人的表述为"建设应以经济为中心"。见《论中国战后建设》（1946年2月15日），凌耀伦、熊甫编：《卢作孚文集》，第602页。

等重要认识，从而使其在中国乡村建设思想史上占有极为重要的地位。

三、乡村建设与乡村自治

　　中国是一个农业大国，乡村的重要性不言而喻。在历代对乡村的管理和治理中，逐渐形成了保甲、乡约、社仓、社学等颇具特色的组织。清末以降，随着自治思想的传入，地方自治也开始在乡村管理和治理中发挥重要作用。由此，意图通过解决"乡村问题"以达到解决"中国问题"，"创造新文化"，"建设新社会"目标的"乡村建设"，必然要与"地方自治"以及保甲、乡约、社仓、社学等传统组织发生千丝万缕的联系。因此，厘清乡村建设与近代地方自治及传统因素之间的关系，将有助于深化我们对乡村建设时代性内涵的认识。

　　地方自治（local self-government）原是17世纪以后欧洲新兴的资产阶级反对封建王权的武器，在资产阶级取得国家政权后成为一种基本的国家政治制度。有研究者将其区分为两种形态：一种是从"人民自治"的理念出发，强调国家的权力来自人民，认为自治权是人民固有的、天赋的，国家不能干涉，因而国家对地方自治体的监督比较少，是为英美法系；另一种从"团体自治"的理念出发，认为自治权是由国家赋予而非天赋的，国家对自组自治体应该保持严格的行政监督，地方自治体的自治权较小，此为德法为代表的大陆法系。"这两种形态的地方自治都是以民主政治为灵魂的中央与地方分权的制度。"①

　　中国的地方自治萌芽于19世纪末20世纪初②，到1937年前，大体形成了三种类型：一是清末至南京国民政府时期由中央政府制定和推行的地方自治；二是由地方政府首脑或地方实力派制定和推行的地方自治；三是以翟城村等为代表的乡村自治。③清末地方自治倡议和试行于1906—1907年

---

　　① 李德芳：《民国乡村自治问题研究》，人民出版社2001年版，第3—4页。
　　② 魏光奇：《官治与自治：20世纪上半期的中国县制》，商务印书馆2004年版，第76—77页。
　　③ 李德芳认为，民国乡村自治有着特定的历史内涵，"它是指国家推行的、以行政村（南京国民政府曾称村为乡）为基本区域的地方自治。它是地方自治的基础，与地方自治有着不可分割的联系，同时与之又有相对的区别。乡村自治与地方自治的社会政治功能有所不同，前者侧重的是国家与社会的分权，后者侧重的是中央与地方之间政府层面的分权"。本书则将乡村自治作为地方自治的一个组成部分。另，杨开道亦指出："现代中国农村自治发展的路径有两条：一条是从光绪三十四年所颁布的城镇地方自治章程开始，一条是从翟城所创办的模范自治开始。"李德芳：《民国乡村自治问题研究》，第4页。参见杨开道：《中国农村自治的现状》，《农学杂志》1929年第5期，第3页。

间。① 1909 年的《城镇乡地方自治章程》是清政府颁布的第一个自治法令。该章程对城镇乡地方自治的地位、职权、组织机构等做了明确规定。地方自治"以专办地方公益事宜，辅佐官治为主"。"按照定章，由地方公选合格绅民，受地方官监督办理"；地方自治应办事宜，主要包括本城镇乡学务、卫生、道路工程、农工商务、善举、公共营业以及"因办理本条各款筹集款项等事"和"其他因本地方习惯，向归绅董办理，素无弊端之各事"；城、镇设议事会和董事会，乡设议事会和乡董；城镇乡议事会应行议决事件为本城镇乡自治范围内应行兴革整理事宜、自治规约、自治经费岁出预算及预算正额外预备费之支出、自治经费岁出入决算报告、自治经费筹集方法、自治经费处理方法、选举上之争议、自治职员办事过失之惩戒、关涉城镇乡全体赴官诉讼，及其和解之事等。尽管该章程颁布仅三年之后清政府便宣告覆亡，但仍在部分地区得到推行。如直隶安次县（今河北省廊坊市）于宣统二年（1910）夏成立议事会、参事会；宣统三年（1911）又成立城议事会和 13 乡议事会，其中城议事会在城内，第一乡议事会在孔洼村，第二乡议事会在宗史家务村，第三乡议事会在马头镇，第四乡议事会在廊房村，第五乡议事会在葛渔城镇，第六乡议事会在旧州镇，第七乡议事会在淘河村，第八乡议事会在南寺垡村，第九乡议事会在得胜口镇，第十乡议事会在张各庄村。② 山东省掖县（今莱州市）于宣统三年（1911）11 月成立掖县参事会，以县知事为参事长，有参事员 6 人；同年 4 月成立城区议事会，以张正谅和翟延世为正副议长，有议员 18 名；与城区议事会同日成立城区董事会，有总董 1 人，董事 1 人，名誉董事 4 人；同年成立沙河镇议事会，以张庆瑗为议长，张官南为副议长，有议员 17 人；与议事会同日成立沙河镇董事会，有总董 1 人，陪董 1 人，董事 1 人，名誉董事 4 人。③

民国成立后，袁世凯曾于 1914 年下令停办地方自治，后又于当年 12 月 29 日颁布《地方自治试行条例》，规定由地方依据条例"公选合格绅民"，在县知

---

① 参见《出使俄国大臣胡惟德奏请颁行地方自治制度折》（光绪三十二年七月十八日）、《北洋大臣袁世凯奏天津试办地方自治情形折》（光绪三十三年七月二十二日），故宫博物院明清档案部：《清末筹备立宪档案史料》，中华书局 1979 年版，第 714—721 页。

② 刘钟英等纂修：《安次县志》，台湾成文出版社 1969 年影印，第 100—101 页。

③ 刘国斌等纂修：《掖县志》，台湾成文出版社 1968 年影印，第 710—711 页。

事监督下，划分自治区，办理各区卫生、慈善、教育、交通及农工商等不属于国家行政范围的地方公益事宜，同时"依法令及监督官署委托办理事项"，设区董和自治员等职员。[①] 1919 年，北京政府公布《县自治法》，规定县自治团体为法人，在监督官署的监督下，在法令范围内办理教育、交通水利及其他土木工程、劝业及公共营业、卫生及慈善事业等自治事务；县议会议决县自治团体的经费及所筹办的自治事务、公约、预算及决算、县自治税、规费、使用费的征收、不动产的买入及处分、财产营造物、公共设备之经营及处分等事务；县参事会执行县议会议决事项、办理县议会议员选举、向县议会提出议案、制定县自治团体规则、管理或监督县自治团体之财产营造物，或公共之设施、管理县自治团体之收入与支出、依法令及县议会之议决，征收自治税及规费等[②]。1921 年公布的《市自治制》将"市"分为特别市和普通市两种；规定市为法人，在监督官署监督下，在法令范围内办理自治事务；市设自治会，议决市公约、市内应兴与应革及整理事宜、以市经费筹办的自治事务、市经费的预算及决算、市自治税规费使用费的征收、募集公债及其他有负担之契约、市不动产的买卖及其他处分、市财产营造物公共设备之经营及处分、市自治公所职员保证金事项、答复市自治公所及监督官署之咨询等；市设市长执行市自治会议决事项、办理市自治会选举事项、向市自治会提出议案、管理或监督市财产营造物及公共设备、管理市的收入与支出、依法令及市自治会议决征收市自治税及使用费、规费等。[③] 同时公布的《乡自治制》也对乡自治的性质、乡自治会职权等做了相应的规定。这几部法规在部分地区得到实施，如石家庄在 1921—1928 年间即依据《市自治制》推行"市自治"，成立"市自治会"，选出"市长"，设立"市政公所"，成为该市发展史上的一个极为重要的阶段。[④]

1927 年南京国民政府成立后，先后颁布了《县组织法》《区自治施行法》《乡镇自治施行法》等与地方自治相关的法令。其中《县组织法》规定由县政

---

① 《地方自治试行条例》（1914 年 12 月 29 日），王建学编：《近代中国地方自治法重述》，法律出版社 2011 年版，第 94—95 页。
② 《县自治法》（1919 年 9 月 7 日），王建学编：《近代中国地方自治法重述》，第 102—106 页。
③ 《市自治制》（1921 年 7 月 3 日），王建学编：《近代中国地方自治法重述》，第 114—121 页。
④ 熊亚平：《石家庄"市自治"述论（1921—1928）》，《民国档案》2008 年第 3 期。

府"监督地方自治事务",由村公所和村长、里公所和里长、区公所和区长"管理各该村里自治事务"及区自治事务。① 《区自治施行法》规定组织区民大会,"以本区公民出席投票行使选举权、罢免权、创制权、复决权";区公所在现行法令或区民大会决议交办范围内,自行或委托各乡镇办理户口调查及人事登记、土地调查事项、教育及其他文化事项、保卫事项等 20 余项自治事务;区公所附设调解委员会,由调解委员若干人组成。② 《乡镇自治施行法》规定由乡镇大会行使选举及罢免乡长或镇长及其他职员、制定或修正自治公约等 6 方面的职权;由乡公所或镇公所在现行法令、区自治公约及乡民大会决议交办范围内办理户口调查及人事登记事项、土地调查事项、教育及其他文化事项、保卫事项等 20 余项自治事务;乡公所或镇公所应附设调解委员会,办理民事调解及依法得撤回告诉之刑事调解等事项。③ 这些法令的制定和实施,在一定程度上体现了孙中山的地方自治思想。④ 孙中山在 1897 年即提出"人群自治为政治之极则"⑤,自治政府应由中央政府选派驻省总督一人为一省之首,设立省议会全权自理一省政治、征收、正供,"不受中央政府遥制"⑥。1906 年,孙中山提出"军法之治""约法之治""宪法之治"三时期,其中"约法之治"时期"军政府以地方自治权归之其地之人民,地方议会议员及地方行政官皆由人民选举"⑦。1912 年,孙中山在《中国同盟会总章》中提出"完成行政统一,促

---

① 《县组织法》,《中华民国档案史料汇编》第 5 辑第 1 编"政治:南京国民政府的建立",江苏古籍出版社 1994 年版,第 87—91 页。
② 《区自治施行法》(1930 年 7 月 7 日修正公布),《中华民国法规大全》第 1 册,1936 年辑印,第 638—641 页。
③ 《乡镇自治施行法》(1930 年 7 月 7 日修正公布),《中华民国法规大全》第 1 册,第 641—645 页。
④ 魏光奇指出:"在整个国民政府时期,县制的改革和建设始终受到两种因素的影响:其一是社会政治形势的发展;其二是孙中山关于实行县自治的思想。准确地说,国民政府时期的县制,是以落实孙中山关于县自治的思想为原则,同时根据实际情况而不断对之进行修正的产物。"这就表明,南京国民政府时期的地方自治在一定程度上体现了孙中山的地方自治思想。魏氏所论参见魏光奇:《官治与自治:20 世纪上半期的中国县制》,第 141 页。
⑤ 孙中山:《与宫崎寅藏平山周的谈话》(1897 年 8 月中下旬),广东省社会科学院历史研究室等合编:《孙中山全集》第 1 卷,中华书局 1981 年版,第 172 页。
⑥ 孙中山:《致港督卜力书》(1900 年六七月间),广东省社会科学院历史研究室等合编:《孙中山全集》第 1 卷,第 193 页。
⑦ 孙中山:《中国同盟会革命方略》(1906 年秋冬间),广东省社会科学院历史研究室等合编:《孙中山全集》第 1 卷,第 297 页。

进地方自治"①。1916年，孙中山提出地方自治为建国基础，"地方自治者，国之础石也。础不坚，则国不固"②。1920年，提出地方自治应以一县为充分之区域，"如不得一县，则联合数乡村，而附有纵横二三十里之田野者，亦可为一试办区域。其志向当以实行民权、民生两主义为目的"，具体办理清户口、立机关、定地价、修道路、垦荒地、设学校以及农业合作、工业合作、交易合作、银行合作、保险合作等事务。地方自治团体，"不止为一政治组织，亦并为一经济组织"③。1924年1月，孙中山提出确定县为自治单位；训政时期政府应当派员到各县协助筹备自治，"一完全自治之县，其国民有直接选举官员之权，有直接罢免官员之权，有直接创制法律之权，有直接复决法律之权"；每县开创自治时，"必须先规定全县私有土地之价，其法由地主自报之，地方政府则照价征税，并可随时照价收买"；每县地方自治政府成立后，得选国民代表一人组织代表会参与中央政事；凡一省全部县份均达到完全自治时，即可开始施行宪政。④

由地方政府首脑及地方实力派制定和推行的地方自治以清末的天津县自治和民国时期的山西村制较具代表性。天津县自治开始于1906年，经过一年的惨淡经营，初具规模，于光绪三十三年（1907）七月初十日成立天津县议事会。从1907年3月6日公布的《试办天津县地方自治章程》中，可以看出当时天津县地方自治制度的核心内容：县议事会由30名议员及其公推的议长和副议长组成；议事会议决本县下级自治团体（如城镇乡各议事会及城镇董事会并乡长等）设立、自治事务（如教育、实业、工程、水利、救恤、消防、卫生、市场、警察费等）的创设改良、地方入款的清厘及筹集、地方经费预算决算等事项；董事会由会长1人、副会长1人、会员8人组成，担任议事会开会

---

① 孙中山：《中国同盟会总章》（1912年3月3日），广东省社会科学院历史研究室等合编：《孙中山全集》第2卷，中华书局1982年版，第160页。

② 孙中山：《在沪举办茶话会上的演说》（1916年7月17日），广东省社会科学院历史研究室等合编：《孙中山全集》第3卷，中华书局1984年版，第327页。

③ 孙中山：《地方自治实行法》（1920年3月1日），广东省社会科学院历史研究室等合编：《孙中山全集》第5卷，中华书局1985年版，第220—224页。

④ 孙中山：《国民政府建国大纲》（1924年1月23日），广东省社会科学院历史研究室等合编：《孙中山全集》第9卷，中华书局1986年版，第126—129页。

布置之事、议事会议决交办之事、对其他自治团体商办之事等七方面事务；县自治以本府知府为初级监督官、以本省总督为最高级监督官。① 山西村制初创于1917年。当年9月，阎锡山在翟城村自治倡导者、定县知事孙发绪等人的启发下颁布了《县属村制通行简章》等一系列地方性法规，形成了一种新型的乡村制度。其主要内容有三：一是以编村为乡村行政单位，规定每村人口不少于100户，不足100户者联合邻村编成一个编村。编村内以户口数多者为主村，以户口少者为联合村；二是厘定村行政人员，由单村编为一村者设村长1人，村副1人，其居民尤多者酌增村副人数，但最多不过4人，联合编成之村于主村设村长1人，联合村酌配村副，编村内以25家为闾，闾设闾长，受村长副指挥，村长副具有办理自治等4项职务，成为乡村权力的主体；三是实行村财务公开，将村务开支分为办公费和杂费两类，办公费为村长副赴城办公时支用的车马费和膳宿费，杂费为村长遣人赴城办公或往邻村商办事件时酌发的川资，所有费用应实支实用。② 1920—1921年间，山西村制开始朝村自治的方向发展。1922年春，阎锡山放弃村自治计划，转而实行"村政"，具体内容有五：整理村范即官民协力消除村中的坏人；组织村民会议为全村"民治之练习"；议定村禁约；成立息讼会；组织保卫团。③ 在推行村制时，阎锡山试图将目标指向三民主义，从而颇为适合南京国民政府的口味和现实需要，并为南京国民政府推行地方自治提供了基本的切入点。④

乡村自治以河北定县翟城村治最具代表性。翟城村治虽然始于1904年米鉴三和米迪刚父子的提倡，但直到1915年《地方自治试行条例》及《施行细则》公布后才确立起具有近代地方自治意义的自治制度。⑤ 米迪刚在1916年完成的《论吾人之天职》一文中曾专门论述乡村自治的极端重要性。"国家政治，千端万绪，其大纲有二，官治自治是也，而自治尤以初级之农村为本。……且以国家政治而论，如普及教育也，振兴实业也，征兵也，纳税也，

---

① 《试办天津县地方自治章程》（1907年3月6日），王建学编：《近代中国地方自治法重述》，第321—329页。
② 李德芳：《民国乡村自治问题研究》，第45—46页。
③ 参见李德芳：《民国乡村自治问题研究》，第54—58页。
④ 李德芳：《民国乡村自治问题研究》，第60—61页。
⑤ 李德芳：《民国乡村自治问题研究》，第39页。

调查户口清理田地也，及其他关于政治上社会上之一切事宜，均非初级之村落自治发达而后，绝不能收美满之效果。"① 在当时，翟城村治的主要内容有：村自治职员均由村民公举；以村公所为自治执行机关，负责办理本村一切事宜；由村公所组织村会为议决机关；村预算决算经村会议决后，呈县备案核查，即以县公署为自治体的监督机关；自治经费由全体村民负担。② 到 20 年代末，翟城村治又增添了新的内容：设村民会议为全村最高权力机关；村民会议下设村政会议；村政会议下设执行委员会（村公所），由村长佐及村政会议主席等 9 人组成；执行委员会附设因利协会、公安协会、教育协会、建设协会、农村协会、财政专员等具体办理村务。③ 在米迪刚等人的努力下，翟城村治不仅成为中国乡村自治的先河④，而且对以后的山西村制、云南村治等产生了不同程度的影响。⑤

　　以上三类地方自治大都由国家推行或认可，不同程度地体现了国家和各级政府的意志。其采用自由投票和自由表决等方式，也与梁漱溟所倡导的村学和乡学有着明显的区别。梁漱溟明确指出："在现行地方自治组织中，有个乡民大会（或区民大会），那是一立法作用；有个乡公所（或区公所），那是一行政作用。从表面上看，这与我们的学众学董两个作用也很相似；其实内里的意义则大不同。我们学众的作用虽也是立法，学董的作用虽也是行政；而与乡民大会（或区民大会）及乡公所（或区公所）意义很不一样。""村学乡学不提多数表决的话"，"村学乡学不提自由权的话"，"村学乡学不用无情义的办法"，"我们解决纠纷，是要以情义为主，不囿于法律条文。换句话说，我们是要以代表情理的学长来监督教训大众，把法律问题放在德教范围内，这样就对了。这便是我们与现行地方自治组织的一个大不同"。"从以上村学乡学与现行地方自治组织之比较，我们更可以见出村学乡学这个组织是一最完善、最妥当、最合中国实情的组织；从此做去，他能够尽其改进社会之功，让中国社会继续不

---

① 米迪刚：《论吾人之天职》，尹仲材编述：《翟城村志》，第 268—269 页。
② 李德芳：《民国乡村自治问题研究》，第 23—24 页。
③ 李德芳：《民国乡村自治问题研究》，第 34—35 页。
④ 李德芳：《民国乡村自治问题研究》，第 39 页。
⑤ 尹仲材编述：《翟城村志》，第 210—244 页。

断地往前长进，让中国完成一个没有缺欠的文化。"① 由于作为团体和组织的村学和乡学在梁漱溟的乡村建设理论中占有极为重要的地位，因此，从一定意义上说，梁漱溟所强调的村学和乡学与地方自治的区别，亦是"乡村建设"与"地方自治"之间的主要区别之一。

与梁漱溟不同，卢作孚在提出自己的"乡村建设"主张时，对既有地方自治组织颇为重视。卢作孚在《乡村建设》一书中一方面强调教育、经济、治安、交通、卫生等方面的建设均属于乡村自治范围，另一方面则强调："一切建设的人员可以由选举或上层机关的遴委产生出来的。"②"每一镇乡有一个教育委员，负的是教育建设的责任，有一个建设委员，负的是经济建设，交通建设，卫生建设的责任；有一个团务委员，负的是治安建设的责任。……有一个镇长或乡长，便是委员长，主持一镇一乡全部的建设事宜……镇乡长以下，还有各闾的闾长，各邻的邻长，办理小范围的关于建设的事务。"③"镇乡委员会的组织……每一个委员范围内的职务，亦应划分成统系……这尤其是组织中间的重要问题。组织便是建设人与人间一种秩序，亦是建设一种事业的秩序……建设的根本问题……却在秩序。"④ 这表明，卢作孚将自治组织建设视为乡村建设的根本问题。

综合以上梁漱溟和卢作孚的言论和认识可以看到，"乡村建设"和"地方自治"之间既有密切的联系，也有明显的区别。

自宋代开始，保甲、乡约的兴起及其与社仓、社学的结合，使中国传统基层社会组织发生显著变化。保甲制度由王安石于北宋熙宁三年（1070）首创，"先试行于畿内，推之五路。""初则儆盗伍保。渐则习武事，分番巡警。"其基本组织以 10 家为一保，置保长，50 家为一大保，置大保长，10 大保为一都保，置都保正副各 1 人；同保不及 5 家并入他保，有自外入者，则收为同保。⑤ 乡约的创立时间比保甲晚六年，就在保甲创立六年之后，最初由陕西蓝田人吕大钧

---

① 梁漱溟：《乡村建设大意》，《梁漱溟全集》第 1 卷，第 698—703、707、710 页。
② 卢作孚：《乡村建设》，凌耀伦、熊甫编：《卢作孚文集》，第 100 页。
③ 卢作孚：《乡村建设》，凌耀伦、熊甫编：《卢作孚文集》，第 99 页。
④ 卢作孚：《乡村建设》，凌耀伦、熊甫编：《卢作孚文集》，第 101 页。
⑤ 叶木青：《中国保甲制度之发展与运用》，世界书局 1936 年版，第 9—10 页。

等在本乡推行，因此被称为"吕氏乡约"或"蓝田乡约"。其约文仅有"德业相励""过失相规""礼俗相交""患难相恤"四款，以树立共同的道德标准、共同的礼俗标准为基本主张，"使个人行为有所遵守，不致溢出标准范围以外"[1]。其特点有四：一是以乡为单位，而非以县为单位；二是由人民公约，而非由官府命令；三是部分民众自由参加，而非全体民众强制参加；四是成文法则。[2]

在保甲和乡约创立之后的一个时期内，保甲、乡约、社仓、社学仍处于各自为政状态。"提倡乡约的时候，便止提倡乡约，提倡社仓的时候，便止提倡社仓，提倡小学的时候，便止提倡小学，而没有把他们打成一片。"[3]而吕坤（新吾）的"乡甲约"和陆世仪的"治乡三约"，则使保甲、乡约、社学、社仓四者出现合流之势。在吕坤的设计中，乡甲约以乡约保甲为主，社仓社学为辅；乡约保甲之中，又以乡约为主，保甲为辅，这几者的地位和相互关系尚不十分清楚。在陆世仪的设计中，乡约为纲，可包含保甲、社仓、社学。"夫何以谓之乡约也？约一乡之众，而相与共趋于社学，共趋于保甲，共趋于社仓也。""乡约为纲而虚；社学保甲社仓为目而实。"[4]

伴随着学理上的阐述，乡约、保甲、社仓、社学也开始在实践中得以推行。元代统治者虽未特别提倡乡约和保甲，却将其精神寓于社制之中。社长主要职责是劝课农桑，"不听劝诫的惰民，社长可以用书面报告提点官处罚。……颇有乡约劝善惩恶的意思"[5]。社学附设于本社，聘请通晓书经者一人为学师，在农闲的时候，教授本社子弟《孝经》《大学》《论语》《孟子》等。每社设社仓一所，"丰年每家按口一斗，存储仓中，歉年又可按口领用，以备荒灾"[6]。到了明代，明太祖朱元璋首先设置了社学，同时颁布了圣训六谕。后来王阳明巡抚赣南时，一面提倡保甲法来维持治安，一面将吕氏乡约与圣训六谕相结合，形成了一种由政府提倡的新乡约。到了嘉靖年间，社学、保甲、乡约、社仓均已有了相当基础并产生了相应的规条，形成了一个较为完整的系

---

[1] 杨开道：《中国乡约制度》，山东乡村训练服务处1937年版，第102页。
[2] 杨开道：《中国乡约制度》，第103—107页。
[3] 杨开道：《中国乡约制度》，第127—128页。
[4] 杨开道：《中国乡约制度》，第249页。
[5] 杨开道：《中国乡约制度》，第18—19页。
[6] 杨开道：《中国乡约制度》，第19页。

统。清代在顺治九年（1652）开始提倡社学，康熙年间已经推行保甲，设立社仓，但乡约、保甲、社仓、社学各自为政。到了清末，则形成了"乡约空有宣讲，保甲空有门牌，社仓少而无谷，社学少而无人"①的局面。

尽管实践中的保甲、乡约、社学和社仓由于政府力量的介入而逐渐丧失了原有的"情义（谊）"，但吕大钧、陆世仪等人在学理上的阐述却得到梁漱溟的肯定。梁漱溟甚至直言其提倡的村学乡学等组织，是对陆氏"治乡三约"的补充和改造。显然，补充体现了梁漱溟乡村建设思想与传统的联系，而改造则反映出梁漱溟乡村建设思想与传统的区别。在梁漱溟看来，这种区别体现在四个方面：其一，将乡约中消极的彼此顾恤，变成积极的有所进行。这是由于"中国古人对于生活的方法上，不大十分讲求进步，如：有手推车、牛马车，即可不再讲求汽车、火车，这种态度在乡约中也可以看得出来。我们则是把他改为积极，在积极的进行中即包含了讲求进步之意；因为积极进行就是讲求进步"②。其二，乡约虽然注重人生向上，提振志气，但也有其缺点，即"偏乎个人"和"有所限"，因此要将"其偏乎个人者稍改为社会的"。其三，乡约以"一乡之人能共勉于为善"为目的，而"乡村建设"则不能局限于一乡，而是要"由乡与乡的联络，而渐及于县与县、省与省的联络，要普遍的去联络，相往来，通消息"，达到"改造社会，创造新文化"。其四，虽然乡约最初为乡人主持，但后来逐渐转变为由政府提倡，而保甲、社学、社仓等更是政府提倡的结果，"乡村建设"则"必不可以政府的力量来推行"③。

由此可见，梁漱溟等人提倡的"乡村建设"是在中外冲突与交流的大背景下，主要依靠非政府力量，建立"以中国固有精神为主而吸收西洋人的长处"④的组织，"从乡村组织做起，从乡村开端倪，渐渐地扩大开展成功为一个大的新的社会制度"⑤，以达到"改造社会，创造新文化"，最终实现民族复兴，"民族复兴问题即文化重新建造问题"，"文化建造即社会组织之建造"，"所谓乡村

---

① 杨开道：《中国乡约制度》，第31页。
② 参见梁漱溟：《乡村建设理论》，《梁漱溟全集》第2卷，331页。
③ 参见梁漱溟：《乡村建设理论》，《梁漱溟全集》第2卷，333—334页。
④ 参见梁漱溟：《乡村建设理论》，《梁漱溟全集》第2卷，308页。
⑤ 参见梁漱溟：《乡村建设大意》，《梁漱溟全集》第1卷，第720页。

建设，乃从乡村中寻求解决中国政治问题、经济问题及其他一切社会问题之端倪。此端倪之寻得，即新社会组织结构之发现"。"新社会组织结构之开展，以讫完成，即文化建造成功，亦即民族复兴"①。这些具有时代性特征的内容，成为乡村建设与近代地方自治及保甲、乡约、社学、社仓等传统之间的一个本质性的区别。

四、乡村建设与农村复兴思潮

20世纪二三十年代，中国农村经济、社会与文化的整体衰败，触发了社会各界对于重建农村、复兴农村的高度关注。所谓"救济农村、复兴农村二语，渐已蔚为时代潮流……国家内政，除以农村为全部施政之对象外，更有何事急于此者！"②1933年是"农村复兴"思潮事功显见的一年，以国民政府行政院之中国农村复兴委员会成立为标志，"举凡政府机关、有识之士，无不以此为当务之急"③。此后，整个知识界和政界的热议主题无不以"复兴农村"为旨归："一九三四年中国学术界所贡献于农村问题者，可谓空前，时髦心理，人人以谈农村问题为荣"，一改以往钟情都市问题之风。④在民族危机四伏的局面中，在救国运动的声浪高潮中，各种主义、思想和主张竞相推助，而"农村改进，农村复兴，又成了时代的中心"⑤。

（一）源起与演进

虽然1933年是"农村复兴"思潮勃发涌动的历史性转折年代，然其孕发萌生的源头及其流变却经历既久。作为一种社会思潮，"农村复兴"思潮涌动的高峰可谓既有时缘聚合的推动，更有历史蕴积力量终获释放的效应。

从1901年开始，"何以立国"的问题成为20世纪之初社会思潮再次发生

---

① 参见梁漱溟：《由乡村建设以复兴民族案》，《梁漱溟全集》第5卷，第419—420页。
② 《省政与农村建设》（1933年8月28日致湖北省政府张主席岳军书），文群讲述：《农村问题集》，新记合群印刷公司1934年版，第15页。
③ 朱壮悔：《一九三四年复兴农村运动的回顾与前瞻》，《农村经济》第2卷第3期。
④ 朱壮悔：《一九三四年复兴农村运动的回顾与前瞻》，《农村经济》第2卷第3期。
⑤ 杨惠庄：《漕河泾农学团的农村事业》，《农村经济》第2卷第1期。

异变的征象。1901年后重农思潮开始复苏，使得"农业立国"和"工商立国"论题再度成为朝野各界争论的一个焦点。在农业立国与工商立国的理论争论中，"农业立国"论开始获得更多的社会回应，它意味着从鸦片战争以来以"工商立国"论或以重商主义为主导思潮的历史性异变。在这场持续时间较长的思想争论中，以农业问题为中心的乡村发展理论探讨逐步演变为一个极其重要的论题，并成为整个20世纪中国乡村社会理论问题研究的滥觞。从另一层面上看，初发于河北省翟城村的1904年识字劝农运动、1914年模范村运动、1926年平教运动，直到30年代乡建运动"扶摇直上"①，都是近代社会思潮演变的社会效应。

"客心兼浪涌，时事与潮生。"民国之后，乡村建设或农村复兴的呼声一再涌起，却"始终未有长足的进步"。随着民族救亡运动和民族复兴思潮的急剧奔涌，"国民革命北伐成功后的复兴运动……至此方能渐显生气"，乃至于"忽突飞猛进"，各省先后有农村合作委员会的成立，"采用合作的方式，来挽救中华民族今日的厄运"②。涓流之汇气象渐成，经1933年政府之推动后蔚为大潮，形成"朝野人士，中外名流，均一致提出农村复兴的口号，以为治标治本之图"③。此后一年之间，关于复兴农村之刊物二十多种，"如雨后春笋，充塞街衢，文化市场几占第一位之势"，而讨论"复兴农村"问题之各种单行本，以及时论性杂志也足可观。④

20世纪30年代后"群以农村建设为救国之要图"的共识，既是农村复兴思潮的社会效应，同时也是这一思潮走向时代高潮的表征。至此，"由农村破产之理论的探索，乃至农村复兴之实际的执行，这成为目前国内学术界经济界以及政府机关之最时髦、最兴味的问题"⑤。这一社会思潮在知识界和政府行政的努力下，获得进一步整合，尤其在抗日战争掀起的民族救亡高潮的促动下，"入手处虽有异同，而目的在共谋农村救济之与复兴"⑥的各种力量在方向、步

---

① 齐植璐：《现阶段中国乡建运动之检讨》，《农村建设》（半月刊）创刊号，嘉兴县政府合作事业推广委员会编印，1936年12月15日。
② 周亚文：《合作运动与复兴民族》，《农林新报》第12卷第1期，1934年11月。
③ 熊天翼：《本社的使命和愿望》，江西农村改进社编：《农村》第1卷第1期，1933年11月15日。
④ 朱壮悔：《一九三四年复兴农村运动的回顾与前瞻》，《农村经济》第2卷第3期，1935年1月1日。
⑤ 景襄：《由世界农业恐慌史说到现阶段的中国农业恐慌》，《政治月刊》第2卷第6期，1935年3月。
⑥ 千家驹：《中国的乡村建设》，大众文化社1936年版，第5页。

骤方面已呈渐趋一致的大势。"抗战不能不靠民众抗战；建国不能不靠民众建国；总之，都要发动民众。然而中国民众在乡村；民众工作就是乡村工作。"①由此，农村复兴思潮成为五四运动以来"知识界第二次大觉悟"，并为"复兴民族的神圣使命"开出一个新的方向。②

持续既久的农村复兴思潮，随着时势变动时而激越时而缓行，直到1949年初，上海仍有以"扬檠区域农村建设"为宗旨的"沪滨农村复兴服务社"的成立。③可见其思潮影响声势尤在，几乎贯穿于20世纪前半期。

（二）背景与内涵

近代中国农村经济凋敝、政治纷乱、社会失序、文化失范，呈现出整体性危机。在不同历史时期基于不同立场，人们对于农村衰败原因的认识诚然不同，其间的争论和辩驳也十分显然；但是在争论中人们也已基本形成共识，即乡村社会"既受资本主义压迫，又受天灾人祸的侵凌，两重威胁……自不得不由凋敝而至崩溃"④。因此，救治之图谋当从基本社会单位乡村入手。"乡村是个小单位，社会经济组织，政治组织，皆天然要造端于此的。"此为中国民族自救运动之最后觉悟。⑤列强侵略所造成的中国农村崩溃问题，并非经济衰退之一端，而是造成了社会—文化一体同构的整体性破坏。因此，"农村运动的使命，要实现民族再造"。所以，在20世纪二三十年代中国出现了几百种地方农村的改革方案，大部分方案集中在教育、信贷、灌溉、卫生之类具体问题上。而"梁漱溟在山东的方案所以著名，在于它们试图解决所有上述问题并实现全部文化的复兴"⑥。其着眼点就是"民族再造文化"问题。⑦

---

① 梁漱溟：《我的努力与反省》，漓江出版社1987年版，第219页。
② 王先强：《发刊词》，《农村建设》（半月刊）创刊号，1936年12月15日。
③ 邵霖生：《介绍区域农村建设运动》，郑广华、余松烈主编：《新农》（双月刊）第1期，1949年1月1日。
④ 邹树文：《新生活与乡村建设》，正中书局1935年版，第3页。
⑤ 邹树文：《新生活与乡村建设》，第3页。
⑥ 〔美〕艾恺：《最后的儒家——梁漱溟与中国现代化的两难》，王宗昱、冀建中译，江苏人民出版社1996年版，第12页。
⑦ 晏阳初：《农村运动的使命及其实现的方法与步骤》，《农村经济》第2卷第1期，1934年11月1日。

农村复兴思潮的兴起，实际上也包含着对近代以来中国社会发展路径的认知与反思。就近代中国经济（工业）建设或发展路向而言，可以远溯自洋务运动，即使从制度层面上的现代性建设而言，从清末新政也已发端了。"抗日战争前的半个世纪，中国经历了一个工业化过程。"仅就工业化或者现代化建设成就而言，"在抗战前达到了旧中国经济史上的最高峰"。30 年代是"国民政府大力推动经济建设的时期，建设经费来自税收，而田赋仍系岁入的最大宗"①。然而，整个近代中国建设之本位却在都市而疏离了乡村。"三十年来的结果，只有把一批批的农家子弟，麇集于都市而不能返回乡村。一面农村中空虚涸竭，一面都市中人满为患。"②近代以来，致力于建设的历史，"自鸦片战争以至现在，已经有了九十余年"，"国家日日都在危急存亡之秋，国人未尝不忙，忙学东洋，忙学西洋，忙办这样，忙办那样，结果怎样？没有把根本问题认清，瞎忙了几十年"③。近代以来，中国一直在"模仿着做一个近代国家（如日本一样），却不料自此就不成一个国家。外不能应付国际侵略，内不能维持一般秩序，资本主义工业之路走不上去，经济的落后一直未改"④。而国民政府对都市工业化建设的片面强调，也遭到质疑："农村之建设反寂然无闻。城市中开大马路修自来水建筑高大洋房甚为热闹。表面似是繁华之象。然农村中则田畴荒芜，房屋倾圮，民无宿粮，衣不被（蔽）体。稍有资财者则移入城市居住以图安全。于是城市日兴，乡村日敝。"⑤

20 世纪 30 年代之际，这一建设路向及其实践效果遭到更多的质疑。"农村一切文化建设，反远逊于都市，况且都市消耗愈多而农村经济被剥削愈甚，国民经济，有整个破产的危险，农村建设，更谈不到。"⑥中国不同于西方，"工商百业仍依托农业，都市仍然依托于乡村，一旦农村崩溃，全国不了"⑦。因此

---

① 王玉茹、刘佛丁、张东刚：《制度变迁与中国近代工业化——以政府的行为分析为中心》，陕西人民出版社 2000 年版，第 390、382 页。
② 李宪武：《中国教育之新动向》，《乡村建设》第 3 卷第 7 期，1933 年 10 月 1 日。
③ 晏阳初：《农村运动的使命》，中华平民教育促进会 1935 年版，第 6 页。
④ 梁漱溟：《我的努力与反省》，第 399 页。
⑤ 广照：《建设事业的合理化》，《科学的中国》第 1 卷第 7 期，1933 年 4 月 1 日。
⑥ 曾济宽：《从现代农村问题的特质说到中国农村问题》，《现代农村》第 5 期，1933 年 3 月 15 日。
⑦ 梁漱溟：《我的努力与反省》，第 399 页。

必须更弦移辙,从根本方向上改变发展道路,"因决定现代文明进路而发生现代农村应如何建设的一问题","谋农村与城市之平等发展,以巩固国民经济基础……中国农村问题,亦有所归宿了"①。对于城市化、工业化单向度发展的质疑和反思,是农村复兴思潮的认知前提,因此,这一强烈呼声的发端始于城市而不是乡村。"1930年后救济农村的呼声不发于乡村而发于都市,首先说话的正是上海金融界(中国银行年终报告)。"②1933年后,每年召开全国乡村工作讨论会,一经号召,人们相率呼应以从,复兴农村的呼声应时而起,并迅速汇聚为社会思潮。"且建设中国必从农村做起,方不致落空——因为中国社会是一个乡村社会……我们并不忽视都市建设,但都市的建设要由乡村建设引发出来,乡村建设是都市建设的基础。乡村建设与都市建设,实有紧切的联带关系,但其中有轻重缓急之分。"在当时中国,惟有走"由乡村建设以复兴民族"之路,才能自救。③

"农村复兴"思潮涌动的认知前提是中国农村遭到持续的破坏,以致面临全面崩溃的情势。作为一种社会思潮,它的内涵相对宽泛,具有较大的容纳性,当时举凡一切关于农业改造、农村建设、乡村重建和农事改良等方面的主张或方案,均汇聚一体,蔚为壮观。"最近上自政府,下至人民,鉴于农村的没落,国本的动摇,都竭力的从事于复兴农村的运动。复兴这个词的含义,有重新和再造的意义。"而所谓"重新就是把旧事拿来改革,而反于旧观;并且胜过这旧观。再造是把过去有价值事物,埋没不彰,却要使之再现其原来的价值。总之,新的开展,脱不了旧的形态——要用旧的来做新的发展的基础"④。所以许仕廉在《中国之乡村建设》一文中明确提出:"在中国,乡村建设运动,有时亦以'农村复兴''农业改良'等名称表示。"虽然其间略有区别各有侧重,然从发展态势和基本路径上看,实为一而二、二而一的同一进向。所谓"农村复兴""农业改良"及"乡村改革"等,"实为整个乡村建设运动之一部份,其工作范围及方式,容有殊异",而其英文名称"Rural Reconstruction in

---

① 曾济宽:《从现代农村问题的特质说到中国农村问题》,《现代农村》第5期,1933年3月15日。
② 梁漱溟:《我的努力与反省》,第399页。
③ 张鉴虞:《从农村破产说到乡村建设》(续完),《农村经济》第3卷第12期,1936年11月1日。
④ 金轮海:《农村复兴与乡教运动》,商务印书馆1934年版,第139页。

China"（中国之乡村建设）之"Reconstruction"，本身就包含着重建、重现与改造、复兴的多重义项。①

（三）民族复兴之基石

近代以来，中华民族复兴的思潮及其社会运动高潮迭起，虽然在不同的历史阶段其思想内容和诉求方式各有不同，但其基本特征却是始终将民族觉醒的自觉意识与客观时势需求密切结合。那么，在20世纪30年代之际，"农村复兴"又何以成为民族复兴或民族自救的一种主导思潮？除上述所论外，当与30年代民族危机与乡村危机的叠加趋重相关。

其一，九一八事变后，外侮日亟，经济国难之严重程度无以复加，作为国民经济基础的农村也日益衰败。农产品出口市价狂落，农村金融枯竭，以致国本摇动。民族危机与乡村危机交织互进，"吾国农村之衰落，且将使我整个民族陷于万劫不复之境地"。②学术界和思想界经历了20世纪初期的"工商立国"与"农业立国"的几度论争后，至此已形成相对的共识："农村为中华民族之命脉，惟复兴农村，方能复兴民族，欲复兴民族，必先复兴农村……而后白色帝国主义者，有所抵抗，赤色帝国主义者，无机可乘，民族兴起国必富强也。"③不仅国民党中央组织部特别制定复兴农村问题讨论大纲，国民政府行政院也于1933年5月组建农村复兴委员会，谋农村复兴事业。④

其二，全民抗日的民族战争的社会动员力量根源于农村。"国家的基础，是建筑在最大多数的人民身上。几乎全国都是农民的中国，国家的税收，大部来自农民身上。一切的行政，大多赖农民来维系。"⑤晏阳初提出，应以农民为改造或建设中国的社会动力，"我们越和农民在一起，就越认识到他们是中国未来的希望"⑥。民族复兴的力量之源在于农民，因为"占有全人口百分之八十以上的农

---

① 许仕廉：《中国之乡村建设》，《实业部月刊》第2卷第6期，1937年6月10日。
② 董成勋：《中国农村复兴问题》，世界书局1935年版，第1页。
③ 董成勋：《中国农村复兴问题》，世界书局1935年版，第1页。
④ 董成勋：《中国农村复兴问题》，第325—326页。
⑤ 金轮海：《农村复兴与乡教运动》，第47页。
⑥ 宋恩荣编：《晏阳初文集》，教育科学出版社1989年版，第47页。

民，一旦觉醒，便要成功为将来社会改革的最大原动力"①。晏阳初认为，民族复兴的根基在农村，主体在农民。"以全国四万万人计算，中国的农村青年，至少当在八千万左右，从前项羽破秦兴楚，只仗八千子弟，中国今日如果集中精神，只要把这八千万的农村青年改造过来，我想无论甚么国难，都当得起，什么国耻，都雪得掉，一切建设，也有了安定的地盘，巩固的根基。"②

"民族再造的中心，在农村青年"，此既为国家元气之所在，也为民族光明灿烂之前程所系。③"复兴农村，为复兴民族之先决问题固矣"④。故社会一般舆论群以"复兴农村便是复兴民族之基石"⑤。潮流所趋，复兴农村思潮及其运动遂"实质上可谓举国一致的救亡图存之大运动也"⑥。

五、基本释义：乡村建设及其思想

建设（construct，build），就其字面意义而言，是创建与设置，此义古已有之。《墨子·尚同中》："古者上帝鬼神之建设国都、立正长也，非高其爵，厚其禄，富贵游佚而错之也。"《魏书·高祖孝文帝纪上》："昔之哲王，莫不博采下情，勤求箴谏，建设旌鼓，询纳刍荛。"明唐顺之《条陈海防经略事疏》："沿海建设卫所，联络险要。"1919年8月1日，《建设》杂志创刊，孙中山亲自为《建设》杂志撰写了发刊词，阐明创办这一刊物的原因及其目的。他指出：民国成立"八年以来，国际地位犹未能与列强并驾，而国内则犹是官僚舞弊，武人专横，政客捣乱，人民流离"，这是由于"革命破坏之后，而不能建设也，所以不能者，以不知其道也"。所以他要创办这杂志来"鼓吹建设之思潮，展明建设之原理，冀广传吾党建设之主义，成为国民之常识，使

---

① 金轮海：《农村复兴与乡教运动》，第135页。
② 晏阳初：《农村运动的使命及其实现的方法与步骤》，《农村经济》第2卷第1期，1934年11月1日。
③ 晏阳初：《农村运动的使命及其实现的方法与步骤》，《农村经济》第2卷第1期，1934年11月1日。
④ 董成勋：《中国农村复兴问题》，自序，第4页。
⑤ 董成勋：《中国农村复兴问题》，第1页。
⑥ 许仕廉：《中国之乡村建设》，《实业部月刊》第2卷第6期，1937年6月10日。

人人知道建设为今日之需要，使人人知建设为易行之事功，由是万众一心以赴之，而建设一世界最富强最快乐之国家，为民所有，为民所治，为民所享者，此《建设》杂志之目的也"。民国时期，建设的义项超越了传统时代的内容，更多地体现为现代取向，"建设的概括定义应该是合理生活的创造。这一创造就在大众生活需要之获得、享受与保障"；亦即"以社会化过程奔赴民生主义的经济社会"，"唯有经历这一过程，才能使建设与人民的需要相融和，才能使大众生活提高其水准，也才能使政治与经济一致的相生的促现三民主义理想社会的实现"①。因此，近代以来，建设一词的引伸义实为创建新事业，增加新设施，充实新精神。

近代以来，无论作为社会思想还是作为社会运动，乡村建设风起云涌，都形成了并蕴含着特定的价值和内涵。在百年来的历史演进中，致力于乡村建设的思想创获和躬行实践的人事代出不息，既有历史传承，也有开新创造。因此，如何揭示其内涵并在动态的历史演进中把握其要义，而不是拘泥于字面释义或简单的语义表述，尤为关键。我们深知这不是一件轻而易举的事情。这里试图在现有史料和研究成果的基础上，对"乡村建设"及其思想作一个历史性梳理和较为恰当的界定，以期有助于相关研究的深入。

作为"乡村建设"一词的最早提出者，卢作孚虽然在1929年10月1日版《乡村建设》一书中对乡村的重要地位和乡村教育、经济、交通、治安、卫生、自治等方面的建设阐述了自己的主张，后来又形成了"乡村现代化"，"以经济建设为中心"等重要认识，但卢作孚并未对"乡村建设"的概念做出明确的定义。作为在乡村建设理论方面最有成就的代表人物，梁漱溟曾反复表达了自己对"乡村建设"和"乡村建设运动"概念的认识。"总言之：救济乡村便是乡村建设的第一层意义；至于创造新文化，那便是乡村建设的真意义所在。"②"'创造新文化，救活旧农村。'这便叫做'乡村建设'"③。"换句话说，乡村建设，就是要先从乡村组织做起，从乡村开端倪，渐渐地扩大开展成功为一个

---

① 郭立：《向建设之路迈进》，中国建设协会：《中国建设》（月刊）创刊号，1945年9月1日。
② 梁漱溟：《乡村建设大意》，《梁漱溟全集》第1卷，第611页。
③ 梁漱溟：《乡村建设大意》，《梁漱溟全集》第1卷，第615页。

大的新的社会制度，这便叫做'乡村建设'"①。"我所主张之乡村建设，乃是解决中国的整个问题，非是仅止于乡村问题而已。建设什么？乃是中国社会之新的组织构造（政治经济与其他一切均包括在内），因为中国社会的组织构造已完全崩溃解体，舍重新建立外，实无其他办法。"②"所谓乡村建设，乃从乡村中寻求解决中国政治问题、经济问题及其他一切社会问题之端倪。此端倪之寻得，即新社会组织结构之发现。""新社会组织结构之开展，以讫完成，即文化建造成功，亦即民族复兴。"③"所谓中国建设（或云中国经济建设）必走乡村建设之路者，就是说必走振兴农业以引发工业的路。换言之，必从复兴农村入手，以达于新社会建设的成功。"④"作乡村运动而不着眼整个中国问题，那便是于乡村问题也没有看清楚，那种乡村工作亦不会有多大效用……所以乡村建设，实非建设乡村，而意在整个中国社会之建设，或可云一种建国运动。"⑤

在对"乡村建设"的概念及其意义做出界定之后，梁漱溟还列出了"乡村建设"的要点：

1. 乡村建设运动之到来为必然的：
（1）以民族自救运动屡次无功，乃有此最后觉悟。
（2）以乡村破坏日亟，乃有今日之救济乡村运动及乡村自救运动。
2. 乡村建设之目前工作，要在能为乡村发现一最简易之组织。其必要条件：
（1）由此组织而外间最易灌输新知识、新方法，或供给各种资料于乡村。
（2）由此组织而乡村内部最易引起多数人之力量，以渐形成一团体。
3. 同时，更要使国内得相当安定，开出机会以容乡村建设之进行。乡村建设运动，就是使国内得相当安定的力量。换言之，此机会必赖自己开出。⑥

---

① 梁漱溟：《乡村建设大意》，《梁漱溟全集》第1卷，第720页。
② 梁漱溟：《自述》，《梁漱溟全集》第2卷，第31页。
③ 梁漱溟：《由乡村建设以复兴民族案》，《梁漱溟全集》第5卷，第419—420页。
④ 梁漱溟：《乡村建设理论》，《梁漱溟全集》第2卷，第158页。
⑤ 梁漱溟：《乡村建设理论》，《梁漱溟全集》第2卷，第161页。
⑥ 梁漱溟：《由乡村建设以复兴民族案》，《梁漱溟全集》第5卷，第419—420页。

另一位乡村建设代表人物晏阳初在接受梁漱溟的"乡村建设,实非建设乡村,而意在整个中国社会之建设"这一认识的同时,指出:"乡村建设是整个新社会结构的建设,并非是头痛医头、脚痛医脚的事,而是从根本上谋整个的建设事业,所有文化、教育、农业、经济、自卫等各方面的工作都是互相连贯的,是由整个的乡建目的下分出来的,各方面工作的发展,合起来便是整个乡建事业的发展。"[①]

值得注意的是,1938 年后,梁漱溟对革命与建设的关系以及中国共产党在建设中的角色和地位等问题又有了新的认识。1938 年,梁漱溟指出:"中国需要从进步达到平等,以建设完成革命"[②],"唯乡村建设为能完成中国革命"[③],"乡村工作,在平时其目标为建设新社会,完成中国革命"[④]。1940 年,梁漱溟又指出:"乡村建设运动,第一步就在调整社会关系求得国家统一,第二步乃在有目标地推行一大建设计划。"[⑤]1944 年,梁漱溟以"追记"的方式,重申了自己平素的三点主张,即"一、中国今后要以建设完成革命,从进步达到平等,绝对否认一切暴动破坏及任何对内作战之理由。二、必须大局统一稳定,乃能施行建设而得到进步,故国家统一实为第一要件。三、但中国只能有一种宽弛的统一局面(尤其彼时为然);建设之实施在地方,而不在乎一个强有力的中央政府。"[⑥]1945 年,梁漱溟强调:"任何一种革命,都是要完成社会秩序的一种改造,初不止消极地有所排除,而更要积极地有所建设;初不止是政治的事,而更且是社会的事。"[⑦]1949 年新中国成立后,梁漱溟又认识到中国共产党是"担负建造新秩序完成中国革命的一大力量",强调中国共产党有三大贡献:一是实现了全国大局的统一稳定,使之成为"建国"的一大前提,"只有在统一而且稳定中,才存建设可言,才能进行建国工作";二是"引进了团体

[①] 晏阳初:《十年来的中国乡村建设》,《晏阳初全集》第 1 卷,湖南教育出版社 1989 年版,第 565 页。
[②] 梁漱溟:《告山东乡村工作同人同学书》(1938 年),《梁漱溟全集》第 6 卷,第 17 页。
[③] 梁漱溟:《告山东乡村工作同人同学书》(1938 年),《梁漱溟全集》第 6 卷,第 33 页。
[④] 梁漱溟:《山东乡村工作人员抗敌工作指南》(1938 年),《梁漱溟全集》第 6 卷,第 38 页。
[⑤] 梁漱溟:《抗战与乡村——我个人在抗战中的主张和努力的经过》(1940 年),《梁漱溟全集》第 6 卷,第 87 页。
[⑥] 梁漱溟:《追记广州往事》(1944 年),《梁漱溟全集》第 6 卷,第 516 页。
[⑦] 梁漱溟:《中国党派问题的前途》(1945 年),《梁漱溟全集》第 6 卷,第 587 页。

生活";三是"透出了人心"。①

显然,1938年至1951年梁漱溟关于"乡村建设"的新认识,尤其是关于革命与建设之间关系和中国共产党与乡村建设之间关系的认识,与20世纪初孙中山提出的"彻底成功的革命"是既有"破坏之革命",也有"建设之革命"②,"建设告竣之时,而革命收功之日也"③的主张以及与世纪末邓小平强调的"改革是中国的第二次革命"④的思想认识有一定相似之处,也有历史的关联。这就为将20世纪初孙中山等人的建设思想,20至40年代梁漱溟、晏阳初、卢作孚等人主持的以社会改良为主要特征的"乡村建设"和中国共产党在新民主主义革命时期、社会主义革命和建设时期所进行的"乡村建设"纳入到同一个体系,并从"中国百年乡村建设"的角度重新定义乡村建设及其思想提供了一个历史认同的基础。

遗憾的是,梁漱溟的上述新认识并未受到研究者们的关注。迄今为止,绝大多数研究者仍然是以梁漱溟、晏阳初等人主持下的乡村建设为主要依据,来定义"乡村建设"及其思想,并阐明其性质的。王安平认为乡村建设形成并盛行于20世纪20年代末30年代初,是"一种全国性的社会政治思潮和社会改革运动"⑤。郑大华在总结江恒源、晏阳初和梁漱溟等人论述的基础上指出:"乡村教育与乡村建设是两个既有联系又有区别的概念,乡村建设的内容包括乡村教育,乡村教育只是乡村建设的一个方面或部分。"他认为,乡村建设运动,"究其基本性质而言,它是一场社会改良运动,即在维护现存社会制度和秩序的前提下,采用和平的方法,通过兴办教育、改良农业、流通金融、提倡合作,办理地方自治与自卫、建立公共卫生保健制度以及移风易俗等措施(当然各实验区的侧重点不完全相同),复兴日趋衰落的农村经济,实现所谓的'民

---

① 梁漱溟:《中国建国之路(论中国共产党并检讨我自己)》(1950—1951),《梁漱溟全集》第3卷,第319—365页。
② 参见孙中山:《建国方略》,广东省社会科学院历史研究室等合编:《孙中山全集》第6卷,中华书局1985年版,第212页;《对于中国国民党宣言旨趣之说明》(1924年1月23日),《孙中山全集》第9卷,中华书局1986年版,第126页。
③ 孙中山:《建国方略》,广东省社会科学院历史研究室等合编:《孙中山全集》第6卷,第205页。
④ 邓小平:《改革是中国的第二次革命》,《邓小平文选》第3卷,人民出版社1993年版,第113页。
⑤ 王安平:《卢作孚的乡村建设理论与实践述论》,《社会科学研究》1997年第5期。

族再造'(晏阳初语)或'民族自救'(梁漱溟语)"①。虞和平认为:"民国时期的乡村建设运动,就其所设想和实施的具体内容而言,是一种旨在全面改造传统农村的模式探索,其内容包括对农村政治、农业经济和农民素质的现代性改造。"② 王欣瑞在认同郑大华的判定的同时指出:"'乡村建设'这一概念在20世纪30年代以前有很多种不同的叫法,如村治、乡治、乡村教育等皆具有乡村建设的含义。"认为"到三十年代以后,乡村建设应该包括经济、政治、社会、教育、文化等多方面的事业已经是当时人们的共识"③。朱考金在认可郑大华的判定的同时指出:"20世纪二十年代后半期,在中国乡村掀起了一场由爱国知识分子发动的轰轰烈烈的乡村建设运动。"④ 张忠民认为:"'乡村建设运动',其基本宗旨是要建立一个以伦理本位为核心、合作组织为主要形式,以人为本、人支配物而不是物支配人的和谐的农村社会。从经济学的意义上看,其主要内容是制度供给以及社会基础建设和公共产品的供给,但是乡村建设运动十分重视思想文化的作用、精神的作用、传统伦理的作用,并力图以此为凝聚力来进行农村建设。"⑤

综观以上当代研究者关于乡村建设概念和乡村建设运动性质的探讨,尽管研究者们的切入点各不相同,但大体都认同民国时期乡村建设和乡村建设运动的改良或改革性质。这一判断,就民国时期的乡村建设而言,应该是合乎实际的。但将中国共产党在各时期领导或主导的乡村建设也纳入乡村建设及其思想体系之后,这一判断就显示出一定的局限性。在此情况下,研究者大都回避了关于"乡村建设"及其思想的界定。如近期出版的《民国乡村建设思想研究》一书的序言部分,一方面将孙中山和中国共产党的乡村建设思想纳入考察范围,另一方面则仅对民国时期的乡村建设运动的性质作了判定,因而并未提出一个适用于"中国近现代(百年)乡村建设思想"研究的"乡村建设"的定义。⑥

---

① 郑大华:《民国乡村建设运动》,社会科学文献出版社2000年版,第72、473页。
② 虞和平:《民国时期乡村建设运动的农村改造模式》,《近代史研究》2006年第4期。
③ 王欣瑞:《现代化视野下的民国乡村建设思想研究》,2007年西北大学博士学位论文(未刊稿),第13—14页。
④ 朱考金:《民国时期江苏乡村建设运动研究》,中国三峡出版社2009年版,第1页。
⑤ 张忠民:《和谐的努力与幻灭:略论近代中国的"乡村建设运动"》,《社会科学》2008年第7期。
⑥ 王景新、鲁可荣、刘重来编著:《民国乡村建设思想研究》,中国社会科学出版社2013年版,第8—27页。

在比较阅读相关史料、研究成果及讨论之后，我们认为，在从"乡村建设思想（百年）史"的角度定义乡村建设及其思想时，对不同时期、不同派别的乡村建设思想所具有的共性进行考察，应是一个行之有效的途径。

首先，无论是章士钊等"农村立国"倡导者，米迪刚、王鸿一等"村治"派代表人物，梁漱溟、晏阳初、卢作孚等"乡村建设"派代表人物，孙中山、蒋介石等国民党人，还是中国共产党人，都将乡村作为建设的"本位"或者重点。作为"以农立国"思想由"农业立国"向"农村立国"转变中的一位十分关键的人物，章士钊的"农村立国"和"以工国之精神兴农，有农仍为工国；以农国之精神兴工，有工仍为农国而已"①等主张显然是以"乡村"为本位的表现。米迪刚、王鸿一等人的"农村为国家政治之本"、"欲改良社会，以谋多数人民福利，须从农村着手"②等认识，无疑也是以"乡村"为本位的。梁漱溟强调的"新中国建设是以乡村为本位的社会"③，晏阳初的"中国的广大人口是农民，中国的经济基础在农村，改造中国，就应该从改造农村，建设农村做起"④，卢作孚的"政治上最后的问题是全国的问题，他的基础却在市村"⑤等见解，同样是以"乡村"为本位的。

与章士钊、米迪刚、梁漱溟、晏阳初、卢作孚等人不同，孙中山、蒋介石等民国时期政治人物虽然并未提出以"乡村"为本位，但仍然十分重视乡村的地位。孙中山先是于1912年提出要"注重移民垦殖事业"，进而于1916年提出"地方自治为建国基础"，然后于1920年提出"地方自治之范围，当以一县为充分之区域。如不得一县，则联合数乡村，而附有纵横二三十里之田野者，亦可为一试办区域"⑥。蒋介石指出："我们一切设施，以后不仅要注意都市，

---

① 章士钊：《农国——答石克士》（1925年7月25日），《章士钊全集》第5卷，第68页。
② 米迪刚：《余之中国社会改良主义》，尹仲材编述：《翟城村志》，第345页。
③ 梁漱溟：《中日农村运动的异同及今后中国乡村建设之动向》（1936年），《梁漱溟全集》第5卷，第923页。
④ 晏阳初：《农民抗战与平教运动之溯源》（1937年11月7日—11日），《晏阳初全集》第1卷，第531页。
⑤ 卢作孚：《乡村建设》，《卢作孚编辑之乡村建设》（1929年10月1日），重庆市档案馆藏，档号：0081-0001-00386，第4页。
⑥ 孙中山：《地方自治实行法》（1920年3月1日），广东省社会科学院历史研究室等合编：《孙中山全集》第5卷，第220页。

而且更加注意到乡村僻巷,……要知道都市的事情,不过是我们全部工作百分之一二的事情,其余尚有百分之九十八、九十九的事情,都在各县地方乡村里面"①,"一切政治设施,要注重乡村,要为一般平民造福"②。

与以上所述不同,中国共产党对乡村地位的认识存在一个演变过程。在建党初期,虽然毛泽东等人比较重视乡村工作,但全党的工作重心却在城市。在第一次国共合作破裂之后,共产党发动的南昌起义、秋收起义和广州起义等一系列旨在推翻国民党统治的武装起义,也是以夺取中心城市为目标的。这些起义的失败,使中国共产党逐渐将中心转向广大乡村,最终形成了"农村包围城市,武装夺取政权"的革命理论和道路,取得了新民主主义革命的胜利,建立了新中国。随着新中国的建立,中共的工作重心再次由农村转到城市。这一转变体现着时代性变化和战略重点的转移,却并不一定意味着中共领导人对乡村的轻视。在此后的数十年中,中共领导人先后提出了"农轻重为序"的思想,"建设新农村"思想,"以农业为基础"思想,以及解决"三农"问题的新思路等一系列重要思想。如何历史地理解和解析中共整体建设战略和乡村建设思想及其政策,或者说,如何将新中国建立后中国共产党的乡村建设思想置放在国家整体战略进程中加以考量和研究,的确还任重而道远。

其次,无论是章士钊等"以农立国"倡导者,米迪刚、王鸿一等"村治"派代表人物,梁漱溟、晏阳初、卢作孚等"乡村建设"派代表人物,孙中山、蒋介石等国民党人,还是中国共产党人,都将解决民生问题作为重要目标。在"以农立国"思想倡导者中占有重要地位的吕瑞庭和章士钊,均比较重视民生问题的解决。吕瑞庭指出:"注重本业,整理农桑,先谋原料之丰富,徐图工商之改良,如是而国计不裕民生不苏者,未之有也。"③章士钊指出:"凡国文野治乱之度如何?盖以人民生计舒促心境忧乐之度衡之。"④米迪刚、王鸿一等"村治"派代表人物分别表达了对"民生"的重视,强调了"移民垦荒"对于解决民生的重要性。"乡村建设"派中,梁漱溟曾强调河南村治学院农村组织

---

① 蒋中正:《推进政治应注重农村建设》,《四川经济月刊》第3卷第1期。
② 蒋中正:《推进政治应注重农村建设》,《四川经济月刊》第3卷第1期。
③ 吕瑞庭:《农业立国意见书》,北京日报馆1920年印,第6页。
④ 章士钊:《何故农村立国》(1926年12月25日),《章士钊全集》第6卷,第314页。

训练部秉承了国民党政纲中关于改良农村组织增进农民生活的条款。晏阳初提出：平民教育应"从文字方面以提高民智，从生产方面以裕民生"①。卢作孚强调进行乡村建设"在消极方面是要减轻人民的痛苦，在积极方面是要增进人民的幸福"②。国民党的领袖孙中山更是形成较为系统的民生思想。蒋介石也强调："政治建设唯一的目标就是'民生'。"③

与此同时，中国共产党在各个时期的主要领导人也以解决民生问题作为基本目标。毛泽东、周恩来均强调："从根本上说，我们国家所进行的一切建设，都是为了人民群众的福利。""应该深刻地注意群众生活的问题，从土地、劳动问题，到柴米油盐问题。"④中国改革开放的总设计师邓小平强调应将一切工作得失成败的标准概括为"三个有利于"，即"是否有利于发展社会主义社会的生产力，是否有利于增强社会主义国家的综合国力，是否有利于提高人民的生活水平"⑤。江泽民提出要在"在整个社会生产和建设发展的基础上，不断使全体人民得到并日益增加看得见的利益，始终是我们中国共产党人的神圣职责。全党同志心中始终都要装着人民群众，关心人民群众，千方百计地为他们谋利益，带领他们艰苦奋斗，创造幸福生活"⑥。胡锦涛强调："人民的利益最大，人民的地位最高，人民的恩情最深"，"相信谁、依靠谁、为了谁，是否始终站在最广大人民的立场上，是区分唯物史观和唯心史观的分水岭，也是判断马克思主义政党的试金石。对于马克思主义执政党来说，坚持立党为公、执政为民，实现好、维护好、发展好最广大人民的根本利益，充分发挥全体人民的积极性来发展先进生产力和先进文化，始终是最紧要的。"⑦习近平指出，"小康

---

① 晏阳初：《平民教育概论》（1928年4月），《晏阳初全集》第1卷，第124页。
② 卢作孚：《乡村建设》，凌耀伦、熊甫编：《卢作孚文集》，北京大学出版社1999年版，第87页。
③ 蒋中正：《总理遗教第二讲——政治建设》（1935年9月15日在峨嵋军训团讲），《总裁言论》，中国国民党中央宣传部印行，中国文化服务社总经销，第16、19页。
④ 周恩来：《关于发展国民经济的第二个五年计划的建议的报告》，人民出版社1956年版，第65页；毛泽东：《关心群众生活，注意工作方法》，《毛泽东选集》第1卷，人民出版社1991年版，第138页。
⑤ 邓小平：《在武昌、深圳、珠海、上海等地的谈话要点》（1992年1月18日——2月21日），《邓小平文选》第3卷，第372页。
⑥ 江泽民：《发展要有新思路》（2000年10月11日），中共中央文献研究室编：《十五大以来重要文献选编》（中），中央文献出版社2011年版，第517页。
⑦ 本书编写组：《胡锦涛同志"七一"重要讲话学习辅导》，中国言实出版社2003年版，第141页。

不小康，关键看老乡"。"不断改善民生是推动发展的根本目的。我们的发展是以人为本的发展"。① 并强调保障和改善民生是一项长期工作，没有终点站，只有连续不断的新起点，要实现经济发展和民生改善良性循环。

最后，无论是章士钊等"以农立国"倡导者，米迪刚、王鸿一等"村治"派代表人物，梁漱溟、晏阳初、卢作孚等"乡村建设"派代表人物，孙中山的建设理论，以及国民政府提倡的国民经济建设运动，还是中国共产党人，都将建设新中国（或现代中国）、新社会，实现民族复兴作为根本目标。吕瑞庭在其议案中表达了"行之五年而国富，行之十年而国强，由是振兴工业，开辟铁路，出中华不涸之利，易外人无穷之财"的愿望。米迪刚提出了"以中国固有文明为主，以欧美物质文明副之，建设政教合一，君师并重，凡我五族人民均能正德利用厚生之中华民国"的目标。梁漱溟指出："乡村建设运动的积极工作，是在逐渐解除国际束缚，与调整社会内部关系之下，进行有方针有计划的整个新中国的建设。"② 卢作孚于 1934 年 10 月提出："中华民国根本的要求是要赶快将这一个国家现代化起来。所以我们的要求是要赶快将这一个乡村现代化起来。"③ 1946 年 2 月，卢作孚又一次强调："完成一切物质基础的建设，提高人民的生活水准和文化水准，使国家成为一个本身健全的现代国家，尤为吾人必须全力趋赴的积极的目的。"④

与此同时，中国共产党人也提出了自己的建国目标。在新民主主义革命时期，以建立新民主主义的新中国为目标。三大改造完成后，则提出了实现工业、农业、国防和科学技术的四个现代化。改革开放新时期，党又提出了社会主义初级阶段的基本路线，即"领导和团结全国各族人民，以经济建设为中心，坚持四项基本原则，坚持改革开放，自力更生，艰苦创业，为把我国建设成为富强、民主、文明的社会主义现代化国家而奋斗"。

根据以上的历史概述和共性特征的梳理，我们可以对近百年来的乡村建设

---

① 《习近平总书记系列重要讲话读本》，学习出版社、人民出版社 2014 年版，第 68、109 页。
② 《梁漱溟全集》第 5 卷，第 1040 页。
③ 卢作孚：《嘉陵江三峡的乡村运动》（1934 年 10 月 1 日），凌耀伦、熊甫编：《卢作孚文集》，第 353 页。
④ 卢作孚：《论中国战后建设》（1946 年 2 月 15 日），凌耀伦、熊甫编：《卢作孚文集》，第 600 页。

及其思想做出这样的释义：以乡村为本位（或重点），以民生为目标，以实现中国现代化和中华民族伟大复兴为使命的建设事业。乡村建设思想则是指关于什么是乡村建设、怎样进行乡村建设的各种主张观念、认识和理论等。因此，近代以来举凡关于乡村社会、经济、政治、文化、环境建造创设的各种思想、主张、规划和政策等内容的历史均为其研究范围。

第三章 走向高涨的乡村建设思想

20世纪二三十年代,中国掀起了一股"到民间去",搞"民众教育"和"乡村建设"的热潮。发起及参与这一运动的既有社会团体,也有政府机关、慈善机构、大专院校、教会组织等。当时具体有多少乡村建设的单位,因时代交错,很多数据、档案没有完整地保存下来,或者没有整理出来,现在很难确切统计。不过,在各种著作中经常提到,至1934年全国已有六百多个团体从事农村工作,有一千多处从事实验,可见当时的盛况。这一规模空前的乡村建设运动,在中国近代乡村社会发展的进程中,占有突出的历史地位。① 在这场运动中,城市知识分子成为乡村建设思想的主要倡导者。

一、民国知识分子与乡村建设

五四运动前后,中国从乡村时代向城市时代转变,城市知识分子群体开始走上历史舞台。他们并非铁板一块,却有着大致相同的思想意识和体验,所以有的人感怀民族的苦闷,鞭挞民族劣根性,希望通过批判而使国民猛醒,不少人由此而走向革命;也有的人对时代的转变抱着怀疑的态度,审慎地观察西方现代文明存在的问题,转而歌颂中国乡村古典人性之美、文化之真;还有人从中西对比中,发现了乡村社会的"愚、贫、弱、私",由此走向乡村建设、乡村教育。

---

① 李金铮:《晏阳初与定县平民教育实验》,《二十一世纪》(香港中文大学)2004年10月号。

近三十年来，1920—1930年代民国乡村建设运动研究所取得的进展，大致分布在乡村建设类型分析、乡村治理模式转变、代表人物思想研究等方面。[①] 在这些研究中，学界已经注意到梁漱溟、晏阳初等民国乡村建设者将乡村建设运动与民族复兴、现代化等宏观论述相联结，并用大量笔墨阐释其积极意义，但少有研究者进一步深入思考国家职能缺失、社会治理体系不完善为民间乡村建设运动发展提供了舞台和契机这一带有根本性的问题。1920—1930年代农村经济破产、社会动荡所引发的乡村危机，引发城市知识阶层的极大关注，并形成相关公共舆论。他们意识到，拯救农村的重要方法之一，是保障农村公共品供给。在现代化初期阶段，国家和地方社会并没有发展出有效的公共品供应体制，而知识分子这种模糊的意识受到公共舆论的激荡，催发出投身农村、建设农村的道德行动，使一部分知识分子积极参与农村社会建设，去探索农村公共品供应制度性缺失的方法，推动了国家社会管理职能向现代转轨。这些历史经验直到今天仍有重要意义，有待进一步研究。

（一）乡村危机与农村公共品供应困境

从总体上来讲，近代中国苦难深重，民族危机、政治危机、经济危机、社会危机前后相续，反复作用，逐步加深，造成这个以农业、农村、农民为主的国家，农村金融枯竭，土地兼并严重，农业生产发展迟滞，广大人民生活极端贫困化，整个乡村社会日渐衰敝，乡村危机日益深重。把乡村危机放在农村社区组织生存环境恶化的角度来审视，就可以发现，在社会转型的过程中，农村社会自组织能力下降，又遭遇社会环境的劣化，终致农村难以适应外界环境而产生危机。

近代以来，乡村社会的自我管理和自我服务能力不断削弱。从组织的角度来判断，主要与三个方面有关：一是领袖缺乏，受科举制度取消、西学教育普及的影响，士绅阶层社会地位下降，农村产生新的领导阶层不易[②]；二是组织涣

[①] 何建华、于建嵘：《近二十年来民国乡村建设运动研究综述》，《当代世界社会主义问题》2005年第3期。

[②] 王先明：《中国近代社会文化史续论》，南开大学出版社2005年版，第470—482页；罗志田：《科举制废除在乡村中的社会后果》，《中国社会科学》2006年第1期。

散，家族、乡约衰微，乡村的公共服务供给能力下降；三是组织文化衰落，儒家文化受到西方文化的冲击，伦理秩序受到质疑，难以为组织提供价值基础，组织效力下降。农村组织化的衰落，使农民失去自组织保护，渐成个体化生存状态，抵御风险的能力大为降低。

在农民失去自组织保护的同时，国家的虚弱无能也变相加重了他们的灾难。一方面，清帝退位、军阀擅权、土匪横行等造成政治混乱、政权碎片化，为军阀、土匪随意进入乡村大开方便之门；另一方面，田赋、地租由实物形式转为货币形式，逼使农民走向商品生产，搅乱了农村经济。① 在北洋军阀统治时期，农村情况已极为惨烈，"不仅经济上破产，农民陷入普遍的贫困化的境地，而且农村原有的生活秩序以及组织网络都弄得七零八落，农村变成了一个看不到任何希望的人间地狱"②。

到1920—1930年代，由于种种危机因袭相沿，再加上天灾人祸，农村生活严重衰落，引起了时人的高度关注。③ 在众多的讨论中，农村社会学者杨开道的观点具有相当的代表性。他一方面惊呼，"我国的农村生活，衰落已达极点。无论从那一方面去看，——社会方面，经济方面，政治方面，教育方面，都是一点生气也没有。简直可以说是已经死了一半或是一多半。要是我们再不想几个法子来解救，恐怕连剩下的一小半，也会都死绝了"④，号召社会关注乡村危机；另一方面提出了较为完备的乡村危机解决方案，认为必须从改良农村教育（包括文化、农业技术和公民权利教育）、平均地权、便利交通、开设农业银行、提倡农业合作、提倡农民运动、提倡农村自治入手。在他看来，如果这一方案能够得以实行，乡村危机中的大部分问题将可以得到解决。这个于1927年提出的解决方案与乔启明、吴景超等人提出的乡村工业化思路，是城市知识阶层图谋振兴乡村的两个重要思路，姑且称之为"杨开道方案"。对照此

---

① 章有义编：《中国近代农业史资料》（第二辑），第265—266页。
② 张鸣：《乡村社会权力和文化结构的变迁（1903—1953）》，广西人民出版社2001年版，第66页。
③ 关于乡村危机的总体性认识，可参看郑大华的《民国乡村建设运动》第一章，社会科学文献出版社2000年版；张福记、陆远权：《近代乡村危机简论》，《史学月刊》1999年第1期；王卫红：《20世纪二三十年代乡村危机研究综述》，《山西煤炭管理干部学院学报》2010年第1期；吴擎华：《试论20世纪二三十年代的乡村危机》，《经济研究导刊》2009年第33期等。
④ 杨开道：《我国农村生活衰落的原因和解救的方法》，《东方杂志》1927年第24卷第16号。

后发生的乡村建设运动可以发现，梁漱溟、晏阳初等人的乡村建设在基本内容上与这一方案极为相近。抛开杨开道任教燕京大学后与邹平、定县乡村建设活动的密切关系不谈，单从群体共识方面言之，杨开道方案也代表了当时城市知识阶层在解决乡村危机上的一种典型观念。

与乡村工业化不同的是，杨开道方案主要涉及农村公共品供给问题，对供应主体有其特殊的要求。经济学按照物品在消费过程中是否具有排他性和竞争性，把物品分为私人物品和公共物品。公共物品包括国防（含民兵训练）、国家行政管理、公共治安、公共卫生、基础教育等方面，具有效用不可分割性、受益的非排他性和消费的非竞争性特征。[①] 当然，由于时代的不同，公共物品的内容不尽相同。古代国家在公共物品供应方面所做的事情很少，而随着工业化、城市化的发展，国家承担的公共物品供应职能越来越多。经济学界把国家在现代化过程中公共品供应不断增长、公共开支不断扩大的现象，称为瓦格纳法则。1920—1930 年代的乡村危机是中国社会被迫现代化的产物，此时人们开始思考以公共品供应克服乡村危机，是非常正常的反应。

可是，放眼当时的中国社会，似乎难以找到农村公共品供应的合适主体。按照公共品提供的通则，政府应是主要的供给方，但在当时无论中央政府还是地方政府，在体制方面都存在着严重的缺失，难以承担这一重任。首先，民国时期政治势力争夺激烈，政权更迭频繁，所谓"城头变幻大王旗"，民生政策制定难、执行效力差等问题极为突出。其次，中央所控制的地域有限，不少地方处于军阀控制之下，即便在 1927 年南京国民政府成立之后也是如此，中央与地方军阀忙于政治斗争和军事攻伐，无暇考虑农村公共品供应的问题。最后，政府治理理念尚处于从传统向现代的过渡时期，农村公共品供应尚未得到足够重视，也是造成农村公共品供应不足的重要原因之一。以公共卫生制度的建设为例：自 1912 年南京临时政府筹设卫生司，到袁世凯时期正式在内政部下设置卫生司，再至 1927 年后南京国民政府成立卫生部，17 年间换了 9 个司（部）长，仅两位具备医学背景，堪称"贵中华民国之特色，为世界各国所未

---

① 李啸英：《公共物品的提供与中国地方政府层级设置》，《北京邮电大学学报》2007 年第 4 期。

有"①。1928年后，南京国民政府在短期内公布了大批公共卫生条文，但是农村卫生事业状况并无改观，以致遭人讥评："自国民政府成立以后，卫生的机关，居然独立了，卫生的事业也有人负责了，但是这样的机关，除都、市、商埠以外，多半还是一个附属品，所以能直接得到卫生利益的，也不过是局部的民众。换一句话说，也就是都市的民众，至于农村的卫生，可说是没有人过问的。"②1934年在定县从事农村公共卫生实验的陈志潜，指出了导致这一现象的思想根源——与西方发达国家先进的公共卫生理念相比较，中国才刚刚接受了"政府有保护国民健康的责任"的理念，政府对于人民的健康并不十分关心，结果造成"辛亥革命后，中央内政部设立卫生司，名为管理全国卫生行政，其实有首无肢，法令不行，等于虚设。民众方面，整个就不知道政府已经采纳外国政府保护民众健康之意思"③。

除上述所言，县级地方政府没有独立财政，也是阻碍农村公共品供应的重要原因。瞿同祖的研究显示，清代在政治理念上将地方政府（州县）假设为"一人政府"，所以维持地方行政运转所必需的费用，不是由政府财政支付，而是由州县官员一人筹措，为此他们只好以税收时加收火耗、余平、耗米、耗羡等方式建立财政收入。至于州县官员是将这些收入部分地用于衙门的办公费用还是用于地方公共工程和福利救济，则完全出自地方官个人的名声需要或道德责任感。④直到1941年实行新县制以前，县级财政延续清朝旧制，作为国家财政或省财政的附庸，没有自己独立的财政收入，所以清末新政以来县级区域内各项社会事业的发展，只能在国家财政收入之外另行筹措各种地方款项，即当时人所谓"集本地之款项，图本地之公益"⑤。所以，霍六丁于1933年出任定县实验县县长之职时才惊讶地发现，地方建设要求兴修水利、改善交通、增加生产、改善人民生活，但县政府因为财政体制问题根本无能为力——"我到县

---

① 朱季清：《我国历年来公共卫生行政的失策》，《中国卫生杂志》1931年合集。
② 子孚：《农村卫生问题》，《中国卫生杂志》1931年合集。
③ 陈志潜：《定县社会改造事业中之农村卫生实验》，《卫生月刊》1934年第4卷第1期。
④ 《瞿同祖先生与中国传统地方政府研究（代译序）》，瞿同祖：《清代地方政府》，法律出版社2003年版，第11、13页。
⑤ 刘军：《民国时期县级教育发展的经费来源——以1928—1937年的湖北省为例》，《山西师范大学学报》2008年第4期。

政府才知道，地方政府的贫困达到惊人的程度。例如各机关单位的经费，欠了两三个月，新任警察局长到差的当天午饭便成问题。县政府本身却是例外，因它的经费每个月由上缴省政府的田赋中扣下，所以从不拖欠，造成这种困境的原因，是当时制度上根本没有把县一级当作政府看待，所以没有县预算，更没有县的合法税收。如省有田赋，中央有海关、铁路收入，县全部经费来源是田赋上附加的所谓地方附加。这种附加数量，本来就很少，而县的开支则是逐年增加，再遇到兵灾、天灾，那就更困难了。把附加税额提高一些吧，省财政厅怕影响它的正税，坚决不准。所以，只有拖欠下来。因此，县一级根本无财政而言。"① 可以说，让县级地方政府提供农村公共品"非不为也，是不能也"。

既然政府不可靠，农村公共品只有依靠地方社会的自力救济了，但一系列问题影响了自力救济的效果和水平。一般而言，村庄的合作水平极为低下。"在村庄一级的多种形式的合作，也没有达到日本或俄国的社区联合的那种高度。中国的村庄缺少明确的地界，其首领很难控制有功名的人和富裕的地主。……分散的庙宇、血缘关系、家庭和地主与佃户之间的关系，使一些村民在这些活动中聚集在一起，但这些活动并不常常扩大到全村。当然，有时确有某些合作，较为明显的是在对水的控制和有时发生的内乱这些事情上。这时有限的合作形式同在别的国家那种更为普遍的村庄组织工作之间形成了鲜明的对比。"② 出现这种情况的原因有二。

首先是社区领袖人才匮乏，使得地方社会在自力救济方面难以达成一致行动。社区领袖是一位在社区中受群体喜爱并愿意追随的人，对社区事务有高度的参与热忱，愿意为社区事务提供服务，在社区中拥有高知名度、高影响力，并有能力替居民进行改革的热心人士。③ 清末民初兴起地方自治，地主士绅在其中担当社区领袖角色，主持教育文化、医疗卫生、道路交通、农工商实业、慈善救济、公共营业和款项筹集等，其中很大一部分项目关乎农村公共品供应。但是1910—1920年代，由于军阀混战、教育体制转轨，乡村的读书人纷

---

① 霍六丁：《我任定县实验县县长的回忆》，李济东编著：《晏阳初与定县平民教育》，第484页。
② 〔美〕吉尔伯特·罗兹曼主编：《中国的现代化》，上海人民出版社1989年版，第205页。
③ 陈欣欣：《领袖角色与社会资本累积关系之比较研究》（未刊），台湾中山大学中山学术研究所博士学位论文，2005年6月。

纷离开乡村,第一有钱的出国留学,其次进了都市,再次的也去了城镇。①士绅流失,带走的是宝贵的人才、资本,留下的是资本短缺、素质恶化的农村。农村社会由新的地方精英集团所把持,大致包括少量有功名的士绅、宗族(家族)长老,以及各种职能性精英,如绅商、商人、士绅经纪人,以及中小学教师、军事精英、土匪头领等,他们代表着地方舞台上具有支配力的个人和家族。②在社会变迁中,这些地方精英除极少数人之外③,大多没有能力或心理准备去担当农村社会公共品供应者的角色,由他们领导的商会、善堂、香社、青苗会、家族、民团等民间组织在这方面贡献不多。面对农村社区领袖的匮乏,杨开道概叹:"中国农村假使没有一班平民的领袖,'到田间去'实际工作一番,恐怕二十年以后,四十年以后还是不会翻身的。"④

其次是农村社会的文化、心理严重阻碍了公共性理念的发展。公共品提供有赖于地方社会中公共意识的发育,但是公共意识的发育是有基本条件的,即依赖一个社会在制度、文化和心理层面形成的关于"公"与"私"及二者之间关系的合理安排。按照费孝通的理论,中国社会的构成是以"自我主义"即利己主义为中心,根据"己"之血缘、资本而伸缩自如的"差序格局"是其基本衍生逻辑。这种伸缩自如的私德模糊了公共利益与私人利益的差别,所以中国人往往以牺牲大家为代价去成就小家甚至个人。⑤在差序格局情况下,地方精英的公共意识发育缓慢,而随着士绅流失,由宋儒开创的"民胞物与"思想极度萎缩,结果农村公共品自力救济大多在宗族、家族、亲朋故旧中进行,更多地表现为"守望相助,过失相规,疾病相扶持",而难以产生覆盖面较广、影响较大的公共品供应行动。历史已经证明,在没有制度性社会保障的情况下,

---

① 郭廷以:《近代中国史纲》,香港中文大学出版社1980年版,第500页;张鸣:《20世纪开初30年的中国农村社会结构与意识变迁:兼论近代激进主义发生发展的社会基础》,《浙江社会科学》1999年第4期;罗志田:《科举制废除在乡村中的社会后果》,《中国社会科学》2006年第1期。
② 许纪霖:《从知识分子研究的视野看近代士绅——〈晚清士绅与地方政治〉》,《中华读书报》2006年8月2日。
③ 河南别廷芳在这个方面是一个典型,作为民团首领,他在农村自治方面做出了很好的成绩。具体可参见徐有礼等:《30年代宛西乡村建设模式研究》,中州古籍出版社1999年版。
④ 杨开道:《农村领袖》,世界书局1930年版,第2页。
⑤ 李友梅、肖瑛、黄晓春:《当代中国社会建设的公共性困境及其超越》,《中国社会科学》2012年第4期。

乡村危机必然发生，农民在天灾人祸面前往往沦为流民或暴民。

（二）城市知识阶层关注农村和投身乡建

虽然农村公共品供应由于特殊的历史原因，在制度、文化、心理等方面遭遇多重困境，但是"杨开道方案"并非无解。1920—1930年代，城市知识阶层的思想转向公共领域发展，是"杨开道方案"得以提出的重要社会基础，而在此之上经由知识群体内部互动而激发出来的道德行动，则为"杨开道方案"提供了人力资源和组织保障。以往研究在城市知识阶层转向乡村建设的过程方面着墨不多，因此有必要结合已有研究成果作进一步分析。近代以来，在城市社会中逐步出现了一个不同于传统士绅的知识阶层，至20世纪20年代表现出与传统士绅阶层不同的特征。

首先，该阶层的产生渠道不同于士绅的科举制，而主要包括传统科举、新式学堂、教会学校和外国留学等几个渠道。传统科举出身的人仅占城市知识阶层的一小部分，1920年出版的《最近官绅履历汇录》记载，清末民初全国士绅人物仅4770人。城市知识阶层主要来源于学校，到1920年末全国接受中等教育的知识分子至少在110万人以上。[1] 处于核心地位的是归国留学生；处于第二层次的是清华大学、北京大学、交通大学、中央大学以及燕京大学、圣约翰大学等名牌学府的毕业生；第三层次是一般大学出身的学生，最末是遍布全国的师范院校和专科学校毕业生。由于上一层次的毕业生通常到下一层次的学校任教，形成一个层次鲜明的师生网络，所以留学生、名牌大学毕业生构筑的师生网络形成具有广泛影响的文化权力。[2]

其次，城市知识阶层社会责任感明显增强。清末民初，确实有不少思想家仍保持"天下士"的胸怀与抱负，但相对而言，这个多出身于绅士、地主、官僚和其他富裕家庭的知识阶层，基本延续"学而优则仕"的传统轨道，以进入官场为生活目的，对政治和国事持漠不关心的态度，甚至有"很多读书人的确

---

[1] 李明伟：《清末民初中国城市社会阶层研究（1897—1927）》，社会科学文献出版社2005年版，第304页。

[2] 许纪霖等：《近代中国知识分子的公共交往（1895—1949）》，上海人民出版社2007年版，第7、12页。

希望作一个疏离于政治和社会的专业学人"①,少有人会去注意外交政策、社会问题和新思潮。但1910年代中期以后,在新文化运动的推动下,城市知识阶层的气质随之发生重要的改变,社会关怀大为增强。他们关注社会、政治、文化、知识问题,组成活跃的学生团体,紧密关注国内外形势,表现出强烈的使命感和怀疑精神。至五四运动,知识阶层俨然成为民众运动的先驱②,其中"学生界尤其占最重要的地位"③。在他们的身上,表现出来的是"我国传统的士的救世精神之复活"④。

再次,城市知识阶层所关注的公共领域主题越来越重视社会服务和社会参与。公共领域的含义有很多,这里指的是个体公民聚集在一起,共同讨论他们所关注的公共事务,形成某种接近于公众舆论的一致意见,从而维护总体利益和公共福祉。⑤近代公共领域开始于戊戌变法和清末新政中士绅组织各种协会和学会,它们与学堂(学校)、报刊构成了儒学式公共空间。⑥许纪霖认为:"从功能的意义上说,学校、报纸、结社,既是现代中国的公共网络,也是中国特殊的公共领域。现代中国的公共领域,与以市民社会为基础、以资产阶级为基本成员的欧洲公共领域不一样,其在发生形态上基本与市民社会无涉,而主要与民族国家的建构、社会变革这些政治主题相关。它们从一开始就是以新式士大夫和知识分子为核心,跳过欧洲曾经有过的文学公共领域的过渡阶段,直接以政治内容作为构建的起点,公共空间的场景不是咖啡馆、酒吧、沙龙,而是报纸、学会和学校。在风格上缺乏文学式的优雅,带有政论式的急峻。"⑦近代公共领域经历了清末新政、立宪和民初共和三个阶段的演变,却没有达成士绅和知识阶层所期望的国家重建,没有建立起稳定的现代政治秩序,反而发生了严峻的社会整合危机,所以城市知识阶层把批判的矛头指向绅士阶层和传统文

---

① 罗志田:《经典淡出之后:过渡时代的读书人与学术思想》,《中华文史论丛》2008年第4期。
② 李大钊:《知识阶级的胜利》(1920年1月),李大钊研究会编:《李大钊文集》(3),人民出版社1999年版,第170页。
③ 秋白:《政治运动与知识阶级》,《向导》1923年第18期。
④ 茅盾:《"士气"与学生的政治运动》,《茅盾全集》(15),人民文学出版社1987年版,第310页。
⑤ 汪民安:《文化研究关键词》,江苏人民出版社2007年版,第91页。
⑥ 金观涛:《观念史研究:中国现代重要政治术语的形成》,法律出版社2010年版,第71—99页。
⑦ 许纪霖等:《近代中国知识分子的公共交往(1895—1949)》,第9页。

化，自 1910 年代开始新文化运动的探索。五四运动之后，由于民主思想的发展，城市知识阶层认识到广大民众对于实现民主的重要意义，便积极开展社会服务，推出壁报、公共图书馆，给工人和穷人子弟开办免费的夜校和平民学校，改善公共卫生。1920 年，晏阳初凭着他在法国教育华工的经验，开始推动平民教育运动，因为当时学生正在热烈推动大众教育，所以他的运动在 10 年内获得了迅速的发展。①

城市知识阶层关注农村，大概起自 1917 年的文学革命发起的"走向民间"思潮，从民谣采集、民俗调查到农民革命、民众教育、乡村建设，从学术研究走向社会改造，短短十几年的发展，形式花样翻新，成果惊天动地，他们的无限创造力委实令人赞叹！这些成绩的取得与他们的思想巨变有着密切的关系。在五四新文化运动过程中，他们推崇"劳工神圣"的思想，认为国家的基础应该是广大农民而不是士绅或知识分子，农民的解放和发展就是整个民族的解放与发展②，这与传统的"士农工商"思想极为不同。认识上的改变让他们产生了与农民、农村结合的迫切要求。1919 年，李大钊发出"把知识阶级与劳工阶级打成一气"的号召，呼吁"我们青年应该到农村里去……来作些开发农村的事，是万不容缓的"③。1921 年，鲁迅创作《故乡》，这个"生长于都市的大家庭里"里的知识分子，已经在精神上以"荒村"为故乡，以"闰土"为兄弟了，在城市知识阶层中极具象征意义。

在城市知识阶层的思想转向中，传媒提供了公共舆论的空间，扮演了宣传、鼓动的角色。1921 年全国共出版报刊 1134 种，到 1920 年代末，全国报刊发展到约 2000 种，报馆主要集中在北京、上海、天津、广州、武汉、重庆等大城市。④ 当时一些知名度较高的综合性报刊，如《申报》《大公报》《东方杂志》等都刊载过不少农村问题的文章。王先明考察 1907—1948 年间《东方杂志》有关农村问题的报道、通讯专题调查发现，在 1910、1927、1935 年形成了三次

---

① 〔美〕周策纵：《五四运动史》，岳麓书社 1999 年版，第 278—279 页。
② 钱理群：《中国大陆六代知识分子"到农村去"运动的历史回顾》，"城流乡动：2007 年文化研究会议暨第八届文化研究学会年会"论文，台北，2007 年 1 月 6—7 日。
③ 李大钊：《青年与农村》，《李大钊选集》，人民出版社 1959 年版，第 146 页。
④ 李明伟：《清末民初中国城市社会阶层研究（1897—1927）》，第 308 页。

讨论农民问题的高潮，相关文章分布情况为1910年36篇，多为报道和通讯；1927年18篇专题调查，另有23篇农民状况调查节录；1935年有45篇专题研究和调查。同时，与1910年代相比，该杂志在1920年代给予乡村社会研究的篇目日渐增多，几乎每期均有专题研究和问题讨论。① 1927年讨论高潮的突出特点是，文章比较详尽地介绍了各地农村的悲苦生活，文字篇篇沉重，力图以事实向社会传达农村极度衰落的信息，在城市知识阶层中营造出了一种农村问题日益严重、亟待解决的普遍意识。② 在《东方杂志》讨论农村问题的作者群中，既有大学教师和报刊编辑类的理论人员，又有农业技术人员和政府官员类的实践人员；除个人作者，还包括一些团体作者，如东方杂志新闻社、中美新闻社和中国经济学社等。③ 由此可以看出两个情况，一是20世纪20年代调查和专题研究数量的急剧增长，表明越来越多的知识分子开始关注农村、研究农村问题，他们大多受过现代学术训练；二是在知识分子已经形成了关注农村社会问题的公共领域和学术团体。1920—1930年代很多杂志都出版农村专号，使公共领域保持持续扩大的效应。

公共领域中的讨论营造了"农为邦本"的舆论，刺激知识阶层去观察农村、了解农村、思考农村问题。在这"很时髦的归农运动，现在我们中国已经一天一天热闹起来了"④的时候，立志投身农村建设的知识分子越来越多。年轻的杨开道就是在这种情况下，决计辞去洋行经理的职务去从事乡村事业、教育事业，投考南京高师的农科，希望毕业以后献身农村教育。1924年与杨开道同船赴美留学的六人中，有四人是去爱荷华农工学院学习农科，另有熊佛西和瞿菊农二人不在农科，但20世纪30年代都投身到晏阳初领导的定县乡村建设当中了。⑤ 自20年代末开始，大批知识分子选择农科，投身农村建设，特别是一批知名学者、留洋博士，像晏阳初、杨开道等人，能毅然抛开优裕的城市生

---

① 王先明：《从〈东方杂志〉看近代乡村社会变迁——近代中国乡村史研究的视角及其他》，《史学月刊》2004年第12期。
② 王欣瑞：《现代化视野下的民国乡村建设思想研究》，西北大学2007年博士学位论文，第140页。
③ 蔡胜：《舆论视野中的"农业、农村、农民"研究——以〈东方杂志〉为中心（1918—1937）》（未刊），安徽大学2011年博士学位论文，第34—43页。
④ 杨开道：《归农运动》，《东方杂志》第20卷第14号，1923年。
⑤ 杨开道：《我为什么参加农村工作》，《民间》1935年2卷1期。

活到农村去,究其原因正如研究者指出的,"《东方杂志》等媒体关于乡村建设人才的讨论与呼吁,是具有相当号召力与警醒作用的"[①]。此外,知识分子之间的互相激励也是不可忽视的重要因素,激发着人们的道德行动。杨开道曾在南京高师毕业纪念册中,为投身乡村教育的同学黄质夫赠言"黄伟人",而梁漱溟则在《村治》创刊号(1930)上重刊旧文《吾曹不出如苍生何》(1918),意在唤起知识分子担当公共责任,投身农村运动。

同时,公共领域的发展也刺激传媒成员关注农村问题,推动舆论升级。在这方面《大公报》表现最为突出。1926年续刊之后,《大公报》在报道农村实况方面不遗余力,1931年更明确地将调查农民疾苦列为首要任务,以"普遍调查农民疾苦而宣扬之"为报纸天职,以"把社会力量融合于报纸"构成舆论为目的,以特约通信的方式持续、深入报道农村实况。[②]《大公报》借此在报界异军突起,开启了该报的黄金岁月,成为具有重要影响力的大报。1930年代,《大公报》时刻关注乡村建设运动的发展,赞扬身体力行者的可贵精神,推动乡村建设者与政府合作,并与中国乡村建设学会合办《乡村建设副刊》,起到了为乡村建设推波助澜的作用。

1920年代末,由于各地灾荒、军阀混战,及世界经济危机影响我国,中国农村社会在凋敝中遭遇空前的生存危机,"农村危机""乡村崩溃""救济农村""农村改进"的舆论浪潮愈发激荡。彭学沛指出:"全国朝野,鉴于农村之凋敝,全国经济之萧条,群欲作根本之努力,复兴农村,以培养国力。国人热心之程度,似与时俱增,朝野各方不谋而合注力于此者,其人数日有增加,其地域日见扩大。斯诚救亡图存之基本,亦为民族复兴之曙光。"[③] 受到这种舆论的影响,南京国民政府组织了农村复兴委员会,上海的银行界也在极力提倡救济农村。公共舆论、政府和资本市场动向构成了乡村建设的有利环境,让大批知识分子感觉到农村大有可为。"在这种情况下,许多知识分子纷纷跑到农村去,

---

[①] 王欣瑞:《现代化视野下的民国乡村建设思想研究》,西北大学2007年博士学位论文,第145页。
[②] 曾蓝莹:《图像再现与历史书写:赵望云连载于〈大公报〉的农村写生通信》,《中国乡村研究》第3辑,社会科学文献出版社2005年版。
[③] 彭学沛:《农村复兴运动之鸟瞰》,《东方杂志》第32卷第1号,1935年1月1日,"农村救济问题"。

企图通过实验和推广某些改良措施,来改变农村破产的状况。"① 到 1934 年,全国从事乡村建设的公私团体,多达 691 个,其中绝大部分是知识分子团体。

(三)公共服务制度创新:城市知识群体关于乡村危机的应对路径

虽然参与乡建的知识分子们倡导以民族复兴、文化再造为建设农村的终极目的,但实事求是地说,那不过是舆论循环激荡中知识分子的自我"高尚其事"。从他们每每名之曰"实验"的行动中就可以发现,出身城市的知识阶层其实对农村并没有多少了解,对自己从事乡村建设也不那么自信,而回首遥望民国乡村建设过程中整个讨论、争议和回应质疑的声浪,又不得不佩服他们的热情、执着和自主创新的精神。在有限的条件下,他们通过乡村公共服务制度创新,实验出了一条别样的农村公共品提供路径,为实现"杨开道方案"提供了符合时代的答语。

首先,乡村制度创新主要发生在公共服务领域。翻开晚清民国乡村建设运动的历史,知识群体的制度探索涉及基层组织、平民教育、农业改良、农村金融、经济合作、地方自治、公共卫生、民众动员等很多方面,大致是把世界上已有的乡村组织、乡村建设经验,包括中国固有的、丹麦的、日本的、美国的等等,都尽可能拿来实验一番,极力发展出一些适合国情的模式。到 1920—1930 年代的乡村建设运动时期,这些新制度实验大致在两个方面取得了成就:一是以乡学、平民学校等教育设施为核心,构建新老精英群体共同参与的地方自治组织,加强农村的组织化程度,探索地方自治。这在乡村精英劣化、豪强地主当道的时代,也是一项了不起的实验。二是以现代知识分子群体为核心,构建农村与外部世界之间的制度化联系,将外部的知识资本、经济资本、文化资本输入农村。比如农业推广方面,为了能够在孤陋寡闻、成见很重的农民中迅速推广良种,定县实验不仅设立良种农场、生计巡回学校、表征农家等制度,而且每年组织一次县级规模的农产博览会,表彰先进团体和个人,有效发挥了示范引导作用。再比如由陈志潜创建的定县卫生医疗模式,打造了中国最初的"三级卫生保健网",诞生了中国最早的"赤脚医生"。这些新的规则形成

---

① 吴雁南等编:《中国近代社会思潮 1840—1949》第三卷,湖南教育出版社 1998 年版,第 298 页。

了一个畅通的渠道，使现代科学技术进入农村，在当时是了不起的成就，对整个农业社会的现代化都有重要的启示。

总体来看，城市知识群体这种自下而上的制度创新，大多发生在农村社会发展所需要、农民所急需的公共服务领域。关于这些举措的时代意义，美国学者马若孟在《中国农民经济》一书中曾指出，当时"如果中央和地方政府能够对农民及农村基础设施投入更多的资源和技术以支持农业生产，家庭农场的产出和生产力本应增长得更快。例如，如果本世纪20年代和30年代曾经像50年代和60年代那样发展和推广优良作物品种的话，本来是会使产出有明显增长，生活水平有所提高的"①。1950—1960年代由政府推动的相关做法取得相当的成功，验证了1920—1930年代城市知识分子在乡村建设中的历史贡献。跟外部环境优化一样，制度化地向农村提供紧缺的公共品服务，也能够影响甚至决定农村社会发展前景、发展空间和地位。

这些实验，作为现代公共服务体系的初步探索，反映了传统社会渐行渐远的时代变迁。费孝通曾指出，在传统社会结构中，虽然生活水平很低，但因村庄内部有一个稳定的社会结构，一个可以生存的体制，所以人们不受饥饿和其他方面的煎熬，但是近百年来的种种"社会侵蚀"，造成农村的贫穷、压迫、疾病和苦难，使得它单靠自身机制已经不能维持社会秩序了。②既然社会变迁使村庄的生存发展已经不可能完全依靠自身机制，那么与外部世界建立起依赖关系，特别是建立一个庞大的机构和一套完整的制度给它提供公共服务，就显得格外重要了。进而言之，社会变迁也使农民从自组织状态脱离出来，在失去了自组织的保护后，他的个体化生存需要新的组织来呵护。在国家功能尚未完成现代化，无法有效提供公共服务的情况下，中国城市知识群体的乡村建设是一种自觉担当和探索。遗憾的是，民国时期这个群体人数有限，实验受到国内外环境的影响，最终只取得阶段性与局限性的成果。

其次，乡村制度创新的重要基础是知识群体的文化自觉。正所谓"天下兴亡，匹夫有责"。宋代以来，当国家无力有效提供公共服务，农村需要自力

---

① 〔美〕马若孟：《中国农民经济——河北和山东的农业发展：1890—1949》，史建云译，江苏人民出版社1999年版，中译本前言，第1—2页。

② 费孝通：《中国士绅》，赵旭东、秦志杰译，生活·读书·新知三联书店2009年版，第102页。

救济时，士绅个人的道德行为和社会责任成为扭转社会风气、挽救社会颓势的利器。这不仅仅使士绅们创造出儒家的"心学"派，也把"风俗起于一人之心响"（钱穆语）的观念深深地扎根在读书人的心中。近代以来，在西方文化的冲击和震荡之下，传统的世界观、价值观发生了很大的变化，但饱经挫折感和屈辱感的中国知识分子群体没有偏离传统士人的轨道。他们奋力发掘文化传统，复苏先秦诸子学和大乘佛学，特别是发扬儒家修身经世的致用精神。按照张灏的说法，近代知识分子身上的致用精神以两种形态体现，一是以《大学》模式为本，在极强烈的道德理想主义的推动下，以实现完美的人格为目标，参与社会，服务社会；一是以功利主义为本，以富国强兵为目的，而以客观制度的安排和调整为其达到目的的途径。[①]

知识群体的文化自觉还表现在，他们能够以我为主，自觉超越西学的影响。清末以来，严复翻译《天演论》，"物竞天择，适者生存"激发了知识分子的危机感，但是也以生硬的结构论限制着中国人的创造精神。所以在1920年代，很多人开始寻找新的思想资源，以扭转中国社会在中西竞争中的被动局势。比如梁漱溟就接受了柏格森"创造性进化"思想的影响，视进化为能动的、进步的趋势，具有强烈的反抗和征服欲望。[②]这是当时整个主流思潮的缩影。当时也有很多人重新审视、服膺曾国藩、王阳明的思想，以"心"的力量对抗外在环境的制约，以理想为指引，重新建构新的社会制度。

精神世界的变动可能推动社会发展，这一点经社会学家马克斯·韦伯提出而基本得到认可，经济学家熊彼特指出企业家精神是经济制度创新中最重要的一环，也说明了精神力量的重要性。在现代化过程中，知识群体的经世精神发挥了创造性转换的作用，通过采撷各种知识、思想、制度资源，并按照特定目标对其中的有效成分离散、重组[③]，使之成为推动社会进步的种子或框架，正是知识群体的专攻。

正因为有了这些思想和精神上的准备，1920—1930年代的乡村危机显现后，很快引起城市知识分子阶层的强烈关注。与传统士绅阶层不同，这批知识

---

① 张灏：《烈士精神与批判意识：谭嗣同思想的分析》，广西师范大学出版社2004年版，第14页。
② 李世雁、张建鑫：《在创造进化论中肯定生命冲动》，《中国社会科学报》2013年9月2日。
③ 王汎森：《中国近代思想与学术的系谱》，第118页。

分子接受西方现代知识体系的教育，依靠大学、报刊杂志等现代传播体系，构筑舆论平台，因此他们人数虽然不多，却拥有很大的话语权。在杜威"进步教育""实用主义"思想的影响下，他们希望运用现代知识和方法来发展中国，改造中国，而不是抄袭西方。所以，在大学、报纸、学会团体等公共空间的作用下，有关乡村危机的讨论日渐热烈，强烈吸引着越来越多的知识分子参与其中。① 循环激荡的"剧场效应"，带着城市知识分子们走向农村，观察农村，体验农村。1931 年，年轻的历史学者顾颉刚旅行河北、河南、陕西、山东四省，农村思想保守、信息闭塞、交通落后、生产萧条、治安混乱的农耕生活环境给他留下了深刻的印象。他感叹道："我们久居都市，已度现代化生活，而内地民众则还过着纪元前 20 世纪的生活，除了一把切菜刀是铁器时代的东西之外，其他差不多全是石器时代的。"② 他承认自己是带着一颗沉重的心回到北平的，这是当时很多知识分子的内心告白，是他们学术研究和改造农村的指引。

第三，乡村制度创新的认识来源是知识群体关于乡村危机的认知重构。1920—1930 年代，城市知识分子站在现代的、城市的立场上，以全新的话语体系解读乡村危机，从经济、政治、文化教育、产业诸方面，对乡村进行全方位的"病理"分析，做出了事实认知的重新建构。他们认为，农村在经济上受到帝国主义经济的侵略、苛捐杂税的压榨、高利贷的剥削；在政治上，内战、土豪劣绅的统治日益严重；在文化教育上，农民识字水平差，迷信思想严重，习染赌博等恶习；在农业上，人多地少，耕作方法陈旧，农副产品价格低落，农民流向城市，这些都是乡村危机的病因。③ 这种分析突出了农村衰落的全局属性，把农村问题放到世界格局、国际形势、国内政局和中外农业比较等多个层面，进行全方位的研究，反思农村社会生存环境方面的功能缺失。围绕着这些分析和讨论，他们逐渐形成了一个共识，即乡村建设天然地包含着很多社会问题，局部的乡村建设是不可能的。④

---

① 宣朝庆：《农村公共品供给的困境——民国知识分子参与乡村建设的时代意义》，《山东社会科学》2013 年第 2 期。
② 高增德、丁东编：《世纪学人自述》第一卷，北京十月文艺出版社 2000 年版，第 10 页。
③ 吴伯明：《农村衰落与农村教育问题》，《教育与农村》1932 年第 21 期。
④ 梁漱溟：《梁漱溟学术论著自选集》，北京师范大学出版社 1992 年版，第 493 页。

彻底解决农村问题，全面进行乡村建设，只能从制度重建开始。正如梁漱溟所言："今日中国问题在其数千年相沿袭之社会组织构造既已崩溃，而新者未立；欲谈建设，应从建设一新组织构造谈起，乡村建设运动实为从新建设中国社会组织构造之运动。"①当然历史证明，重新对社会组织结构进行制度安排，并非人数较少的知识分子在短时间内通过改良的办法能办得到。同时，辛亥革命的失败、地方自治的昙花一现、警察制度向保甲制度的回归等，都证明整个国家在这个方面都缺乏干部、经验和法律等方面的准备，社会革命、制度重建任重而道远。因此，也有部分学者提出，要抓紧解决公共安全、教育、救济、技术、交通、水利等问题，这或许是务实的办法。②在这个方面，晏阳初认为，紧迫的任务是"现在需要一套乡村改造的办法，装入制度里，大规模的推广出去"③。他领导的定县实验，力图探索一种民间自组织的公共服务体系，以便顺畅地把科技、知识、金融等输送到农民手中。

二、农村合作派的乡村建设思想

农村合作派是指民国时期大力倡导西方合作主义、主张通过合作运动来解决农村问题乃至整个社会问题的学者、政客等组成的社会精英集团。农村合作派的代表人物，主要有薛仙舟、寿勉成、王世颖、伍玉璋、孙锡麒等。他们大都受过西方合作经济理论与农业经济学的训练，归国后为合作运动倾注了大量精力。在乡村建设方面，他们主要倡导通过建立各种合作组织使农民团结起来保护自身利益，复兴农村与农业生产。④农业合作运动兴起于1927年北伐完成之后，受到政府的辅助、农事教育机关的推动以及金融机关农贷业务的支持，日益兴盛，并对中国现代乡村建设运动产生了极为深远的影响。在运动过程中，农村合作派成员逐渐获得了大量的政治资源与经济资源，使合作运动不仅

---

① 梁漱溟：《梁漱溟学术论著自选集》，第494页。
② 杨开道：《我国农村生活衰落的原因和解救的方法》，《东方杂志》第24卷第16号，1927年。
③ 吴相湘：《晏阳初传》，台湾时报文化出版公司1981年版，第319页。
④ 参见魏本权：《合作运动与乡村建设——以20世纪前期社会各界的乡村改造方案为中心》，《历史教学》2013年第2期。

仅作为一种理论和口号，更是作为一种官方倡导的实践运动对社会变革产生了实质性的影响。他们所倡导的合作运动救国路线也被稍晚兴起的乡村建设派的乡村改革实践，以及共产党的农村革命运动所借鉴。

（一）合作主义的兴起与传入

合作主义（corporatism）于19世纪中后期兴起于欧洲，也被翻译成社团主义或法团主义。早期合作主义是一种影响广泛的社会运动与社会思潮。一方面它表现为轰轰烈烈的合作社运动；另一方面，随着合作社实践的成功，合作主义思想被推崇为介于自由主义和社会主义之间的第三种社会建设方案。第二次世界大战之后，合作主义开始与西方福利国家的建设实践相结合，形成了较为成熟的理论体系（也被称为新合作主义）。合作主义的理论目的是建立一种由国家通过生产合作组织等各种团体对群众进行控制的社会制度。影响20世纪初期中国农村合作运动的是早期合作主义，因此我们在这里主要讨论早期合作主义。

在运动层面，欧洲早期的合作主义运动主要表现为两类合作社的兴起与发展。一种是1844年英国罗奇代尔镇纺织工人自发创立的消费合作社——罗奇代尔公平先锋社；另一种是1860年德国福来莫斯菲尔德小镇镇长雷发巽创办的信用合作社。"先锋社"是一个合作购买的代理机构，以批发价买进商品，再以零售价卖给社员，然后将利润定期分红给员工，以使工人而不是商人取得利润。雷发巽的信用合作社组织镇上的农民自己筹款组成合作基金，为农民提供生产所需的低利率贷款。在组织原则上，两者都实行成员的会费制、有限责任制，以及选举和管理上的民主制。这两种合作社成立后立刻产生了巨大的社会影响，欧洲其他地区、北美乃至日本纷纷效仿这种模式建立本土合作社。

早在合作社运动兴起之前，合作思想就见诸傅立叶、欧文等早期社会主义学者的笔端。傅立叶曾提出一种生产消费合作组织"法郎吉"，以保证人人参加劳动，从而消灭阶级斗争；而欧文提出的"公社联合体"与之类似，也是一种财产公有、人人参加劳动的组织。社会主义学者将消灭阶级、实现社会主义的理想寄托于合作组织的建立上。因此，许多社会主义者将合作社运动视作欧洲社会主义和工人运动的组成部分。但是，很多非社会主义者并不赞同这种观点。例如，法国经济学家季德认为，合作主义运动是介于自由主义和社会主义之间的"第三条道路"，因为这一运动虽然批判资本主义，但并不像社会主义者那样，要求激进的政治变革，而是选择阶级和解与社会和平改良。[①] 无论怎样，可以看到，伴随着合作社运动的开展，合作主义已经不仅仅是一种社会思潮，更作为一种意识形态开始发挥其巨大作用。

20世纪初期，合作主义思想开始传入中国。清朝末年，从日本归国的留学生率先在京师大学堂开设"产业组合"课程，引进了当时盛行于西方的合作经济思想。当时他们将合作社译为"协同组合""协社"或"协作社"。[②] 这些留学生包括覃寿公、徐沧水等人。当时徐沧水主张在城市开展消费合作社运动，而覃寿公认为中国需要开展雷发巽式信用合作社运动，以保护破产的小农免于高利贷盘剥。1919年，薛仙舟将"cooperative"译为"合作"，并乘着时代的浪潮，大力呼吁和倡导合作运动，成为传播与研究合作经济思想的核心人物，被誉为"中国合作运动之父"。

到了20世纪20年代，在新文化运动和五四运动的影响下，合作经济思想获得了广泛的传播。一方面是合作经济思想的译著逐渐增多，如于树德的《信用合作社经营论》（1921年）、戴季陶的《协作社的效用》和《产业协作法草案》（1921年）、孙锡麒的《合作主义》（1924年）等。[③] 另一方面，薛仙舟和他的学生主办的"平民学社"，以翻译、评论等方式，为合作经济思想的传播立下了汗马功劳。薛仙舟从1914年起在复旦大学任教，大力倡导合作经济主义思想，并于1919年创办了中国第一个合作金融机构——上海国民合作储蓄银行。1920年5月，由他指导20多名学生组织成立了《平民》周刊社，后更名为"平民学社"。平民学社致力于介绍和研究西方合作经济思想，并试图从合作主义角度探讨中国面临的现实问题，从而形成了巨大的社会影响力，成为当时合作运动的领导中心。

平民学社初期主要的兴趣是组织城市消费合作社，试图效法英国解决中国城市中的劳工问题。在他们看来，合作运动本质上是弱小者的经济自救手段，

---

① 张士杰：《近代农村合作经济的理论与实践研究》（未刊），南京农业大学2008年博士学位论文。
② 陈意新：《二十世纪早期西方合作主义在中国的传播和影响》，《历史研究》2001年第6期。
③ 刘超：《合作思想在中国的传播》，《黄山学院学报》2008年第2期。

是经济上的联合与合作,是对抗资本的工具。不过,面对中国现实,成员们开始意识到,城市消费合作社运动与中国社会绝大多数的农民不相干,必须加以本土化,因此他们开始关注农民和农村问题,呼吁首先成立信用合作社,保护农民免受高利贷的盘剥。[①] 1924年7月,平民学社的成员开始大批去西方留学,再加上成员们普遍对自己远离国民革命运动感到不满,平民学社宣告解散。但是在平民学社的影响下,合作运动非但没有停止,反而开始受到国民党的关注。1930年代,陈果夫成为国民党合作事业的领袖,任命薛仙舟的弟子、曾经的平民学社成员寿勉成与王世颖为国民政府合作事业管理局第一任和第二任局长。由此,合作派得以依靠体制力量推行城市与农村的合作运动。这使得合作派相比于同时期从事乡村建设的其他各派力量、团体有更多机会和能力将主张付诸实践。从此,中国化的合作运动主要依靠国家与政府的力量来推行,农村社会成为中国合作思考的中心,而不是像欧洲那样将社会主义与城市消费合作社运动作为合作主义思想的焦点。

(二)农村合作派的乡村建设主张

1. 农村合作的必要性

民国时期,广大农村地区经济凋敝,民不聊生。许多渴望变革的仁人志士都致力于探索农村的改革路径。其中,农村合作派倡导"以合作方式复兴农村",认为合作运动是中国乡村建设的最好选择。王世颖曾在杭州农业职业学校发表题为"农业复兴问题"的演讲,系统分析了当时农村合作的必要性。他认为,中国农村在当时的现状可以概括为三点:贫穷、散漫和懦弱。中国农村的贫穷已达极点,"一年到头,手胼足胝,还是不得一饱;他们所住的是茅屋,穿的是破棉袄;一遇到水灾旱灾,更是饿寒臻至,朝不保夕"[②]。中国农民的散漫,正如中国的古谚所言,"各人自扫门前雪,莫管他人瓦上霜。""我国农村一般的人,大都只顾自己,对于别人,很少同情;别人做一件有益于公众的事,他不去热烈的赞助,别人做了坏事,也不想方法去劝止;结果成了一盘散沙,

---

① 戚其章:《我们中国应该先组织哪一种合作社?》,《平民》1920年第28期。
② 王世颖:《农村复兴问题——以合作方式复兴农村》,《农村经济》1936年第3卷第5期。

不能团结一致，来谋公众的福利。"① 至于懦弱，表现在精神与物质两个方面。精神方面，农民总是存在一种畏惧权势的心理。面对去乡村调查研究或办理公务的政府人员，疑神疑鬼，不肯直说，甚至吓得一句话也不敢说。物质方面，农村基础设施落后、卫生设施缺乏，各种疾病都无法医治。王世颖认为，正是这些原因导致了农村的破产，导致农民处处受剥削和压榨却又不能自我保护。

　　面对农村凋敝的状态，复兴农村是社会建设的首要任务。在王世颖看来，复兴农村就是使其由贫穷变为有能力，由散漫变为同情，由懦弱变为刚毅，以达到自给自足的经济状态，进而能逐步适应现代经济的要求。要实现复兴农村的目标，除了要靠政府的"他力"救济与扶持，更是要依靠农民自身的力量，农民"合作"的力量。他强调合作的重要性，认为"要发生能力，便非联合起来提倡合作运动不可……个人经济总不及团体经济的有力量。例如买肥料，一个人到豆饼行去买豆饼，肥料商店必定因为你个人所买豆饼有限，可以任意抬高价目……但是如果联合一百个一千个农夫去买肥料，那时肥料商店必定因为购买豆饼的数量多而不得不成交易，降价出卖了"②。因此，中国复兴农村的方法，主要是利用合作的方式，改良技术，强化组织。

　　"合作运动之父"薛仙舟认为，合作分为广义的合作和狭义的合作。凡一个人的能力精神所不能做，需要集中多数人互相帮助通力合作，就是广义的合作。狭义的合作，是指某一部分人对于社会上的某几件事，有缺乏公平便利和种种不满的感想，如是大家合起能力去经营它，不使第三者从中得什么便宜，成功则大家共享幸福，失败则大家均分损失。合作运动就是要发扬"狭义合作"的精神，以共同参与，谋合作发展。在为数不多的几篇遗稿中，薛仙舟总结了几种通行的合作形式：每个人都拿出一点钱，大家来组织一个机构，形成"大的信用"，这种合作组织是信用合作社，或称为合作银行。各人都担任一部分金钱，合起来去购买昂贵的机器设备，这种合作组织是生产合作社。通过组织团体通力合作，在市场交易中降低商贩的牟利，避免自身损失，这种合作组织是消费合作社。③ 这些合作的组织形式被农村合作派予以推广和实践，用以

---

① 王世颖：《农村复兴问题——以合作方式复兴农村》，《农村经济》1936 年第 3 卷第 5 期。
② 王世颖：《农村复兴问题——以合作方式复兴农村》，《农村经济》1936 年第 3 卷第 5 期。
③ 薛仙舟：《消费合作》，《合作月刊》1931 年第 3 卷第 7 期。

团结农民,重建农村和振兴农业生产。以这些合作组织形式为基础,农村合作派所倡导的农村合作运动是沿着农业合作化、工业合作化与金融合作化三条路径展开的。

2. 农村的农业合作化

章元善在合作运动早期就开始关注农村的建设问题。他较早地讨论了农业合作的方式,把农业合作社看作中国农业复兴的重要途径。传统的农业是分散的、自给自足的小农生产,农民将一部分粮食留给自己,用作生活或赋税,另一部分则通过市场销售。随着工业发展,工厂将农民生产的原材料以低价收购,制成工业制成品以高价售出,从中赚取了大量利润。如果农民可以组织起来形成团体,每个人出一点钱,合资购买机器,自己进行生产、销售,就可以免受资本家剥削,保障自身的利益。因此,"生产者应该可以匀出一部分力量,来尽些商业的职务,在货物尚未成为商品或工业原料,或尚未到达市场或工厂以前,生产者苟能一度经营商业,不但生产者可以挽回应得之利益,并且工商业,亦因成本减轻,货色整齐,可蒙着优良的影响,充分的盈利"[1]。

王世颖在《农业合作之回顾与展望》一文中认为,狭义上的农业合作实为农业生产合作,凡以共同制造、共同贩卖或共同耕种为主要业务的农业合作社,均在此列。他从三个方面论述了农业合作的功效。首先,合作组织可以使农民"从事好的农事",有效提高农业生产积极性。通过合作的方式,农民可以共同购买种子、机械,同时共同接受农事指导机关的技术指导。利用合作社的资源,农民可以对农产品进行加工制造,增加产品的附加值,得到农业收成以外的利益。其次,合作组织可以提高农业产业化水平,使农民获得"好的营业"。农业合作将推动农产品标准化生产,特别是农产品区分等级与统一包装,也可以让农民迅速了解市场消息,进行市场决策。此外,农业合作还能聘用专家,教授农民销售产品的技能。再次,合作组织最根本是要给农民"好的生活"。合作社使得农村中有一社交中心互通情感;同时,合作社的主旨是公平交易,将使乡村益形纯朴化,使乡村社会因之而获得了好的生活。[2]

---

[1] 章元善:《中国农业复兴中的合作——它的意义、方式及使命》,《合作月刊》1931年第3卷第7期。
[2] 王世颖:《中国农村合作之回顾与展望》,《福建省合作通讯》1939年第4卷第1—2期。

针对中国实际，王世颖认为农业合作取得显著成效的同时，也存在不少问题。比如在"好的农事"方面是比较成功的，"对农民所融通的资金，大概作购买肥料耕牛及农具等之用……对于农产物生产量的增加，无疑的是大有裨益的"①。然而，在"好的营业"方面，成就很有限。由于合作组织规模小，与市场缺少联系，农产品标准化效果不佳，合作社也不能很好地发挥运销功能。另外，社员之间的关系不能达到和谐无间的程度，社员对合作社缺乏信仰，也使得合作社的功能受到阻碍。因此，要进一步推进农业合作，从根本上解决农民积贫积弱的问题，还要在农村切实推行合作教育，建立合作金融网络，促进农业合作与其他合作形式的联系与整合。

3. 农村的工业化与工业合作化

近代以来，中国面临内忧外患，要想实现独立自由，工业化是必经之路，而工业化不仅仅是城市发展的问题，农村建设与农业生产同样面临着工业化的重任。寿勉成认为，中国是一个具有悠久历史的农业大国，百分之八十以上的人民是农民，百分之七十五以上的土地与农业有关，农业对整个社会发展都有至关重要的影响，因此，"为了消灭农村与城市的对立，密切工业农业的联系，平衡社会经济的发展，改造中国经济结构和内容，使今后工业成为全民化"②，强调农村工业化是十分必要的。

寿勉成认为，在农村推行工业化，对纠正农民的错误心理有重要意义。和王世颖一样，寿勉成也认为农民存在许多缺陷，如"农民一向抱着靠天吃饭，听天由命，自私自利，散漫无纪，抱残守缺，持盈保泰，粗滥浪费，抽象神秘，同利必仇，异业不联的心理"③。推行农村工业化，可以培育农民"工业化的道德"，比如人定胜天、精益求精、讲求效率、依靠公共规则与行为标准等。同时，中国农村本身也具备发展工业的有利条件和资源，为推行农村工业化提供了可行性。这主要表现在农村有充足的剩余劳动力，且流动性较小；农村拥有丰富的原料、动力；如果将工业迁往农村，就可以避免资本和劳动力向城市汇聚，就可以避免劳资纠纷等许多社会问题；农民头脑纯洁、农村环境空旷，

---

① 王世颖：《中国农村合作之回顾与展望》，《福建省合作通讯》1939 年第 4 卷第 1—2 期。
② 寿勉成：《到农村工业化的合作路线》，《广东合作通讯》1944 年第 4 卷第 21 期。
③ 寿勉成：《到农村工业化的合作路线》，《广东合作通讯》1944 年第 4 卷第 21 期。

便于管理。

寿勉成认为，合作是实现农村工业化的最佳路线。第一，合作方式是推行农村工业化的最好组织方式。合作组织实行民主、平等、互助原则，是人与人的结合而非资本的结合，是用和平手段以消灭剥削关系，因此推行工业合作化，才能实现三民主义社会理想。第二，合作方式能够解决工业走向农村的资金问题。合作社的信用胜过个人信用，便于农业工业化贷款。第三，合作方式的工业能形成供需合理的体系。有计划地设置合作社，使各社运销纵横的关系密切，可以建立一个以消费者利益为前提，以生产为手段而供需得其平衡的体系。此外，合作方式还可以改进工业技术、提高社员的文化水准，以及促进社员的福利事业。①

王世颖将农村工业化归纳为三种类型：一是农民自己利用农村剩余劳动力进行工业生产；二是企业家利用农村低廉劳动力进行工业生产；三是国家动员农村剩余劳动力进行工业生产。至于具体用什么方法推动农村工业化，则是一个组织技术的问题，要根据企业创办者、劳动力和资源等具体条件来决定。不过，这三种类型的工业化都要依靠合作组织来推行。对于第一种类型，合作组织可以提供固定资本，获得廉价原料并可以利用集体贩卖的方式推销工业品。对于第二种类型，合作组织可以通过集体经营提高工作效率、避免劳资纠纷，并实现国家工业计划。第三种类型是针对战争等非常时期需要，"用合作方式以从事生产，分散于内地各乡村，一则军民供给得以源源不绝……二则沦敌区域之熟练工人可以陆续内移，生活有所……三则奠定了我们的新工业基础"②。

4. 农村的金融合作化

金融是农业经济和农村发展的命脉，1930年代农村金融枯竭，促进金融合作化对农村建设异常重要。寿勉成指出，金融合作化可以在农村经济建设中发挥组织撬动作用。首先，金融机构对于有组织的合作社实行放款，不对无组织的农民放款，既可以保证金融机关本身放款安全，又可促使其成为有组织的民众。其次，要开展农村合作运动，就必须对农民进行实地生产教育，而农村生

---

① 寿勉成：《到农村工业化的合作路线》，《广东合作通讯》1944年第4卷第21期。
② 王世颖：《农村工业之合作化》，《合作月刊》（战时版）1938年第6—7期。

产教育由农村金融机关来办是最有效力的,因为金融机关相比于政府,与农民交流更为密切,也有更多合作经验丰富的指导员。最后,农村中生活最困难的佃农可以得到农村金融组织的帮助,即便佃农因为没有抵押品,也可以靠着信用借到款项,或者用农具或家具来抵押借款。①

在资金放贷方面,寿勉成提出这样几条建议:第一,组织农村金融系统,避免重复放款,调整农村金融机关之间的关系;第二,改良借款条件,在资金中另提出一部分钱,作为无抵押品的信用小借款,以便利佃农借贷;第三,适应农村生产季节性的需要,按照季节放款。此外,农村金融机构要与其他农事机关合作,并严密监督放款的用途,注意合作社不要为绅士所利用,通过转借从中渔利。②

5. 农村合作的组织建设

推行合作运动,合作组织的建设是一个关键问题。只有合理的组织管理模式,才能充分动员民众参与合作,发挥合作的最大效用,避免合作的失败。薛仙舟在其起草的著名的《中国合作化方案》中曾为全国合作运动拟定了基本的组织发展规划。他认为要搞大规模的全国合作化运动,首先要有一个全国合作社。全国合作社之下,设全国合作社区分社。全国合作社的职能有训练、调查、宣传、实施、监察与奖励等。在人员组成上,全国合作社社员由低到高分为四个等级:普通社员、基本社员、特别社员与赞助社员。在组织管理上,合作社设委员会与委员会主任,再由委员会推举社长。执行部门的部长、科长由主任推荐,委员会委任;科员由部长推荐,主任委任。③

王世颖也在《农业合作组织通论》中系统讨论了农村合作运动的组织问题。他指出,"大凡合作事业之成功,必有赖于健全之组织,组织而健全,则循序以进,成功有望;反之,若组织不健全,纵全力以赴,也不得善果"④。在农业合作社的组织体制上,必须注意到它与其他类型合作社组织的差异性,自身所具有的特殊性。因此,农业合作社的组织规模不宜过大,组织成员应该能

---

① 寿勉成:《农村金融与农村经济的关系》,《农行月刊》1937年第4卷第1期。
② 寿勉成:《农村金融与农村经济的关系》,《农行月刊》1937年第4卷第1期。
③ 薛仙舟:《中国合作化方案》,《江苏合作》1936年第6—7期。
④ 王世颖:《农业合作组织通论》,《合作月刊》1930年第2卷第9、10期合刊。

够相互认识;合作团体组织目标明确,大家是为了解决某个具体的困难而组织起来的,这样才有合作的干劲,也才能切实感受到合作的功效;农业合作社应该完全由农民自办,互相认识并且互相信托,若有非农民参与,可能会丧失合作的意义。王世颖认为,在世界上有些农业合作团体,往往有地方银行家与商家或其他投机者参加组织,他们不过想用合作的方法,另有所图。① 有一点是至关重要的,那就是农业合作社与社员之间应订立契约,在章程中载明成员的权利与义务。之所以这样做,是因为有些农民加入合作社,不是为了把农产品送到社里面去交易,而只是把合作社当作抬高市价的工具,最终仍愿意把自己的生产物直接卖给普通商人。所以,"在这个契约或合同的中间,应该与会社一种相当的权限,可以有权管理社员的生产品,并且的确能执行此种机能,使社员个个服从"②。同时,农业合作社在管理上既不能像平常的股份公司一样由经理"独裁"管理,也不能由理事会制定决策,再交由没有权力的经理执行,最好的方法是让经理成为理事会与普通社员之间的中介,"固然需按照理事会之议决案而实行,然同时也可以建议给理事会以种种发展会社的建设计划"③。

6. 农村合作教育

农村合作派认为,合作是一种新的社会思想与组织形式,推行合作运动必须对民众进行合作主义的教育培训。为了培养合作运动的必要人才,薛仙舟建议设立合作训练院。合作训练院的培训内容主要包括人格、理念和技术方面的训练。人格训练包括意志、性情、习惯、感觉和身体的训练;理念的训练包括合作主义思想、民生主义以及社会科学的训练;技术训练则是指商科、合作科等具体技术的培训。④ 农村合作派加强合作教育的观点,与他们对中国农民的认识有关。他们认为,中国农民贫弱涣散,不能团结,必须以合作教育作为农村合作运动的前提条件。为此,在对农民进行实地的合作教育时,应培育农民讲求效率、团结合作、依据公共规则办事的新道德、新规范。

在推行合作运动的过程中,乡村普遍出现了合作社成员数量日益庞大、合

---

① 王世颖:《农业合作组织通论》,《合作月刊》1930 年第 2 卷第 9、10 期合刊。
② 王世颖:《农业合作组织通论》,《合作月刊》1930 年第 2 卷第 9、10 期合刊。
③ 王世颖:《农业合作组织通论》,《合作月刊》1930 年第 2 卷第 9、10 期合刊。
④ 薛仙舟:《中国合作化方案》,《江苏合作》1936 年第 6—7 期。

作指导员人手缺乏的状况。针对这一问题，寿勉成提倡利用各地的学校资源开办合作社社员讲习班，动员学校的校长、教师参与合作社培训，利用寒暑假办班，讲授合作概论、合作法规等课程，并指导学员合作社社务、业务以及财务等具体事务。为了担当起这一任务，相关中小学校长、教师应该接受合作培训，成绩合格的，由县政府授予合作指导权。①

（三）对农村合作派的评价

农村合作派受西方合作主义思想与实践的影响，致力于在中国农村推广合作化运动，希望通过将农民吸纳进入合作组织来重建农村秩序，振兴农业生产，进而推动国家的工业化进程，实现当时的"三民主义"理想。为了这一目标，农村合作派不仅在理论上对合作化以及农村合作运动的必要性、可行性、途径与功效等问题做了深入的探讨，更借助行政、经济等资源将其乡村建设纲领付诸实践，并在实践中反思和检验农村合作运动，从而产生了巨大的社会影响。首先，农村合作派为国家对工业化路径与治理实践的探索做出了巨大贡献。其次，农村合作派促进了农业合作金融的发展，打击了高利贷势力，保障了农民利益。再次，农村合作派通过倡导合作运动促进了农村商品经济的发展与农业技术的发展，推动了近代农业进步。最后，农村合作派大力宣传合作思想，培育了农民的现代意识，促进了乡村社会进步。② 有数据显示，截至1949年，中国"合作社数高达十七万余单位，社员二千四百五十余万人，每一社员代表一户，每户平均以五人计，计有一亿二千万人，约占当时全国总人口四分之一，其发展之速，成就之大，实世所罕见"③。

但是，农村合作派希望通过开展合作运动复兴农村进而救国救民，将合作看作是解决一切社会问题的良方，也表明了其对合作运动抱有不切实际的过高期待，体现了乡村建设主张的空想色彩。农村合作派的最终政治理想是实现三民主义，尤其是民生主义，也就是节制资本、平均地权。在当时的社会条件

---

① 寿勉成：《推进乡镇保合作社社员教育的一个方案》，《广东合作通讯》1944年第4卷第5—8期。
② 张士杰：《近代农村合作经济的理论与实践研究（1918—1937）》（未刊），南京农业大学2008年博士学位论文。
③ 陈岩松：《中国合作事业发展史》（上），台湾商务印书馆1983年版，自序，第1页。

下，农民大量破产，国家面临着政治、经济等诸多问题，新兴的国民党政权为了延续自己的统治，不得不谋求与大资本的联合，并不能对农业合作社的发展壮大给予足够的支持，因此，作为经济弱者联合的农业合作社，在与大资本的市场竞争中很难获胜，换句话说，仅仅依靠农民的合作来节制工业大资本几乎是不可能的。同时，合作派希望通过农民集体购地实现土地所有权的社会化，这也必定触动大地主的利益，而温和的合作运动也不可能调和这种利益冲突，如此一来，平均地权也只能沦为一纸空谈。总的来说，合作社作为一种社会组织，其组建与发展不仅仅是人的力量所能为，更需要社会环境、土地关系以及政府制度作保障。农村合作派这种回避政治改革，仅仅从经济生活入手，希望通过创新经济组织改造全社会的想法，带有一定程度的"乌托邦"色彩。

三、乡村建设派的乡村建设思想

梁漱溟不是一个普通的哲学家，而是一个问题中人，行动的人，是思想家兼实践家。他自言："我自十四岁进入中学之后，便有一股向上之心驱使我在两个问题上追求不已：一是人生问题，即人活着为了什么；二是社会问题亦即是中国问题，中国向何处去……总论我一生八十余年（指十四岁以后）的主要精力心机，无非都用在这两个问题上。"[①] 从这两个问题出发，他反思中、西、印哲学传统，高扬和挖掘传统文化的精华，构建起宏大的哲学文化体系，同时他反对空谈，崇尚实干，以乡村建设作为重整中华的落脚点，实践"极高明而道中庸"的儒家理想。在投身乡村建设这一点上，梁漱溟显然受到明儒王艮的影响。[②] 王艮是心学大师王守仁的弟子，平民儒学的代表性人物，他的社会教育、乡村建设工作在民国时期受到刘师培、钱穆、梁漱溟等人的重视。王艮认为，与其将民间疾苦上达皇帝，不如知识分子起而作之，以个人的良知和实干为民解忧。清末民初以来，随着古代世界的倾塌，个人主义思潮的发展，王艮的思想成为现代知识分子追求自我、解决社会问题的思想武器。

---

① 汪东林：《梁漱溟问答录》，湖南人民出版社 1988 年版，第 15—16 页。
② 宣朝庆：《泰州学派的精神世界与乡村建设》，中华书局 2010 年版，第 241—242 页。

（一）梁漱溟的乡村建设思想

梁漱溟的乡村建设思想，主要见之于《乡村建设理论》，1937 年由邹平乡村书店出版。从开始酝酿到成书，历经 16 年之久。该书出版后，影响很大，确定了梁漱溟作为乡村建设派的主要代表人物的历史地位。

1. 乡村建设运动的根本原因——中国文化失调

当很多人从经济视角、政治视角去解读中国农村问题时，梁漱溟则进一步指出，中西方文化的冲突是中国社会衰败的根本原因。他服膺"社会延续靠一套文化来维系"的观点，进而解释中国社会在近代的衰落。当时的中国是一个农业国家，80% 的人口住在乡村，是以乡村为本的社会，是以乡村为本的文化，强调伦理本位，义务关系。相比较而言，西方文化是一种都市文明，在"团体组织"和"科学技术"方面远胜中国之上，又强调个人本位、权利观念。近代以来中国不断向西方学习，走以都市为本的道路，反而把乡村社会及伦理本位的文化破坏了。因此他认为，中国社会的衰败根源在于"文化失调"。

中国文化失调如此剧烈，更有深刻的心理原因作祟，即长期以来人民对自身文化失去信心，甚至厌弃和反抗。在他看来，清末以来中国在西方文化入侵之前处于劣势是明显的事实，但"若深求之，则知尚不在这些地方不济事，而在自己人生理想的不健全。换句话说，尚不在中国与西洋相遇，我们应付不了他；而在根本人生上我们有缺欠。此缺欠经西洋风气的启发而见出来，使得我们对于固有文化不满意，固有人生理想不满意，甚至于厌弃反抗。这厌弃与反抗，是中国社会崩溃的真因。引起这厌弃反抗的自身缺欠，是中国文化的真失败点"[①]。这段文字经常被研究者所忽视，梁漱溟恰恰点出了文化虚无主义的危害。

文化虚无主义使当时的中国陷入了空前的危机，崩溃的边缘。"旧事实仍存在没进步，新的秩序乃建立不起；没有接替的东西，当中便落了空。中国此刻的情形，就是'前不着村，后不归店'，青黄不接的时候，军阀才由此产生。我们所以从事于乡村运动以培养新事实，产生新秩序者，着眼点完全在此"[②]。

[①] 《梁漱溟全集》第 2 卷，第 192 页。
[②] 《梁漱溟全集》第 2 卷，第 240 页。

从乡村运动出发，尊重中华文化传统，创造新文化，才是解决中国问题的根本办法。有人评价梁漱溟是文化保守主义者，如果是相对文化虚无主义或民族虚无主义而言，则具有相当的褒义。

作为一个对中国传统文化与传统社会进行过系统研究和总结的思想家，他要在传统的基础上建立新团体，探索新秩序，进而建立新国家，这是他发起乡村建设运动的根本关怀。他看到，与西方文化相比较，中国文化中个人、团体之地位弱于西方，家庭与天下的地位则强于西方，由于早熟的理性主要运用在生活伦理上，所以中国不存在科学技术传统，也没有西方意义上的宗教组织传统，而伦理本位、职业分立的特点则排除了社会阶级的存在。传统中国经与西方文化全面接触，这些长处同时也表现出短处，结果无法建立一个现代意义上的国家。因为西方现代民族国家的发育在于团体生活，团体生活必须以阶级社会为基础。[①]但显然他不愿意见到一个虚弱的中国再陷入阶级斗争的泥淖，担心阶级斗争演变成一种利己的、争占的、向下的精神污染。所以，他要通过乡村建设，引进团体新生活，一步步地取代伦理旧组织。这种新的团体生活，倡导互以对方为重的"伦理情谊"，发扬改过迁善的"人生向上"精神，有了这样的团体，中国的一切事情就都有了办法。所以，乡村建设运动正如他所说，就是乡村自救运动，"实非建设乡村，而意在整个中国社会之建设，或可云一种建国运动"[②]，"乡村建设运动实是图谋中国社会之积极建设的运动"[③]。

以往评价梁漱溟的乡村建设时，往往认为这是一种时代精神，即民族主义思潮的反映。不过，从梁漱溟的相关论述来看，除此之外，还充满了关于中国发展道路的焦灼感。他显然担心，中国在现代化的道路上丧失了民族自信，一会儿学习英国，一会儿学习日本，一会儿学习苏联，一会儿学习德国，一会儿学习美国，过分依赖西方的经验、模式，盲目追随西方。他批评留学生盲目模仿外国的运动，中国革命在1911年那次就是靠游日留学生和他们再教出来的学生，在1926年那次就是靠游俄学生和他们再教出来的学生，结果几十年来中国的政治革新无非是处于少数知识分子的模仿运动，而大多数人既不了解也

---

① 丁耘：《大陆新儒家与儒家社会主义——以梁漱溟为例》，《文化纵横》2010年第2期。
② 《梁漱溟全集》第2卷，第161页。
③ 《梁漱溟全集》第2卷，第155页。

无此要求。① 这些认识当然有其片面性,但是在文化不自信的情况下,通过乡村建设,促成社会革命,或许会为中国社会现代化的稳步发育打下根基。因此,梁漱溟的乡村建设运动所追求的,是把发展的主动权掌握在中国人的手中,进而锤炼出具有中国特色的现代化道路。只有这样,国家才有希望。近代以来,中国人经历了"睁眼看世界"之后,到1920—1930年代开始"睁眼看中国",对中国道路和中国社会状况进行整体判断和思考。梁漱溟的乡村建设思想,乃至整个乡村建设派的思想,和中国共产党的"农村包围城市"思想,都是这种大背景下的一环。从长时段言之,如何对西方经验自主的、创造性的消化和吸收,在今天仍然是需要好好反思的重要问题。回首那个尚未形成"共识"的年代,梁漱溟的思想更显出其独有的价值。

2. 乡村建设运动的目标——儒家社会主义

清末以来,康有为、孙中山的大同世界理想早已成为那一辈知识分子的共识,而梁漱溟给了它一个基本的范畴,就是符合中国文化的儒家社会主义。民初以来,梁漱溟开始思考中国未来发展路向,通过接触日本社会主义者幸德秋水的《社会主义神髓》等著作,认识财产私有为社会一切罪恶和痛苦之渊,对私有制极为反感,而对社会主义有了自己的体悟,认定中华民族的前途只有社会主义一途。② 他认为,中国文化具有社会主义的"基因"。与西方的城市社会相比,中国作为一个乡村社会,具有"共财"与公有的传统,没有"个人"私有制。农民没有把财产看作是个人的,都看成是一家共有,对个人财产持否定态度,维持家族内的财产公有。这表现在三个方面:一是家族"共财","夫妇、父子共财乃至祖孙、兄弟等也共财。若义庄、义田一切族产等亦为共财之一种";二是家族"顾恤","自家人兄弟以讫亲戚、朋友,在经济上皆彼此顾恤,互相负责,有不然者,群指目以为不义";三是中国没有长子继承制,父亲的遗产不同于西方,独传长子,而是所有的男子平均分配。梁漱溟称这种经济形态为"伦理本位的经济",而西方则是"个人本位的经济"③。由于中国的这种文化特质,梁漱溟认为,中国不必经历资本主义的私有制"困苦",就可

---

① 梁漱溟:《中国民族解放运动之最后觉悟》,中华书局1933年版,第125—126、178页。
② 梁漱溟:《我的努力与反省》,漓江出版社1987年版,第39—42页。
③ 中国文化书院学术委员会编:《梁漱溟全集》第2卷,第169页。

以快捷地走上"社会主义"的道路。①

梁漱溟乡村建设的目标是以儒家价值观为基础,建立一种新的社会组织结构,是"中国固有精神与西洋文化的长处,二者为具体事实的沟通调和"②。也就是,根据伦理本位的特点,在伦理情谊的精神基础上,引进西方的团体组织和科学技术。梁漱溟所说的新社会组织就是:"中国如果有一个团体组织出现,那就是一个中西具体事实的融和,可以说,是以中国固有精神为主而吸收了西洋人的长处。为什么呢?因为照我们刚才所讲的团体组织,其组织原理就是根据中国的伦理意思而来的;仿佛在父子、君臣、夫妇、朋友、兄弟这五伦之外,又添了团体对分子、分子对团体一伦而已。这一个团体组织是一个伦理情谊的组织,而以人生向上为前进的目标(这两项很要紧,西洋人也将转变到这里来)。整个组织即是一个中国精神的团体组织,可以说是以中国固有精神为主而吸收西洋人的长处。"③

梁漱溟要以儒家伦理精神弥补资本主义精神的价值缺失。资本主义精神在工业革命时代曾经起到了积极向上、开拓奋进的作用。马克思在《德意志意识形态》中指出,资本主义大工业创造了交通工具和现代化的世界市场,它首次开创了世界历史,因为它使每个文明国家以及这些国家的每一个人的需要的满足都依赖于整个世界。马克斯·韦伯也认为,新教伦理下的资本主义精神曾经给资本主义社会带来意气风发、精神抖擞的发展。他说:"一个人对天职负有责任——乃是资产阶级文化的社会伦理中最具代表性的东西,而且在某种意义上说,它是资产阶级文化的根本基础。"④但第一次世界大战及1920年代的经济危机暴露出资本主义贪婪攫取的本性,无法根治的价值缺陷,使西方世界自诩的治安、秩序、文明荡然无存,资本主义出现了合法性危机。与西方资本主义精神相比,中国文化早熟,理性早启,调和持中,适于长远发展,中国的现代化不能离开本土文化资源"向外以求",更不能"降格以求"。

---

① 转引自〔美〕艾恺:《最后的儒家——梁漱溟与中国现代化的两难》,第155页。
② 《梁漱溟全集》第2卷,第278页。
③ 梁漱溟:《乡村建设理论》,第146页。
④ 〔德〕马克斯·韦伯:《新教伦理与资本主义精神》,于晓、陈维纲等译,生活·读书·新知三联书店1987年版,第38页。

这种认识也是对五四以来的国内知识界"全盘西化"理念的矫正。五四时期，陈独秀曾言："吾人倘以为中国之法，孔子之道，足以组织吾之国家，支配吾之社会，使适于今日竞争世界之生存，则不徒共和宪法为可废，凡十余年来之变法维新、流血革命、设国会、改法律及一切新政治、新教育，无一非多事，且无一非谬误，应悉废罢，仍守旧法，以免滥费吾人之财力。万一不安本分，妄欲建设西洋式之新国家，组织西洋式之新社会，以求适今世之生存，则根本问题，不可不首先输入西洋式社会国家之基础，所谓平等人权之新信仰，对于此新社会新国家新信仰不可相容之孔教，不可不有彻底之觉悟，猛勇之决心；否则不塞不流，不止不行。"① 梁漱溟也同意，"老的中国文化、中国社会已不能要了，一定要有'新芽'才能活"，然而"新芽之发还是要从老根上发，否则无从发起"。② 于是，他撰《东西文化及其哲学》，要替中国现代化寻找文化上的根与出路——"走孔家的路""过孔家的生活"。梁漱溟的研究表明，西方的科学、民主和中国的道德理想都是具有普遍价值和世界意义的，中国现代化应该"认取自家精神，寻取自家的路走"③，在接受西方文化的同时又能以儒家的人生态度制衡之。

1910 年代至 1920 年代，西方社会危机引发人们对资本主义社会的反思，人文主义思潮形成了对科学主义的有力挑战。梁漱溟的儒家社会主义理想也正是在这一背景下反思资本主义弊端的结果。④ 他反对社会上以五四运动为文艺复兴的流行观念，认为五四新文化运动只是西方文化在中国的复兴，人们的心态惟新是从，惟洋是用，而对儒家传统根本没有真切的了解和真实的反思。孔孟一系的原始儒家精髓在伦理本位的结构、积极向上的人生态度。积极向上的儒家真精神从荀子时起被放弃了，儒家走向"礼学"，两汉号称以儒治国，其实人生态度有黄老气，魏晋隋唐佛教兴盛，直到宋代理学兴起，儒家人生态度稍有恢复，而到明代阳明心学归本良知，泰州学派弘扬光大，孔家的人生态度

---

① 《陈独秀著作选》第 1 卷，上海人民出版社 1993 年版，第 229 页。
② 《梁漱溟全集》第 5 卷，第 505 页。
③ 《梁漱溟全集》第 5 卷，第 110 页。
④ 贾可卿：《梁漱溟乡村建设实践的文化分析》，《北京大学学报》2003 年第 1 期。

"颇有可见矣",可惜清代儒学再次误入歧途,原始儒家精神丧失干净。① 结果,体合人情的伦理成了不顾人情的礼教,失去了整合社会的功能。② 梁漱溟认为,孔家向上的人生态度,就是《周易》所言"生生之谓易","天地之大德曰生",人生顺应宇宙大化流行,赞天地化育而与天地参,积极参与社会;也就是孔子所言"亲亲而仁民,仁民而爱物",顺应直觉与良知,承担社会责任,奋发向上。在这种生活态度中,一个人最重要的是秉持率真的天性,不计较利害,不去计算个人得失。在这种奉献、合作和服务中,个人才能真正体会到"自得的乐,绝对的乐"③。

这种观念与明代的泰州学派,特别是王艮、王襞父子的思想是一致的。梁漱溟是发扬这种精神去从事乡村建设的。1930 年,他宣布自己在读了王艮的著作之后有了一个觉悟。他说:"悟得了什么?并不曾悟得什么多少新鲜的。只是扫除了怀疑的云翳,透出了坦达的自信;于一向所怀疑而未能遽然否认者,现在断然地否认它了!否认了什么?于一向之所有见而未敢遽然自信者,现在断然地相信它了!否认了什么?否认了一切的西洋把戏,更不沾恋!相信了什么?相信了我们自有立国之道,更不虚怯!"④ 梁漱溟悟到的"立国之道"就是宋明时期知识分子发起的乡村建设。他历经曹州办学、广州乡治讲习所、河南村治学院等事,终于觉悟到乡村建设的道路,开始了具有重要历史影响的邹平实验。牟宗三曾这样评价梁漱溟的独特贡献:"他独能生命化了孔子,使吾人可以与孔子的真实生命及智慧相照面,而孔子的生命与智慧亦重新活转而披露于人间。同时,我们也可以说他开启了宋明儒学复兴之门,使吾人能接上宋明儒者之生命与智慧。吾人须知宋明儒学与明亡而俱亡,已三百年于兹,因梁先生之生命而重新活动了。"⑤

3. 乡村建设运动的核心——以教育改变乡村

梁漱溟认为,教育在乡村建设中具有不可替代的地位。他说,"乡村建设也就是民众教育,民众教育不归到乡村建设就要落空,乡村建设不取道于民众

---

① 《梁漱溟全集》第 1 卷,第 473—477 页。
② 《梁漱溟全集》第 7 卷,第 312—313 页。
③ 《梁漱溟全集》第 1 卷,第 458—464 页。
④ 《梁漱溟全集》第 5 卷,第 13 页。
⑤ 牟宗三:《生命的学问》,台湾三民书局 1972 年版,第 112 页。

教育将无办法可行"①。"乡村建设即是一知识分子领导民众完成文化改造之运动,其内容主要为经济建设,其工夫则彻始彻终全在教育。故乡村建设必自教育改造始。"② 他始终重视人的教育,重视人的文化素质和能力的提高,以人的现代化推进社会现代化。邹平实验区贯彻这一思想,大力发展学校教育,兴建各类学校 200 多所,仅 1935 年全县在学儿童达一万余人,有效缩减了文盲的数量。

乡村学校在乡村教育中处于核心地位,是知识分子群体能够参加乡村建设的重要阵地。梁漱溟认为,"中国问题之解决,其发动主动以至于完成,全在其社会中知识分子与乡村居民,打并一起所构合成的一种力量。解决中国问题的动力,要在知识分子和乡下人身上求,已是无疑,不必再说。要研究的是他们以如何方式构合成一力量"③。知识分子只有通过创办教育,与农民相结合,才能使农民接受教育而养成顺应社会发展的新习惯、新思维,农民也才能成为中国社会改造的主力。有研究者认为,梁漱溟把知识分子作为乡村建设的主动力,这种思想既与他把教育作为乡村建设的主要手段有关,也与他崇尚古代儒家以士人为核心的德治思想有关,这种号召知识分子到乡间去与农民结合的思想,对于今天的新农村建设有相当的现实意义。④

在邹平实验中,邹平县的整个行政系统实行教育机关化,用教育力量取代行政机构,县以下设乡学,几个村或十个村有一乡学,乡学就是"政教合一"的机构,乡学下设村学,设置乡学村学的目的是培养新政治习惯,训练乡下人对团体生活及公共事务的注意力与活动力。他们取消乡镇公所的自治组织,而变为乡学村学,培养训练乡村自治组织的能力。⑤ 为此,乡村教育突破学校教育体制,将学校教育向社会教育开放,二者融合为一。在教育方式上,各级学校可以酌情综合运用学校教育、社会教育的各种方式,在入学资格、修业年限、课程标准、师资要求等方面结合实际需要制定,在形式上可以根据实际情

---

① 梁漱溟:《我的反省与努力》,第 93 页。
② 《梁漱溟全集》第 5 卷,第 1049 页。
③ 梁漱溟:《乡村建设理论》,第 278 页。
④ 朱汉国:《一份可资借鉴的遗产——论梁漱溟乡村建设的现实意义》,《北京师范大学学报》1996 年第 6 期。
⑤ 樊康、高潮:《梁漱溟与中国乡村建设运动》,《小城镇建设》2005 年第 1 期。

况开办各种短训班、识字班、夜校等。为了适应乡村居民的文化知识需要，在基础教育的基础上，设置成人部、妇女部、儿童部等，对成年男性、女性和儿童进行教育。在教育内容方面，梁漱溟特别重视职业教育和生产教育，并要求各级学校因地制宜编写乡土教材。①

乡村教育总的精神是要弘扬"人生向上"的文化，为新社会组织的形成打下基础。梁漱溟的方法是通过乡农学校向民众灌输乡约的精神。传统乡约最早见之于北宋《吕氏乡约》，由张载弟子吕大钧、吕大临兄弟在家乡蓝田制定，基本原则是德业相劝、过失相规、礼俗相交、患难相恤，以反对乡村生活中人们的不良习俗，构建包容、合作、和谐的新风尚。梁漱溟认为，自爱爱人，在自立自强的同时不忘对方，自觉地强调个人对他人、对团体的义务，而不是一味强调个人的权利，使个人与团体调和与相济，这是古代乡约所包含的价值理性，可以避免欧美的个人本位主义和苏俄的社会本位主义的偏颇。因此，乡村建设运动倡导乡约，就是从农民熟悉的伦理情谊入手，发扬中国固有的"理性"精神，调整社会关系，形成大家向善、向上、向好的社会氛围，进而构建起社会进步的团体。

在邹平乡农学校里，关于传统文化和伦理的教育占了相当大的比重。在乡农学校的高级部，国学课程每周7小时，精神陶铄课程每周4小时；普通部则精神陶铄课每周7小时，国学课6小时，均占到每周总学时数的四分之一强。这些课程讲授经过改造了的"旧道德"。如梁漱溟用儒家伦理观对西方的自由平等观进行了新的解释，把法律上的权利变为道德上的义务。他说："团体为尊重个人所以才给你自由，——自由是从对方来的，此合乎伦理之义；……团体给你自由是给你开出一个机会，让你发展你的个性，发挥你的长处，去创造新文化，此又合乎人生向上之意。合乎伦理又合乎人生向上，新的自由观念乃与中国完全相合而不冲突。"②梁漱溟认为，乡农学校要在乡村建设中发挥核心作用，必须以改造了的"旧道德"为基础，再辅之以科学精神与民主思想，这是他以文化出路解决中国问题的思想总原则决定的。③

---

① 梁漱溟：《社会本位的教育系统草案》，《乡村建设》第3卷第5期，1933年9月11日。
② 《梁漱溟全集》第2卷，第299页。
③ 朱义禄：《梁漱溟乡村建设思想述评》，《史林》1997年第4期。

4. 乡村建设的基石——合作社

在小农经济时代，各自谋生是农民生产生活的主要形态，近代以来已经很难抵御市场经济和资本的侵袭，所以把农民组织进合作社具有重要的时代意义。梁漱溟指出，合作制度是经济上弱者的自卫，是资本主义经济下救济农民的方策。①"要想救济农民，或农民自救，凡关于农业上的问题，非'合作'莫办。合作是大家彼此帮忙，彼此依靠之义，'合作'可以产生一个社会的脑筋，对于经济可以有一总的计划，总的安排，总的解决，由小范围的合作组织，连合成功一个大范围的合作连合，可让社会对于经济有一总计划，按照消费而生产，不含营利的目的，这正是由合作路走到经济上的有政府状态。"②合作社就是梁漱溟孜孜以求的"团体组织"，主要包括生产合作社、运销合作社等。

在《回忆我从事的乡村建设运动》一文中，梁漱溟这样描述合作社的基础性作用："感到要改造中国政治，必须从基础做起。……从基础做起，就要从最基层开始做，搞乡村的自治，一乡一村的地方自治。一乡一村的自治搞好了，宪政的基础也就有了。具体的做法，我设想是把农民首先组织起来搞合作社，由低级到高级，由小范围到大范围；引进先进的科学技术，把它运用到生产和生活中去，进行农业的改革和改良，进行农村的各种建设事业，搞工业化的农业。……经济上的合作组织和政治上的地方自治团体是相因而至的。随着经济上合作组织的建立，农业生产的发展，农民生活的改善，他们参与过问国事的要求和可能就增强了。……总之，乡村工作搞好了，宪政的基础就有了，全国就会有一个坚强稳固的基础，就可以建立一个进步的新中国。"③民国初年以来，政党大多重视政治而忽视经济，认为政治架构完善了，社会自然就走上正轨。梁漱溟在1920年代看到了这个问题，认为政治进步不能脱离经济和社会发展。所以，他认为要实现地方自治，最好是以合作社为依托，通过引进技术，增加农民金融信用，发展农村经济，提高农民素质，为政治进步打下基础。

农民合作组织承载着梁漱溟伦理本位的社会理想。他认为，合作组织以

---

① 梁漱溟：《社会本位的教育系统草案》，《乡村建设论文集》第1集，乡村书店1936年版，第141—160页。
② 《梁漱溟全集》第5卷，第331—332页。
③ 梁漱溟：《乡村建设理论》，第380页。

儒家伦理为本位的，可避免个人本位和社会本位两个极端。"伦理就是确认相关系之理，互以对方为重，团体与份子之间得一均衡；合作社也恰好符合于此义，既不是个人本位，也不是社会本位，社会与个人之间得一调和，这就是正常的……因为一般所理想的新社会，都有社会本位的意思在内；我们虽然也是社会主义，但不同于一般的社会主义。"①合作不仅仅是开创了一条新的文明之路，还是人生的妙道。通过合作，农民可培养合理的人生态度，和气的生活方式，进而在很多事情上都可以与他人展开合作，从而可以谋得人生的乐趣。1920—1930年代，一般从事合作运动的工作者更看重合作的工具性，以合作为一种方法或手段，如陈立夫等人，甚至华洋义赈会、平教会的代表人物也未出这一认识框架。但也有一部分人认为，合作兴起之初是一种方法，发展之后未必不是一种社会主义的理想。②梁漱溟则进一步从社会理想走向了文明的思考。

梁漱溟的乡村建设思想直面中国现代化与传统文化的关系问题，在所有近现代乡村建设运动中独树一帜，独自面对西化思潮的抨击，敢于标新立异，"固执己见"。中国现代化既不能闭关自守，也不能全盘西化，而必须文化自觉，明白文化的来龙去脉和优劣，方能扬长避短，老干新枝。梁漱溟秉持这一思想，发掘中国社会"伦理本位"等特点，而引进西方"团体组织、科学技术"。有评论说，"大家可以不必接受其思想，然而其坚持思想，本其思想而行动，不随俗浅薄，切志解决中国问题之真诚严肃的精神，则是一切思想者所必效法的"③。中华文化源远流长，积淀着中华民族最深层的精神追求，为中华民族生生不息、发展壮大提供了丰厚的养分。在城市化的时代，加快农村建设步伐，需要正视我们固有的文化基因，使之与现代文化相适应，与现代社会相协调，这是当代农村建设的根本。

（二）晏阳初及平教会的乡村建设思想

晏阳初（1890—1990）出生在书香世家，深受儒家民本思想的影响，熟知"民为邦本"的意义。青少年时代，晏阳初求学于西式学堂，并到美国留学，

---

① 《梁漱溟全集》第2卷，第561页。
② 杨菲蓉：《梁漱溟的合作理论与邹平合作运动》，重庆出版社2001年版，第75—76页。
③ 梁培宽编：《梁漱溟先生纪念文集》，中国工人出版社1993年版，第283页。

接受基督教教义的洗礼，意识到仁爱、民主在社会中的存在与意义，这些是他日后从事乡村建设实验的文化基础。晏阳初领导的中华平民教育促进会（简称"平教会"）所开展的乡村教育和乡村建设，是民国乡村建设运动中的一面旗帜，其中以定县实验最为知名。1949 年之后，晏阳初离开大陆，但他并没有停下乡村建设事业，而是将平教会建立之初提出的"除文盲、作新民"的口号扩展为"除天下文盲、作世界新民"；并将平民教育推广到亚、非、拉美的欠发达国家。从 20 世纪 50 年代初到 80 年代末，在晏阳初的推动下，泰国、菲律宾、印度、加纳、古巴、哥伦比亚、危地马拉等国先后都成立平民教育组织，"定县实验"成为指导他们的平民教育和乡村改造实验的经验。

1. 乡村建设的指导思想[①]

第一，平教会将乡村建设提到担负"民族再造使命"的高度。1920—1930 年代的民族危机引发民族自救思潮，使乡村建设不能置身事外。晏阳初强调，乡村建设的使命不是单纯的救济农村或办模范村，而是民族再造，"中国今日的生死问题，不是别的，是民族衰老，民族堕落，民族涣散，根本是'人'的问题"。乡村建设运动就是为解决这一问题而兴起的。[②] 它之所以能担负起民族再造的使命，是由乡村的重要地位决定的。一来乡村是中国的经济基础，所谓"以农立国"，离开农业、农村和农民，国家就不存在；二来乡村是中国的政治基础，中国政治的出路必须从最基层的农村政治开始；三则乡村是中国人的基础，农民占中国人口的 80%，代表中国的是居住在两千多个县中无数农村里的乡下佬。[③] 他们有着强烈的爱国主义使命感，一心想改变中国乡村的落后面貌和农民的愚昧状态，使中国农村汇入现代文明的潮流。为了实践爱国理想，平教会成员走上了知识分子与农民相结合的道路。当时北京的报纸评论："这是迄今为止中国历史上最宏大的一次知识分子迁往乡村运动"[④]，可以想见平教会发起的乡村建设在当时的影响。晏阳初也为之自豪地说："这实在是空前的事，在中国历史上或世界历史上都是找不到的。"[⑤] 据统计，在定县实验区工作过的

[①] 该部分在本课题组成员李金铮《晏阳初与定县平民教育实验》的基础上进一步修改完成。
[②] 晏阳初：《农民运动的使命》，《晏阳初全集》第 1 卷，第 294 页。
[③] 晏阳初：《农村建设要义》，《晏阳初全集》第 2 卷，湖南教育出版社 1992 年版，第 32—34 页。
[④] 转引自晏阳初：《中国平民教育运动的总结》，《晏阳初全集》第 2 卷，第 210 页。
[⑤] 晏阳初：《农民抗战与平教运动之潮源》，《晏阳初全集》第 1 卷，第 532 页。

人员总计约四百人，每年在一百二十人以上，其中留学国外者约二十人，国内大学毕业者约四十人①。

第二，提倡"平民主义"，以民众为本位。晏阳初的"平民"概念，不是指一般意义上的百姓，而是解释为平等的公民，即所有公民一律平等；一切乡村建设举措都应以符合民众的需要和期望为准，主张"民为邦本，本固邦宁"是古今不变的真理。②1960年代，这一原则进一步深化、扩展为乡村工作守则九条，包括乡村工作者应深入民间；与平民打成一片；向平民学习；与平民共同商讨乡村工作；从农民知道的地方开始；在平民已有的基础上建设；不迁就社会，应改造社会；不可零碎的作，而是整体连环进行；不是救济，而是发扬。③这些原理均得之于定县实验，因此能紧密结合乡村工作实际，并推行于亚非拉等发展中国家。

第三，乡村建设的目标指向中国农民"愚、穷、弱、私"四大病症。平教会认为，90%以上的平民尤其是农民缺乏知识、经济匮乏、体弱多病、缺乏公共心，而这一切都是阻碍中国文明进步、导致中国农村崩溃的根本原因。应当说，这一看法较为符合当时农村的实际情况，也基本反映了当时知识群体的共识。农民的贫穷、农村经济破产是帝国主义侵略和封建统治势力压迫剥削交相作用的结果，它构成了农民愚、弱、私的基础。④"今欲复兴我国农村生产，必须针对病根，从打倒帝国主义与铲除封建势力着手。"⑤李景汉甚至指出："若不在土地私有制度上想解决的办法，则一切其他的努力终归无效；即或有效，也是很微的一时的治标的。一个政府是不是一个革命的政府，一个政党是不是一个革命的政党，和一个人是不是一个革命的人，很可以从其对于土地的主张来决定。"⑥1930年代，马克思主义经济学家千家驹、吴半农认为，平教会只是将四大缺点并列起来，没有追究其中的因果关系，没有认识到愚弱私是穷的必

---

① 堵述初：《平民教育运动在定县》，《河北文史资料选辑》第11辑，河北人民出版社1983年版，第39页。
② 晏阳初：《平民教育运动的回顾与前瞻》，《晏阳初全集》第2卷，第307页。
③ 吴相湘：《晏阳初传》，岳麓书社2000年版，第587—589页。
④ 李景汉：《华北农村人口之结构与问题》，《社会学界》第8卷，1934年。
⑤ 姚石庵：《非常时期之农村生计教育》，《民间》第3卷第17期，1936年。
⑥ 李景汉：《定县土地调查》（下），《社会科学》第1卷第3期，1936年4月。

然结果，更没有认识到穷又是帝国主义侵略和封建势力压迫剥削的产物。① 甚至到今天，仍有不少学者沿袭这一观点。这显然是对平教会理论的误解。

第四，平教会提出用"四大教育，三大方式"解决农民的愚穷弱私。如果从认识事实的革命逻辑而言，要解决四大病症，必须首先消灭穷，要消灭穷，就必须铲除帝国主义侵略和封建势力压迫，要铲除这两种势力，不用暴力革命手段是不行的。但平教会的思路并非革命式的，虽然他们也认为必须推翻帝国主义侵略和封建势力的统治，但他们又认定农民目前还没有这个力量，农民的力量仍处于潜伏状态，在挖掘出这一力量之前，"一切高呼打倒帝国主义或帝国资本主义曾经狂热一时的目标，都变成了胰子泡样的空虚口号"②。以革命逻辑衡量，这一认识当然偏颇，但也并非全无道理，比如封建势力的统治包括政治的、观念的，如果不对农民进行教育改造，不充分挖掘农民的力量，是很难消灭的，总不能什么都等到革命完成以后再进行。所以，如果说平教会以自己的平民教育理论否定革命道路是一种偏见，但以暴力革命论否定平民教育理论也不是没有问题。针对农民的四大缺点，平教会提出"除文盲，作新民"的教育方针，即：在使农民取得最低限度的文字教育的基础上，对之进行四大教育——以文艺教育攻愚，以生计教育攻穷，以卫生教育救弱，以公民教育攻私，由此培养出有知识力、有强健力、有生产力、有团结力的四有新民。如何实施四大教育呢？这就是三大方式，即学校式教育、社会式教育和家庭式教育，"使整个社会尽是教育的环境，以免一曝十寒之弊害"③。我们由上不难发现，平教会的"四大教育，三大方式"实际上关联到整个乡村建设，正如晏阳初所说："各方面工作的发展，合起来就是整个乡建事业的发展。"④

为了实现上述方案，平教会还提出彻底实验，并推广全国的理论。近代以来，各种救国主张层出不穷，但多未经过实践和验证。晏阳初认为，平民教育运动是一个新的特殊的问题，"种种办法，均得创新，仿无可仿，模无可模，

---

① 吴半农：《"论定县主义"》，千家驹：《定县的实验运动能解决中国农村问题吗？》，千家驹编：《中国农村经济论文集》，中华书局1936年版，第15—36页。
② 晏阳初：《十年来的中国乡村建设》，《晏阳初全集》第1卷，第559页。
③ 陈序经：《乡村建设运动》，大东书局1946年版，第21页。
④ 晏阳初：《十年来的中国乡村建设》，《晏阳初全集》第1卷，第565页。

东洋西洋自更无抄袭了",因此"不可不先有彻底研究"。①所谓彻底,就是亲自到民间进行实验,以产生既经济简易,又具有普遍性、实用性的方案。比如生计教育,晏阳初强调,在今日中国情形之下,最重要的是根据一般平民的生活程度、经济能力的大小,进行实验研究,改进固有的农艺工艺,以适应平民的需要。又如卫生教育,晏阳初也强调,"我们不愿意死搬西方的经验,也不想依附本国的传统,或是两者的折中,而要吸取两者菁华,制定出适应当前国情的建设计划"②。总之,"我们不要今天抄美国的一套,明天抄德国的一套,后一天再换一套法国的,我们要自己一拳一腿、一点一滴的去开辟,去创造"③。

2. 平教会的人才培养思想及实践探索

近30年来,学术界从研究梁漱溟、晏阳初等乡村建设运动主要代表人物的思想理论开始,逐步在乡村建设的性质、历史地位、具体实践模式及对社会变迁的影响等方面展开了较深入的研究。④民国时期乡村建设在调查乡村社会情状,改良乡村生活,推广民众教育,鼓吹村治,改革县政,改进农业和农村生活方面,积累了不少新农村建设的经验。但是,对于该运动中的另一个重要经验,以农村青年为对象,培养地方人才,打造农村组织、科技、文化干部队伍,推动农村社会重建的创举,却在有意无意间被忽视了。出现这一倾向的重要原因之一,是研究者对中国农村社会及其变迁缺乏系统认识和宏观把握,以至于无法断定该经验内含的特殊意义和时代主题,仅简单地视之为一种人才培养的技术、乡村建设的组织手段。因此,从农村社会变迁的脉络出发,以晏阳初领导的定县实验为个案,"深描"地方人才培养的理念和制度创设,考察近代以来地方人才在农村社会的稀缺性,变得十分必要。

(1) 地方社会变迁与人才培养的紧迫性。中国农村社会的基本模式,正如费孝通在《乡土中国与乡土重建》中所描述的,乡村是一个依靠长老(绅士)和传统来维持秩序的封闭、独立、地域性的社会,并且受儒家思想和土地

---

① 晏阳初:《"平民"的公民教育之我见》,《晏阳初全集》第1卷,第67页。
② 晏阳初:《晏阳初致E. C. 卡特》,《晏阳初全集》第3卷,湖南教育出版社1992年版,第353页。
③ 晏阳初:《农民抗战与平教运动之溯源》,《晏阳初全集》第1卷,第533页。
④ 何建华、于建嵘:《近二十年来民国乡村建设运动研究综述》,《当代世界社会主义问题》2005年第3期。

利用边际的限制，自上而下的政治轨道只铺设到县衙门，政府治理习惯于"无为而治"，乡村得以自立和"自治"。在这种情况下主要是乡村的土地与人口的搭配，结构性地制约着地域社会的繁荣与否。近代以来，随着中国从中央王国向着世界体系成员的转型，农村社会的地域性、封闭式生存格局逐步破坏，不但被强行纳入世界生产分工体系，而且还要接受现代国家高度集权的制度与规则，在内外双重作用下农村社会失去了"天高皇帝远"的优越性，生存环境极端恶化，随之而来的乡村手工业崩溃、劳动力外流、金融短缺造成了农村经济萧条和社会解体。为了挽救农村，曾有学者寄希望于农业社会向工业社会转型，自然产生"城市救济农村"的连带效应，但是半封建半殖民地社会的旧城镇和新兴城市却有着天然的离农倾向。旧城镇是政治的堡垒而非工业的中心，它与乡村没有经济上互助的纽带。在通商口岸发轫的新型工商城市在生产、生活方面严重依赖海外市场，非但没有给本国农产品提供市场，还挤垮了农村手工业。[①]

面对农村社会生存环境的危机，国人在宏观上曾提出几种思路：一是通过革命的手段，以政权为杠杆，改变农村受制于西方资本主义的环境态势，获得独立生存的机会；二是技术追赶，通过引进新型社会组织技术和先进科学技术，改进农村的社会组织和生产力；三是进行土地制度改革，以生产关系变革谋求生产力的提高。这些思路是农村社会在内外压力下的自然反应。在1920—1930年代，国人就这些思路的可行性展开了各种各样的实验和探索，以晏阳初、梁漱溟为代表的中国乡村建设派是技术追赶派的代表。他们的乡村建设就是要帮助农民从传统封闭的、以村庄为基础的谋生型生活转向积极参与外部的现代政治、经济、文化、社会制度，达成改善生活质量的目标。在工业化、资本主义市场经济全球发展的大背景下，这既是迫不得已的选择，也是重要的变革机遇。

在外部压力下，一个系统通过改变组织形态，重新确定发展走向，是再自然不过的事情。但就一个社会系统而言，这种需求的实现却是有条件的，其中最重要的是它能够培养出各类人才，以便在多种发展路向中做出选择、应付

---

① 费孝通：《乡土中国与乡土重建》，台湾风云时代出版公司1993年版，第61—72、105—127页。

挑战。传统农村向现代农村转变，需要的是与现代经济、政治、社会制度打交道的外向型人才。相比较而言，传统农村社会的领袖人物及服务人才大多来自士绅地主阶级，由他们作为中间人与村庄以外的世界打交道，但这个游离于生产组织之外的阶级近代以来已经丧失了领导农村社会的活力。正如陶希圣所观察到的，"自帝国主义势力侵入中国以后，这个身分阶级已陷于破坏及紊乱时期"，"一部分依附帝国主义及军阀以图存，一部分却沦入痛苦民众之中，失业失学，渐消失其士大夫阶级的特性"①。在结构性社会流动中，除了为数不多的优秀分子依靠西式教育体制进入城市，移向教育、文化、法政、行政、实业等界别，大部分则或充当兵勇，流入会党，或沦为"孔乙己"一样的失业者。②农村中失业失学的"孔乙己"们既然都成了苦力们取笑的对象，哪里还能担当起领导农村的责任？此后，随着保甲制度的推行，农村精英阶层趋向流氓化，土豪劣绅担任村长、保长，根本不可能领导农村社区转型。

　　人才缺失已经成了农村社会建设最大的障碍。因此，李景汉在定县社会调查后疾呼："乡间人民知识简单，非有才德兼全的好人作他们的领袖，不能举办什么规模较大的事业。"可是显然的，"有才干的人大半不肯到乡间服务，而农村中优秀分子又都往城市跑。这与改进农村事业大有关系。如何养成乡村领袖，及留住乡村原有的人才，且使有用的人愿来乡间做事，是目下极须注意研究的问题"。③对于乡土中国而言，社会转型造成了地方人才的大批流失，在它需要现代化的时候却没有为它的更生、重建准备人力基础。这一严重的问题和土地制度、外部环境等结构性条件一同造成了农村在1920—1940年代的重重危机。此时，乡村建设专家、社会学家杨开道前瞻性地指出："中国农村假使没有一班平民的领袖，'到田间去'实际工作一番，恐怕二十年以后，四十年以后还是不会翻身的。农村领袖的地位，是何等重要；农村领袖的需要，是何等切迫。"④为了应对激烈变化的外部环境，乡村社会必须走出一条地方人才培养之路。自此，改革教育体制，为农村建设培养人才的呼声日益高涨。晏阳初

---

① 陶希圣：《中国社会之史的分析》，岳麓书社2009年版，第26、42页。
② 王先明：《近代绅士——一个封建阶层的历史命运》，第175页。
③ 李景汉：《住在农村从事社会调查所得的印象》，《社会学界》1930年第4卷第4期。
④ 杨开道：《农村领袖》自序，世界书局1930年版。

等人结合乡村建设实践，在这个方面进行了长达20余年的探索，取得了一定的成效。

（2）本地平民人才的培养理念。晏阳初的人才培养计划是在"平教会"从乡村平民教育转轨为乡村建设实验后开始的。当时，各种社团组织风起云涌，除经济合作组织外，息讼会、戒赌会、拒青会、互助会、妇女会、闺女会等群众团体组织逐步取代庙会、鼓会、香会等旧式的农村组织，成为农民参与社区管理、接触外部世界的重要媒介。新型社团的发展需要大批人才，以负起组织、领导、协调的责任，而传统士绅为了保持身份和格调，宁愿在旧式组织中担当领袖，也不愿直接参与新型社团的运作，能提供场地、经费等方面的支持已经算是高风亮节了，更多的则是挑剔、阻碍新型社团的活动。在这种情况下，所有合作项目都以平民学校毕业同学会为骨干力量。由于仅受过平民教育的简单培训，同学会成员在实际工作中普遍存在办事能力不高、工作作风粗暴等问题，以至于被某些对乡村建设实验抱有意见的人士批评为："……同学会良莠不齐，大部分无业流氓（因为有职业者无余暇与平教会去周旋），而所受的教育，又系浮的，夸张的，其习性遂变作骄傲放纵的气象……于是同学会干涉村政、争夺权利，恶劣分子则乘机肆虐，鱼肉乡里……"[1] 显然，干部素质不高已经造成了定县民众对乡村建设运动的不满。在这种情况下，赞成乡建的人士建议，这些青年有较强的组织性和活动能力，具有奉献、牺牲精神，应该注意在教育、政治、经济上给他们出路。[2] 考虑到人才素质已经成为影响乡村建设实验的重大问题，晏阳初、傅葆琛等人决定探索人才培养体系，培养新型社区人才，解决干部素质问题。

乡村建设者们认为，历史上农村人才队伍主要出自绅士地主阶层，乡村建设的人才队伍培养则必须以平民青年为基干。晏阳初提出，"农村中的青年农民即是推动乡村工作的中心力量"[3]，农村建设要成功，必须寄希望于培养农村青年，"今日农村运动的主要目标，要特别注重在农村的青年男女"[4]。为了适

---

[1] 李明镜：《平教会与定县》，《独立评论》1933年第79号。
[2] 衡哲：《定县农村中见到的平教事业》，《独立评论》1932年第51号。
[3] 宋恩荣编：《晏阳初全集》第1卷，第305页。
[4] 晏阳初：《农村运动的使命》，第5页。

应乡村建设的新要求，对这些青年要实行新式教育，使他们达到科学化、合作化、纪律化、现代化。培养之后的青年才俊应该具备三方面的素质，"一是要有专门学识，二是要有创造能力，三是要有应世手腕"[①]。"应世"其实是开放时代的村庄所需人才的基本要求，既表现在人际交往中熟悉社交规则和社会规范，也表现在知识体系和观察问题、分析问题的视角上。

在这种理念的指导下，定县不仅设立高级平民学校，以业余短期培训的方式培养乡建人才，还放远眼光，探索现代高等教育体制在培养农村人才方面的创新。利用大学培养农村人才，这一主张刚刚提出就遭受到广泛的质疑。这主要是因为当时中国大学生作为精英人才，总量不过三万余人，大多数学生修文、法、理、医、工科，农科人数极少，他们在毕业后大多希望留在城市工作；即便少量农科学生回到农村，也缺乏实践动手能力，缺少深入乡村普及农业科学的素养和精神。但是晏阳初指出："农村建设运动是伟大的事业，必须以大学作基础，方能稳固。……有了大学源源不绝的培育农建人才，这运动才会发扬光大。"[②] 同时，时任"平教总会"乡村教育部主任的傅葆琛也乐观地认为，这种担心完全没有必要，利用大学教育体系培养农村人才具有一定的社会心理基础。那些出身乡村的学生，由于家族及乡里观念的关系，有回到乡村工作，报效家乡的梦想。大学可适应这个需求，给予适当训练，使他们胜任乡村社会改革事业。他还呼吁教育界注意，在急需的农村人才中，有一部分必须具大学文化程度，这包括教育人才、社会服务人才、体育及卫生人才、农业技术人才等。为此，大学教育不仅要改变近代以来大学设于城市，不利于学生认识农村、献身农村的状况，靠近农村配置资源，把培养农村专门人才的学校设在农村，还应该适应要求，添设各种乡村科目，建立起适合乡村建设的大学课程体系。傅葆琛详细规划了十二类主要科目，包括：①乡村教育科目：乡村教育概论、乡村学校行政、乡村学校辅导、乡村小学课程、乡村小学管理、乡村小学各科教学法、乡村教师及其工作、乡村学校调查、乡村民众教育实施法；②乡村社会学科目：乡村社会学概论、乡村社会组织、乡村家庭问题、乡村社会

---

① 宋恩荣编：《晏阳初全集》第1卷，第306页。
② 宋恩荣编：《晏阳初文集》，第168页。

心理学、乡村社会调查、乡村娱乐问题；③乡村文学科目：乡村文学史、乡村诗歌、农谚农谣、农民应用文件；④乡村史地科目：乡村文化史、农业史、乡村名人传记、农业地理；⑤乡村政治经济科目：乡村公民学、村治学、乡村经济学；⑥乡村数学科目：乡村簿记学、农田测量学；⑦乡村理化科目：农业化学、乡村食物及养料的分析、乡村实用物理学；⑧乡村体育及卫生科目：乡村公众卫生学、乡村家庭卫生学、乡村家庭看护学、乡民健身法、乡村儿童游戏、乡村童子军之组织；⑨乡村生物科目：农村自然研究、有毒植物研究、益鸟害鸟研究、农村动物学、农业昆虫学；⑩乡村工程科目：农村道路、农田水利学、农田机械学、乡村建筑学；⑪乡村家政科目：乡村家庭管理、乡村家庭烹饪、乡村婴儿养育、乡村家庭工艺；⑫农业科目：农业概论、农场管理、作物学、土壤学、肥料学、园艺学、森林学、畜产学、家禽学、气象学、兽医学、养蜂学、养蚕学、农作物病害学、农产制造学、合作组织等。① 这十二类科目代表着农村前所未闻的知识体系，大致反映了工业化时代农村社会的需要，不仅与当时流行的都市导向的学校教育大相径庭，更与经史子集的教育传统相揖别。

（3）逐步完善培养体系。从1920—1940年代，平教会的乡村建设事业持续了约20年，在河北定县、湖南衡山、广西、江西、四川等地设立实验基地时，均配套相关教育设施，实施农村人才培养方案，摸索出了一套教育培训体系。其中，如下几方面较有代表性。

其一，开办高级实验平民学校。在定县乡建时期，平教会主要依靠平民学校毕业同学会开展社会教育、公共卫生、农业项目示范、农村合作等。1933年县政建设实验开始后，平校毕业同学会在政治改革、经济发展、社会自治等方面发挥重大作用，实际上他们是"村里最高权力社区组织"②。

农村人才培养计划是从毕业同学会开始的，最初的工作由定县高级实验平民学校承担。高级平校的目标是培养执行建设计划的村长、同学会会长，学员主要来自初级平民学校已经毕业的学生和同学会的干部。课程分为社会和政治

---

① 傅葆琛：《乡村生活与乡村教育》，江苏省立教育学院研究实验部1930年，第91—109页。
② 陈志潜：《中国农村的医学——我的回忆》，端木彬如等译，四川人民出版社1998年版，第89页。

(讲中国政体)、经济学(合作社)、农学和农村卫生学四种,对农村所需知识体系进行了初步的探索。高级平校的教学周期是四个月,每日授课两小时,男校的授课时间安排在晚上7—9点,女校则安排在午前的10—12点。到1933年,全县共设立初级和高级普通平校427所,学生达1.3万余人。① 其中,高级平校40所43个班(男生40个班,女生3个班),男生2406人,女生163人。② 他们在农业技术、公共卫生、大众文化等推广方面,发挥了重要作用。

其二,开办湖南国立衡山乡村师范学校。乡村师范教育是民国时期的乡村教育家为了改造乡村教育和乡村社会而进行的一场教育实验,在学生培养方面注重农村社会的适应性,希望能够以乡村教师和乡村学校为中心完成农村社会重建。陶行知领导下的晓庄师范学校是著名的典范。晏阳初也希望能够以此来培养农村社会建设所需人才,1936年在湖南衡山实验县开办省立衡山乡村师范学校。该校的基本目标,培训相当数量的乡村教师人才,兼备教育者和社会建设辅导者的才能,协助地方政府,或领导人民,办理关于调查、自卫、改良农业、促进自治等事业。③

该学校的课程设置与衡山实验县计划中的乡村工作密切配合,包括社会调查、军事教育、民众教育、小学教育、农业教育、乡村建设六大中心学程,每一学程占时一个学期,共三年修完。在教学方法上注重课堂学习与实习相结合,学生在第二学期即到本县乡村改造示范区工作,第二学年到全县去实习。该校在三年发展中总计培养学生约四百人。

其三,创建私立乡村建设学院。平教会为了培养农村建设干部人才,极希望得到大学的智力支持,在创办私立乡村建设学院之前,曾寻求与大学合作培养乡建人才。当然,这项合作还有一个目的是要改变大学教育不重视农村问题的倾向,培养大学生下乡服务的能力和兴趣。④ 1936年4月,平教会与南开大学、清华大学、燕京大学、协和医学院共同创建华北农村建设协进会。根据合作协议,相关高校以定县实验区为乡村建设工作的实验室,派遣学者参加定县

---

① 贾恩绂等纂修:《定县志》卷三,1934年刊本。
② 虞和平:《民国时期乡村建设运动的农村改造模式》,《近代史研究》2006年第4期。
③ 《衡山师古乡社会概况调查》,中华平民教育促进会1937年版,汪序,第1页。
④ 宋恩荣编:《晏阳初全集》第1卷,第463页。

工作，有关学系三四年级学生必须在定县工作若干时间才可完成学业。这一举措使乡村建设倍感人才缺乏的问题得以暂时解决。①

此外，晏阳初等人还计划创办一所农村建设育才院。"育才院的目标，是要训练曾受大学教育的青年，在一年或两年的短时期里，养成办理农村建设社会改造的人才，以便分派各地去工作。"②这是乡村建设运动与大学教育体制的进一步结合，以正规的大学教育培养农村建设高级人才。在创校之初，曾获得湖南省政府每年补助经费5万元，中央政府每年补助经费5万元。③1936年农村建设育才院在河北定县开学，翌年三月各所研习生南下湖南衡山实习。不幸，由于日军进犯河北，育才院未能继续办下去。

全民族抗日战争爆发后，平教总会移至湘赣川三省进行乡村建设。"工作愈发展，人才愈感缺乏，'总会'高级人员奔走各地，时有照顾难周之苦；中级初级人员需要多而且急迫，却无法觅得。"④1940年，晏阳初创办乡村建设育才院，作为培养乡村改造人才的高等学府。学校设有农村教育、农业教育二科，招生对象是高中或高级师范学校、高级农业学校毕业并有一二年工作经验者。两年后，增设水利工程系、社会行政系（社会福利），扩大招生规模。1945年8月更名为"私立乡村建设学院"，进一步增设公共卫生系、地方政府系。

由于学院在教学原则与方针、教学管理等方面紧贴农村社会建设，与当时的大学教育体系判然两分，因此当时的教育部只好允许它自订课程标准，实行本土化教学。学校为了提高学生的社会实践能力，规定三年级学生必须在教授指导下参加实际工作。此外，学生在暑假也不放假，而是由学校按计划分派到农村参加乡村工作。从1947年秋季始，学院进一步加强实习的分量，把实习划分为平时实习与集中实习两种，推行"即讲、即学、即习、即能"的教育模式，学生要按月和学期提交书面的实习报告。⑤通过这种方法，这所中国近代

---

① 吴相湘：《现代史事论述》，台湾传记文学出版社1987年版，第258页。
② 宋恩荣编：《晏阳初全集》第1卷，第462页。
③ 宋恩荣编：《晏阳初全集》第1卷，第454、456页。
④ 吴相湘：《晏阳初传》，岳麓书社2000年版，第319页。
⑤ 吴相湘：《晏阳初传》，第375—376页。

史上罕见的新农村建设学院不仅把学校建设在农村，而且把学生的精神也扎根于农村，把知识的种子播撒在广袤的原野上。

其四，创办华西大学乡村建设系。1939年傅葆琛出任华西大学教授兼文学院院长，创立乡村教育系，后更名为乡村建设系。该系设立的目的是储备乡建人才，研究乡建学术，实验乡建方法，提倡乡建事业，编刊乡建读物，提供乡建成功经验。该系在学生培养上实行辅修制度，学生必须另选一个与乡建有密切关系的辅系作为辅修，以培养学生既通晓乡建理论，又可从事一种专门的事业。除课堂学习之外，学生要在各科教授指导下进行实习，其中第三学年第二学期的全部时间从事实习工作。①

有人这样评价该系："华大乡建系在今日中国乃至世界各大学中最为特殊，即在中国与世界大学历史上亦无设置此系之前例。这一世界所无、历史未有，听起来非常陌生的华大乡建系，实具有充分的创造性。""华大乡建系有一贯的理论与作风，将以弥补四五十年来大学教育彷徨无主之缺憾，更为今后大学教育开出一光辉灿烂之远景，它将使建设与教育合而为一，它将使乡村建设作为大学教育的广泛的内容，它将使大学生的研究实验工作与新中国的建设工作密切扣合起来，以求得社会的改造，文化的复兴。"②这是华西大学乡村建设系的伟大意义。

其五，比较与讨论：乡建经验的普适性及意义。由短期培训、乡村师范教育、乡村建设专科学院到大学乡建系的设立，晏阳初等人经过十多年的努力，孜孜以求地探索完善农村人才培养体系，以期有效解决当时"知识分子下乡难"、农村人才匮乏的问题。虽然受到战乱、政局等外在干扰，但他们仍然取得了部分成绩，培养出一支具备现代农业科技知识，了解农民和农村基本问题，懂得使用现代民主议事程序的人才队伍，为当今的新农村建设留下了初始的、可贵的经验。尤其值得注意的是，这个人才培养体系不是封闭的，在现代教育体系之外自创一套，而是开放的，甚至相当依赖现代教育事业的发展，创新性地运用现代教育方式，把农村人才培养与现代教育体制巧妙地结合了起

---

① 傅葆琛：《华大乡建系概况》，《华西乡建》创刊号，1947年1月。
② 马秋帆：《〈华西乡建〉创刊旨趣》，《华西乡建》创刊号，1947年1月。

来。这是当今有志于农村人才培养者所不可忽视的。

这种历史经验自 1950 年代后获得了国际认同或仿效。国民党败退台湾后，晏阳初因政见不合，到亚非拉发展中国家推广他的农村社会改造经验，创建国际平民教育运动委员会（后改称晏氏乡村改造促进会），并在菲律宾成立国际乡村改造学院，培养当地农村人才，开展乡村建设计划，使晏氏特色的乡村建设在国际上大放异彩。不过，时过境迁，完整的农村人才培养体系始终无法恢复。

近年来，随着我国新农村建设的展开，韩国的新村运动引起了我国学界的注意。新村运动是发展中国家在工业化过程中应对农村破产的范例。据笔者实地考察与研究，该运动在很大程度上借鉴了晏阳初定县乡村建设的经验。与定县实验不同的是，新村运动是政府发起的国家行动。运动之初，韩国政府并没有认识到培养农村人才的重要性，而是着眼于为农村公共事业建设提供物质帮助，结果没有达到预期效果。政府部门经调查发现，是人才因素决定了项目的成败，成功的村庄总是有一个胜任的村庄领导人，组织农民，推动各项事业顺利开展。为此，韩国政府改进新农村建设方案，投入巨大的资金和人员，成立新村指导者研修院，培训新村指导者。[①] 这些来自各个村庄的年轻人在数周时间内学习营农知识、农协组织管理、新村事业、精神教育等方面的内容。不难发现，这种短期培训在方法和理念上都与晏阳初体系有相近之处。新村指导者培训计划把新型知识体系灌输给农村青年，增强了他们适应工业化社会、市场经济的能力，也使政府的资金投入发挥了最大效益，有效保障了政府支援开发项目的实施。[②] 但是，与中国乡村建设运动相比，韩国只重视农村青年的短期培养，没有建立起完整的干部教育培养体系，因此难以为农村社区提供源源不断的人才储备。随着韩国经济的起飞，农村人才还是随着大学教育的普及而大量流往城市，后来农村建设效果不佳，与人才匮乏有着相当大的关系。这是我们目前新农村建设应该注意克服的问题。

从发展阶段来看，第二次世界大战以后世界范围内的新农村建设运动经

---

① 关于这一名称，中国学者有多种译法，笔者核对原文，发现韩国在 1980 年代以前均使用"新村指导者"。

② 宣朝庆：《领导力建设：韩国新村指导者研修经验》，《中国社会科学报》2010 年 5 月 25 日。

由社会的自发运动而成为政府主导或计划下的社会行动。韩国、中国的新农村建设同属于这一阶段。与这种趋势相适应,农村人才队伍的使命发生了本质的变化。作为新农村建设的组织领导力量,他们不只是农村与外界接触的中介,也是政府新农村建设政策的执行者、建设项目的组织管理者。要适应这一形势,农村人才必须加快知识更新,掌握社会政经情势、国家政策、科技文化知识,具备民主意识,提高议事办事能力。但是,与新的历史任务相比,当前农村人才队伍素质还存在着很多问题。政府应借鉴中外新农村建设的经验,在相关方针政策的基础上,进一步提高农村人才培养的自觉意识,把农村人才队伍建设作为一种公共物品供应,建立健全农村人才培养教育体制,制订专门计划,做好相关的制度化和规范化工作。在农村人才选拔上,既要利用好大学教育资源,鼓励、培养大学生村官服务基层,也要抓好农村人才的培养工作,做到就地取材,使当地人才更好地为当地社会服务,扎实有效地推进社会建设。

四、中国经济派的乡村建设思想

从1934年到1935年,关于中国农村社会性质的论战引起了诸多学者的参与。王宜昌、张志澄、王毓铨以《中国经济》杂志为主要阵地,与钱俊瑞、薛暮桥、孙冶方等人展开了激烈交锋。

(一)何谓"中国经济派"

从论战伊始到结束,双方都未明确对己方进行归类,即"中国经济派"这一概念并不是在争论中产生的,而是有一个被后人创立、塑造的过程。[①] 1935年《中国农村》编辑部出版的论战总结性书籍《中国农村社会性质论战》,虽然将众学者分为两大阵营并显露出褒贬态度,但并未给其加帽定性,这一工作是由何干之在后来出版的《中国社会性质问题论战》书中完成的。在吴敏超看来,这一划分有待商榷。他认为,由于双方论战的主要阵地是天津《益世报》

---

① 吴敏超:《"中国经济派"考》,《近代史研究》2010年第6期。

"农村周刊"和《中国农村》,《中国经济》在论战过程中处于次要地位,因此何干之基于双方论战阵地而进行的标签划分方式,即"中国经济派"和"中国农村派"是不成立的,只是为了"找准敌人,增强双方的对立色彩"①。然而,韩凌轩等学者认为,这些学者之所以被称为"中国经济派",是因为他们都是以邓飞黄主编的《中国经济》杂志为中心的②,他们"较天然的团结在《中国经济》周围,思想上也与《中国经济》有较多的相同之处"。因此,"中国经济派"这一标签具有一定的合理性。本研究将搁置对这一问题的争议,主要考察王宜昌、张志澄、王毓铨为代表的中国经济派的主要观点和思想。

关于"中国经济派"成员构成问题,不同学者有不同意见。有学者认为除王宜昌、张志澄、王毓铨之外,王景波也应归为中国经济派成员③;另有学者认为,中国经济派的主要人物为王宜昌、张志澄、王景波和韩德章④;无可否认,中国经济派的代表人物是王宜昌、张志澄和王毓铨。王宜昌时任北京一所大学的教授,之前参加了中国社会史问题的论战,在学术上有一定贡献;张志澄背景不详,在《中国经济》上发表大量文章;王毓铨是1930年代史学界的新生力量,对农村问题较为关注。⑤

有学者认为,中国经济派具有托派背景,甚至将其作为不证自明的前提直接展开论述⑥,这一状况普遍存在于1980年代以来的相关研究中。⑦如左用章认为,王宜昌等人是持有托派观点的,是托派人员。⑧但是,吴敏超认为,这种认识的逻辑推理是错误的,不能因为中国经济派将农村社会定义为具有资本主义性质,与之前中国社会性质论战中托派分子严灵峰、任曙的意见一致,就推论中国经济派成员具有托派背景;而且薛暮桥在后来的回忆中将王宜昌等归

---

① 吴敏超:《"中国经济派"考》,《近代史研究》2010年第6期。
② 韩凌轩:《第二次国内革命战争时期中国农村社会性质的论战》,《文史哲》1982年第1期。
③ 左用章:《三十年代中国农村社会性质之论战》,《南京师范大学学报》1990年第1期;吴敏超:《"中国经济派"考》,《近代史研究》2010年第6期。
④ 韩凌轩:《第二次国内革命战争时期中国农村社会性质的论战》,《文史哲》1982年第1期。
⑤ 王硕:《"中国农村"与"中国经济"关于中国农村问题的论战》(未刊),首都师范大学2005年硕士学位论文,第8页。
⑥ 韩凌轩:《第二次国内革命战争时期中国农村社会性质的论战》,《文史哲》1982年第1期。
⑦ 吴敏超:《"中国经济派"考》,《近代史研究》2010年第6期。
⑧ 左用章:《三十年代中国农村社会性质之论战》,《南京师范大学学报》1990年第1期。

之于"同情托派思想的文人",即经济派人物并非托派人员。①

明晰了中国经济派的主要阵地、人员构成和理论立场,可以使我们更好地认识他们的观点。

(二)中国经济派的主要观点

中国农村社会性质论战的主题是中国农村经济的研究方法、对象与中国农村的社会性质问题。关于中国农村经济的研究方法,中国经济派和中国农村派的论争视角均是在马克思主义理论框架内展开的,强调运用唯物史观的方法进行实践研究;在研究对象上,经济派和农村派都承认生产力和生产关系的辩证观点,但经济派偏重于生产力对农村经济的作用,尤其是技术带给农村经济的变革;对现阶段中国农村社会性质的认识方面,经济派认为中国已经步入资本主义阶段,而非农村派指称的半封建状态;双方观点既有重合又有分歧。

1. 中国农村经济研究的方法、对象与任务

(1)中国农村经济研究的方法问题。中国农村社会性质论战双方具有相同理论视角。不论是经济派还是农村派,都大量引用马克思和列宁的著作,他们论争的焦点都是在马克思主义的理论框架中展开的②,即论战双方的理论和方法的出发点是一致的。这一视角延续了之前中国社会史论战的理论框架,从纯粹学术角度看,中国社会史论战是在马克思主义的话语系统内进行的,是唯物史观的内部争论。如果武断地将其界定为马克思主义与非马克思主义之间的论争,则是以政治立场模糊了学术派别。③两场论战具有一定的延续性和内在一致性,都是将马克思主义理论方法应用于中国社会实际的分析中。强调唯物史观,主张把中国农村社会性质等问题的研究放在"历史"的框架下研究是他们一贯坚持的。

经济派以马克思理论方法为基点展开论述,强调方法对中国实际的具体应用。王宜昌在《中国农村经济研究方法论》一文中开篇就点明:"我们所要研究的方法论上的问题,早已不是要不要用辩证法和史的唯物论的问题,而只是

---

① 吴敏超:《"中国经济派"考》,《近代史研究》2010年第6期。
② 李培林:《20世纪上半叶的唯物史观社会学》,《东岳论丛》2009年第1期。
③ 陈峰:《中国社会史论战的学术定位再认识》,《山东大学学报》2009年第1期。

他的更具体的更复杂化的如何应用于中国社会的问题。"① 由此可以看出，马克思主义辩证法和唯物史观构成了中国经济派的思考前提。不仅如此，王宜昌还强调将理论应用到中国农村具体实际研究中。同样，张志澄在对农村经济研究方法的探讨中，也坚持这一原则，认为"不能仅从空洞的理论上去判断"科学派理论的"进步和歪曲"，而必须从"理论的实际运用上去判断"②。

王宜昌从中国农村经济与世界、都市经济之间的关系，农村经济研究的内容，农村经济统计资料三个方面具体说明中国农村经济的研究方法问题。第一，需要把握中国农村经济自身的发展运动，由此运动去探求整个中国国民经济及世界帝国主义对他的影响；然后，将中国农村经济独立研究所得到的结果和研究中国都市经济所得的结果具体地综合出中国国民经济的形象来，再将中国国民经济纳入世界资本主义之中，回复在世界经济中的国民经济地位。③ 只有这样才会真正注意到中国农村经济对于中国都市经济和世界资本主义的关系，认清中国农村社会性质。第二，农村经济研究应该关注土地、农民和农业三方面的问题，不能只简单地以某一方面的研究推论农村整体状况。王宜昌由此对农村生产方式、生产工具、农民劳动力进行思考，并从地理的分布和历史的发展角度对农村经济内部关系进行辨析。第三，对已有的各种应用于农村经济研究的统计资料提出质疑，认为统计来源和统计方法将影响到统计分析的科学性与正确性。④

经济派其他学者对农村经济研究的方法问题各有论述。张志澄并未明确指出中国农村经济的研究方法问题，但是从其论述中可以约略看出，张志澄强调分清"主从先后"，认为在生产力和生产关系的辩证法中，首先应该重视生产力对生产关系的决定作用，将生产力放在基础性地位，这样才能更好地把握农村社会性质。王毓铨在对中国农村经济研究方法的论述中，批判了钱俊瑞、薛暮桥、余霖三人专门"向后看"的研究方法，认为钱、余二人在说明农村经济性质时，着眼于"土地关系"研究，在农业经营上，则从人与人关系上着眼，

---

① 王宜昌：《中国农村经济研究方法论》，《中国经济》1934年第2卷第9期。
② 张志澄：《关于"中国农村经济研究方法"》，《中国农村》1935年第1卷第11期。
③ 王宜昌：《中国农村经济研究方法论》，《中国经济》1934年第2卷第9期。
④ 王宜昌：《中国农村经济研究方法论》，《中国经济》1934年第2卷第9期。

专门搜集那些比较落后或趋于没落的少数现象,用以证明中国农村经济的"半封建性",而忽略了日以增进的进步因素,这种方法具有片面性,无法反映中国当时经济发展状况变化。①

此外,对实证研究和统计分析数据的依赖是 30 年代农村社会性质论战的重要特点。这主要得益于 20 世纪二三十年代主持的几项大型调查,包括晏阳初、梁漱溟的乡村建设实验区以及社会学家李景汉的定县调查,陈翰笙领导的保定、无锡农村重点调查和全国性抽查,国民政府以国家名义进行的农村经济普查和定期统计,以及南京金陵大学卜凯的大规模农村调查和日本人"满铁"的华北农村调查。②在王宜昌看来,以实证方法对农村生产过程进行研究,通过设定问题、划分范围,以统计数据显示再加以理论解说是当时研究的范式;关键在于统计上的方向转换问题,即第一,从注意生产关系到注重生产力,从关注人对人的关系转到人对自然的研究上来;第二,注重农业生产内部的分析,从技术上来决定生产规模的大小,从农业生产劳动上来决定雇农的质与量,从而决定区别出农村的阶级及其社会属性;第三,从关注各社会阶级间的流通过程转到生产经营中的资本的运转或营业收支上,从农业主要生产品和副产品转到农业的副业上。这三个方向的转向是引发论战的重要方面。③

(2)中国农村经济研究的对象。中国农村经济研究的对象问题是双方论战的又一焦点。虽然双方都承认生产力与生产关系的辩证关系,但侧重点存在差异。对于中国农村经济研究的对象,中国农村派强调生产关系,中国经济派认为更应关注生产力的作用。在王宜昌看来,论战双方对生产力的争论可以分为三点,一是生产力的技术性,二是生产力决定生产关系和社会,三是技术的生产力又表现为社会的历史的生产力。④

关于第一点,实质上是对"生产力"等基本概念的辨析与澄清。王宜昌在马克思《资本论》定义的基础上,将生产力归纳为劳动与生产工具两项;劳动为人的元素,生产工具为物的元素,生产工具又可分为对象、器具和生产物三

---

① 王毓铨:《论中国农村经济的研究方法》,《中国农村》1935 年第 1 卷第 11 期。
② 侯建新:《二十世纪二三十年代中国农村经济调查与研究评述》,《史学月刊》2000 年第 4 期。
③ 王宜昌:《农村经济统计应有的方向转换》,《中国农村》1935 年第 1 卷第 6 期。
④ 王宜昌:《关于中国农村生产力与生产关系》,《中国农村》1935 年第 1 卷第 10 期。

者。① 总之，生产力是"一切特殊的社会形态的物质基础的人类生产器官"，即"技术"。② 基于这种考量，在农业社会，生产力主要包括"土地的养力，耕畜的质量，各种技术种类与应用程度，各种土地耕畜劳动力与技术在农民间的分配关系"。③ 前三点毫无疑问，各学者都认为属于生产力范畴，但是对于"土地耕畜劳动力与技术在农民间的分配关系"，中国农村派认为这是属于"人与人的社会关系"，因此不能将其归入生产力。王宜昌则主张，社会的进步主要表现为人对自然的征服和控制能力的提高，这是以技术或生产力体现出来的，而资本主义的农村生产力主要是"飞鸟般自由的劳动力和新式生产技术"。④ 近代以来，农产品商品化规模日渐扩大，市场流通范围的扩张使生产过程趋向资本主义化，生产由个人性质向社会性质转化，资本的产生使抽象的人类对自然的关系转变为具体的社会阶级对自然的关系。在这种情况下，农村生产力研究不能照搬马克思主义理论，对无产阶级在农村的质与量的衡量应该与都市相区别，根据雇佣制度与农业经营性质，可以将农村归类为"半资本"性质的社会。

王宜昌认为，技术是生产力的决定性要素，"技术的社会阶级上的分配，资本生产力的所有形式，才是社会阶级的重要指标"⑤，通过对使用某些生产工具与自由劳动者相结合而生产的资本数量的划分，就可得出其阶级属性。

张志澄同意王宜昌的观点，认为应该在生产关系外注重生产力的作用。在张志澄看来，生产力和生产关系的问题是"科学派"理论最深奥的地方，甚至是科学派理论家本身都有较大困惑，农村派对这一关系的理解尚需进一步澄清。生产关系作为上层建筑是具有决定因素的，我们不能直接说明生产关系或社会结构之变动，而要借生产力的变动来做间接的说明；对于这对关系，关键是要区分"先后主从"，张志澄借用普列哈诺夫（即普列汉诺夫）的公式认为应该遵循"生产力—经济关系—政治社会制度—社会心理—意识形态"的序列。⑥ 张

---

① 王宜昌：《论生产力》，《二十世纪》1934年第2卷第8期。
② 王宜昌：《关于中国农村生产力与生产关系》，《中国农村》1935年第1卷第10期。
③ 王宜昌：《关于中国农村生产力与生产关系》，《中国农村》1935年第1卷第10期。
④ 王宜昌：《关于中国农村生产力与生产关系》，《中国农村》1935年第1卷第10期。
⑤ 王宜昌：《关于中国农村生产力与生产关系》，《中国农村》1935年第1卷第10期。
⑥ 张志澄：《关于"中国农村经济研究方法"》，《中国农村》1935年第1卷第11期。

志澄认为马克思的生产力包括代表生产手段的物、代表劳动的人和科学技术，将科技纳入生产力范畴是对王宜昌的观点的肯定。

关于第二点，生产力决定生产关系与社会，是中国经济派区别于农村派的重要一点。中国农村经济研究的主要对象，究竟是生产力，还是生产关系？二者的关系是什么样的？以王宜昌为代表的中国经济派选择将生产力作为主要研究对象。王宜昌认为，中国农村经济研究在1930年以前，单注重自然条件即人对自然关系的研究，1930年后，单注重社会条件及人对人关系的研究，即"只注意到生产关系的一面，而未注意到生产力的一面，只注意人对人的一面，而未注意到人对自然的一面"①，这两种方法都是偏颇的，应该用辩证的观点看待生产力及其制约者的生产关系，将二者统一起来研究。②在此基础上，中国农村经济研究需要实现从生产关系到生产力的"方向转换"，即"在人和人的关系的注意之外，更要充分注意人和自然的关系"，强调生产力的重要性和优先性，认为"技术或生产力，是常常进步的，不论社会生产关系怎样限制它，它也是或早或迟地要冲破这限制的"，总之，"不是生产关系使生产力进步，而是生产力使生产关系进步"③，即生产力对生产关系具有决定作用，这是我们应该明确认识到的。此外，在王宜昌看来，生产力并不是"人造的、社会的、历史的东西"，而是"一定时代里……社会发展的产物而已"④，而且，"一种的社会结构，在其尚有充分的余地足让一切的生产力发展之前，决不会溃灭，而新的更高级的社会关系，在其物质的各种存在条件在旧社会之母胎中未完全成熟时，也决不出现"⑤。由此，王宜昌认为中国农村尚属于资本主义社会，这种判断与中国农村派显然不同。不过，他显然高估了当时农业商业化的水平，把农业商品化与资本主义画上了等号。

关于第三点，即"技术的生产力又表现为社会的历史的生产力"。社会的进步主要表现为人对自然的征服和控制，而这种征服是通过技术和生产力实现

---

① 王宜昌：《农村经济统计应有的方向转换》，《中国农村》1935年第1卷第6期。
② 王宜昌：《论现阶段的中国农村经济研究》，《中国农村》1935年第1卷第7期。
③ 王宜昌：《农村经济统计应有的方向转换》，《中国农村》1935年第1卷第6期。
④ 王宜昌：《论生产力》，《二十世纪》1934年第2卷第8期。
⑤ 王宜昌：《关于中国农村生产力与生产关系》，《中国农村》1935年第1卷第10期。

的,"飞鸟般自由"的劳动力和新式的生产技术是资本主义的农村生产力的主要特征。它并非在发展伊始就具有社会生产的性质,而是流通范围的扩张,导致资本主义生产力从个人生产的性质变为社会生产的性质,也是大小资本或大小生产力在社会诸阶级间的分配的过程,这就使其具体化为社会阶级对自然的关系;对这种社会制约的生产力的分析是处于次要位置的。①

(3)中国农村经济研究的任务。王宜昌认为,对土地、农民、农业和农村社会性质的判断构成了现阶段农村经济研究的主要任务。进而言之,关于中国农村经济的研究内容,应该不只包含着农业经济,而且又包含着农业副业的家庭手工业经济以及从外侵入的商业经济等。以此为依据,王宜昌对中国农村土地(即土地的耕作、交换和所有)、农民(农民的分化阶级和流转)和农业(农业的技术、经营、金融)这三个问题进行了研究。②在农民问题上,王宜昌从雇农、农民、人口三个方面进行阐述,认为"中国农民的命运被资本主义毁坏了,转而发展并巩固了资本主义"③。在农业问题上,王宜昌从技术、农业经营、农业商品化、农业副业、商业金融与农业、市场上的中国农业进行分析,认为虽然中国农业中还存在封建的经营,但过渡性的经营已占很大数量,资本制经营兴起。④在土地问题上,王宜昌从所有制、地租、交换和耕种等方面探讨了中国农村经济,认为现阶段中国农村"土地私有集中,无土地农民众多,租佃数量日多而自耕农日减,地租已发展了货币形式,生出资本制了,地价、荒地及垦殖也表示出资本制度的兴起,土地关系也趋向资本化了"⑤。土地、农民、农业是农村经济社会研究的主要切入点,对这三方面的分析有助于更好地理解农村社会现状,把握农村社会性质,从而指导各项农村建设的实践活动。

王毓铨在对论战双方主要观点进行研究后,认为现阶段中国农村社会经济研究应以探究社会性质为主要方向。他在分析王宜昌和薛暮桥、钱俊瑞的

---

① 王宜昌:《关于中国农村生产力与生产关系》,《中国农村》1935 年第 1 卷第 10 期。
② 王宜昌:《中国农村经济研究方法论》,《中国经济》1934 年第 2 卷第 9 期。
③ 王宜昌:《从农民看中国农村经济》,《中国经济》1934 年第 2 卷第 12 期。
④ 王宜昌:《从农业来看中国农村经济》,《中国经济》1936 年第 3 卷第 2 期。
⑤ 王宜昌:《从土地来看中国农村经济》,《中国经济》1935 年第 3 卷第 1 期。

论辩文字后，认为双方所研究的目的是不同的：王宜昌是想从中国农村生产过程中来说明中国农村之性质，而薛、钱是以说明中国农村生产关系及其与生产力的冲突，以求解决这样一个问题：从农村生产关系与生产力相互适应和矛盾的过程中，全面地把握其本质与归途。即前者想解答"中国农村经济是资本主义的性质呢？还是封建经济的性质呢？"的问题，后者重在证明中国农村生产关系是否束缚了生产力之发展的问题。① 在王毓铨看来，现阶段中国农村经济研究应以说明中国农村的经济性质为初步工作，此后，方可进一步开始中国农村生产关系及其与生产力矛盾之研究；在农村经济性质研究问题中，应从农村全段生产过程着手，特别注意农业经营集约化和雇佣劳动人这两个问题。②

2. 中国农村的社会性质及结构

（1）中国农村的社会性质。中国经济派认为，我国农村已经进入资本主义阶段。王宜昌的此种认识与之前论战中的观点保持一致。在30年代中国社会性质问题的论战中，托陈取消派就明确提出当时的中国是资本主义社会③，这种认识一直延续到中国农村社会性质问题的讨论中。王宜昌的判断是基于以下几点思考的：首先，中国农村经济已经卷入世界经济发展大潮中，成为其中不可分割的一部分；其次，中国农村生产关系和社会结构出现变化。王宜昌认为，"现世界是在经济上和政治上结成了一个资本主义世界，而我中国国民经济已卷入世界经济的漩涡之中了"④，因此应该将我国的农村经济置于世界市场范畴中考虑。在这种形势下，农村经济研究的核心问题应由过去的土地分配问题转为资本分配问题。对资本主义而言，自由劳动力和资本是其主要特征，产生资本主义不需要什么特殊的土地所有形式；农村经济中，资本主义和商品经济已占优势，土地所有形式已被资本制生产屈服。⑤ 王宜昌认为"经济时代之划分，不是根据于其所生产的是什么，而是根据于其怎样进行生产，用的什么劳动工

---

① 王毓铨：《关于农村经济研究之方向及任务的讨论》，《中国农村》1935年第1卷第8期。
② 王毓铨：《关于农村经济研究之方向及任务的讨论》，《中国农村》1935年第1卷第8期。
③ 曾景忠：《重新审视三十年代的中国社会性质问题的论战》，《社会科学》1988年第6期。
④ 王宜昌：《中国农村经济研究方法》，《中国经济》1934年第2卷第9期。
⑤ 王宜昌：《论现阶段的中国农村经济研究》，《中国农村》1935年第1卷第7期。

具"①。资本作为资本主义的主要特征之一在现阶段农村中发挥明显作用，雇佣关系成为农村经济中的主要社会关系形态。与资本和雇佣相对应的是新式技术在农村经济中的广泛推行。这一系列要素的转变说明中国已经进入资本主义社会，而对农业资本主义的研究应当是"问题的核心"。

张志澄赞同这种判断，也认为中国已处于资本主义阶段。他总结了各学者对中国农村性质的意见，第一是封建说，第二是资本主义说，第三是半封建的过渡说，他通过对第一和第三种说法的前提批判确立了自己的观点，即中国农村在帝国主义入侵前是商业资本主义社会而非封建社会。在他看来，中国的封建社会主要是指农奴时代，即劳动者完全不具备自由条件，封建制度到秦崩溃；资本主义社会分为前资本主义社会（或商业资本主义社会）和资本主义社会（或工业资本主义社会）。②较之农奴时代，中国三十年代农村的农民非常自由，"他们已经从农奴制度中解放出来了"，而"手工业和商业之不断发展和高利贷资本之剥削终必打破小农之自给自足的基础而使之向两极分化"，从而使"农村社会之封建性亦必渐趋淡薄"，这一过程"要一直延长到资本主义的全盛时代，即工业资本统治时代"③。当下这种既不属于封建社会又不属于资本主义的阶段就是前资本主义阶段，即张志澄认为帝国主义入侵前，我国农村处于前资本主义时期。④

随后，张志澄在王宜昌的指点下，修正了自己在《中国农村经济之现阶段》里对中国社会性质的判断，即"中国农业资本主义尚在萌芽"的论断，转而认同王宜昌对中国社会性质的判断⑤，认为我国已经步入资本主义阶段；前资本主义的没落尤为构成了资本主义发展的必要条件；除非世界资本主义体系立即毁灭，中国社会经济的发展终是要走资本主义的途径的。⑥由于统计缺乏精密性，无法明确判断农业崩溃各种现象究竟如何区分阶段，因此对中国农业崩

---

① 王宜昌：《关于中国农村生产力与生产关系》，《中国农村》1935年第1卷第10期。
② 张志澄：《中国农村经济之现阶段》，《中国经济》1934年第2卷第7期。
③ 张志澄：《中国农村经济之现阶段》，《中国经济》1934年第2卷第7期。
④ 张志澄：《中国农村经济之现阶段》，《中国经济》1934年第2卷第7期。
⑤ 张志澄：《关于"中国农村经济研究方法"》，《中国农村》1935年第1卷第11期。
⑥ 张志澄：《一年来之中国社会经济》，《中国经济》1935年第3卷第1期。

溃的考察只能将其一切表现完全列入前资本主义衰落的过程中。① 同时，三十年代中国农村破产是不可避免的一个阶段，是动摇旧基础，树立资本主义经济建设新基础的重要环节。由于我国产业资产阶级主要由官僚商人和地主构成，农村破产引起的恐慌是其过度剥削的结果，也极大地动摇了旧有经济结构根基。② 这是中国自身资本主义发展的历程，而不能简单地视为帝国主义影响的结果，世界范围内的大萧条仅仅起到加剧作用。与农村崩溃不同的是城市工商业呈现出"簇新的近代形态"，包括科技应用与合作银行等，政府介入经济重建也是一个不可忽视的方面。③ 因此，不论是从农村经济还是从城市工商业经济看，中国都已进入资本主义时期。

（2）中国农村社会结构。对农户分类问题的探讨是中国经济派与中国农村派对中国农村社会结构的思考，双方对这一问题的分歧主要表现在划分依据上。农村派强调依据土地占有状况和规模大小进行划分，经济派则主张依据资本、自由买卖、雇佣关系等资本主义要素进行划分。

农村派基于土地所有权与占有土地面积将农村社会分为地主、富农、中农、贫农与雇农。王宜昌认为，对农户的划分不能简单地以土地量来判定，这一标准只适用于地主与农民这一对立阶级，却不适用于农民阶级内部的划分，应将他们所有的马匹数纳入划分标准，从而区别富农、中农和无产者④；农民之中划分的两大阶级及其中间阶级，是基于土地所有之外的资本所有上的资本主义农村经济关系。因此，将资本因素引入社会分层体系是经济派的重要主张。

此外，中国经济派把自由买卖、雇佣关系等也纳入分层标准，从而对资本主义农村经济关系中各阶级进行了定义和归类，认为地主不仅拥有规模土地，而且享有对全部土地的自由处理权；富农则只能对部分"永久"买入的土地享有该权利，因此对富农的衡量需加入马匹数量以及雇佣"农民雇役"和"计日劳动者"的特征因素。所谓农村资产阶级或富农，主要包括经营各种形式商业农业的独立经营者，工商业组织的占有者，商业企业的营业者等；农村生产者

---

① 张志澄：《一年来之中国社会经济》，《中国经济》1935 年第 3 卷第 1 期。
② 张志澄：《中国经济变革之现势》，《中国经济》1934 年第 2 卷第 6 期。
③ 张志澄：《一年来之中国社会经济》，《中国经济》1935 年第 3 卷第 1 期。
④ 王宜昌：《论现阶段的中国农村经济研究》，《中国农村》1935 年第 1 卷第 7 期。

即占有分有地的工人阶级,是将无财产的农民与完全无土地的农民都包括在内;中农的社会特征就是商品经济最少之最少发展,他们的经济状况是不安定的,根据每年收成好坏决定。①

张志澄对农户分类问题的探讨主要集中在"富农经济与贫农雇农"上。薛暮桥认为富农的土地占有面积在农村已经"非常可观",与地主属于同一阵营,和贫雇农相对立。张志澄则指出了富农中存在的资本主义性质,如近郊农业中出现的高度发达的货币制度和农业专门化等,反对农村派将雇佣关系隐蔽在家族劳动中;此外,对雇工的统计也应该加入日工、季工等。由此,我国农村雇工数量当不在"少数"②。

3. 经济派的乡村建设思想

中国经济派的乡村建设思想是基于他们对农村社会主要问题的把握和农村社会性质判定,因此王宜昌、张志澄、王毓铨主要从农业机械和技术、农业经营、农业商业化、农村副业和农村市场的国际化五个方面,探讨了农村经济的变化及存在的问题,并提出了相应的乡村建设思想。

(1)促进农业机械化和技术改进。在生产力和生产关系的辨析中,经济派侧重生产力的优先性和决定作用,对生产力,尤其是技术的考察是经济派的主要任务。在王宜昌看来,"农业生产上的新式技术的引用最足以标志农业生产的近代化"③,与封建社会主要依靠人力和畜力,生产力低下不同,资本主义机械、技术的运用构成了其灵魂要素。机械的运用提高了人类对自然和土地的征服力,扩大了耕作规模,而有机化肥的使用则提高了土地的自然生产力。农业机械从最初的外国输入到国内自制反映了农业技术的进步,这不仅表现在国内制造农具工厂的发达,还可以从应用农业机械的地方从沿海各省到内地的渐次引用中看出;在机械的应用上,相较于在灌溉、收获及农产制造上的发达而言,机械在农业耕种上的使用比例较小。④此外,机械的运用还产生了大经营驱逐小经营的问题,这也是农业资本主义化过程和农民逐渐走向无产阶级化的

---

① 王宜昌:《论现阶段的中国农村经济研究》,《中国农村》1935年第1卷第7期。
② 张志澄:《关于"中国农村经济研究方法"》,《中国农村》1935年第1卷第11期。
③ 王宜昌:《从农业来看中国农村经济》,《中国经济》1935年第3卷第2期。
④ 王宜昌:《从农业来看中国农村经济》,《中国经济》1935年第3卷第2期。

过程。①

在经济派看来，农业机械和技术的应用是不可回避的，是农业资本主义倾向的重要体现。经济派注重生产力的提高对农业发展的重要作用，任何大的生产力的飞跃，无不与其生产工具、生产技术等的革新有关，前资本主义时代铁器等的运用带来了生产力的巨大释放，而资本主义的主要特征则是机械导致的规模经营和各种农业技术应用对生产力的促进，因此，应该将生产工具的改善和生产技术的提高置于发展农村生产力的首要位置。

（2）遏制资本对农业经营的控制。农业土地及其经营问题始终属于学者关注的范围。王宜昌考察了我国土地的所有制、地租、交换和耕种。② 土地、生产资料（农具、耕牛、种子等）和劳力的不同组合方式决定了租佃的主要形式，据王宜昌对中国统计资料的分析，当时中国农地至少一半是地主独占，长江流域佃农居多，而黄河流域则是自耕农居多，高利贷下的土地租佃往往是短期租佃，影响了农民对土地的生产投入和劳作动力。在地租方面，力役地租逐渐转变为实物地租，从而和货币地租并存，构成了当时农村地租的主要形式，这表明地主和农民均已被卷入商品经济之中。在交换和耕种方面，土地自由买卖意味着土地私有权在土地买卖中可以自由转移的事实，但由于其吸收大量的生产资本，并将其变为潜伏资本，从而阻碍了农业或工业经营资本，成为资本主义发展的障碍。③

在王宜昌看来，资本制农业经营方式占据农业主导地位，我国农业经营已经从原始赋役制经营、封建赋役制过渡到资本主义雇役制或分益制时期。④ 王宜昌考察了各地的地租形式，认为以地主供给一切资本和土地为特征的原始赋役制，仅存在于当时的西藏地区；以实物地租和封建佃农为特征的封建赋役制，则普遍流行于广大农村；雇役制是从封建经营到资本经营的一种过渡形式，它不仅和高利贷相伴随，也以混合地租的形式而存在，无论是获得少量工资的自由雇工，还是贫困的自耕农、佃农群体，高利贷都维持了农民

---

① 王毓铨：《关于"中国农村经济论"》，《中国经济》1934 年第 2 卷第 10 期。
② 王宜昌：《从土地来看中国农村经济》，《中国经济》1935 年第 3 卷第 1 期。
③ 王宜昌：《从土地来看中国农村经济》，《中国经济》1935 年第 3 卷第 1 期。
④ 王宜昌：《从农业来看中国农村经济》，《中国经济》1935 年第 3 卷第 2 期。

的强制劳动。①

王毓铨的观点与此相似,认为中国租佃关系正处于转变的最后阶段,进步和落后现象并存;但在租约及租约的订立上,佃农在人的立场上拥有与地主平等的权利;佃农承租后,只要履行租约,他就是独立自由的,地主不得任意干涉;佃农承受的额外负担逐渐消减。②在他看来,资本主义租佃关系是一种基于契约的平等关系。

从上述观点可以看出,中国经济派共同认为,20世纪30年代中国农村已经呈现出资本制经营渐占主导的局面,高利贷、混合地租、租佃和雇佣关系等给农业和农民造成了极大压力,如何调整雇农和地主、资本家的关系是一个重要问题。鉴于资本已经渗透到农业经营的各个方面,改变高利贷、地租等对农民的盘剥,积极发展民族工业,为剩余资本提供新的输出渠道,从而降低资本家和地主对农民土地的挤压,成为商品经济下获得主动权的必然选择。此外,他们还认为,减轻短期租佃关系在使用土地上的过度攫取,保持较为平等的租佃关系,也有利于解决农村经济发展困境。

(3) 引导农业产业化健康发展。王宜昌从农业和商业的关系出发,成为较早考察农业产业化的重要代表。他从三个方面进行考察:一是农村的商业资本,二是农业的商业化,三是农民进入市场。③在封建农业后期,高利贷资本和商业资本的共同作用成为孕育资本制农业的重要条件,在某种意义上,"地主、商人、资本家三者在农村中是三位一体的东西"④。虽然封建的农民和市场的联络较少,农具、食物、衣服燃料等多自给自足,但是随着近代以来城市商业向农村的侵入,资本主义在开拓国内市场的同时,也改变了农民在生活资料与劳动工具方面的自我供给,提高了农业商品化程度,于是农民进入了市场。正确地说,并非农民自愿进入市场,而是为商品经济所网罗,使得他们的生产物有超过百分之五十以上需要到市场上进行交易,农业的目的从小农自己的生活需要转变为商品生产。近代以来,农民遭到资本的剥削,高利贷和商业资本

---

① 王宜昌:《从农业来看中国农村经济》,《中国经济》1935年第3卷第2期。
② 王毓铨:《中国租佃关系转变中的几个现象》,《中国经济》1935年第3卷第4期。
③ 王宜昌:《从农业来看中国农村经济》,《中国经济》1935年第3卷第2期。
④ 王宜昌:《从农业来看中国农村经济》,《中国经济》1935年第3卷第2期。

难辞其咎，而不统一的货币制度也成为推手之一。农民在农村中不得不使用劣币，并为其付出额外代价。[①]

从资本主义世界经济体系来看，中国农业商品经济已经取代原有自给自足经济成为农村经济的主导，不仅是农产品，甚至是自由劳动力本身都成为可交换的商品，农民被网罗于市场之中，通过资本的中介作用，成为国际市场的重要一环。虽然经济派认为农业产业化是走向工业资本主义的必然趋势，但是也明确指出了农民在此过程中受到的高利贷和商业资本的剥削和压迫，是形成农民贫困、农村凋敝的重要原因。资本主义商品经济冲击之下，实物地租转化为货币地租，过剩的劳动力被挤出农业生产领域，成为工厂里的工人，而不统一的货币制度更让农民经受了劣币驱逐良币、通货膨胀和物价飞涨等严峻的生活困境。

从经济派对农业商品化的分析中可以看出，经济派认为，在资本主义趋势不可避免的情况下，如何使农民免于受到高利贷、商业资本和货币制度的过度压榨是他们所关注的。农业在国外资本和城市资本的双重入侵下，被迫走上商业化、市场化道路，这种转变是通过货币地租实现的。作为资源的主要占有者，地主、商人和资本家构成了利益共同体，他们对农民、农业的剥削导致农村金融渐次枯竭，成为农村破产的关键链条，只有在政治上或政策上促成该利益共同体将农村货币回流至农村，才能重新恢复良性循环的农村生态。

（4）提高农民的副业收入。副业发展是我国农村经济的重要方面，尤其是家庭工业，较普遍的在农业中占着异常重要的地位，而家庭手工业和农业相分离的状况使地租形式由实物转化为资本制地租。在小农经济中，农业和家庭手工业有着紧密结合，而商业侵入则将作为农村副业的家庭手工业逐渐剥离出农业，发展成独立的工业。例如，随着农业逐渐资本化和商业化，传统纺织、面粉、养蚕制丝、制茶等农业副业渐次走向独立和专门化。[②]

王毓铨认为可以通过对中国农村副业的考察来揭示农民生活困苦情形，也可解释中国农村经济的资本主义性质。[③]资本主义大经营对小经营的驱逐推动

---

① 王宜昌：《从农业来看中国农村经济》，《中国经济》1935年第3卷第2期。
② 王宜昌：《从农业来看中国农村经济》，《中国经济》1935年第3卷第2期。
③ 王毓铨：《中国农村副业的诸形态及其意义》，《中国经济》1935年第3卷第1期。

了农民无产阶级化过程，促使中国农村走上了落后的、殖民地的资本主义道路。与此同时，他同意考茨基对农业问题的分析，认为农业资本主义化导致的土地碎片化驱使小农日益贫困，从而寻求副业作为补充以供生存。在当时的农村中，来自各方面的侵害造成了农村的破产和对新的资本主义家庭工业、工银劳动（即工资劳工）、特产副业等的追求。① 无疑，农村副业在质和量上都占据重要地位，但其消极影响和前途命运却令人担忧。农村副业经营进一步凸显了土地收益的低下，在增加荒地面积的同时也降低了农民的生活水平和土地投入，新家庭工业在应对资本主义"机械化"方面的无力也预示了农村副业凋敝的命运。②

由于农村被迫卷入资本主义市场之中，农村副业逐渐脱离农业本身，获得独立发展的机会，这促使民族资本主义工业兴起。然而，副业从农业上脱离以及农业商品化趋势，导致资本制地租的出现，资本压榨得以实现。传统农业和家庭手工业的紧密结合普遍存在于当时的中国农村，地租往往是作为实物的农产品和手工业品，这种情况下，双方的供求关系是确定和可预期的。当实物地租转变为货币地租后，一定量的货币地租所代表的农产品和手工业品却受到市场等一系列因素的影响，地主和农民争利矛盾凸显，在"地主、商人、资本家三位一体"的情况下，农民受剥削的状况加剧。

经济派认识到副业脱离农业获得独立发展，既有积极效用也有消极作用。一方面，独立后的副业成为民族工业的主要发展源泉，促进了我国资本主义的发展；另一方面也促成了资本地租对农民的剥削，加重了农民生活的贫困化。更为关键的是，作为积极一面的民族工业发展前景堪忧。

（5）正确处理农村市场的国际化。帝国主义入侵后，中国农业农村被迫卷入国际市场已是不争的事实。农业商业化和工业资本主义化相结合，不仅构成了中国国内市场发展的背景，也构成了国外工业资本主义发展的重要一环，中国被迫进入世界市场。③ 在不平等的世界体系竞争中，这不仅打破了中国国内市场的统一，也切断了中国国民经济自给性。王宜昌认为，农业的商品化发展

---

① 王毓铨：《中国农村副业的诸形态及其意义》，《中国经济》1935年第3卷第1期。
② 王毓铨：《中国农村副业的诸形态及其意义》，《中国经济》1935年第3卷第1期。
③ 王宜昌：《从农业来看中国农村经济》，《中国经济》1935年第3卷第2期。

造成的恐慌主要表现在两个方面：一种是遭遇资本制机械大生产的竞争形成的生产过剩，另一种是鸦片种植等减少了粮食棉花的生产，使生活必需的农产物不足。①

在综合各篇探讨中国经济破产原因的文章后，王毓铨认为，中国经济的衰落和世界经济的恐慌是息息相关的，因为中国经济早已变成世界经济的一个契机，和世界经济结合为一个有机体了，资本主义国家的商品入侵不仅改变了自给自足的中国农村经济模式，还使副业脱离附属地位获得了独立，同时，城乡也被逐渐纳入国际分工体系。②

经济派对中国农业与国际市场关系的强调，有利于我们更好地认识农业的发展现状。中国农业在国家主权不稳、农业生产力过低的背景下被迫卷入国内国际市场，农产品和自由劳动力不仅要受到供求关系和自由竞争的影响，还要承受不平等交换的冲击，从而为其压榨提供了机会。农产品以及农业副产品等各种资源在成为国际殖民者生产原料的同时，也为他们过剩生产能力发泄和商品倾销提供了条件，巨大的剪刀差使本就困顿的中国农村更是雪上加霜。

总之，经济派对农村问题的把握有其自身的特点。机械和技术的运用是资本主义生产力的主要标志；资本制农业经营方式中的雇佣关系等是资本主义的生产方式的表现；而农业的商业化、农村副业的独立化以及农村市场的国际化过程都体现了资本主义对农村、农业的渗透，也极大地改变了农民的生活状态。从经济派对农村、农业等五个方面问题的考察中可以看出，中国乡村面临着巨大转变和发展困境，经济派的改良措施主要集中在经济领域，其视角为我们认识和解决农村问题提供了思路。

中国经济派在区分中国农村社会性质的基础上提出了相关的乡村建设思想。主要是从生产力的角度入手，认为可以从机械和技术、经营方式、农业商业化、农村副业和市场国际化五个方面进行改进。

中国经济派与中国农村派在论辩过程中，都坚持马克思主义辩证法和唯物史观作为基本研究方法论，二者论争的焦点仅在于如何将其与中国的具体实

---

① 王宜昌：《从农业来看中国农村经济》，《中国经济》1936年第3卷第2期。
② 王毓铨：《站在恐慌的第五年的门口瞻望中国经济》，《中国经济》1934年第2卷第1期。

践相结合；他们所坚持的注重社会调查，提倡以实证数据作为相关理论解释依据，则是1930年代中国学术界所流行的现代社会科学方法。

关于中国农村社会的性质，中国经济派认为中国农村社会既不属于农村派认为的半殖民地半封建社会，也不再是前资本主义阶段，而是步入了资本主义社会。由于双方对中国农村社会性质的判定出现差异，因此二者对"农户分类"，即社会结构问题的看法显然存在不同意见。经济派从雇佣关系角度认为，应该将农村社会关系分为农村资产阶级和农村无产阶级；农村派根据土地占有状况将其分为五大阶级。王毓铨在对双方论战观点和论证过程都进行了反思后，认同王宜昌将中国农村经济性质的研究放在工作首位，同时认为王宜昌的阶级划分方式是抓住了农村经济关系的主要矛盾，具有一定合理性，但也忽视了阶级中的复杂性的一面；因此，在阶级划分依据上，王毓铨主张二者结合，既注重土地占有又顾及资本等要素的作用，这样才能更好地认识现阶段农村社会结构。[1]

经济派的主张在一定程度上具有逻辑合理性；而且，长期的政治意识形态因素也低估了经济派观点对当代的意义。他们运用历史和实证方法，对我国以往社会形态进行考察和界定，认为我国已经完成了前资本主义积累时期，开始步入工业资本主义时代，这预示着我国轻工业发展已经较为完善，开始转向重工业发展；已有的调查数据也证明了这一变化趋势。经济派对生产力，尤其是技术、资本等的关注抓住了时代发展的新要素以及新变化，代表了学者对当时社会的一种理解思路。

然而，中国经济派关于中国农村社会性质问题的观点也有其偏颇和待商榷之处。"中国农村社会性质"作为论战的核心问题，构成了论战双方的主要区别，也是论战得以展开的理论根基。由于经济派认为，在帝国主义入侵之前，中国处于前资本主义阶段，随着殖民活动加剧，多因素导致的农村破产就仅仅被解释为资本主义过渡的必然趋势，反而起到了巩固资本主义的作用。例如张志澄强调中国社会的资本主义属性，关注帝国主义入侵、农村社会生产力发展对资本主义产业发展的利弊作用，认为中国当时的急务为"怎样发展产业而使

---

[1] 王毓铨：《关于农村经济研究之方向及任务的讨论》，《中国农村》1935年第1卷第8期。

中国成为一个现代化国家"，因此，不论是对自由经济或计划经济的讨论，还是关注财税、货币、物价等改革①，都着眼于如何才能促进中国资本主义的良性发展。这就导致其严重低估了农村崩溃状况和资本主义工商业发展对农村的破坏性②，灾荒、战争、地租、高利贷等一系列因素导致农村物资匮乏、金融破产，饥饿死亡阴影时时笼罩农村社会。

关于乡村建设，在某种意义上，经济派学者属于一群实用主义者。他们主要的观点是发展生产力，解决农村经济，进而发展农村社会。对于当时的乡村建设运动，他们认为把村治和乡村教育作为复兴农村的手段效果甚小，主要是因为政治上和教育上的片面改良无补于事，只有对农村经济的促进才是有效的解决之道。合作社的设立虽然补益不少，但并非唯一手段，而且其适用范围有待研究，而且土地问题和租佃问题是农业改良问题得以解决的关键，农业问题不仅要注重一般农民问题之解决，还要将其放在世界范围内考察，而合作社运动能否解决这些问题尚未可知，因此，对农村经济其他事业的研究应该被纳入讨论和规划，尤其是农村的具体实际状况。③

同样，经济派乡村建设思想也存在一些不足。如片面注重对农村变迁的客观描述，缺乏具体性和可操作性，从而使其乡村建设思想失于空洞；此外，部分思想与农村实际状况不符，尚需进一步探讨。例如，单纯强调机械和技术的重要性，主张规模经营在农村的应用，忽视中国小农经济基础的持久性；忽视副业与农业分离对农村原有良性生活状态的冲击，只单纯强调货币地租的消极作用，认为副业脱离农业是资本主义发展的必经之路，对发展和完善民族工业有巨大作用。然而，农业和家庭手工业的分离，严重打击了乡村原有的生存样态，家庭手工业不再发挥对农业的补充作用，对这一问题的分析可以在费孝通先生的《乡土重建》中看到。在费老看来，中国小农经济是无力支撑农民和地主任何一个阶级的生存的，因此，与农业相结合的家庭手工业成为一种重要补

---

① 参见张志澄：《米价跌落与中国农村经济之动向》，《中国经济》1933年第1卷第1期；张志澄：《由自给自足经济到计划经济》，《中国经济》1933年第1卷第2期；张志澄：《世界经济恐慌中之货币问题》，《中国经济》1933年第1卷第7期。

② 张志澄：《一年来之中国社会经济》，《中国经济》1935年第3卷第1期。

③ 张志澄：《晚近中国农村复兴运动鸟瞰》，《中国经济》1933年第1卷第4期。

充,无论在时节上,还是劳动力的分工上,都满足了农村社会的需要,农工混合是传统农村的经济基础。① 二者分离无疑降低了农民的生存几率,迫使他们成为第一批进城"农民工",或者走向革命道路。

总之,对中国经济派的观点应该采取辩证的态度看待。在1930年代关于中国农村社会性质问题的大论战中,中国经济派的主张具有自身的逻辑合理性,同时以王宜昌为代表的经济派人士也积极地将自身的各种观点和中国具体实际相结合,通过整个论战过程对其进行检验和修正。但是,其理论观点和论证过程也具有一定的瑕疵,再加上政治意识形态因素的影响,对当时中国农村社会问题的探究还有待进一步研究。

关于乡村建设,同样应该客观评价。从路径上说,经济派的乡村建设思想主要从经济方面探讨中国农村的现状,相对于政治或教育乡村建设路径,更为实际和根本。但是,从实践上讲,经济派并未明确提出具体的改革方案或措施,只是笼统地指出农村经济中的问题以及农村发展走向,这对农村具体的改革效果不大。

五、中国农村派的乡村建设思想

"中国农村派"并非以一个派别的"面目"出现在世人面前,它是后人在研究的过程中根据其群体思想特点及历史影响赋予的名称。中国农村派之得名,是因与20世纪二三十年代与王宜昌、张志澄、王毓铨、张志敏等所代表的中国经济派,就中国农村问题,确切说来是就农村的生产力与生产关系以及中国农村的性质问题展开的论战而得名。他们的论战在中国近代史上并非异常夺目,但对于研究中国农村问题却具有不可忽视的实践意义。

关于论战的内容,集中体现在对于中国农村社会性质的争论。对于中国农村的社会性质,中国经济派的主要代表王宜昌在《中国农村》1935年第1卷第10期中的《关于中国农村生产力与生产关系》一文中,明确表述了中国是一个资本主义国家,中国是一个半殖民地而非殖民地的观点;而中国农村派则在依

---

① 费孝通:《乡土中国》,上海人民出版社2007年版,第305—309页。

据大量现实材料的基础上,极力反对此观点,证实中国的半殖民地半封建社会的性质以及后期的反帝反封双重任务。为了说明此问题,中国农村派对农村的许多实际问题进行了分析、论战,诸如中国农村的土地分配、农民类型划分的问题,雇佣劳动、地租等问题,并最终将这些问题集中到"生产力"与"生产关系"上来。中国经济派立足于"生产力决定生产关系"这一论点,认为中国农村派是舍本逐末,但对于生产力如何决定生产关系的问题,他们并没有过多的探讨,这也成为他们论战的薄弱之处。而中国农村派从大量调查数据中分析出,中国作为被西方帝国主义国家侵略的对象,并没有自己的自主权,加之封建残留十分严重,地主、高利贷等阶层成为帝国主义剥削中国的中间人,成为他们在华利益的代言人。其中值得注意的是,中国被卷进资本主义市场经济之后,资本的力量无孔不入,使中国农村的很多层面,包括雇农、货币地租等都具有了资本主义的色彩,商品交换与流通日渐兴起。但中国农村派并不为表象所迷惑,认真分析这些有悖于价值规律的、非自由的资本介入,认为仅凭这些表象并不能说明中国是资本主义社会。同时,这些现象所说明的是中国特有的人与人之间的关系,是西方帝国主义和本国封建主义所综合的产物。

实质上,从某种意义上说,中国农村派与中国经济派的论战就是关于中国未来革命道路乃至未来发展方向的讨论。观乎近代以来中国的命运发展,其根本问题总是脱离不了农村问题和农民问题,而中国农村派和中国经济派论战的焦点就是对于上述问题的回答。虽然二者都找到了问题,但对于问题的答案却并不相同。中国经济派注重的是从生产力,尤其是生产工具的角度,认为中国贫穷落后的原因是生产力落后;而中国农村派则更加强调土地的所有权,农民是否拥有土地以及农民与地主的关系,即从生产关系的角度分析中国贫穷落后的原因。

(一)中国农村派的成员构成及思想资源

中国农村派的主要成员,指的是在论战过程中涉及的主要代表人物,如陈翰笙、钱俊瑞、孙冶方、赵梁僧、薛暮桥、王承志等。出于自身安全的考虑,他们中的多位也曾运用笔名活跃在论战之中。如在《中国农村》中多次出现的"余霖"便是薛暮桥本人;"陶直夫""周彬"便指的是钱俊瑞。虽然在中国农村派的主要论战参战人员中,陈翰笙并非是最活跃、最惹人注目的一位,但他却是中国农村派的中心人物,中国农村派的主要代表人物也大多受他的影响和启发。

陈翰笙于 1915 年留学美国,在芝加哥大学获得史学硕士,后又成为柏林大学的史学博士。后来成为中国共产党秘密党员,曾于 20 世纪初受蔡元培邀请,担任北大教授,与李大钊同事。正是与马克思主义思想的先驱李大钊的接触,使他逐渐了解并接受了马克思主义思想。李大钊牺牲后,陈翰笙于 1927 年任莫斯科国际农民运动研究所研究员,其间他接触到了一些俄国学者的观点,如马扎尔关于中国社会性质的判断。陈翰笙并不赞同马扎尔的判断,但又苦于自己没有足够的证据加以反驳,便在回国后重点对中国农村社会发展的实际情况进行调查研究,而帮助他做出自己判断的正是《资本论》一书。陈翰笙在回顾过去的时候,提及了在 20 世纪 20 年代结识格里涅维奇后学习《资本论》的感受,"使我懂得了人类社会发展的自我规律,了解了一些马克思主义的基本理论。马克思花费四十年时间写成的《资本论》,对解释社会发展史确有独到之处。相比之下,我过去在欧美学的历史却没有使我了解历史,而只是史料、史实的堆砌,读了《资本论》,才使我了解了真正的历史"[①]。他通过学习,认识了在马克思思想中人类的发展过程以及发展趋势,并运用马克思主义观点,力图综合各种因素分析中国所处的社会阶段。

钱俊瑞,1908 年出生于江苏无锡农村,由于从小生活在农村,他对当时中国农民的艰苦生活和无比挣扎的生存状态具有较深的感触,小学毕业后,他以优秀的成绩被保送到江苏省立第三师范学校。在校期间,他利用自己的闲暇时间,在校图书馆作兼职,接触了大量的进步书籍,特别是一些哲学和政治经济学方面的著作。在 1928 年考入民众教育学院之后,他便积极报名参加当时担任中央研究院社会科学研究所所长陈翰笙组织发起的关于中国农村经济的调查活动。后来担任中国农村经济研究会的理事,并担任《中国农村》的主要撰稿人。他于 1934 年参加了"左翼文化同盟",并担任宣传委员,于 1935 年加入中国共产党,担任中共中央文化工作委员会委员。之后,他积极投身革命。[②]

薛暮桥,1904 年生于江苏无锡农村,1927 年加入中国共产党,后来由于

[①] 陈翰笙著,任雪芳整理:《四个时代的我》,中国文史出版社 1988 年版,第 34 页。
[②] 参见中国社会科学院主编:《钱俊瑞集》,中国社会科学出版社 2002 年版。

参加工人运动被捕入狱。正是这段监狱生活,对薛暮桥本人产生了重大影响。在狱中,他结识了中国共产党浙江省委书记张秋人。在为张秋人的精神所感染的同时,薛暮桥对读书孜孜不倦。其间,他攻读了列昂节夫的《政治经济学》与河上肇的《经济学大纲》《资本主义经济思想史》等经济学著作,同时还阅读了许多政治和历史名著。① 出狱之后,跟随陈翰笙,一起参与农村经济调查。后被陈翰笙推荐去广西师范大学讲学。后来,到上海参加中国农村经济研究会。

孙冶方,1908 年出生,于 1923 年加入中国共青团,1924 年加入中国共产党,曾任无锡市第一任党支部书记。1925 年在无锡和上海参加工人运动,并被中共中央派往苏联进入莫斯科中山大学学习,后于 1930 年身负"严重警告处分"回上海参加党的地下斗争。1931 年被陈翰笙安排入中央研究院社会科学研究所做社会调查,后加入了中国农村经济研究会。②

以上诸人,作为中国农村派的主要代表人物,还有着另外一种特殊身份,即中国共产党党员的政治身份。他们接触并接受了马克思主义,并在对中国社会进行研究时,灵活运用马克思主义思想对社会事实进行梳理和分析,这与他们的经历、知识构成是分不开的。实质上,中国农村派的主要思想以后都或多或少地影响了党和国家的经济政策,影响了新中国的发展道路。

(二) 乡村重建以生产关系调整为起点

中国农村派所处的时代背景,是人们尤其是知识分子普遍发出"中国社会到底往哪里去"疑问的时代,而中国农村派所做的努力就是用社会科学的方法认识当时的中国社会,以期给予"中国社会往哪里去"一个重要的理论解释。中国农村派的研究思路不同于以往的经济学研究视角,以往的研究者其关注点总是着重社会"生产力",而中国农村派则更为注重的是社会"生产关系"。钱俊瑞就曾明确地指出"用马克思主义作指导,用阶级分析的方法,着重点放在农村生产关系方面,用以揭露阶级矛盾、阶级剥削"③,这揭示了中国农村派的

---

① 魏华龄:《薛暮桥在桂林》,《中共桂林市委党校学报》2005 年第 5 卷第 3 期。
② 沙尚之编:《记孙冶方》,上海文艺出版社 2001 年版,第 19、189、190 页。
③ 钱俊瑞:《中国农村经济研究会成立前后》,薛暮桥、冯和法编:《〈中国农村〉论文选》,人民出版社 1983 年版,第 7 页。

路线，描述了中国农村派的活动基调。薛暮桥在关于研究中国农村经济的基本知识中，对于生产力与生产关系进行了详细的阐述。他说道："我们研究封建制度，首先应当把握着它的最主要的生产方法和生产关系，然后可以进而研究从这基本上面派生出来的其他一切。否则我们的视线会被复杂的现象所混淆，永远不能透过现象而认识封建制度的本质。"① 在薛暮桥看来，任何政治组织都是某种经济结构的上层建筑，必须要有一定的生产关系为基础；同时各种生产关系又在一定的生产方法上建立起来。与此同时，生产关系还具有一定的相对独立性，它不会因为生产方法的改变就随即发生改变。为了说明此点，薛暮桥以古罗马共和国发展为古罗马帝国时，奴隶社会的性质也并没有完全随之改变为例。这样也能够为解释中国的非资本主义社会性质提供辩论基础。然而中国经济派的重要代表王毓铨在驳斥中国农村派研究中国农村生产关系时，提及"以生产过程（生产力）所决定的农村经济结构在于前，是第一的；以农村经济结构所决定的农村生产关系在于后，是从属的，钱先生能以从属的东西解释第一的或先存的东西吗？如果如此，那就不是辩证法所允许的了。自然农村生产关系与经济性质之解释是有不可分离的关系的，也是明显的事实"②，同时他又说道："农村生产关系，作者并非认为不重要，但这比之农村经济性质之探讨，却是比较次要的。经济性质若已明白，那么生产关系必能得到正确的了解。"③ 这明显是为中国农村派所不能赞同的，中国农村派的另一代表人物赵䍩僧对此反驳，他认为："不将生产力与一定的生产关系结合起来则没有方法测定生产力的大小。因之，不从特定的生产关系上，去追究这人和人的关系与人和自然的关系间的矛盾，而谋人以力促其解决"便成了空话。④ 钱俊瑞也曾明确地指出，"研究中国农业经济者的研究对象，是中国农村的生产关系，或是在农业生产、交换和分配过程之中人与人间的社会关系，而不是别的"⑤。而在

---

① 薛暮桥：《封建社会的农业生产关系——研究中国农村经济的基本知识（二）》，《中国农村》第1卷第2期。
② 王毓铨：《关于农村经济研究之方向及任务的讨论》，《中国农村》第1卷第8期。
③ 王毓铨：《关于农村经济研究之方向及任务的讨论》，《中国农村》第1卷第8期。
④ 赵䍩僧：《关于中国农村经济研究之我见》，《中国农村》第1卷第8期。
⑤ 钱俊瑞：《现阶段中国农村经济研究的任务——兼论王宜昌韩德章两先生农村经济研究的"转向"》，《中国农村》第1卷第6期。

评论陈翰笙文章的时候，他说："现阶段的农村研究其总的任务乃在对于中国的农村生产关系，在其发生、成长和没落上面去探讨，从而规定一种新的能使生产力更进一步发展的社会形态。"[1]中国农村派的另一代表人物孙冶方也在《农村经济学底对象》一文中认为："中国经济派虽然在说法上多少存在差异，但是他们的共同点是"把政治经济学作为研究人与自然界的关系的一种科学，研究底目的就是探究怎样能够使人类从自然界获取更多的生产品。"陈翰笙也指出，中国经济派所犯的错误便是"把人类看作一个整的集团"，人与人之间是无差别的以及"这些阶级在社会生产过程中，都是平等的分子，在他们之间的关系非常简单"[2]。批驳之后，他重申，农村经济学是理论政治经济学的一章，所以需要运用科学政治经济学的研究方法去研究农村经济，科学的理论政治经济学认为"经济学的研究对象恰是横在社会生产过程上的人与人的关系（社会生产关系），而不是人与自然界的关系（人和物的关系）；后者属于自然科学家底研究领域，而不是理论政治经济学者底研究对象"[3]。

通过以上的表述，我们可以发现，中国农村派是从生产关系和社会关系的角度来看待人，看待农民与地主之间的关系；中国经济派只是把人作为劳动资本来看待，其忽视了人与人的生产关系与社会关系。中国农村派是把社会关系作为观察人的基点，这也符合马克思主义的论断"人是社会关系的总和"。中国农村派之所以关注社会关系，其更为根本的原因在于他们具有一种价值预设，即一个社会不仅要具有先进的社会生产力，而更要具有平等的生产关系或者均平的财富。纵使社会生产力再发达，但是其主要的财富只是聚集在少数人手中，那么这个社会必然是不平等的，必然是统治阶级剥削和压迫被统治阶级，中国的社会现实恰好说明了这一点。在中国农村中，地主与农民的关系不仅仅只是体现为地主拥有土地，而农民较少拥有或者根本不拥有土地。实质上，农民与地主还存在一种政治关系，即农民在一定程度上依附于地主，地主是作为统治阶级存在，而农民是作为被统治阶级存在。此即在于地主通常都

---

[1] 钱俊瑞：《评陈翰笙先生著〈现今中国的土地问题〉——兼评陈先生近著〈广东农村生产关系与生产力〉》，《中国农村》第1卷第5期。

[2] 孙冶方：《农村经济学底对象》，《中国农村》第1卷第10期。

[3] 孙冶方：《农村经济学底对象》，《中国农村》第1卷第10期。

是乡绅,在传统的"皇权不下县,县下靠自治,自治靠乡绅"基层社会体制中,地主就是地方性共同体或者农村社区的治理者或者权力者,从这个意义上来说,地主与农民不仅仅只是雇佣与被雇佣的关系或是剥削与被剥削的关系,还存在压迫与被压迫的关系。在传统社会走向解体的过程中,乡村的乡绅或者地主(此即通常所说的土豪劣绅)为了维护自己的利益,往往会利用手中的权力,侵犯农民的合法利益,不断兼并土地或者发放高利贷,而广大的农民只能处在一种被边缘化的状态。

正是在这种思路的引领下,在分析中国农村所出现的问题时,中国农村派也反对人口论对于中国农村问题的解释,而认为应该把中国农村的问题归结于农村落后的生产关系上。中国农村派反对庸俗的人口论者将中国农村破产的原因归结为"人口过剩"和"耕地不足",而认为"宁可说是由于大批劳力和大批土地因受现存生产关系阻碍无法配合起来比较切实一点"①,因为从中国的实际情形看中国还有大批的荒地尚未开垦,而都市对乡村人口的吸附力十分不足。薛暮桥承认自然条件对于人类生产发展的决定作用,但"分工和交换的日渐发展,社会关系对于生产的影响却在那里一天一天扩大起来"②。正如在类似的自然环境和土地上,既可以有封建的小农经营,又可以有资本主义式的农业经营,甚至还可以有社会主义的集体农庄。薛暮桥认为:"生产技术的落后,固然是农村破产底原因之一,但它自身又是受了陈腐的生产关系底约束的结果……殊不知技术底进步,只有在社会关系容许着的限度以内才有可能;过此以上,除非根本改革社会关系,生产技术决难继续前进。"③正如最初崇尚学习西方先进技术的知识分子层出不穷,但是西方的生产技术到了中国,便丧失了它强大的生产力,这些正是由于中国传统的社会关系所决定的。中国的城市地区,是中国最早接触西方发达的机器生产经营的地方,但在中国的农村地区迟迟得不到应用和推广。这其中便是因为中国绝大多数农民并没有自己的土地,只能依靠租佃地主土地,并交纳地租的方式生存下去。他们的耕种面积往往都很小,又不适宜大规模使用机器大生产的方式进行经营,受封建地主及社会战

---

① 薛暮桥:《怎样研究中国农村经济》,《中国农村》第1卷第1期。
② 薛暮桥:《怎样研究中国农村经济》,《中国农村》第1卷第1期。
③ 薛暮桥:《怎样研究中国农村经济》,《中国农村》第1卷第1期。

争的层层盘剥和影响，中国大部分地区的农民都极端贫困，在生死线上苦苦挣扎，在这种状况下，指望农民去购置生产机器，改进生产技术去发展中国农村便是天方夜谭了。而中国地主因为占有了大部分的土地，所以具备了改进生产技术、提高农业生产的可能性。然而由于城市对农村的劳动力吸引力极其有限，中国广大农村地区的劳动力存在过剩情况，加之传统的地主对租佃农民劳力的占有，使得使用人力的劳动成本远低于机器引进的成本，他们更加愿意通过放贷等形式进行资本的扩大。

实质上，正如当代学者黄宗智指出的，中国农村社会存在农业过密化或者内卷化的趋势，具体来说就是中国的小农经济在历史发展过程中，逐渐演变为一种"糊口经济"。农民为了养活自己，不断投入大量劳动力在有限的土地之上，农业的发展是在以单位工作日边际报酬递减为代价的条件下的扩张，即所谓的"没有发展的增长"。民国时期，由于中国大量的农业劳动力成本远远低于技术更新的成本，所以一方面导致农业技术的发展缓慢，另一方面技术的落后又造成农村社会生产力低下，致使农村社会出现大量贫困农民，技术落后与农民贫困两者走入了一种历史的循环，中国近代农村就一直在贫穷和落后的局面中徘徊不前。那么如何改变这一现状呢？中国农村派认为，唯有改变当时的社会关系或者生产关系才能彻底改变这一现状，而这些研究观点也与后期的中国新民主主义革命发展相适应。

（三）以地权分配为焦点的土地问题

中国农村派对生产关系的关注，不只停留在表层，而是不断深入，发掘生产关系的核心所在——农村的土地问题，而对农村土地问题的关注与否也是中国农村派与中国经济派主张相异之所在。中国经济派的代表人物王宜昌，明确反对将土地问题作为研究农村经济的中心，指出"今日中国农村经济，已是商品经济，而且资本主义已占优势，土地所有形态已经被资本制生产屈服了。所以'问题的中心'并不再是土地所有形态、地权、租佃关系等等，而是资本制的农业生产过程的分析"[①]。但中国农村派却不这样认为，在他们的分析中，

---

① 王宜昌：《论现阶段的中国农村经济研究——答覆并批评薛暮桥钱俊瑞两先生》，《中国农村》1935年第1卷第7期。

中国封建经济的基础便是封建土地所有制，地主、农民通过土地生产、租佃关系形成了长期以来的封建剥削关系。所以，土地问题必须成为探索中国农村的生产关系的重要部分。土地问题之所以重要，是因为土地是农民赖以生存的基础，是连接一切关系的纽带。所以中国农村派要研究中国的农村问题，探讨农村的生产力和生产关系，其核心问题就是中国农村的土地问题。

实质上，在中国漫长的传统社会中，土地问题一直是各个王朝所关注的重点问题。众所周知，传统社会是农业社会，政府的财政来源主要是依靠土地税收，一旦土地税收减少，那么政府财政就陷入危机，随之军队的开支以及政府官员的开支就出现危机，对外无法应对外族的入侵，对内则无法应对饥荒灾害以及农民起义。同时，另一方面，政府财政的减少会导致地方政府以及中央政府官员利用手中权力贪污受贿，中饱私囊，但"羊毛出在羊身上"，官员们所剥夺的钱财只能从农民身上索取，如此一来，就造成严重的官民冲突，乃至于激起农民起义。王朝遇到叛乱，只能通过军队去镇压，而为保证军队支出，又会不断提高赋税额度，形成了"征税—叛乱"的格局，而中国王朝也陷入了"其兴也勃焉，其亡也忽焉"的历史周期律。正是缘此，历朝历代都非常重视土地问题。但是近代中国与以往的传统社会一个很大的不同点在于，近代中国也是中国走向工业化的开端。虽然中国的工业化是被迫进行的，但是确实也是发生了与以往传统社会翻天覆地的变化，此即在于政府财政税收从农业逐渐转向工商业，而劳动力就业人口也不断从农业转向工商业，人口也不断从农村流向城市。但是在近代化的背景之下，又该如何解决土地问题呢？对此，中国农村派一方面承认土地问题依然是当前的主要问题，如中国农村派的重要代表陈翰笙就曾在他的文章里阐述过土地问题的重要性，"农村诸问题的中心在哪里呢？它们是集中在土地之占有与利用，以及其他的农业生产手段上"[①]。钱俊瑞也曾经十分直白地指出："土地问题实是把握中国农业的锁钥，同时也是研讨中国整个国民经济问题的关键。"[②] 但另一方面，中国农村派也指出了土地问题的解决思路，而该思路又是与中国的工业化一以贯之的，

---

① 陈翰笙：《中国的农村研究》，《劳动季刊》第1卷第1期；《陈翰笙集》，中国社会科学出版社2002年版，第32—33页。

② 钱俊瑞：《中国现阶段的土地问题》，《钱俊瑞选集》，山西人民出版社1986年版，第216页。

这就是地权分配的问题。

中国农村派认为，土地问题贯穿着农村中的诸多矛盾，而土地问题主要集中表现为土地所有制，即地权分配的问题。地权分配问题关注的不仅是农村土地掌握在哪个人手里的表面现象，其更为深刻地揭示的是地权在农村社会中各个阶层之间的分配不公。正如钱俊瑞认为的那样，研究土地问题，最主要的是阐明土地分配的"社会意义"，即土地所有的形态与性质以及地权在乡村各个阶层之间的分配。① 谈及土地分配，就不得不说对于农民的分类问题。由于农村问题的错综复杂，关于农民的分类问题始终没有一个得到广泛认可的标准。有的依据土地关系来对农民进行划分，有的则依据土地面积的大小而进行分类，但是其合理与不当之处，都引发了中国农村派和中国经济派的多次探讨。薛暮桥更是明确指出，"单单根据土地关系来把农民分为自耕农和租种农，或是单单根据农场面积来把农民分为大农，中农，小农，这样决不足以决定各类农户底社会性质；虽然这种划分对于若干农业问题底研究亦自有其重大意义"②，进而他们也结合农场面积以及经营方式对农民进行划分，得出"地主、富农、中农、贫农、雇农"的五分法。在薛暮桥的文章里，他对分类后的农民的社会性质，从生产到消费的全过程以及影响进行了详细的阐述。③ 这一五分法，得到了中国农村派重要人物的认同，并且中国土地革命过程当中的政策也与他们的五分法保持了一致。他们的此种划分，既是由于资本主义经济进入农村给传统封建关系带来了冲击，也是对于研究中国土地问题的一个基本研究态度——以土地分配为抓手，兼顾农业经营方式。钱俊瑞曾经表示："在土地问题中间，关于农业经营方式和性质的分析，应当和土地分配占到同样重要的地位。因为土地的分配只能说明那种最重要的农业生产手段的所有关系；而农业经营的分析却能更进一步地阐明就在此种生产手段的分配状态之下，农业生产

---

① 钱俊瑞：《我们在中国农村经济研究中的任务——兼论王宜昌韩德章两先生的农村研究的"转向"》，《中国农村》第1卷第6期。
② 薛暮桥：《资本主义社会底各类农业经营——研究中国农村经济的基本知识（三）》，《中国农村》第1卷第3期。
③ 薛暮桥：《资本主义社会底各类农业经营——研究中国农村经济的基本知识（三）》，《中国农村》第1卷第3期。

力在怎样地发展。"①

土地的分配虽然是土地问题的基本着眼点,但它绝不是土地问题的全部。因为结合西方资本主义发生发展的过程,近代的土地兼并是有利于农村资本主义经济发展的,但这点在中国,却有特殊的情况和境遇。中国农村派认为中国近代的土地所有不一定就孕育了资本主义的农业生产,实质上其中一个重要的原因就在于中国独特的官僚地主阶层。当然在这里不能按照传统的意识形态的分析,妖魔化官僚地主阶层,其实在中国的历史进程中,官僚地主中孕育出不少道德高尚的士大夫,他们作为社会精英,在中国社会尤其是在基层社会发挥了不少正面的功能,如修建义田、建立义学等。可是另一方面,官僚地主之所以能发挥如此大的功能,是与他们的特权地位分不开的。官僚作为一个特权阶层,具有赋税和徭役的豁免权,通过此特权,官僚地主可以大量收购土地,遂造成土地兼并、贫富不均的局面,又进一步会造成国家财政收入减少的状况。所以,从某种意义上说,官僚地主阶层充当了中央专制王朝覆灭的"帮凶",虽然从官僚地主阶层的本质意愿来说未必如此,然而其实际发挥的功能却恰恰如此。

中国农村派通过分析土地问题,了解中国农村社会所存在的社会关系,其目的是要改造农村,发展农村生产力,挽救中国农村危机。所以如果说阻碍中国现代化进程的是官僚地主阶层的存在,那么如何去除官僚地主阶层则是问题的重点。中国农村派的主要代表人物陈翰笙在分析中国农村的生产力与生产关系的矛盾之后指出:"解除耕地所有与耕地使用的矛盾,使可耕的土地尽量地开发,可用的人力合理地利用,可投放的资本大批地流转于农村。这样,农村的生产关系便能改善,而农村生产力也必然会提高。这样,中国今日的农村便不难从危机中挽救出来。"②而赵槑僧也在阐述农村不合理的土地分配时,将问题导向了农村土地变革。既然地主土地所有制严重影响和制约着农村经济的发展,那么就要进行土地改革,消灭这种土地制度——"中国土地问题的本质,应该是消灭封建地主的土地所有制,剥夺地主的土地,将土地转给农民,这是土地改革的根本任务","这是一切农村改革的前提"。③ 由此可见,中国农村派

---

① 钱俊瑞:《评陈翰笙先生著〈现今中国的土地问题〉》,《中国农村》1935 年第 1 卷第 5 期。
② 陈翰笙:《广东的农村生产关系与生产力》,《陈翰笙集》,第 120 页。
③ 赵槑僧:《中国土地问题的本质》,《中国农村》第 2 卷第 6 期。

的主要措施就是把官僚地主阶层所掌握的土地分配给农民，同时在客观上瓦解官僚地主的存在，在这个意义上促进社会生产力发展，而一旦农村技术发展，则农村的劳动力就可以得到解放，农民就可以从土地的束缚中摆脱出来，转变为工业化发展的劳动力。所以，唯有地权归属农民，农民才能得到真正意义上的独立，而中国工业化或者资本主义经济的发展才会有充足的劳动力。而土地确权的措施也会使得"均贫富"得以实现，即效率和公平有效地统一。

综上所述，中国农村派力求洞悉中国传统社会问题的症结所在，同时也提出了相应的解决措施。中国农村派的思考路径及其实践路径，是具有真知灼见的，他们发现了农村社会最为根本的问题是土地问题。同时，中国农村派的思路是具有发展眼光的，他们知道工业化是人类历史发展的总体趋势，所以他们明了只有解放农民，才能为中国的工业发展提供劳动力基础。最后，中国农村派的观点是具有价值关怀的，他们是以广大被压迫和被剥削的农民为其根本利益取向，力图在使农民富裕的同时，也要实现"均贫富"或者共同富裕，而中国农村派的这些主张在客观上也与中国的社会民主革命进程是一致的。

（四）中国农村派乡村建设思想的影响

很明显，中国农村派的目的和初衷是变革不适合生产力发展的农村生产关系，动员一切力量促进社会生产力发展，同时建造一个共同富裕的国家或者社会。正是由于其具有如此的目的，所以其看问题的出发点与思考问题的理路与中国经济派不同。中国农村派在论战的过程中，一直坚持认为中国的社会性质是半殖民地半封建社会，而不是中国经济派所认为的资本主义社会，正是由于其对当时中国社会性质的不同判断，导致二者对未来中国所走的社会道路的判断也不同，前者主张走资本主义社会的道路，而后者则主张走新民主主义和社会主义的道路。对此，中国共产党的早期领导人之一李立三在《中国革命的根本问题》这一文章中就指出，中国农村派"运用马克思主义的理论论证'现在社会组织的经济基础是建筑在城市的资本主义的生产方法，与乡村封建生产方法上，而封建的剥削关系，仍然是占优势，所以中国社会的性质仍然是半封建性的'"。有研究者也认为，"改革开放初期，陈翰笙、薛暮桥、冯和法收录了'中国农村派'20世纪30年代组织撰写的大量的农村调查报告和论文，合编成

《解放前的中国农村》,比较系统地选录了中国共产党成立前后到全国解放这一新民主主义时期内,党的农村经济政策、文件法令,各个历史时期党的领导同志和理论工作者的重要论著。""中国农村派倾向于通过阶级斗争来改变封建土地所有制度,平均土地分配,从而谋求农村经济的发展。他们的早期探索与思想观念与中共一致,而且参与策划了中国社会主义农村建设"①。这就说明,中国农村派的理论主张大都成为中国共产党进行国家和社会建设的主要理论依据,所以从某种意义上说,中国农村派是中国国家和社会建设的设计先行者。

同时,中国农村派所进行的一系列农村调查活动,以及对于中国农村社会性质及出路的探讨,为中国的乡村建设运动探求新的道路。在对乡村建设派提出批评的同时,他们也提出了自己的一套乡村建设理论和思想。乡村建设运动最初主要是由晏阳初和梁漱溟主导和发起,其兴起于20世纪二三十年代,虽然他们对当时中国社会有很多真知灼见,并付诸实践,采取了一系列措施,却未能真正解决当时农村所面临的问题。正如孙冶方所说:他们"都以承认现存的社会政治机构为先决条件;对于阻碍中国农村,以至阻碍整个中国社会发展的帝国主义侵略和封建残余势力之统治,是秋毫无犯的。"②冯南江、骆耕漠、薛暮桥等人也都认为,如果不动摇旧有的社会生产关系,一切社会改造都将停留在表面,无法深入到农村实际,无力解决中国农村当下的问题,挽救中国于水火。乡村建设运动的目的和举措是为了拯救农民危机,但它在实践中的作用却十分有限。因为农村建设运动的主导权,即组织者在实际情形中依然掌握在地方官僚、乡绅地主手里,农民并没有充足的发言权。所以在中国农村派看来,以梁漱溟和晏阳初为代表的乡村建设运动所采取的一系列措施并不是一种独立的经济体系,而只是一种经营方法。它的性质依然取决于它所处的那个社会的社会制度的性质。中国农村派将中国的主要问题都归结在了农村的生产关系之上,认为在长期秩序混乱的中国,农民遭受着各方的剥削,如果不变更生产关系,只发展生产力,即使再理想的状态也是无法存在的。而唯有变革总体的生产关系,改变中国社会的性质,即摆脱旧中国半殖民地半封建的社会性

---

① 王景新:《中国共产党乡村建设思想90年发展脉络》,《广西民族大学学报》2011年第4期。
② 孙冶方:《为什么要批评乡村改良主义工作》,《中国农村》1936年第2卷第5期。

质,中国社会、中国的农村、中国的农民才会有出路。

总之,中国农村派作为一个具有明显群体特征、共同价值诉求的知识分子群体,他们大都出身于农村,但是都接受了西方的社会科学教育,在其价值关怀上,他们站在了广大贫苦农民一边,而其忧国忧民的情怀又是继承了传统士大夫的家国天下情怀。中国农村派为研究、发现、解决中国社会问题而不懈努力着,力图寻求"中国该往何处去"这一问题的正解。值得注意的是,中国农村派的理论诉求并非是无本之木、无源之水,他们是将其所学习的社会科学理论,尤其是马克思主义理论与他们本身的生活经历、教育背景与个人社会角色联系起来。通过理论联系实践,他们找到了不同于以往的乡村建设运动所提供的答案,通过理论和实践研究,他们否定了当时占主流思潮的中国经济派所提供的答案。中国农村派通过灵活地运用马克思主义认识论和方法论对中国社会现实问题进行了一系列深入透彻的分析,为解救中国农村、拯救民族危机提供了有效途径和方法,在理论层面上为中国共产党的新民主主义革命和社会主义革命奠定了坚实基础。

第四章　乡村建设思想的传播与扩展

1930年代后,"乡建空气,弥漫全国,形成一种强烈的社会运动"①。"三年来(1931—1934)继续兴起之乡村运动团体,已达七百余处,地域布满二十二省,成为近年社会运动之惟一主潮"②。乡村建设思想从孕生到热议,由个别先哲的擘画到成为群体性的实践,由精英话语而为社会性话题,由个体的声音激荡起知识界的共鸣,再到时代性潮流的历史进程,诚然不免有社会舆论的推动与传播的作用。

其时,宣传、讨论乡村建设之期刊亦达近百种。③"农村建设似乎已成为最时髦的口头禅。"④虽然如此,我们并不准备将所有与乡村建设相关的报刊纳入研究范围(事实上不可能做到,也没有必要。一定样本的选择,尤其是社会公众认同度较高的报刊,完全可映射出社会整体的趋向),而是以具有不同学术观点与政治立场的《大公报》《益世报》《东方杂志》和《申报》等大众媒体为切入点,由此管窥乡村建设思想的传播情势及其社会影响。

一、乡村建设思想的传播概况

乡村建设思想从最初士绅的发起,经过知识分子群体的广泛传播,有关

---

① 谢星林:《乡村建设之实验与推行》,《政治评论》1935年第150期;对乡村建设运动之演进及至形成浪潮,方悴农进行了总结,参见方悴农:《一封给农村建设工作者的信——中国农村建设运动的鸟瞰》,《浙江省建设月刊》1934年第8卷第3期。
② 李竞西:《乡村建设运动中二种重要刊物》,《华年》1935年第4卷第7期。
③ 王桧林、朱汉国主编:《中国报刊辞典(1815—1949)》,书海出版社1992年版,据第169—293页的列举刊物估算。
④ 孟雷编著:《从晏阳初到温铁军》,华夏出版社2005年版,第109页。

乡村改进、乡村建设、农村复兴类的话语逐渐扩散开来，形成具有相当感召力与向心力的时代诉求。其思想的扩展从传播主体和传播内容来看，包括三个方面：一是各地乡建实验的发起人与参加者对乡村建设活动的理念介绍和工作报告；二是关注乡建运动的社会团体或个人对乡建理论与实践工作的思想评论、考察记录及调查总结；三是持异议者对乡建运动的批评与质疑。其中，以主张都市化与工业化使中国走向现代化的"独立评论派"和着眼于以革命手段解决民族问题与社会问题的"中国农村派"对乡村建设运动的审视与批判最为突出。

从传播范围来看，乡村建设思想主要通过三种传播类型在社会上产生了广泛影响：一是乡建群体内部或各社会团体之间通过著书、演说、培训、参观、会议等形式开展组织传播；二是专门从事于乡村建设运动的团体或者个人通过著书立说、开办各类专业性报刊或依托公共媒体开办专栏、副刊、特刊从事大众传播；三是通过在海外发表演说、与国际人士或机构进行社会交往等形式进行国际传播。

一般认为，1931年邹平乡村建设研究院开办乡村建设工作后，乡村建设运动便日渐发展。① 许仕廉认为中国的乡村建设运动，大致肇端于1931年。② 乡村建设运动之成为全国性运动，为若干其他机关同人所参加，完全由邹平第一届乡村工作讨论会开其端。③ 20世纪30年代初期乡村建设运动脱离各自试验的孤立期进入全国响应的合作期，从实行合作、村治与民众教育之单方面工作扩展为多层面的乡村建设，与彼时中国的社会情境密切相关。一是欧美工业国家对中国的经济渗透以及连年兵匪天灾侵袭，促成农村经济衰落，"外而强邻，内而军阀，再加之以天灾匪祸，遂至苛捐杂税日增，农民负担日重，生机日竭，奄奄一息，濒于绝境"④，乡村问题便成为"全国各行各业各阶层各部分一共同的问题"⑤；二是1931年至1932年间，"中国遭逢有史以来空前未有之巨

---

① 植璐：《现阶段的中国乡村建设运动》，《时代动向》1937年第1卷第8期。
② 许仕廉：《中国之乡村建设》，《实业部月刊》1937年第2卷第6期。
③ 杨开道：《乡村建设运动过去的检讨》，《现代读物》1939年第4卷第8期。
④ 乔启明：《中国乡村建设问题的过去与将来》，《现代读物》1937年第2卷特大号。
⑤ 梁漱溟：《乡村建设理论》，《梁漱溟全集》第2卷，第479页。

变,如长江流域之洪水为灾,日本之武力侵略,强占我东四省,蹂躏上海……世界经济恐慌之转嫁等,使国难异常严重"[1];三是由于发起乡村建设运动的思想家与政治家倡议实行统制经济、改善民生,有符合孙中山的三民主义与建国方略之处,"近年以来,南方革命政府确立,同时中国国民党的政纲中,对于这类问题(农村问题)也有详细的规定之后,国内各省,才有要求农运,农业以及村治的呼声。这中间农民运动虽是稍有过于激进,甚或有濒于错误的地方,然而农村问题的呼声,好像应时而起"[2]。而蒋介石倡导的新生活运动及国民经济建设运动,也被纳入并成为推动乡村建设的杠杆。"新生活运动对社会道德及民族精神有所发扬,国民经济建设运动则为发展农矿工商之基础。此项运动虽由政府领袖发动,而工作之推进则须以政府与人民通力合作为基调。现在国民经济建设运动总会已在首都成立,分会支会则分设各省市县政府之所在地。该会之初步工作纲领为提倡农村副业,发展乡村手工业。"[3]获得多种社会—政治力量的认同,加上各乡建团体的大力倡导与积极实践,救济农村之呼声"特别高唱入云"[4],乡村建设思想一时成为时代之潮流。

(一)组织传播

据南京国民政府实业部统计,1934年全国从事乡村建设的团体有600多个,它们建立的实验点、实验区有1000余处。乡村建设组织主要有两种:一种是官办性质,一种是私人团体。而私人研究团体又可分为四类:第一类是从事社会教育工作人员的组织,如民众教育运动协会、社会教育协会、假期教育会、华洋义赈救灾总会、全国基督教协会、基督教男女青年会及其散布全国各地之分支机关。第二类为各大学校、专科学校、乡村师范及农科学校所组织。第三类为各银行,即以促进农村信用借贷及合作市场为主要业务的国家银行及官商合办的银行所组织。第四类则为私人团体,如各地方的自治联合会和促进

---

[1] 许仕廉:《中国之乡村建设》,《实业部月刊》1937年第2卷第6期。
[2] 根培:《高呼建设声中之农村问题》,《村治月刊》1929年第1卷第10期。
[3] 许仕廉:《中国之乡村建设》,《实业部月刊》1937年第2卷第6期。
[4] 千家驹:《中国农村建设之路何在——评定县平教会的实验运动》,千家驹、李紫翔编著:《中国乡村建设批判》,上海新知书店1936年版,第97页。

会等。政府机构专事乡村建设者有行政院农村复兴委员会,以及与乡村建设有密切关系的实业部、全国经济委员会、内政部、财政部、建设委员会、中央卫生实验所等。① 在共同的时代际遇前,不同团体立足于探寻中国出路,并各自以本团体工作为起点,加强乡村建设思想的组织内和组织外传播,尤其以定县、邹平与无锡三地乡村建设团体活动为关键。

1. 组织内传播

首先,创设各种实验区,树立乡村建设的实体样板,通过具体的建设活动与宣传动员加强乡村建设思想在本地区民众中的传播力度。各试验区面向乡民办理各种个人教育式、家庭式和社会式活动,向乡民传播乡村建设理念。如开办平民教育、开展巡回图书馆、创办农民博物馆、组织合作社和表彰农家,在具体的乡村建设实验中传播各社会团体的乡村建设思想,不是以单纯的语言传播,而是伴随着可以观察与体验并模仿的实物展示,以灵活多样的动员方式把乡建计划落实到文字水平较低的民众中去。在邹平乡村建设工作开办初期,为引起乡村知识分子和乡绅的注意,举行乡村教师假期讲习班(由杨效春主办),召集各乡小学教员共约 370 人。讲习班不但讨论小学教育问题,也派建设院的学生随时给小学教员们讲述乡村建设之意义及方法,希望这些散居全县的教员们得到乡村工作的浸染后,回到乡村向更多农民传递乡村工作的信息。同时为动员农民加入农业改进中来,鼓励农民改良农业,每年举办农品展览会。② 1932年山东乡村建设研究院获得省政府支持,在旧属济南道的 27 个县中征集农品,国内其他各农林试验机关纷纷前来相助,送来各种展品。为吸引农民注意,又特别放映金陵大学制作的电影,将各种新式农作物和技术以具体形象的方式展示给农民看,"故一般农民,更是欢欣鼓舞,争先前来。自二十五日下午一时,至二十七日下午四时,展览时间,才二日有半,而纷纷来院参观者,已达

---

① 许仕廉:《中国之乡村建设》,《实业部月刊》1937 年第 2 卷第 6 期。
② 1931 年举办第一届农品展览会。展览品分表证展览与普通展览两大类。前者旨在示范,后者旨在相互比较。两大类共计 2000 余件。除直接征自邹平全县的农民外,还有征自各农业试验场者,如青岛大学农场、金陵大学农场,以及青岛商品检验局等处。开会四天,参观人数共有 46000 多,占邹平县全县人口四分之一。参见《梁漱溟先生述山东乡村建设研究院之工作》,《中华教育界》1932 年第 20 卷第 4 期。

五万七千余人；当时情况，亦云胜矣！"①礼堂外还有语言组演讲农村问题，操场上有济南民众教育馆进行化装表演，"如表演'睁眼的瞎子''上了不识字的当''奶奶的主张''谁的责任''逃兵''团结御侮'等等，将不识字的困难、迷信的害处以及国民天职等意义，皆具体明白的指示给民众，民众莫不受有深切之印象，感人之深，实远胜于口头宣传也"②。然后派乡村建设研究院的学生分别到乡村六个自治区办理乡农学校③，发动乡农学校学生深入各区各村接洽村中里长，说明乡农学校宗旨，张贴招生广告，并到集市上演讲关于改良乡村、农业、风俗、自卫等。"这种社会式的教育，颇受一般人的欢迎。"④

其次，加强联系、交流经验，通过考察、演讲、会议等方式增进乡村建设思想在实践者群体中的共识。各乡建团体成立初期，致力于加强内部团结，增强自身力量。各团体对本区工作人员进行演讲、训练、讨论，促进本团体内部工作人员对乡村建设事业的认识。1929年，梁漱溟参观南京晓庄师范学校，很赞赏陶行知的民众教育，并从晓庄学院先后调来杨效春、潘一尘和张宗麟，到邹平开展民众教育。1931年，华北基督教乡村建设事业会在北平燕京大学召开，华北各公会各区代表出席者50余人，会议讨论成立乡村教会服务指导团和训练乡村领袖，呼吁基督徒去农村脚踏实地服务农村。⑤晏阳初、梁漱溟等定期开展演讲会，出版各团体刊物，传播乡村建设的理念。

各乡建团体成立后，发起者有感于各自谋划、彼此孤立，于人力物力浪费颇大而功效甚微，故他们呼吁加强合作共同推进乡村建设事业，建议召开全国性乡村工作会议。"近数月来，华北数机关，如中华平民教育促进会，山东乡村建设研究院，华洋义赈救灾总会，燕京大学，南开大学，齐鲁大学等。华中数机关，如中央大学，金陵大学，实业部，中央农业实验所等，均已有分功合

---

① 侯子温：《山东乡村建设研究院第二届农品展览会经过纪事》，《乡村建设》1932年第2卷第10—14期合刊。
② 侯子温：《山东乡村建设研究院第二届农品展览会经过纪事》，《乡村建设》1932年第2卷第10—14期合刊。
③ 《梁漱溟先生述山东乡村建设研究院之工作》，《中华教育界》1932年第20卷第4期。
④ 《山东乡村建设研究院邹平实验县第七区石门杏行乡农学校报告书》，《乡村建设》1932年第1卷第21—30期。
⑤ 《华北基督教乡村建设事业会议的建议》，《中华基督教会全国总会公报》1931年第3卷第4期。

作方案,进行进一步之联络。"①1933年7月,由梁漱溟、晏阳初、江恒源等发起成立"乡村工作讨论会",以传播乡村建设理论、交流各地乡村建设经验。1933年至1935年间,全国规模的乡村工作讨论会先后在山东邹平、河北定县、江苏无锡召开。参加会议的团体与代表与年俱增,第一次到会代表63人,出席团体35个②;第二次到会代表150人,代表11省市的机关团体76处③;第三次到会代表170人,到会团体99个,会员籍贯19个省市,外籍会员2人,旁听约200人。④每次会后都将各主要单位的工作报告汇编为《乡村建设实验》结集出版。乡村工作讨论会产生了良好的传播效果,"三年来乡村工作讨论会之会务进展甚速,影响于社会者甚大,虽然没有邀请政府人员出席,可是行政人员自动参加者也不少;虽然没有广事宣传,可是参加的农村工作同志,逐年增加得很快;可见政府与社会,对此团体的注意和赞助之一斑了"⑤。遗憾的是,在乡村建设讨论会上并未成立全国性的乡村工作协进会,"不过参加乡村建设各会的同人,无形的把乡村建设这四个字的招牌承认了,乡村建设运动也不知不觉地为社会一般人士所承认了"⑥。第一次乡村工作讨论会期间,还成立了乡村建设学会,联络各主要乡建团体,筹备乡村工作讨论会。1934年乡村建设学会与天津《大公报》合作创办《乡村建设》副刊,将乡村建设团体的理论与实践向公众传播。

乡村建设运动的内部力量不断加强联络和合作,也使乡村建设运动走向全国,在知识分子群体中扩大了影响。

2. 组织外传播

在乡村建设团体加强内部联系、传播工作经验的同时,对外的宣传活动更是如火如荼。一方面是采取走出去的方式,向政府部门与社会团体介绍乡村建设的理论与工作,另一方面是通过引进来的活动,实验区向外开放,欢迎各界人士参观考察。

---

① 章元善、许仕廉编:《乡村建设实验》第1集,上海中华书局1934年版,第4—5页。
② 章元善、许仕廉编:《乡村建设实验》第1集,第11—17页。
③ 章元善、许仕廉编:《乡村建设实验》第2集,上海中华书局1935年版,第12—13页。
④ 乡村工作讨论编:《乡村建设实验》第3集,上海书店1992年影印,第19页。
⑤ 沈光烈:《全国乡村工作讨论会之回顾与前瞻》,《江苏教育》1936年第5卷第7期。
⑥ 杨开道:《乡村建设运动过去的检讨》,《现代读物》1939年第4卷第8期。

第四章 乡村建设思想的传播与扩展

乡村建设运动的开展引起国民政府"对于定县、邹平的工作也很注意"①。1931年蒋介石派张治中到定县来考察工作。"他看了之后，印象极佳，很受感动，回京后报告得很好。"②后来卫生署继续派人来参观，反响也很好。蒋介石便电邀晏阳初到南京汇报定县乡村建设的工作概况。"（晏阳初）与蒋先生谈了三个下午三个晚上，有一天谈到深夜十二时，蒋先生虽然疲倦上楼休息，还留蒋夫人和我续谈到很晚的时候才得辞出。第二天清晨，蒋夫人在电话中告我，昨夜蒋先生和她通宵未睡，在想民众组织与训练的问题，这个工作太重要了，无论如何要把这个基础工作做起来！"③这次谈话后，国民政府还选派人员去定县接受训练。1932年，晏阳初在中央军校高级班演讲后，中央军校等组织"平民教育研究团"赴定县考察，中央军校教官毛应章将考察情况写成《定县平民教育考察记》。晏阳初后来又到武昌，与政府商定"农村合作指导员训练所"的事宜。与此同时，梁漱溟与蒋介石还就乡村建设的问题、农村水灾情况进行了会谈。乡村建设倡导者与政府高层的互动，扩大了定县与邹平乡村建设的影响力，以至于内政部认为乡村建设运动对于国民政府实行地方自治有积极作用。随后，晏阳初和梁漱溟被国民政府指定为河北省与山东省地方自治的指导员。

定县和邹平的乡村建设引起了内政部的重视，内政部部长黄绍竑和次长甘乃光先后到定县、邹平考察县政工作，认为定县工作可以推广。1932年12月，第二次全国内政会议提出，进行县政改革，设立"县政建设实验区"和县政建设研究院。这次会议使晏阳初认识到："此次会议意义重大而深远，它在全国产生了巨大的影响。政界领袖们开始摆脱虚荣和浮夸，正视中国问题的现实和实质。"④1933年秋，五个县政建设实验县（即定县、邹平、菏泽、江宁、兰溪）相继成立。在政府支持下，乡村建设运动迅速发展。1936年，广西李宗仁、白崇禧和四川刘湘邀请平教会在湖南成立衡山实验县、在四川成立新都实验县，将定县的工作经验推广到西南地区。⑤

---

① 梁漱溟：《我们在山东的工作》，《梁漱溟全集》第5卷，第1013页。
② 晏阳初：《平民教育运动的回顾与前瞻》，《晏阳初全集》第2卷，第295页。
③ 晏阳初：《平民教育运动的回顾与前瞻》，《晏阳初全集》第2卷，第295页。
④ 《致S. D.甘博》（1933年1月16日），《晏阳初全集》第3卷，湖南教育出版社1992年版，第346页。
⑤ 晏阳初：《平民教育运动的回顾与前瞻》，《晏阳初全集》第2卷，第198—199页。

通过各乡村建设团体间及其与社会各界间的考察互动,乡村建设思想在全国的影响日益扩大。"最近,全国各地,先后出现了许多实验县。而定县,几乎天天收到全国政府机关或人民团体的来信,请求派遣技术人员和训练人员。去年(1933年)来自四川、内蒙、广东、云南等地到定县参观、访问的不下3000人次。他们大多数人,是为了把他们研究的定县乡村建设计划,试图在他们所代表的机关团体的所在地,加以实施。"① 各乡村建设团体也专门拟定各部工作报告或工作日记,布置工作展览室,制定参观乡村工作路线,在具体可见的工作流程中传递着他们的乡村建设理念。针对"几乎每日有人参观"的情形,为便利实验区的接待工作与参观者的考察翔实,定县开设"参观周","特于每年春季举行参观周一次。今年自四月二日起至七日止举行。凡欲来参考者,须预先接洽,以便招待并筹备宿膳等项。参观周分为两期:第一期二日至四日,第二期五日至七日,每期中参观程序,概由会中拟订"②。国内参观者包括从事乡村教育、乡村自治、乡村建设的各类社会组织、经济团体、文化团体的有关人士与政府官员。"其中国内国际著名人士如周作人、黄绍竑、甘乃光、梁漱溟、黄炎培、江问渔、任鸿隽、蒋廷黻、斯诺、孟禄、Mr. Gunn 等亦先后来定县考察,很多人对定县实验给予充分的肯定,也有些人提出这样那样的批评。"③

从1933年到1937年,来山东乡村建设研究院参观的国内外社会各界人士不绝于途,参观邹平的要人有:冯玉祥、陈立夫、黄炎培、江问渔、蒋百里、马寅初、丹麦教育家马烈克(丹麦国际学院院长)、日本从事乡村教育的长野郎和长野厚④、南京市长石瑛、浙江大学教授庄泽宣⑤、中央委员李宗黄、上海市代理市政委员陈克曜等。⑥ 还有来自全国各省的大中专院校、中小学、各级政府、实业界、宗教组织、日本满铁等团体或个人到邹平参观,1934年3月邹

---

① 晏阳初:《定县的乡村建设实验》(1934年7月),《晏阳初全集》第1卷,第283页。
② 《平教会本年度参观周》,《民间》1934年第1卷第1期。
③ 晏阳初:《乡村改造运动十大信条》,《晏阳初文集》,第329页。
④ 成学炎整理:《梁漱溟先生谈山东乡村建设》,山东省政协文史资料委员会、邹平县政协文史资料委员会编:《梁漱溟与山东乡村建设》,山东人民出版社1991年版,第87页。
⑤ 《参观者题名》,《乡村建设》1934年8月第4卷第3期。
⑥ 《参观者题名》,《乡村建设》1934年6月第3卷第29期。

平接待了来自青岛胶济铁路局、金陵大学农林科、河南省立百泉乡师、兰溪县政府、上海中国银行、中华平民教育促进会、宝山县乡村改进会、齐鲁大学教育系等机构的参观者100人。[①] 1934年4月接待齐鲁大学、齐鲁神学院、章邱县立中学、中央大学、福建教育厅、中国银行总行、《青岛时报》记者、北平大学农学院、河南大学、浙江省立民众教育实验学校、兰溪实验县政府、青岛第四监狱、山东单县第一小学的参观者共73人。[②] 1934年10月接待来自考试院、农村复兴委员会、中央大学农学院、江宁县长、兰溪县长、江苏省立教育学院、江苏省立徐州民众教育馆、山东华洋义赈会会长、齐鲁大学教务长、美国教会、二十二师师长和参议、周村电气公司经理、湖南棉业试验场场长、华同纱厂联合会、湖南省党部委员、湖南民政厅视察员等共30人。[③]

  来实地考察的学者和官员们有的撰写各种考察报告，见之于政府要员或新闻媒体，进一步传播了各地的乡村建设思想，扩大了乡村建设运动的知名度。这些考察报告包括官方调查、乡建团体或私人考察，属于官方考察报告的有：1932年，察哈尔教育厅的姜书阁对定县考察后著成《定县平民教育视察记》[④]；1934年李宗黄跟随"江宁自治实验县社会教育考察团"，考察了邹平、定县、菏泽、青岛等地乡建情况，写成《考察江宁邹平青岛定县纪实》；1935年初，国民政府军事委员会委员长行营湖北地方政务研究会调查团编述《调查乡村建设纪要》[⑤]，记录了在定县、邹平、菏泽、上海、无锡等地的考察情况；1936年行政院委派的马博厂在考察邹平等地县政建设后著成《邹平定县等地考察印象记》。[⑥] 属于乡建团体或私人的考察报告如：孔雪雄以私人资格从事于各地农村运动考察后，又受中山文化教育馆之委托继续调查，将全部调查报告于1934年编著成《中国今日之农村运动》；1936年袁植群考察山东、河北、江苏省乡建工作后，著有《青岛邹平定县乡村建设考察记》。此外各乡村团体研究者将

---

① 《山东乡村建设研究院参观人员表》，《山东省政府公报》第282期，1934年5月6日。
② 《山东乡村建设研究院参观人员表》，《山东省政府公报》第288期，1934年6月17日。
③ 《山东乡村建设研究院参观人员表》，《山东省政府公报》第313期，1934年12月9日。
④ 姜书阁编述：《定县平民教育视察记》，察哈尔教育厅编译处，1932年。
⑤ 国民政府军事委员会委员长行营湖北地方政务研究会调查团：《调查乡村建设纪要》，湖北地方政务研究会，1935年。
⑥ 马博厂：《邹平定县等地考察印象记》，《行政研究》第1卷第1期，1936年10月5日。

彼此间的考察撰文发表，如 1934 年章元善在《大公报》和《独立评论》发表《从定县回来》①、周莹发表《邹平乡村建设研究院见闻记》②、徐锡龄发表了《邹平乡村建设研究院印象记》③，1935 年山东乡建院学生许莹涟等根据邹平、定县、青岛、无锡等地工作与考察所得编辑出版《全国乡村建设运动概况》。④ 这些关于各地乡村建设的考察报告或见闻总结一方面详述其工作方式，另一方面评价其乡建理论与工作得失，推动时人对乡村建设运动的关注与乡村建设思想讨论，甚至围绕乡村建设思想在各大报刊上发起论战。

（二）大众传播

大众报刊是社会舆论与公共议题的孵化器。一方面，报刊通过有选择性地传递各类信息形成信息环境，影响着人们对社会重大事件的认知；另一方面，新闻报道中大量的价值判断类信息包含着某种鲜明倾向的观念，影响着人们的态度和观点，发挥着强大的舆论宣传功能。在乡村建设思想演变为社会思潮与社会运动的历史进程中，大众报刊发挥着重要的推动与传导作用。如梁漱溟所言："近年来农村经济日趋于崩溃，这是很显明的事实；我们如果稍一留心，就可看到许多杂志都在大出其农村经济专号，开头没有不谈农村经济破产的。"⑤ 据《中国报刊辞典（1815—1949）》所载，1919 年至 1949 年间，冠名为农村、乡村、农民、合作、教育、建设等由社会团体和政府机关主办而关注国家建设、乡村建设及农村经济之刊物达近百种。⑥

乡村建设运动的开拓者们，对所主持和主导实验区的村治与建设运动进行了理论探讨与经验总结，发行《乡村建设》（山东乡村建设研究院主编）、《教育与民众》（江苏省立民众教育学院出版）、《教育与职业》（中华职业教育社创办发行）、《农民》报（中华平民教育总会定县实验区开办）、《民间》半月刊（北平中华平民教育促进会主编）、《田家半月报》（华北基督教农村事业促进会

---

① 章元善：《从定县回来》，天津《大公报·乡村建设》第 7 期，1934 年 4 月 12 日，第 3 张第 11 版。
② 周莹：《邹平乡村建设研究院见闻记》，《民众教育季刊》1934 年第 2 卷第 4 期。
③ 徐锡龄：《邹平乡村建设研究院印象记》，《教育与民众》1934 年第 5 卷第 10 期。
④ 许莹涟、李竞西编：《全国乡村建设运动概况》，山东乡村建设研究院 1935 年版。
⑤ 梁漱溟：《乡村建设理论》，第 9 页。
⑥ 王桧林、朱汉国主编：《中国报刊辞典（1815—1949）》，书海出版社 1992 年版。

创办)、《新农村》(太原农村教育改进社出版)等出版物,对乡村建设进行了广泛的社会宣传。1927年后,随着各大实验区竞相开办,大量关注中国农村问题和农民状况的文章屡见报章。随着知识群体与地方政府的响应与支持,乡村建设运动进入蓬勃发展的高涨期,特别是1933年后诸多媒体群起响应,或连续刊发乡村建设者们的文章和相关讨论,或引领社会思潮开辟农村建设之专号。至1934年后,乡村问题已经成为当时学界关注的热点话题,如《东方杂志》《大公报》《申报》《益世报》等全国性大报均瞩目于此。

《东方杂志》于1927年就开辟"农村状况调查号",1935年1月至1936年6月,在双号期刊中又开设"农村写实"专栏;《大公报》自1934年1月至1936年2月开设《乡村建设》副刊;上海《时事新报》于1934年1月至1935年10月开设《新村周刊》;《益世报》自1934年3月至1937年7月开设《农村周刊》专刊;《申报》自1935年11月至1936年11月开设"农村生活丛谈"专栏;南京《新民报》于1936年11月至1937年5月开设《农村旬刊》。这些专刊或专栏均指向中国农村社会的现实观察与出路探寻。其他各期刊也相继开辟园地介绍乡村建设理论与实践,如《中华教育界》有"乡运与乡教专号",《中国经济》创"中国农村经济专号",《地政月刊》有"农村复兴与土地问题专号",《中国建设》刊"农村复兴号"。其他社会团体则从其专业化角度对乡村问题进行深入研究,如教育界的相关刊物《新教育》《民众教育》、各省民众教育馆和教育厅的教育月刊等,关注乡村教育和农村社会改造问题。各省建设厅、合作委员会的建设刊物与合作刊物亦特别关注农村建设中农业与合作问题,如国民党中央党部出版《农民运动》、嘉兴县政府合作事业推广委员会编印《农村建设》半月刊,青岛市政府编印《乡村建设月刊》、河南农村合作委员会的《河南农村合作》月刊等。各类报刊拥有的受众数量庞大、覆盖面广泛,极大地推动了乡村建设运动在政治、教育、新闻等各界的影响力。

至1935年前后,民国乡村建设运动及其思想传播达到高潮,继《益世报》掀起关于乡村建设问题的论战后,对乡村建设运动及其理论的检讨与批判便日渐踊跃。陈序经、董时进、巫宝三等以《独立评论》为舆论阵地对乡村建设理论与实践进行了检视。章元善、陈衡哲、巫宝三等针对定县以县为单位进行实验的局限性，指出其对大局缺乏作用。① 陈序经针对梁漱溟的乡村建设理论进行批判，指出其理论上的复古趋向，反对其以农立国之主张，强调发展都市文化和都市工业，认为各处乡建实验区的宣传工作多于实际工作，乡村建设困难太多，不易发展。② 用马克思主义思想为理论方法的左翼学者如陈翰笙、薛暮桥、千家驹、李紫翔、钱俊瑞等以《中国农村》为阵地展开对乡村建设派的强烈批判，他们注重分析乡村中的土地问题与阶层分化，指出中国问题只有通过反帝反封建的革命去解决，具有鲜明的政治立场。他们认为乡村建设派没有看到中国农村的根本性问题，乡建派不是否定而是恢复并巩固现存的社会秩序，其枝枝节节的改良工作，决不能够挽救农村破产，反而是为帝国主义和封建势力做了续命的忠臣，"一切改良工作的本身，都不免直接间接去为破坏农村的主要因素——帝国主义和封建势力去效忠尽力"③。随着"独立评论派"与"中国农村派"对乡村建设理论与实践的批评，各乡村建设团体也加强了批评与自我批评，平教会、山东乡村建设研究院的机关刊物《民间》与《乡村建设》于1934年后调整刊物内容，增加了对工作的反省与检讨。《民间》半月刊从第3卷起开始侧重发表反馈乡村建设意见和批评的稿件。1936年的《乡村建设》第6卷第1期则开辟新专栏《乡运者的话》，注重刊载对乡村建设实际工作进行批评与自我批评的稿件，正像编者认为的，借助外界的批评及自我批评对工作进行回顾及反省是迫切需要的，"没有'自我批判'则不能认识过去的错误，了解自己困难的来源，及找出前途正确的路线与成功的方法"④。而一系列的批评、质疑与辩论，一方面使各地乡村建设思想特色更为明晰，也进一步扩大了乡村建设思想在舆论界的影响力，无论这种影响力是正面的还是负面的，都促

---

① 章元善：《从定县回来》，《独立评论》1934年4月8日，第95号；衡哲：《定县农村中见到的平教会事业》，《独立评论》1933年5月21日，第51号；巫宝三：《"定县主义"论》，《独立评论》1934年4月15日，第96号。

② 陈序经：《乡村建设理论的检讨》，《独立评论》1936年5月3日，第199号；陈序经：《乡村文化与都市文化》，《独立评论》1934年11月11日，第126号；陈序经：《乡村建设运动的将来》，《独立评论》1937年4月25日，第231号。

③ 薛暮桥：《中国农村中的基本问题》，《中国农村》1936年第2卷第1期；孙冶方：《为什么要批评乡村改良主义工作》，《中国农村》1936年第2卷第5期；孙晓村：《研究中国农村经济的方法》，《中国农村》1936年第2卷第4期。

④ 《编者谈》，《乡村建设》1936年11月第6卷第7期。

使中国学界、政界为解决中国乡村问题拿出更切实的方案。

此外，各类专门书籍对乡村问题和乡村建设思想进行了系统全面的介绍或总结，山东乡村建设研究院出版了《中国民族自救运动之最后觉悟》（北平《村治月刊》社1932年版）、《乡村建设论文集》（邹平乡村书店1934年版）、《梁漱溟教育文录》（邹平乡村书店1935年版）、《乡村建设大意》（邹平乡村书店1935年版）和《乡村建设理论》（邹平乡村书店1937年版）、王怡柯的《农村自卫研究》（邹平乡村书店1935年版）、萧克木的《邹平的村学乡学》（邹平乡村书店1936年版）等，1934年河北省县政建设研究院出版《定县经济调查一部分报告书》《定县赋税调查报告书》《定县地方自治概况调查报告书》等。其他学者的专著也陆续发行，如陶行知的《中国教育改造》（亚东图书馆1928年版）、《知行书信》（1929年版）、《教学做合一讨论集》（上海商务印书馆1931年版）等。郭人全著《农村教育》（黎明书局1932年版），章鹏若著《农村复兴之理论与实际》（商务印书馆1935年版），江恒源著《农村改进的理论与实际》（生活书店1935年版），薛暮桥著《中国农村经济常识》《农村经济的基本知识》（新知书店1937年版）；中国农村经济研究会编《中国农村描写——农村通讯选集》（新知书店1936年版）、《中国农村动态》（新知书店1937年版），千家驹、李紫翔编《中国乡村建设批判》（新知书店1936年版）等。

（三）国际传播

自20世纪初世界各国关注民众教育、建立合作组织和开展农业技术改良后，近代亚洲各国"受着泊（舶）来观念的触动使他们希望着要用西方的经验去改进他们的状况"[①]，乡村建设成为亚洲各主要国家如中国、日本、印度、菲律宾等的重要事务。各国在民众教育、民众组织与技术改良等方面的知识和信息传入中国，形成乡村建设思想的域外渊源。基督教团体和慈善团体在乡村工作中的参与，唤醒中国知识分子投入乡村工作的自觉意识，促使许多农业专家走入农村。如泰勒所言："乡村运动的兴起，是灾荒的救济和农业的

---

① Kenyon L. Butterfield：《亚洲之国家与乡村建设》，黄贻孙译，《复兴月刊》1933年第2卷第6期。

改进所促成的产果；但在以前，促成这种种运动的一个'重大事件'，便是斐以礼教授（Prof Joseph Baillie）所创立的金陵大学的农学院了……它不但能激起基督教会对于农村事业的兴趣，同时也能激动中国人去主持自己的乡村运动。"① 1911 年，金陵大学美籍教授裴义礼承办华北工赈事宜。在与中国乡村接触的过程中，他感到农业改进的重要，便向中国政府提出建立救灾组织。他的提议得到孙中山、黄兴、唐绍仪、伍廷芳、宋教仁等的赞同与帮助后，他在南京、安徽等地创办了灾民子弟学校和义农会，后又在金陵大学内创设农科。近代农业改良与合作思想的引入亦来自于外国传教士或专家，他们或介绍西方种植方法与种子到中国，或引介合作组织，作为救灾防灾的方案。② 1920 年晏阳初回国后，即得到中华基督教青年会全国协会的支持，在华中、华北、华东等地试验推行平民识字教育运动，全国反应强烈，1923 年中华平民教育促进会总会在北京成立，致力于平民教育。③ 1922 年成立的中华全国基督教协进会通过其与世界基督教组织的联系，将国外乡村建设经验传播到中国，1930—1931 年世界基督教协进会派美国乡村事业专家鲍德斐博士到中国协助指导中国基督教会的农村工作，帮助规划农村事业的发展程序，并在昌平、昌黎、通县牛堡屯、保定樊家庄等地设立了农村牧区。④

国外的乡村工作潮流促使国内乡村建设派一方面译介丹麦、日本、印度等国家的乡村建设思想，同时也出国考察外国的农村工作。如燕京大学清河试验区的主持人张鸿钧于 1934 年到欧美各国考察乡村建设，回国后通过《农村周刊》介绍印度合作事业与乡村工作。⑤ 1936 年春，梁漱溟到日本考察农村复兴工作，回来后写了《我的努力与反省》，并结合其参观的感想于 6 月在济宁县民众教育馆发表《中国社会构造问题》的演讲。⑥

---

① 《泰勒论中国的乡村建设运动》，《乡村建设》1934 年第 4 卷第 7—8 期。
② 许仕廉：《社会计划与乡村建设》，《社会学界》1934 年第 8 卷。
③ 吴相湘：《晏阳初传》，岳麓书社 2001 年版，前言，第 2—3 页。
④ 王京强：《20 世纪 30 年代中期的〈田家半月刊〉与乡村建设》，《宗教学研究》2009 年第 3 期。
⑤ 张鸿钧：《印度马滩达姆农村建设中心区参观记》，天津《大公报·乡村建设》第 19 期；张鸿钧：《印度合作给我们的启示》，天津《大公报·乡村建设》第 28 期。
⑥ 刘广新：《梁漱溟与邹平》，载中国人民政治协商会议山东省济宁市市中区委员会文史资料汇编：《文史资料》第 7 辑，内部资料，1992 年，第 5—6 页。

中华平民教育促进总会在美国积极传播中国乡村建设思想。平教会成立于1923年8月26日。开办之初，平教会经费时常不足，故积极寻求各方资助。晏阳初充分运用其在美国求学与工作期间建立的各种社会网络，及平教事业在海外拥有的声望，积极争取美援。"计自十四年九月至十五年十二月，本会所收入之款，国外有檀香山捐款，乃十四年七月十五至三十日在檀香山所捐。（捐款人名及数目，详见《檀香山华侨与中国平民教育》）国内有中华教育文化基金董事会补助费。"①虽然晏阳初强调平教会从未募捐，"所收捐款，纯由捐款者自动的乐助"，但海外机构与个人的捐款却与晏阳初详细的工作计划汇报、诚恳的沟通密切相关。1925年6月，晏阳初参加了在美国檀香山召开的太平洋国际学术会议，并作了题目为《中国一建设力量——平民教育》的演讲，详细介绍了中国平民教育运动，演讲引起与会各国的关注，"给整个会议留下了极其深刻的印象"②。中华平民教育运动被檀香山会议的代表看作是"树立中国形象的一股巨大的建设性力量"③，会议主席莱曼·韦尔伯博士在闭幕词中高度赞扬定县平民教育运动，"第一件最使人感动的事，是中国平民教育运动，以及其在太平洋问题上的重要关系。其次，我想是中国的爱国新精神和她的新起且壮大的对外国侵犯的态度"④。晏阳初的演讲也在当地华侨中产生强烈反响，晏阳初应华侨邀请演讲40余场，听众少则50人，多则3000多人。他们还组织了12个募捐队为晏阳初的平民教育运动募捐。⑤

1928年6月，晏阳初在美国各大城市进行了演讲募捐，积极争取美国各界政要、工商巨子、社会名流尤其是美国洛克菲勒基金会和米尔板基金会负责人的支持。晏阳初向美国总统柯立芝介绍平教工作，"总统对中国的平民教育运动工作表现出了极大的兴趣"⑥。晏阳初在美国居住了约10个月的时间，他奔波于旧金山、圣大巴巴拉、洛杉矶、匹兹堡和芝加哥等城市进行演讲，

---

① 《平教总会收支报告书篇首说明》（1927年），《晏阳初全集》第1卷，第120页。
② 《致W.F.迪林厄姆》（1925年9月5日），《晏阳初全集》第3卷，第19页。
③ 《致芳馨女士》（1927年6月16日），《晏阳初全集》第3卷，第49—50页。
④ 吴相湘：《晏阳初传》，第95页。
⑤ 吴相湘：《晏阳初传》，第97页；晏阳初、赛珍珠：《告语人民》，广西师范大学出版社2003年版，第304页。
⑥ 《致W.C.福布斯》（1928年12月3日），《晏阳初全集》第3卷，第86页。

通过向美国政界要人、商界与教育界名流讲述平民教育运动,获得极大的成功,不仅使中国平民教育运动为世界所知晓,也为平教会的工作募集了大量捐款,如洛克菲勒基金会的5万美元,美国无线电公司、纽约美孚煤油公司、美国奇异电器公司、狄龙、理德公司等,每家公司捐款5000美元。① 一些美国友人还为定县事业捐赠了物品,如定县文艺教育中使用的无线电发音机为英文书记美国人金佩英的母亲捐赠,金佩英在美国听晏先生演讲,受到了极大感动,志愿来华服务。②

晏阳初还利用多种会议、宴会的机会,向美国人和华侨介绍平教运动的历史与发展情况。为出席第二届世界教育协会联合会,平教会专门准备了英文简报《平民教育运动在中国》。晏阳初还在1926年10月26日的《太平洋协会新闻简报》上简述了1925—1926年夏平教运动的显著特征,并将这些记载平民教育运动的英文出版物通过私人信件向美国友人推介③,如给斯诺邮寄《1934年定县实验》④,给美国哥伦比亚大学师范学院老师拉格寄一些反映青年工作发展的材料以备其著书发表有关乡政事业的材料⑤,给美国内务部长威尔伯致信谈平教运动在中国近期发展情况⑥,给在齐鲁大学和保定基督教青年会、上海外国人基督教青年会任职的外国人介绍在美国发表的平教会文章。⑦

这些对外传播活动也激起美国人士对中国定县进行考察的热情。1929年10月,"一大批出席京都太平洋会议的美国代表来北平观光。他们都希望看看我们的定县实验区。太平洋协会研究部主任,哥伦比亚大学詹姆斯·肖特韦尔博士已经视察了我们定县工作。他对实验区的工作怀有很大兴趣"⑧。1930

---

① 《致F. T. 戴维森》(1929年3月20日),《晏阳初全集》第3卷,第98页。
② 杨开道:《定游日记之一》,天津《大公报·乡村建设》第11期,1934年6月7日,第3张第11版。
③ 《复A. 莫塔尔特》(1927年1月4日),《晏阳初全集》第3卷,第47页;《致芳馨女士》(1927年6月16日),第50页。
④ 《复E. 斯诺》(1935年1月1日),《晏阳初全集》第3卷,第457页。
⑤ 《致H. 拉格》(1933年7月1日),《晏阳初全集》第3卷,第376页。
⑥ 《致R. L. 威尔伯》(1928年3月24日),《晏阳初全集》第3卷,第71—73页。
⑦ 《致H. R. 威廉森》(1930年1月9日)、《复M. H. 惠勒》(1930年1月9日)、《复L. E. 麦克拉林》(1930年1月28日),《晏阳初全集》第3卷,139—143页。
⑧ 《致D. 费尔普斯》(1929年10月4日),《晏阳初全集》第3卷,第122页。

年米尔板纪念基金会的研究主任埃德迦·西登斯特利克、美国的中国平民教育运动合作委员会秘书兼司库菲尔德与夫人访问了定县。①1931年夏,洛克菲勒基金会总裁冈恩(Sdlskar M. Guna)在自巴黎到纽约的途中,到中国停留七周,参观了定县实验及燕京大学、南开大学有关农村社会学及经济研究计划,高度评价了定县实验,"这一运动值得予以最大的注视。它可能获得对未来若干年中国问题的答案"。尽管有少数人认为晏的计划太理想而注定失败,但冈恩认为"在中国极少理想主义。我自己相信晏与同仁在走向成功"②。1932年10月冈恩再度来华,实地考察了定县、邹平和无锡等地农村改造运动,针对各地训练人才的缺乏和科学研究的贫乏,他提出"华北计划",在洛克菲勒基金会资助下由平教总会、燕京大学、南开大学、金陵大学、协和医学院和华北工业协进会共同合作开展农村改造工作,同时训练人才,将学科理论与实地工作并重。③

平教会的工作获得美国人的关注与支持,也受到亚洲其他国家的肯定,菲律宾教育者贝尼特斯给《太平洋协会通讯》写信,"讲述了中国平教运动如何鼓舞他,促使他和其兄弟、同乡致力于旨在'五年中扫除菲律宾文盲'的菲律宾平教运动"④。晏阳初在致外国专家斯巴丹的信中称:"我们已经收到印度、菲律宾和朝鲜等国家的教育和社会部门领导人的来信,认为我们定县的一些创新方法和技术对他们有实际的帮助。"甚至美国扫除文盲运动也采用了定县教文盲的方法,并在那里收到很好的效果。⑤晏阳初把平教运动在海外的响应情况及时地传达给中国政府高官,如外交部长王正廷、工商部长孔祥熙⑥,同时也不失时机地将政府对平民教育的热情适时地反馈给美国的捐助方。

一些海外学者与记者也将对中国的考察印象传播到世界。这些介绍有冷静的批评,也有积极的赞扬。1933年的美国第十四次全国乡村生活讨论会上,

---

① 《致R. L. 威尔伯》(1930年10月1日),《晏阳初全集》第3卷,第183—184页。
② 吴相湘:《晏阳初传》,第250—251页。
③ 吴相湘:《晏阳初传》,第252页。
④ 《致F. S. 薄克曼》(1926年8月7日),《晏阳初全集》第3卷,第37页。
⑤ 《复斯巴丹》(1932年5月18日),《晏阳初全集》第3卷,第280页。
⑥ 晏阳初给王正廷和孔祥熙寄去在美国发表的平教运动的英文文章,《晏阳初全集》第3卷,第133—134页。

Kenyon L. Butterfield 的《亚洲之国家与乡村建设》对中国全国建设进行了简单介绍，指出中国人民是耐劳的，家庭、宗族与村落观念很强，但中国政府的建设却是纸上谈兵。① 美国记者斯诺 1933 年 10 月到定县参观后，于 12 月 17 日在《纽约先驱论坛报》上发表《唤醒中国民众》(Awakening of the Masses in China) 一文，称赞定县的做法是"我在定县发现很具戏剧性并且证明是最重要的生活改造工作。这是除苏俄以外，其他任何地方所未见过的——定县人民，从外表上看没有什么和中国其他各地村民不相同。但形成他们许多不同的地方在他们的心理以及其整个生活的前途。这些都不是从外国工厂输入的"②。1935 年 12 月美国《巴尔的摩太阳报》和英国《伦敦新闻》发表了中国平民教育实验的文章，详细陈述定县的实验工作情形，认为这是改造中国人生活全部结构的一项最值得注意的社会实验。1937 年 6 月美国教育学家孟禄博士在北平师范大学讲演时认为定县四大教育均齐发展的价值重大。③ 还有一些学者对中国乡村建设运动整体设计进行了局部的解读，如美国哈佛大学教授霍金和美国新教育家罗格到中国来考察教育，认定山东乡村建设研究院是一个改造教育的机关，广州中山大学教授庄泽宣到欧洲参加"世界新教育会议"时，也把山东乡村建设研究院作为中国新教育运动的一部分来介绍。④

从乡村建设思想在国际的传播情况来看，获得源源不断的捐款是晏阳初到海外开展乡村建设工作宣传的主要目的。他介绍乡村建设思想时，主要是简述中国乡村工作在平民教育、公共卫生、生计教育、农业改良方面的做法与成绩，强调中国乡村工作已经取得中国政府与学者的共识，乡村建设运动已经成为一种社会意识。他说，实验县的建设模式已引起全国范围的兴趣，乡村建设是任何团体都可立定脚跟的讲坛⑤，平教运动"使得中国的社会和政治生活发生了根本的变化"⑥。海外人士对中国乡村建设的报告也基本上充满了热情的赞赏之词。当然，为了申请海外基金会的资助，晏阳初也指出乡村建设中人才不足

---

① Kenyon L. Butterfield:《亚洲之国家与乡村建设》，黄贻孙译，《复兴月刊》1933 年第 2 卷第 6 期。
② 吴相湘:《晏阳初传》，第 248—249 页。
③ 吴相湘:《晏阳初传》，第 249—250 页。
④ 梁漱溟:《教育与人生：梁漱溟教育文集》，当代中国出版社 2012 年版，第 154 页。
⑤ 《致 S. M. 冈恩》(1934 年 2 月 19 日)，《晏阳初全集》第 3 卷，第 405 页。
⑥ 《致 S. D. 甘博》(1938 年 10 月 10 日)，《晏阳初全集》第 3 卷，第 593 页。

的问题，比如缺乏科学研究和训练。① 无疑，作为一种策略性的传播，乡村建设思想的国际传播虽然不尽全面，却也引起了世界的关注。

二、大众媒体对乡村问题的关注

在各类传播媒介中，《申报》《东方杂志》《大公报》和《益世报》因其发行量大，受众广泛，并以专栏形式展开对农村现状报道和对乡村建设问题的讨论，在推动乡村建设思想的传播方面发挥了重要的舆论引导与达成共识的作用。

《申报》由英国商人美查（Ernest Major）于1872年4月30日在上海创办，后转售中国商人经营，1949年5月27日停刊，历时78年，是近代中国发行时间最长、具有广泛社会影响的报纸。《申报》对乡村问题的关注散见于各地新闻涉及的农村报道中，自1931年起对乡村建设的进展有所关注，如1931年3月14日报道《鲁省研究乡村建设》、1933年2月27日报道《鲁省设立县政建设实验区》、1933年7月16日报道《各地农村专家出席邹平乡建协进会》、1935年8月20日的《全国乡村工作讨论会筹备举行三届年会》、1936年6月22日的《浙建厅办乡村建设》、1937年3月24日的《鲁省努力乡村建设》等。1935年后对各地区农村实情的报告相对集中，如1935年11月的《西行见闻：北碚参观记》，1936年3月至1937年8月，陆续连载近20期的《湖北农村杂写》。1935年11月，中国社会教育社俞庆棠受上海《申报》之邀主编《农村生活丛谈》专栏，按照编者办刊的目的，旨在"（一）供给各省各地农村的现实状况，描写农村民众的真正疾苦；（二）剖视外国经济力量在农村中的作用和影响；（三）分析和比较最新的农村经济统计材料，显示农村凋敝的实在情形；（四）介绍农民对于自己生活上苦乐和对于现状的意见；（五）介绍国内外对于改进农村生活之理论以及已有显著成效之实验事业"②。至1937年初停止，断断续续刊载了反映农村生活现状的文章近30篇，1937年5月《申报》馆将这些

---

① 《致 J. A. 金斯伯利》（1932年5月20日），《晏阳初全集》第3卷，第283—284页。
② 俞庆棠：《发刊的旨趣》，《申报》1935年11月2日，第8版。

文章结集出版。这些文章主要反映了两方面的问题：一是农民之疾苦如土地问题、劳动状况、赋税地租繁重、地主商人剥削、农产品价格低落、国际经济恐慌的影响、副业衰落和灾荒严重等；二是一般的农村风土，所涉及的区域遍及江苏、浙江、四川、江西、河南、安徽、山东、云南、广东、青岛等省市，对了解华南、华中以及西南地区农民生活提供了第一手资料。

《东方杂志》由商务印书馆于1904年3月11日在上海创办，1948年底终刊，历时45年，是中国近代期刊史上"寿命"最长的一份综合性杂志，也是商务期刊方阵中当之无愧的"龙头"，被誉为"杂志中的杂志"，是"杂志中时期最长久而最努力者"[1]。该刊率先对乡村社会变迁以及乡村危机给予高度关注和集中表达，成为大众媒体中乡村话题的"引领者"。

民国成立前，《东方杂志》对乡村的关注反映在时事新闻中，散见于"各省农务汇志""各地商务商况"类文章，专题类报道十分少见。1910年前后，对乡村民变问题较为关注。总体来看，"1920年以前，几乎没有任何农业观察家发出农业正面临危机的警告"[2]，但随着20世纪20年代各地的粮食危机和1924—1927年大革命期间农民运动的兴起，舆论开始持续关注乡村社会。1922年8月，《东方杂志》推出"农业及农民运动号"专栏，刊载了9篇有关农业及农民运动的文章。1927年《东方杂志》以"农民状况调查"为题，举办第一次定期征文，随后开设"农民状况调查"专号，集中刊载了16篇农村调查研究专文和23篇《各地农民调查》的"征文节录"（1927年第24卷第16号）。这些调查类的文章涉及全国10多个省30多个市、县、乡，比较详尽地介绍了各地农民的生存状况，作者群基本为当地居民，他们亲身描绘和述说农民的生活景观和生存状况，内容详细，感情真切，引起了社会各界的强烈共鸣，也首次以如此显明的媒介议题设置形式开始引发舆论对乡村问题的关注。因应着乡村状况的恶化与各界人士对乡村问题的关注，从1935年初开设"农村救济问题"专栏，同年，《东方杂志》与中国农村经济研究会合作，开设"农村写实"专栏，每月一期，共刊行18期，计85篇文章，这些反映农村

---

[1] 戈公振：《中国报学史》，上海古籍出版社2003年版，第161页。
[2] 费正清：《剑桥中华民国史》（第二部），上海人民出版社1992年版，第283页。

家庭生活、农业生产、风土人情、宗教信仰等各个方面的写实类文章,涉及20个省和地区,为读者提供了一个了解当地农民基本生活状况的窗口。

1902年创刊的《大公报》,成为百年中国近现代史的缩影,自1926年吴鼎昌、胡政之、张季鸾接办后,以独立自主精神办理报刊,以"不党、不卖、不私、不盲"为办报方针和《大公报》社训,坚持为新闻而新闻,做公众的喉舌、社会的耳目。《大公报》自1928年9月至1936年9月是其快速发展时期,报纸发行量由1万多份增加到10万多份。① 此时正是中国农村经济日益衰落并引发舆论界关注的时期,也是中国乡村建设运动由发展至鼎盛的十年,《大公报》对乡村问题和乡村建设运动有大量报道。首先是《读者论坛》栏中自1930年即有大量读者畅谈农村发展、农村治匪、肃清农村毒品等问题,其次是从1930年派驻记者到农村进行实地调研,自3月起报告农民生活状况,并于9月后陆续刊载农村调查通信、旅行通信等,从江南、西北、山东、晋南等地发回了对农村社会状况的调查报告。至1931年5月22日,报纸发行满一万号,在万号纪念辞中,主编张季鸾强调"在今日工业幼稚之时,农为国本,而乡间状况,都会不详。是以中国革命之第一要务,为普遍调查民生疾苦而宣扬之。此固报纸天职","期使本报成为全国人民生活之缩图,俾政治教育各界随时得到研究参考之资料"。② 此后,《大公报》各类专刊、特刊与各地新闻栏不仅传达了大量农村社会状况的信息,也对农村问题展开评论,反映了社会实况亦推动了舆论界对乡村问题的关注。《大公报》作为大众报刊较早也较全面地介绍了乡村建设运动,1930年1月8日至12日,《大公报》刊文《定县平教村治参观记》对定县平民教育促进会工作进行介绍和评论,1933年3月1日至4月19日每周一期连续刊载《山东农村观感记——记邹平之行》,介绍邹平乡村建设运动概况,1934年8月2日至11日连续刊载卢作孚的文章《建设中国的困难及其必循的道路》,并对1933—1935年10月举行的三次乡村运动讨论会做了报道与评论。

1934年1月4日,《大公报》与中国乡村建设学会合作开设的《乡村建设》副刊创刊,初期由燕京大学社会学教授杨开道主编,双周刊行,至1935年1

---

① 吴廷俊:《新记〈大公报〉史稿》,武汉出版社2002年版,第8页。
② 张季鸾:《本报一万号纪念辞》,天津《大公报》1931年5月22日,第1张第1版。

月6日《乡村建设》出版一周年后，自第 25 期起，由定县平教总会瞿菊农任主编，并改为周刊，共出版 70 期，刊登关于各地乡村建设运动的工作报告与讨论乡村建设各方面工作的理论文章共 97 篇，另有 2 篇讨论合作社和乡村毛呢业的信函。《乡村建设》副刊文章作为从事乡村建设运动实践者的交流平台，也成为时人及后人探讨乡村建设运动的重要窗口。其作者群以各地乡村建设运动的实践者为主体，尤其是华洋义赈会的章元善，燕京大学的杨开道，定县平教会的瞿菊农、姚石庵、赵冀良，中华职业教育社的江问渔、姚惠泉，江苏省立教育学院的俞任声、黄心石、甘导伯等。

《益世报》，1915 年 10 月 10 日由天主教天津教区副主教——比利时籍神父雷鸣远在天津注册创办，与《大公报》《申报》和《民国日报》并称为民国四大报。其宗旨为"放世界眼光，谋人类福祉"，虽注重宣扬西方文化，但对中国社会问题亦保持高度关注，并能比较客观地进行持续性报道。《益世报》自 1934 年 1 月 6 日起开设"农村问题专页"，编者认为："近一二年来虽然在政府有复兴农村的计划，在都市有救济农村的呼声，但这都不关痛痒，于农民本身无干。我们认定如果救济农村之破产，第一步必须明瞭中国农村现实状态，彻底了解农民之疾苦与需要。第二步再根据各种调查报告，以科学方法整理分析求得一个真实病源，然后再据以制定救济方案与复兴计划。"① 强调要从农村和农民本身获得真确资料，作为讨论救济农村问题的开端。至 2 月 24 日"农村问题专页"共办 8 期，发表各地农村实况的文章近 50 篇。此时，《益世报》鉴于"过去所发表之文字，大部分偏重于农民'自诉式'之报告，只能代表农民陈诉其困苦，而于中国农村'问题'之真实性及其'症结'之所在，挽救之方法，尚缺乏综覈之研究，具体之调查，科学之分析"②，为求得更深入的调查研究及为农村谋一切实出路，《益世报》敦请北平社会调查所陶孟和先生及该所同仁特辟副刊《农村周刊》，由北平社会调查所的千家驹任主编，每周六整版出版。"举凡关于农业政策、农村经济、农业调查、农民生活、书报介绍、农村通讯等等，无不兼收并蓄。"③ 千家驹采取兼容并包、百家争鸣的方针，《农村周刊》汇聚了社会各界

---

① 《编者之词》，天津《益世报》1934 年 1 月 6 日，第 3 张第 11 版，"农村问题专页"第 1 号。
② 《本页重要声明》，天津《益世报》1934 年 2 月 24 日，第 3 张第 11 版，"农村问题专页"第 8 号。
③ 《本页重要声明》，天津《益世报》1934 年 2 月 24 日，第 3 张第 11 版，"农村问题专页"第 8 号。

对农村问题与农村建设的声音,但主编的政治立场使周刊观点更多赞同"左派"意见。1936年初北平社会调查所与中央研究院社会科学研究所合并,《农村周刊》主编随后迁往南京,千家驹主办第1—158期后应聘于广西大学,"对于编辑事务,不克兼顾"①,自第159期起,改由张培刚接编。

《益世报·农村周刊》共出175期,时间从1934年3月3日到1937年7月24日,连同农村问题专页,共达183期。发表文章近300篇。这些对农村相关问题与乡村建设概括的报道集中在五方面:一是农村现状调查;二是中国农村经济问题;三是乡村建设问题的讨论;四是农村技术改良;五是世界农村现状介绍。除《农村周刊》专栏外,《教育与体育》副刊也关注乡村教育问题;《妇女周刊》关注农村妇女生活问题;各地新闻栏中有关于农村社会状况和各地乡村建设考察的介绍;社会服务栏中亦有读者对乡村问题进行反馈。这一切构成观察农村现实问题和乡村建设状况的立体式的窗口,从政治、经济、社会与文化等层面建构了20世纪30年代农村社会的实况。

三、乡村报道焦点之一:乡村现状及乡村衰落的原因

大众报刊对农村实况的报道主要来自乡村知识分子、进城的知识分子和农民的自诉。他们作为农村现状的见证者,从各个层面描述了农村的生活场景和农民的生存状况,引起了社会各界的强烈共鸣。从《东方杂志·农村写实》《益世报·农村问题专页》和《申报·农村生活丛谈》来看,农村问题并非一个具有严格界定与范围的学术话题,而是相对宽泛的社会话语。作者们关于农村问题的认知集中在对农民生活处境与农村经济残破的描述方面:地权失衡,土劣压迫,军队盘剥,外国侵略所导致的苛捐杂税层出不穷,军阀、土匪侵扰不已,外货倾销导致农产价落、日用品价昂,高利贷盘剥,蛀蚀农村,加上水旱灾而致使乡民流离失所等等。正如当时乡村知识分子致函《益世报》所言:"降至晚近,外受帝国主义之经济的、文化的、物质的,种种侵略,内遭自相残杀之内战,旱、潦、虫害之天灾,苛捐杂税之榨取,土豪劣绅之压迫,以致

---

① 《编后》,天津《益世报·农村周刊》第158期,1937年3月27日,第11版。

无权无勇无所告诉之懦弱农众，横被其祸，摧残剥削，日复一日，而农村随趋于破产之一途。"①

（一）乡村衰落的实况描述

农村崩溃的征象之一是农田荒芜、灾害频生、农业生产衰落，以及疾疠的发生。②其原因首先在于土地分配不均，农村人地矛盾突出。吴觉农认为："现在的土地，已大都在地主之手，且田无论好歹，岁无论丰歉，做地主的逼迫佃户，做胥吏的勒索民间，农民的痛苦是不必细说了。"③"土地分配不均的现象，使地主压迫农民的程度日益加剧，结果中国农民大众，要向无地化的过程前进，而农村的经济将沦为瓦解的境地。"④"江宁县一镇四乡的人口压力日趋严重，整个的土地面积不敷耕种，……且可垦的土地日见减少，而人口的增加正属方兴未艾，长此以往，未来忧患更深！"⑤在河北定县，由于人口过剩，"谋生困难，是极严重的事实，于是一般有志的男子（他们不一定有农田），多相继向外发展，但以到东北三省去的较多，故有'下关东'之口号"⑥，总计每年总有五六万人。在江西九江谭家畈，据1935年的调查，164家中，小地主20户，有田地267.3亩，平均每户13亩余，自耕农21户，共有田地103.8亩，每户平均只有5亩余，半自耕农70户，共有田地471.8亩，每户平均自有及租有也只有6亩余，更次佃农53户，共有田地209.8亩，每户平均只有3亩余，田地少且细碎，农民耕地不足，生活困窘。⑦

其次是农民生活日益贫困。"中国农民经济的困难，当莫过于今日"⑧，这成为关注农村现状者的共同感受。江苏宜兴一个村庄，1935年春夏二季，全村吃米饭的只有十余家，其余吃杂粮或者饿肚子。村上的小学是不收费的，但

---

① 《一个天津乡民陈诉四乡农民疾苦》，天津《益世报》1934年1月6日，第3张第11版，"农村问题专页"第1号。
② 《发刊词》，天津《益世报·农村周刊》第1期，1934年3月3日，第3张第11版。
③ 吴觉农：《中国的农民问题》，《东方杂志》1922年第19卷第16号。
④ 董汝舟：《中国农村经济的破产》，《东方杂志》1932年第29卷第7号。
⑤ 乔启明、蒋杰：《江宁秣陵的农村人口和农村土地续》，《申报》1935年12月1日，第9版。
⑥ 鲁绍柳：《河北定县农村之改进》，《申报》1935年6月10日，第12版。
⑦ 姜爱群：《九江农村生活（上）》，《申报》1936年6月8日，第6版。
⑧ 张镜予：《中国农民经济的困难和补救》，《东方杂志》1929年第26卷第9号。

是学生一天天减少，村边宅旁，本来有不少树木和竹林，现在都不见了。① 广东顺德的蚕业，"据最近的调查，全县年内能稍有盈余之蚕户，仅占百分之四，进支差强相抵的亦不过百分之四，而每年须受亏损之累的竟达百分之九十二。结果，辍业的辍业，失业的失业，负债的负债，大家都挣扎到死亡线上的边沿了"②。在闽南，由于地主豪绅、官僚军阀的榨取，高达40%—50%的佃租和苛捐什税，及其他意外的榨取，"所以闽南人民的生活，每况愈下，因之破产失业，挺（铤）而走险，流为土匪，随地皆是"③。

最后，农村教育落后，农业技术停滞不前。杨开道感叹道："农民自身没有能力去教育他们和他们的子女，政府又对于农村教育毫不注意，所以一百个农民里头不过有五六个人能识字；至于受过普通教育的人不过一二个罢了。他们既然没有受教育的机会，没有充分的知识，所以总守着几千百年传下来的老法子，不知道怎样去增进农业生产，去提倡农业经济。"④ 妇女受教育的程度更低，在河南省，一些小学找不到女学生。⑤ 农民生活习惯愚昧保守，"一遇水旱的灾异，他们便祷神礼佛，以求庇护"⑥。农民识字率低，农业科学知识"向极幼稚"，"非特农人从未闻物理化学诸名词，即从事农民教育与试验诸人物，亦多一知半解者"⑦。尽管1928年后各地开始试验抽水机进行农田灌排，预防旱涝灾害，但农村技术停滞，在杭县凌家桥村，普通农家（佃农）耕田都在10亩以下，耕种技术落后，非但打水机或较新式的打稻机及新式犁耙等，在本村从未看见过，连运用耕牛戽水这件事，也属寥寥无几，而且还在连年减少下去。⑧

（二）乡村衰落的原因探讨

从媒体记载来看，地主、军阀与豪绅掠夺造成的繁重地租和田赋以及苛捐

---

① 企之：《久违了的故乡宜兴：一个农村贫乏的分析》，《申报》1936年2月10日，第7版。
② 潘翼云：《广东顺德蚕农的生活》，《申报》1935年12月22日，第10版。
③ 朱博能：《闽南农村现状》，《东方杂志》1935年第32卷第2号。
④ 杨开道：《我国农村生活衰落的原因和解救的方法》，《东方杂志》1927年第24卷第16号。
⑤ 张锡昌：《黄土平原的农村妇女印象》，《申报》1935年12月30日，第8版。
⑥ 黄主一：《川北农民现状之一斑》，《东方杂志》1927年第24卷第16号。
⑦ 陈宰均：《中国农业革命论》，《东方杂志》1921年第18卷第24号。
⑧ 郭人全：《杭县凌家桥的土地关系及农业经营续》，《申报》1936年1月27日，第12版。

杂税是困扰各地农村的首要问题。(见表4-1)"民生困苦之根本，实在于苛捐杂税。""中国人民之最大痛苦，为饱受苛虐之政而无从呼吁。"① "盖中国今日全国之捐税制度，乃世界之最恶者"②，"至近年因兵匪遍地，天灾时行，捐税奇重。其结果农产减少，民食寖成恐慌。"③ 在甘肃，"近五年来军阀巧立苛捐杂税，竭民脂膏。其名目之繁多，尤足使子遗咽气"。这些捐税包括亩款、地丁、麻鞋捐、皮袄捐、清乡费、军服捐、袜子捐、房捐、锅捐、交通捐、柴草捐等44种。④ 捐税名目繁多，以天津乡民为例，"关于捐税者，田地正赋，田赋附加捐如区经费、建设费、度量衡捐。他若房捐，车捐，警察捐，警察附加捐，屠宰税，青苗捐等。""其他杂费者，村公所费，官公费如派官车费、摊警察制服费等，统计其正税附加税，及杂费等，为数甚巨。"⑤ 有军队驻扎与经过的农村，尚有临时杂费，"如支应军队之索车马，要人伕，派给养，挖战壕等等之费用"⑥。四川多地实行田赋预征。1933年，灌县的田赋预征了41年。⑦

各种灾害中实以"官灾"为重。时人言"若论农村因何破产，只为一个灾字，农民所怕者，水灾、旱灾、虫灾，此所谓天灾，兵灾、匪灾，此所谓人灾，以上五灾之外，更有一个最普遍，最利害，农民最难逃的一个灾字，是为官灾……现在农村经济破产，大半是受此灾。"⑧ 即税制的繁苛系由政府造成，故《大公报》强调农村问题与政治问题密切相关，"然中国政治，虐农特甚，今日则更不可问。政府政策，完全与农民利益违背，且直接胁威其生存。"⑨ "若夫中国农村破坏，与其谓为经济的关系，毋宁应认为政治之原因"，"向来亲民之官职在劝农……今则邑宰重责，集中于催租、征粮、募债、征车、征夫，

---

① 《呜呼苛捐杂税》，天津《大公报》1929年12月17日，第1张第2版。
② 《社评：取消苛捐杂税之呼吁》，天津《大公报》1930年10月14日，第1张第2版。
③ 《社评：中国农村救济问题》，天津《大公报》1930年8月7日，第1张第2版。
④ 《甘肃之苛捐杂税》，天津《大公报》1931年4月5日，第2张第5版。
⑤ 《一个天津乡民陈诉四乡农民疾苦》，天津《益世报》1934年1月6日，第3张第11版，"农村问题专页"第1号。
⑥ 《关于苛捐杂税：一个简略的分析》，天津《益世报》1934年1月20日，第3张第11版，"农村问题专页"第3号。
⑦ 如生：《四川灌县的农村》，《东方杂志》1936年第33卷第2号。
⑧ 《农民对天灾还不怕，最怕的是官灾》，天津《益世报》1934年1月13日，第3张第11版，"农村问题专页"第2号。
⑨ 《社评：哀农民》，天津《大公报》1930年6月27日，第1张第2版。

无一事不以剥削农村、压制农民为务。而治盗匪、安闾阎、兴水利、便耕耘等等，概无暇问"[1]。1933年，"江苏田赋附捐名目不下三十种，超过正税有达二十倍以上者。浙江附税附捐，亦均逾越法定限度"[2]。

表 4-1 《益世报》"农村问题专页"第 1—8 号

刊号	文章名	农村问题之总结
第 1 号	一个天津乡民陈诉四乡农民疾苦	外国侵略，内战，天灾，苛捐杂税，土豪劣绅压迫
	关于农村经济破产 一个小地主之陈诉	土劣，苛杂，征发，附加
第 1—4 号	中国农村经济破产原动力之一 到处盛行的高利贷	帝国主义的侵略，封建军阀的榨取，水旱天灾，高利贷
第 2 号	人间有此悲惨的境界！阜平一个佃农的对话	苛租杂捐，兵匪，天灾
	农民对天灾还不怕 最怕的是官灾	官灾，天灾（水灾、旱灾、虫灾），兵灾，匪灾
	什么叫"抢场"！债主剥夺农民一种方法	土地开销大，债权人抢稻
	农民之敌	官吏不良，军队征战，劣绅助虐
	关于井陉县苛捐杂税之分析	苛捐杂税
	浮征：剥夺农民又一法 邢台农村经济实况	捐税
第 3 号	从各方面检讨北方农村破产的因素	外货入侵，兵匪扰乱，天灾无救，高利贷盘剥，苛捐杂税，官吏渔利，教育无效，农民思想陈旧，乡村奢侈风气
	毁千家富一家 农村又一大贼：毒化与黑化	谷贱伤农，毒品猖獗，机关冗滥，苛捐杂税
	河北丰润县农民之负担	苛捐杂税
	赵县农村概况	农产价落，苛捐杂税
	关于苛捐杂税 一个简略的分析	苛捐杂税层层剥夺
第 4 号	岂制度之不善？抑人谋之未臧！何以河北各县办理区治反为农民之大害？	区治扰民，乡民负担增加
	一个农民的自述：卖田借债是唯一的生路	捐税沉重

---

① 《社评：中国农村救济问题》，天津《大公报》1930年8月7日，第1张第2版。
② 《征求苛捐杂税调查报告》，天津《大公报》1933年12月27日，第1张第2版。

续表

刊号	文章名	农村问题之总结
第4号	放淤虽属善政 行之不当亦害民	治河不当害民
	永定河流域农民最怕的是河患！更何堪人为的剥夺摧残	河水泛滥生产无收，苛捐杂税支出不穷
	鲁南农村社会的片断	兵匪劫掠，农民离村
第5号	农村可畏之消耗：食盐与煤油	捐重，盐与煤油价昂，谷贱地贱
	一个与农民有密切关系的肥料问题：有机肥料与化学肥料功能之分析	帝国主义的剥夺
	国内几省农村一个概略的观察 农民所需要的是安定	灌溉不便，收获不丰，军匪劫掠，摊派繁多
	佃农的疾苦 从本省十个村庄里可以推想普遍的悲哀	地租高，杂捐税，兵匪灾，雨雹灾，物价跌落，高利贷
第6号	农村感事诗两篇	土豪劣绅
	农作物价低落了 可是剥夺农民的一切负担未曾降低！	赋税、商品和债务不随农作物价的涨落作标准
	甚哉！不良的政治可以驱民附敌	税重，水灾，兵灾
	天津十里以内显然两个世界	谷贱租重
	献县农村破产调查记	收入少支出多，天灾，苛捐杂税，匪患，官吏剥削，东北进款减少
	几个农民不负债 还不了只有希望拖延	天灾，收获欠佳，苛捐杂税
第7号	谁能想象到河北省中南部农民的生活？"不知油味"与鼠争食	农村的沉寂愁困荒凉
	山东省即墨县农村状况之一角	奢侈，苛捐杂税，土产落价，重利贷，兵匪水旱等灾
	聪明的征赋法：县府开总单交村长包征，替农民加上一层剥削	税重
	献县农村破产调查记	匪灾
	盐山是亦农民园地	捐税田赋的负担重，粮价低落
第8号	农民对政府希望并不奢 只希望不扰民不害民	内战频兴，兵匪劫掠，捐税繁多
	与农民一席对话 重利盘剥是农民致命伤	粮价低落，入不支出，重利剥削
	天演人演 又是一个农村论者	兵匪侵扰，天灾不时，捐税无限
	农村经济调查之一瞥	奢侈之风，农村破产

其次，外国货物的倾销和帝国主义的剥削，给农业带来重大冲击。一般认为，我国农村崩溃之原因，"要不外国外帝国主义之侵略，国内封建政治之剥

削,及土豪劣绅之重重侵蚀"①。当30年代的世界经济危机波及中国时,时人认识到:"中国农村经济已卷入世界经济的漩涡;农产物价格的跌落,是由于市场关系的变动;农田价格的降落,是由于因农民贫乏而起的失田的增加;农产物输出的减少,是由于世界经济恐慌所给予中国农业的打击;至于其他的诸现象,不论其发生或救济,都已超出了单纯的自然关系或技术问题的范围。"②"商品输入,逐年增加,破坏内地原有的经济基础,已使各农村趋于慢性的枯竭。"③发生在殖民地及半殖民地的经济较落后国家的经济恐慌的"本质是在帝国主义底(的)侵略和封建势力底(的)双重剥削之下前资本主义的生产关系与生产力的冲突,他所表现的形态是农业底(的)颓废,生产量底(的)不足和慢性的饥馑与死亡"④。世界经济危机使外国货物充斥农村,增加了农民的支出,同时破坏了农村家庭手工业,减少了农民的收入,因此农民易于受到饥饿的威胁。⑤吕品认为,在中国农村经济破产中,帝国主义经济侵略影响为最大,其次是封建军阀的榨取。民国成立以来,帝国主义为扩充其在华势力,一面推动封建军阀的割据局面致使内战不断,农村建设遭到破坏,农村剥削不断加重;另一方面,帝国主义过剩商品的侵入,演成土产价跌,利息沉重。水旱天灾和高利贷剥削也是促成农村经济破产的因子。⑥在青岛,由于渔民捕鱼方法守旧,又加之日本对渔业的侵略,"在这年头,无论渔户渔工,都遭遇着悲惨的命运,血本尽失,而债台高筑"⑦。在杭县,"近五年来因受国际帝国主义的粮食倾销之压迫,全国各地谷价狂跌,因而影响地价"⑧。地价衰落,农民转而种植茶叶以求生存。1936年,中央大学农学院院长邹树文谈及中国农村衰落原

---

① 张鲁山:《农村不安之总分析(续)》,天津《大公报》1930年6月11日,第1张第2版。
② 孙寒冰:《论中国农村建设之本质》,《东方杂志》1935年第32卷第7号。
③ 陈醉云:《复兴农村对策》,《东方杂志》1933年第30卷第13号。
④ 姜解生:《一九三二年中国农业恐慌底新姿态——丰收成灾》,《东方杂志》1932年第29卷第7号。
⑤ 姜解生:《一九三二年中国农业恐慌底新姿态——丰收成灾》,《东方杂志》1932年第29卷第7号。
⑥ 吕品:《中国农村经济破产原动力之一 到处盛行的高利贷》,天津《益世报》1934年1月6、13、20、27日,第3张第11版,"农村问题专页"第1—4号。
⑦ 王志超:《青岛渔村一瞥》,《申报》1936年5月19日,第8版。
⑧ 郭人全:《杭县凌家桥的土地关系及农业经营》,《申报》1936年1月20日,第12版。

因时指出:"外力的压迫,这是中国农村衰落的主要原因。"① 张秀含分析了中国农村社会中的支配因素,认为"中国农村社会和种种不安,不是农民自身所形成,乃是帝国主义与封建势力双重压榨的结果,而最高的支配因素,当属帝国主义者",而"帝国主义者诚为中国农村崩溃之主因"。②

再次,频繁的水旱天灾与兵灾,使农民处境雪上加霜。苏筠将我国农村崩溃的原因归根于三点:一是国际帝国主义的榨取和压迫,二是国内各式各样封建势力的剥削与戕害,三是严重的天灾的威胁与破坏。③1931年长江洪灾肆虐数省,"此次中国之水灾,遍及十六省,江淮富庶之区,尤为严重。瞩目江河,浮尸累累,倾耳郊野,哀鸿嗷嗷"④。在各地新闻的栏目中,天灾与兵匪的频发一直困扰着各地。根据红十字会战地急赈委员张执中等对徐州、开封、洛阳等地灾况的描述,1930年初的河南状况是:豫西战区及陇海路左右二十余县,周围千余里,迭经战祸、饥荒,"人民死于冻饿者十余万,死于兵匪者十余万,流离逃亡者三四十万,业已无复生存之望"。众多股土匪"所过如篦如剃,如刮如吸,竟至村无炊烟,户无升粟,富者悬磬,贫者绝粒,沟壑之傍,道路之侧,城关村镇之间,僵尸累累,触目皆是"⑤。山东聊城因兵灾匪祸,"占山东灾区第一把交椅",屡遭兵匪洗劫,元气大伤,城东南二十余村,一片焦土。⑥江西省农村破产,主要由于谷贱伤农、税捐繁苛及水旱天灾。⑦"苛捐杂税,固应减免,军队过多,坐食农民脂膏,为农民破产之最大原因。"⑧1934年,长江流域各省大旱,安徽49县受严重旱灾,据作者对安徽怀宁县大丰乡中17村的调查,996人中,除17%的人有饭吃外,其余流亡在外的达12%多,在乡乞食与困饿在家的达70%,饥民总数达82%以上。⑨

---

① 邹树文:《中国农村衰落的原因(上)》,《申报》1936年3月8日,第8版。
② 张秀含:《中国农村社会的特性》,天津《益世报·农村周刊》第149期,1937年1月16日,第3张第12版。
③ 苏筠:《中国农村复兴运动声中之天灾问题》,《东方杂志》1933年第30卷第24号。
④ 《各省同胞应一致救灾》,天津《大公报》1931年8月23日,第1张第2版。
⑤ 《如篦如剃如刮如吸——洛阳之兵灾与匪祸》,天津《大公报》1930年1月28日,第1张第4版。
⑥ 《山东旅行第六信:聊城元气难复》,天津《大公报》1931年4月27日,第2张第5版。
⑦ 《赣省农村破产》,天津《大公报》1932年10月18日,第2张第5版。
⑧ 《关于农村经济破产——一个小地主之陈述》,天津《益世报》,1934年1月6日,第3张第11版,农村问题专页第1号。
⑨ 于树峦:《皖中农村灾荒的严重状况》,《东方杂志》1935年第32卷第8号。

在淮河南岸，村庄常常遭受水旱灾害，"该村小农的破产，主要的是因为天灾——尤其是水灾"①。因灾荒、恐慌而加剧了农民分化过程，"贫农的增加，成了特别显著的现象"②。

第四大原因则为农村内部社会风气的恶化。一些分析者在指出天灾、人祸造成的农民生活苦痛、农村经济衰败的情形时，也注意到中国农村内部社会风气的变化为农民贫困之重要原因，特别是奢侈之风盛行，毒品充斥，为农村经济一大败源。王镜铭针对农村毒品问题在《大公报》发表数篇文章，分析毒品蔓延的原因、社会影响与肃清农村黑祸的办法，通过对冀南农村社会的考察，描述的农村现象是："浪人横行街市、乞丐满巷塞途，烟鬼充斥，赌棍成行，其他游民不必枚举"，而农村社会破产与恐怖的真因，是"黑化澎湃、毒品蔓延"。③即墨金波玉认为："对于农村破产问题，凡有投稿诸君，均认为'苛捐杂税'是最大的原因，这虽是难否认的，但是我以为还有比它更严重的原因，甚值得注意比较。"他将农村破产的原因分为"慢性"与"急性"两种："在慢性中当以奢侈为第一，苛捐杂税次之；急性中当以土产及土地大落价为第一，重利贷次之。"而兵、匪、水、旱等灾，暂且例外。他认为乡村奢侈之风大盛，每人购买烟、酒、皮鞋、肥皂、生发油、雪花膏等普通的奢侈品，平均每人至少在二元以上。另外的奢侈性消费如赌博、鸦片、娶亲、殡葬等则花费更巨。④谭锡纯通过对农村年节市场的实地观察，指出农村于1933—1934年间由俭转奢之风猛进，"青年男女嗜好——纸烟、鸦片、白面（即海洛因。——引者注）——也于此一二年中突飞孟晋（猛进）！于农村破产之际再加上'奢侈''堕落'，将来农村前途，令人心悸"⑤。刘菊泉对河北唐县农村经济的分析，认为农村贫穷的原因主要在于：苛杂的负担太重；日常用品的

---

① 邺陋：《淮河南岸的一个村庄》，《东方杂志》1936年第33卷第4号。
② 罗琼：《江苏江阴农村中的劳动妇女》，《东方杂志》1935年第32卷第8号。
③ 王镜铭：《中国农村问题研究之二：游民与农村社会》，天津《大公报》1931年4月21日，第1张第3版。
④ 《山东省即墨县农村状况之一角　急性与慢性症之分析》，天津《益世报》1934年2月17日，第3张第11版，农村问题专页第7号。
⑤ 《农村经济调查之一瞥》，天津《益世报》1934年2月24日，第3张第11版，"农村问题专页"第8号。

昂贵；皮行的外漏；毒品的充斥，使得无益的消耗增加，而收入日减。①据沙河农村读书人的反映，"大概估计，全县二百六十余村，每年毒品之消耗，约在一百五十万元左右"②。在河北定县，毒品流行被认为是农村破产的主要原因。"各村吸食白面及贩卖者，几无村无之，而以城内尤甚，计全年消耗量约在百万元以上。"③

  农村衰落与中国的政治状况、自然灾害和国际经济冲击有关。媒体传递的信息相对集中：一是自然的水旱蝗灾，二是政治方面的税捐苛重和滥发公债，三是经济上与工业化的结果、洋货的倾销和入超的增加。④随着乡村建设的开展，晏阳初、梁漱溟等乡村建设领导人的观点日益为媒介所关注，平教会将乡村问题归结为"愚""穷""弱""私"四大因素，梁漱溟认为破坏乡村的力量与原因，主要表现为西方列强的侵略与西方思想文化的影响，中国政府与革命力量所进行的政治、经济和文化制度变革，工业化和城市化，中国国内的战乱与匪患，频发的自然灾害等。吴半农认为平教会没有注意到根本原因在于帝国主义与封建势力的破坏，平教会本身的性质和社会背景，便会使他们不敢正视这些根本问题。"他们只是把四个轻重各异的病态现象，相提并论地拿了出来，作为他们实验工作的理论之基础和出发点。"所以他们的工作也常常碰壁，如提倡农村工业以裕农民生计而办小规模毛棉纺织厂，但产品卖不起价，农民不愿来学，该厂被迫移至城里；另，霍六丁任职定县时深感白面害民太巨，努力限期禁绝，但快达目的时，某方军队进驻定县，军队头目要禁白面的负责人卖白面，否则令其负担该军队的一切饷用。县长数月努力化为乌有⑤。千家驹则直言"定县平教会对中国社会的整个认识是错误的"。谁要真正探究起"愚穷弱私"的社会经济基础来，"他就不能不承认资

---

① 《河北唐县的农村经济概况（续）》，天津《益世报·农村周刊》第152期，1937年1月6日，第3张第12版。
② 《毁千家富一家：农村又一大贼——毒化与黑化》，天津《益世报》1934年1月20日，第3张第11版，"农村问题专页"第3号。
③ 鲁绍柳：《河北定县农村之改进》，《申报》1935年6月10日，第12版。
④ 朱偰：《农村经济没落原因之分析及救济农民生计之对策》，《东方杂志》1935年第32卷第1号。
⑤ 吴半农：《论"定县主义"》，天津《益世报·农村周刊》第8期，1934年4月21日，第3张第11版。

本帝国主义之长期的经济侵略与国内封建势力之残酷的剥削是造成中国今日农村破产之主要的原因"①。李鼎引用梁漱溟的乡村建设理论，认为"今日中国之问题在其数千年相沿袭的社会组织构造，已经崩溃，而新者尚未产生"②。陈文治反对李鼎的观点，强调农村破产的原因：一是帝国主义经济之侵略，二是封建军阀无限止的榨取，三是天灾的频仍。三个因素，是促使中国农村破产之真正动力，"但是邹平研究院的诸君却把这种种原因都归到'没有政治习惯'和'没有维系人心的风俗习惯'上去，这要不是故意歪曲事实，就是对中国农村社会认识之盲目"③。千家驹认为中国的根本问题不是梁漱溟所说的法制礼俗的问题，要新的"社会秩序"之产生，新的"法制礼俗"之养成，必须先有新的经济制度之建立。现在的问题是如何造成一新的社会经济制度以培养新的法制礼俗，而不是相反。④ 中国的问题也不是农业技术改良者所认为的生产落后和技术不精，而是帝国主义的经济侵略与封建残余的剥削。⑤

四、乡村报道焦点之二：解决乡村问题的呼吁与探讨

解决日见严峻的农村问题，也是各主要媒体的着力之处。《东方杂志》于1922年、1927年刊载的吴觉农和杨开道的文章中即提出改良农村教育、组织团体合作事业、实行乡村自治、设立农民银行，以及便利交通、人才返乡、举办各类乡村具体事业，以解决乡村实际问题。⑥ 而众多观察者则一致呼吁在政治方面着眼，减轻租税田赋、去除官灾、铲除贪官污吏与军阀、取消各类

---

① 钱磊：《定县的实验运动能解决中国农村问题吗？——兼评民间半月刊孙伏园先生〈全国各地的实验运动〉》，天津《益世报·农村周刊》第12期，1934年5月19日，第3张第11版。
② 李鼎：《邹平乡村建设的根本理论》，天津《益世报·农村周刊》第23期，1934年8月4日，第3张第11版。
③ 陈文治：《评"邹平乡村建设的根本理论"》，天津《益世报·农村周刊》第24期，1934年8月11日，第3张第11版。
④ 千家驹：《中国的歧路——评邹平乡村建设运动兼论中国工业化问题》，天津《益世报·农村周刊》第57期，1935年4月6日，第3张第11版。
⑤ 千家驹：《我们对于农业技术改良运动的态度》，天津《益世报·农村周刊》第122期，1936年7月11日，第3张第11版。
⑥ 吴觉农：《中国的农民问题》，《东方杂志》1922年第19卷16号；杨开道：《我国农村生活衰落的原因和解救的方法》，《东方杂志》1927年第24卷第16号。

苛捐杂税。

　　许涤新指出，要照二五减租之原则，地租额最高限度不得超过当年收获物总额的 37.5%。①"减轻苛捐杂税，或除田赋国课之外，一律蠲免"。"农村警捐，宜由该管上级署所，挨村中实在警务必要之费，直接按户征收，不宜由当村警察，直行索取，以防假借，或滥收之弊。"②"发展乡村运动之总前提，在减除不当之捐税，安定人们之生活。此而不能，则任何理论之乡村运动，皆为徒劳。虽千百热心学者梁漱溟，亦无济于事也。"③《大公报》在如实报道农村经济崩溃、乡村社会危机现状、探讨农村破产原因的同时，还发起具体的救济灾民的活动，针对 1928 年至 1930 年的陕西、甘肃两省的旱灾和 1931 年长江流域严重的水灾，连续报道各省水灾状况，描述各地灾区农民的困苦生活，发起"陕赈周""救灾日"等活动，连续发表社评 20 余篇，募集救灾款，探讨灾害之原因及救灾措施。针对陕西灾情，社评指出："今日为救灾计，第一即应调查各县灾况，分别减免田赋。"④而长江水患，则"与政府在政治上所负之责任固大"⑤，应当追究地方官吏致祸之责。在媒体看来，救济灾民也是开展乡村建设的一种手段。既然农村问题首要在政治不良，则缓解农村危机也应在政治方面着力，在天津《大公报》1930 年的一篇社评中，指出："中国今后反乱为治之计，从原则立论，自宜弭止战争，改良法制，刷新教育，保护生产，从实惠及民，正本清源之具体政策立论，则首在政治家对农村问题有过正确之认识，力量能及数省则救济数省农村。……第一步慎选知事，问民疾苦，安秩序，祛繁苛，养民力。第二步奖自治，倡合作，担任低利贷借，禁阻豪强兼并。更以团体之力，改良农产。"⑥解决农村困境，在政治方面政府需有所作为，在节流方面，要裁汰冗员、缩小开支，"节可省之费，裁可去之官，将省县人事费缩到极度之小"⑦。"集中财力人力，择最急最要的事，先办他几件，其余暂行

---

① 许涤新：《农村破产中的农民生计问题》，《东方杂志》1935 年第 32 卷第 1 期。
② 《一个天津乡民陈诉四乡农民疾苦》，天津《益世报》1934 年 1 月 6 日，第 3 张第 11 版，"农村问题专页"第 1 号。
③ 《社评：乡村建设协进会之成立》，天津《大公报》1933 年 7 月 13 日，第 1 张第 2 版。
④ 《为灾区呼吁减免税捐》，天津《大公报》1929 年 7 月 30 日，第 1 张第 2 版。
⑤ 《从三种利害说到救灾问题》，天津《大公报》1931 年 8 月 24 日，第 1 张第 2 版。
⑥ 《社评：中国农村救济问题》，天津《大公报》1930 年 8 月 7 日，第 1 张第 2 版。
⑦ 《财政会议与苛捐杂税》，天津《大公报》1934 年 5 月 21 日，第 1 张第 2 版。

停止,以期功归实际。"①改订税制,整理田赋附加,免除杂捐,"必须注意将苛捐杂税之最非法而病民者若干种,予以实际的废除"②。"行政制度改革之外,宜同时责成财政部改良税法,使国家一切税收,勿再一一转嫁于农民之身"③,并消除兵灾、安定社会秩序,"凡苛捐杂税之流,只有加增,从无减少,盖恶税繁兴,都因内战"④。故媒体呼吁"厉行裁兵,严禁驻军骚扰"⑤。在开源方面,则是改进农业生产技术、开办农民银行与信用合作社,缓解金融枯竭问题,发展农业生产。

其次,解决农村问题要抵制外货倾销、改进农村生产。"提倡举国俭朴不用外国货。""提倡农民自治并改良种子物。"⑥"防止舶来之米、麦、布、棉、面等贱价倾销,而免国内农产,被其摧残,宜由政府厉行关税保护政策。"⑦有的主张重征洋米进口税,制止汇价倾销。⑧《农村周刊》创办后,其任务不仅在揭示农村问题的严重性,探寻农村崩溃的实在原因,更以鲜明的左派学者立场批评当时一些经济学者或乡村建设派的错误观点。李紫翔认为中国农村经济危机的原因是:"帝国主义的经济侵略,地主的榨取,统治者的竭泽而渔,错综地组成中国农村经济之慢性与急性的破产的根本因素。再加上帝国主义的猛烈倾销,国内外政治军事和天灾的打击,中国农村经济不得不走入总崩溃的形势。"⑨吴半农等对中国农村普遍破产根本原因也归结为帝国主义商品的长期侵入、军阀混战、水旱天灾、匪患及苛捐杂税,即帝国主义与封建势力的破坏。⑩更多的作者强调中国农村问题与民族问题的密切关系,反对只是片面从苛捐杂税与贪官压

---

① 《政府应速挽救经济总崩溃》,天津《大公报》1934年2月8日,第1张第2版。
② 《社评:取消苛捐杂税之呼吁》,天津《大公报》1930年10月14日,第1张第2版。
③ 《复兴农村委员会开会》,天津《大公报》1933年5月5日,第1张第2版。
④ 《社评:取消苛捐杂税之呼吁》,天津《大公报》1930年10月14日,第1张第2版。
⑤ 张庆豫:《废除苛捐杂税之我见》,天津《大公报》1934年5月4日,第1张第2版。
⑥ 赵县农村概况,天津《益世报》1934年1月20日,第3张第11版,"农村问题专页"第3号。
⑦ 《一个天津乡民陈诉四乡农民疾苦》,天津《益世报》1934年1月6日,第3张第11版,"农村问题专页"第1号。
⑧ 朱偰:《农村经济没落原因之分析及救济农民生计之对策》,《东方杂志》1935年第32卷第1号。
⑨ 李紫翔:《中国农村经济危机之原因的探讨》,天津《益世报·农村周刊》第3期,1934年3月17日,第3张第12版。
⑩ 吴半农:《论"定县主义"》,天津《益世报·农村周刊》第8期,1934年4月21日,第3张第11版。

迫的立场泛泛而谈，而是将农村问题与中国革命的斗争目标结合起来。

第三，解决农村土地问题。《东方杂志》的记者在《农民问题与中国之将来》中强调土地问题是农民问题中的重要部分，提出中国应该用急进的土地政策改革沿袭数百年来的田赋制度，实行《租佃法》《农民法》，限制地主通过土地特权来剥削农民。张镜予认为"中国农业经济制度改革，首先改革租佃制度"，最终实现"耕者有其田"。① "目前要挽救这颓败的农村，最要的是在解决农业的主体——土地问题"，这是治本的办法，中国现有的土地制度，绝不能发挥其充分的生产力，新式机器也不能适用，要挽救农村的颓败，必须铲除土地私有制度。② 也有人反对实行耕者有其田，以免沦于零碎的小农经营状态，而应实行集团农场，利用合作组织，实现土地公有公营的理想。③

第四，整顿乡村社会秩序，肃清毒品。针对乡村游民为害恶劣的现象，王镜铭强调："地痞流氓设没有惩治办法，一切村治运动，新村建设，都不过是些清谈的资料，枯窘、凋敝、恐怖、不安、淫乱、迷信，笼罩下的农村社会，是不容有任何建设的。"④ 要肃清农村毒品，对外要取消领事裁判权、收回租界，禁止毒品自境外输入，对内的政治方面，中央要加强拒毒宣传、遵循禁烟条例、严禁军人勒种鸦片和吸食毒品、严惩吸烟官吏等，在地方上应严禁贪官借端敲诈、组织烟民反省院、整顿警察、整理地方保卫团、严惩地痞流氓、设乞丐收容所和农民银行等，而在农村经济方面，要提倡农村副业、组织农村消费合作社，在文化方面提倡农村正当娱乐等。⑤ 亦即解决农村经济崩溃与农村社会的动荡等问题，需仰赖政府刷新政治局面、涤除陋风，并开展合作运动，发展农村经济。

随着乡村话题传播的扩大与深入，以及乡村建设效果的迟滞，一些讨论者意识到要解决中国农村问题，需要明了农村现状与各问题出现之症结。"换言之，即须分析目前农村社会各方面的事实，研究其特殊的属性，指明农民的不

---

① 张镜予：《中国农民经济的困难和补救》，《东方杂志》1929 年第 26 卷第 9 号。
② 归廷轮：《农村经济没落之原因及其救济方案》，《东方杂志》1935 年第 32 卷第 1 号。
③ 毛起鸰：《乡村建设运动之检讨》，《东方杂志》1936 年第 33 卷第 13 号。
④ 王镜铭：《中国农村问题研究之三：游民与农村社会》，天津《大公报》1931 年 4 月 22 日，第 1 张第 3 版。
⑤ 王镜铭：《怎样肃清农村黑祸？》，天津《大公报》1930 年 12 月 31 日，第 3 张第 12 版；王镜铭：《怎样肃清农村黑祸？（续）》，天津《大公报》1931 年 1 月 5 日，第 3 张第 11 版。

安，究从何处来，究向那里去，所以本问题正是建设乡村的先决条件。"① 所以对农村社会性质问题的讨论引起许多学者的关注，并在知识界引发出关于中国农村社会性质的论战。1934年天津《益世报·农村周刊》创刊伊始，便掀起了一场关于如何看待农村问题的小规模论战。②1935年，《农村周刊》再度发起关于农村社会性质问题的论战，并引起学者们的广泛关注与响应。双方论战的核心指向中国农村经济研究的中心问题是土地分配问题还是资本分配问题，王宜昌认为农村的中心问题是资本主义性质的农业的发展问题。③ 王宜昌、韩德章侧重于农村经济性质上的说明，而薛暮桥、钱俊瑞等侧重生产关系上的检讨。前者讨论中国农村经济性质是资本主义还是封建经济，而后者则论述中国农村生产关系是否束缚了生产力的发展。④ 此后论战的阵地转向《中国农村》和《中国经济》期刊，引起舆论界对农村经济问题的广泛关注。论战两年后，当学界对此问题的讨论逐渐式微时，面对中国民族危机日益加剧，国内矛盾依然严峻的形势，《农村周刊》再度发起对农村社会问题的讨论。《农村周刊》先后以五期刊登范郁文对中国农村经济结构的研究，指出中国农村经济是"一个有封建经济成分有资本主义经济成分的同时非封建制度非资本主义制度的半殖民地的过渡形态。但是具体的中国社会，实际上已不单是一个一般的社会，而且是在帝国主义统治下的'半殖民地'的社会"。他认为"要克服整个中国民族的沦亡危机，要开发中国社会经济无限发展的光明出路，无疑地只有'民族解放'与'社会改造'互为条件的互相联系之下方有可能"⑤。

---

① 张秀含：《中国农村社会的特性》，天津《益世报·农村周刊》1937年1月16日，第3张第12版，第149期。
② 《农村周刊》创办以来，主编者组织了三场论战，第一场论战即针对乐观看待中国农村经济问题的曲直生，第二场是关于中国农村社会经济性质和农村经济研究方法的，第三场论战是针对定县与邹平的乡村建设运动的。吴敏超的《左翼的联合——以千家驹与"中国农村"为中心的考察》（《近代史学刊》2013年第10辑）对《益世报》中的论战有较翔实的论述，本篇主要针对乡村建设思想的论战加以考察，对于中国农村社会性质论战已有专文论及，兹不赘述。参见王先明：《走近乡村——20世纪以来中国乡村发展论争的历史追索》，山西人民出版社2012年版，第57—74页。
③ 王宜昌：《论现阶段的中国农村经济研究——答覆并批评薛暮桥钱俊瑞两先生》，天津《益世报·农村周刊》第55期，1935年3月16日，第3张第11版。
④ 王毓铨：《关于农村经济研究之方向及任务的讨论》，天津《益世报·农村周刊》第56期，1935年3月23日，第3张第11版。
⑤ 范郁文：《论现阶段中国农村的经济结构（续）》，天津《益世报·农村周刊》第151期，1937年1月30日，第3张第12版。

综合媒体上关于农村性质论战文章的观点，不难看出，争论中的共识可谓渐行渐近。帝国主义侵略与封建军阀压迫为农村问题之根本原因，已成为《农村周刊》作者群的共识；而解决这些问题，不唯乡村建设不著其功，单纯取消苛捐与整顿整治似也言不及义；彻底地消灭帝国主义与封建残余势力已成解决农村问题不容辩驳的出路。

媒体对于乡村问题的讨论，与当时逐渐兴起的各地乡村建设运动相互激荡，引起众多知识分子和各级政府对乡村建设运动的关注与参与，在对如何解决乡村危机的问题上也渐渐形成不同的思路：一是以政府或乡村建设团体为主体，在乡村开展建设实践，在既存政治秩序不变的基础上，通过民众教育、商农合作、经济改良等方式推动农村问题逐渐解决；二是以民众为主体，通过社会改造和民族革命的方式来推翻帝国主义和封建势力的支配与剥削，从根本政治秩序的再造入手彻底解决农村问题。

五、乡村报道焦点之三：乡村建设的着力点

自 1934 年至 1936 年，正是乡村建设运动从发起到各地响应的蓬勃发展时期，也是乡村建设思想广为传播的阶段。1933 年在第一次全国乡村建设讨论会期间成立的中国乡村建设学会，决定每年组织一次全国性的集会，促进全国乡村建设的长足发展；《大公报·乡村建设》副刊应时而生，给主张不同建设方案的乡建运动者提供一个即时交流信息的平台。"同人随便在什么地方，在什么时候，都可以彼此交换意见，交换经验。虽然笔谈没有口谈的亲切，然而我们不必等到一年，也可不远千里，在这个小小的论坛上面大家见面。"① 其目的是"发表各地的实际研究和工作的计划与结果"②。从《大公报·乡村建设》副刊近百篇文章来看，副刊重点对平民教育促进会、江苏省立教育学院、中华职业教育社、燕京大学社会学系和金陵大学农学院在各地的乡村建设实验工作进行了较详细的介绍，集中于河北、江苏、安徽区域，并兼及河南、四川、湖

---

① 《发刊词》，天津《大公报·乡村建设》第 1 期，1934 年 1 月 4 日，第 3 张第 11 版。
② 《编辑后记》，天津《大公报·乡村建设》第 10 期，1934 年 5 月 24 日，第 3 张第 11 版。

南、山东等地的乡运信息。(见表4-2)由于主办者的学术背景及依托阵地的差异和各地农村问题主次的不同,在如何建设乡村方面形成了不同的思路。

表4-2 《乡村建设》副刊中关于乡村建设运动概况的文章

作者	文章名	期次	日期
梁仲华讲演、徐雍舜记录、杨开道改编	镇平自治鸟瞰	2—4	1934年1月8日、2月1日、3月1日
章元善	从定县回来	7	1934年4月12日
赵德庆	彭禹廷先生之政治思想及其实施计划	8	1934年4月26日
徐雍舜	中国农村运动之总检讨:读孔雪雄《中国今日之农村运动》书后	13	1934年7月5日
言心哲	徐公桥乡村改进试验区一瞥	18	1934年9月10日
杨开道	燕京大学农村建设工作:在第二次全国乡村工作讨论会报告	21	1934年11月8日
梁漱溟	乡村建设旨趣:二十三年双十节在定县乡村工作讨论会讲演	25	1935年1月6日
甘导伯、朱若溪	江苏省立教育学院之乡村民众教育工作	26、27	1935年1月13日、1月20日
章之汶	介绍一个农业推广试验区——乌江	30	1935年2月10日
陈筑山	河北省县政建设研究所的工作	32	1935年2月24日
江问渔、姚惠泉	中华职业教育社农村工作简述	36、37	1935年3月24日、31日
叶庭槐	四川江津试验区平教工作概况	38	1935年4月7日
俞任声、王作薪	惠北民众教育试验区工作简述	43—45	1935年5月12日、19日、26日
黄心石	无锡江苏省立教育学院指导合作社组织之简述	55、56	1935年8月11—17日
赵冕	北夏的实验	60	1935年10月9日
张桐鹰、徐伯康	南丰试验区乡村工作简述——第三届乡村工作讨论会报告	61、62	1935年10月23日、11月12日
宁	介绍乌江乡村建设研究	66	1936年1月1日
姚玉庵	定县合作社合作二年来之回顾	67	1936年1月15日
宋玉岗	无棣县民众教育试验区工作	70	1936年2月26日
曲广琨	牟平民众教育试验区工作	70	1936年2月26日

各地乡村建设之实施机关、理论、方法等各不相同,但均是立足于救济农

民疾苦、消除兵灾匪患、充实国家实力,其对策亦集中于"农业技术的增进,农村经济的发展,农民教育的普及,和农村自治的促成"①。中华职业教育社等机构于 1926 年在昆山创办徐公桥乡村改进试验区,"在南方开农村实验之先河"②,1928 年正式进行各项农村改进事业,开展的建设工作较为多样,包括举办户口调查、改进市政、修桥筑路、创立公墓;在农业经济方面,注意选种、驱除病虫害,推行打稻机、打水机、碾米机、弹花机等新农具,举行耕牛比赛和麦作展览,提倡副业,建立合作社和公共仓库;发展民众教育;举办公共卫生、消防会、保卫团和社会救济事业。自 1928—1934 年的七年来共花费 17300 余元,并交由当地政府接办。③

江苏省立教育学院,前身是 1928 年 2 月开办的民众教育院及 1928 年 1 月开办的劳农学院,其方法以民众教育为主,其信念是:"救济农村的衰落,应以民众教育为动力,农村建设是实施民众教育的目的,民众教育是完成农村建设的方法。""我们所谓乡村建设,是主张用教育力量,推进乡村,组织民众,为政治经济文化等多方面的建设。"④ 随着实施民众教育过程中事业区域不断扩大,强调要充分利用当地社会环境,使研究与实验合一。⑤

金陵大学农学院在安徽和县的乌江镇创办的实验区,以农业推广为主,"除推广棉种外,并开办农民诊疗所及农村小学,期以经济,卫生及教育等事业作推行农村建设之工具"⑥。工作中注意探求农作物种子在各地的推广方法,并及于对农村经济、教育、卫生、社会及村治等方面的研究。

---

① 陈筑山:《河北省县政建设研究院的工作》,天津《大公报·乡村建设》第 32 期,1935 年 2 月 24 日,第 3 张第 9 版。
② 徐雍舜:《中国农村运动之总检讨——读孔雪雄〈中国今日之农村运动〉书后》,天津《大公报·乡村建设》第 13 期,1934 年 7 月 5 日,第 3 张第 11 版。
③ 言心哲:《徐公桥乡村改进试验区一瞥》,天津《大公报·乡村建设》第 18 期,1934 年 9 月 13 日,第 3 张第 11 版;江问渔、姚惠泉:《中华职业教育社农村工作简述》,天津《大公报·乡村建设》第 36 期,1935 年 3 月 24 日,第 3 张第 9 版。
④ 甘道伯、朱若溪:《江苏省立教育学院之乡村民众教育工作》,天津《大公报·乡村建设》第 26 期,1935 年 1 月 13 日,第 3 张第 9 版。
⑤ 甘道伯、朱若溪:《江苏省立教育学院之乡村民众教育工作(续)》,天津《大公报·乡村建设》第 27 期,1935 年 1 月 20 日,第 3 张第 9 版。
⑥ 章之汶:《介绍一个农业推广实验区——乌江》,天津《大公报·乡村建设》第 30 期,1935 年 2 月 10 日,第 3 张第 9 版。

河北省县政建设研究院与平教会均以定县为实验区，平教会实施县单位在政治、经济、教育、卫生、自卫等整个生活上必要的基本建设，研究院则把县行政这一阶段沟通，与平教会分工合作进行，平教会重视教育材料、工具、方法等本身的效果，而研究院则利用政治力量去推动实施有效果的实验。①

燕京大学社会学系的杨开道对乡村建设运动进行了总结，指出各政府、学术和私立机关开展的农村建设分为两个途径：旧村改造和新村建设。而农村改造——"目前是一个最普遍、最流行的运动"，"旧派自从光绪三十年间米迪刚先生办理翟城村治起，到梁漱溟先生接办邹平乡村建设研究院止，也曾经过不少的波澜。不过他们有一个共同的特点，就是他们相信中国书籍、中国文化，而不大阅读外国的书籍，接受外国的文化。他们应该称为中国文化派，不过因为他们都主张以村治为根本方案，所以普通都称为村治派，日本学者则称之为农业社会主义派"。其代表，有开创村治的米迪刚，有主持山东村治的王鸿一，镇平民团的彭禹廷，村治哲学的梁漱溟，开创邹平的梁仲华和邹平县长王柄程，菏泽县长孙廉泉等。新派则以定县平民教育促进会和无锡江苏省立教育学院为代表，"定县和无锡，都是拿民众教育作出发点的，不过定县专门于方法的研究，而无锡则注重人才的养成"。新派中有成效者或有影响者还有中华职业教育社、已经停办的晓庄师范、金陵大学和中央大学农学院以及燕京大学社会学系，此外如行政院农村复兴委员会，实业部中央农业实验所经济委员会农业处，都是以整个农村建设为工作目标的。"农村建设工作之多，人才之盛，经费之巨，可谓一时无两。""旧派目的在维护中国固有文化，扫除农村各种内伤，如土匪，劣绅，贪官，重税之类"，新派不但要医治中国农村的新病，并且还要医治中国农村的老病，其最后的目标，是一个现代化、科学化的农村。②

各地乡村工作团体虽都致力于解决乡村困境，其工作内容千头万绪，但着力点并不同。燕京大学社会学系的徐雍舜对中国各地农村运动的团体、理论与实践进行了总结，他从各处农村运动的特性入手，将农村运动的团体分为五种

---

① 陈筑山：《河北省县政建设研究院的工作》，天津《大公报·乡村建设》第32期，1935年2月24日，第3张第9版。

② 杨开道：《农村建设之途径——在柳州农村建设试验区讲》，天津《大公报·乡村建设》第17期，1934年8月30日，第3张第11版。

类型：一是以政治为主体，以农民为施政对象，以实现自治，如山西的村治。二是以教育为特殊的主体，如平教会和江苏省立教育学院。三是以人民自卫为主要的对象，如河南的镇平。四是以政教合一为基本的理论，如邹平，以乡学、村学发挥政治与教育等方面的功能。五是从经济生活入手，以改进技术增加生产为努力的目标，如湖南棉业实验场及各处的合作运动等。不过这些分类都是相对的，不是绝对的，偏重于自卫者也兼顾教育，偏重于经济者也兼顾政教。①定县实验区学校式教育部的赵冀良认为中国的乡村建设，有下列六大端：教育建设、经济建设（包括生产改进和合作事业）、政治建设、卫生建设（分预防与治疗）、自卫建设、礼俗建设。今日之乡村工作者有的只在一种建设方面努力，如华洋义赈会，一般的都从事多方面的建设，工作范围，或以一县或以一区为单位，有的散布各处，工作的性质，有的是实验，有的是表证，有的是推行。他将国民革命运动与乡村建设运动相比，前者是争取中国自由平等的排毒工作，后者是启发民力、培养民力的滋补工作，两者相因相成，不可偏倚。②

华洋义赈会以合作事业为核心工作，其负责人章元善认为，"合作社在吾们中国的效用，格外明显"。"假之以时日，把他培养得健全起来，不独他能完成他本身的使命，而凡村中的教育，卫生，农业改良，土地利用……等新兴事业，差不多都可由合作社来提倡组织。"③整个农村运动，虽不能希望合作社完全担负起来，但至少可以引动改善农村生活各方面的事业。章元善认为在中国向无组织的农村中，合作社的确有出人意表的效用，而对于合作运动中的诸多问题也应值得过细研究。④他在对定县工作的考察中，看到定县由平教而办合作，强调"将来以经济的组织——合作社——为中心发展村治，这种力量，是不可忽视的"⑤。黄心石认为合作社可利用它做三种民众教育实验的工具，即

---

① 徐雍舜：《中国农村运动之总检讨——读孔雪雄〈中国今日之农村运动〉后》，天津《大公报·乡村建设》第13期，1934年7月5日，第3张第11版。
② 赵冀良：《乡村建设感言》，天津《大公报·乡村建设》第41期，1935年4月28日，第3张第9版。
③ 章元善：《合作运动之现状及其与乡村建设之关系》，天津《大公报·乡村建设》第22期，1934年11月22日，第3张第11版。
④ 章元善：《合作运动之现状及其与乡村建设之关系》，天津《大公报·乡村建设》第22期，1934年11月22日，第3张第11版。
⑤ 章元善：《从定县回来》，天津《大公报·乡村建设》第7期，1934年4月12日，第3张第11版。

组织民众、训练民众运用民权,作实施民众教育的基本队伍。① 江苏省立教育学院北夏实验区总干事赵冕针对读者对合作社在抵抗帝国主义经济侵略中作用的质疑,他指出,"合作社在经济上要立于不败之地,除了政治上必要的保护外,必须资金雄厚,组织扩大,尤要经营得法"。"总之,还要政治有办法,一面抵抗帝国主义的侵略,一面解决土地问题,再培植起合作的经济秩序来。"②

在乡村教育方面,瞿菊农强调教育在乡村建设中的重要性。近百年的中国在外来势力入侵下,"造成现在这样疲敝衰弱,纷扰混乱的状态",而乡村建设运动是鉴于以往务外的与模仿的办法不生效力而在自己身上想办法的一种运动,他认为乡村建设运动有其自然的次序,即乡村社会服务、农民自动建设和全国计划建设这三个阶段,当前乡村建设的第二阶段已相当的发动了,引发农民自动建设的力量就是教育,"此所谓教育,不仅是通常所谓教育,而是改造生活的教育,是培养力量的教育"。既要与建设活动相联络贯串,又要注意农民的组织训练。只有农民个人有了力量,乡村建设才真能生根。而乡村建设运动终极目的是整个国家的建设。③ 在定县从事教育工作的李秀峰强调教育与政治力量的合作以促成农村建设,"农村建设最基本的条件,是在有组织有训练的民众"。目前欲"民族再造"之使命的实现与"农村建设"条件之造成,须力谋政治与教育之调协。"一面用政治力量去推动建设工作,一面运用教育力量造成建设之条件并做些建设的事业,如此,则农村建设工作之完成,并非是无办法的事。"主张以整个农村为教育的场所,而以民族再造建设农村为教育的目标。④ 从事学校式社会教育的赵冀良探讨了民众教育的宗旨,"今日规定的民校宗旨,其含义未免太狭。知识技能不过是教育的一方面,我们今日与其要求一般民众有简易之知识技能,不如要求民众有组织的能力、民族的意义,能

---

① 黄心石:《无锡江苏省立教育学院指导合作社组织之简述》,天津《大公报·乡村建设》第55期,1935年8月11日,第3张第9版。
② 赵冕:《北夏的实验(下)》,天津《大公报·乡村建设》第62期,1935年11月6日,第3张第9版。
③ 菊农:《乡村建设之历史的任务》,天津《大公报·乡村建设》第33期,1935年3月3日,第3张第9版。
④ 李秀峰:《实施农村建设教育的标准》,天津《大公报·乡村建设》第53期,1935年7月28日,第3张第9版。

为国家牺牲"。他强调民众学校应根据中华民国教育的宗旨及其实施方针,"在授予年长失学者以基本的知识与技能,锻炼其性格,坚固其组织,以适应中国民族的需要"[1]。针对大家对民众教育出路的疑问,赵冕强调民众教育要求民众觉醒,以其自由的意志自动地解决自己的问题,这是一件艰巨的工作,是迂缓之路也是根本之路,在民众教育征途因鼓励或失败而产生的不屈不挠、艰苦卓绝的精神上的成就要比表面上的成就更有价值。而在北夏的实验亦有一定的效果,如因农民的反对大大减杀了团正保长的浮收风气。[2]

在乡村经济建设问题上,姚石庵强调农民生计教育的重要性。认为目前中国的危机,是农村经济的基础动摇。"因此解决农村经济问题,是今日唯一的工作。"中国农村危机与三个因素有关,一是国际资本主义的压迫,一是国内政治的不良,一是农民本身的落后,这三个因素相互因果,彼此关联。要打开中国的经济危局,要有一贯的经济制度。他主张实行生计教育,训练农民在生计上的基本智识和技术,并创设农村合作经济组织,养成国民经济意识与控制经济环境的能力。[3]进行农村经济建设一方面要实行经济统制,促进政府改善农民生活,减轻农民负担等,另一方面要积极地改进生产,如动植物生产改进、农村经济改进、农村工艺改进和农业工程改进。[4]金陵大学的卜凯教授要求设立金融机关,对农民的金融加以扶持,并从法律上给以保障。[5]

杨开道指出,农村建设工作成功的要素有三个方面,即办法、人才和经费,"而三者之中,尤以人才为最要"。只要有了上好的人才,不会没有办法,不愁没有经费。但近来农村工作同志,大家都感觉没有人才,拉对方的人才,结果是搭上这个台,拆开那个台,谁也没有优良的成绩。燕京大学则

---

[1] 赵冀良:《民众学校的意义和目标》,天津《大公报·乡村建设》第58期,1935年9月11日,第3张第9版。

[2] 赵冕:《北夏的实验(下)》,天津《大公报·乡村建设》第62期,1935年11月6日,第3张第9版。

[3] 姚石庵:《农民生计教育与乡村经济建设》,天津《大公报·乡村建设》第4期,1934年3月1日,第3张第11版。

[4] 姚石庵:《农民生计教育与乡村经济建设(续)》,天津《大公报·乡村建设》第5期,1934年3月15日,第3张第11版。

[5] 卜凯:《中国目前应有之几种农业政策》,天津《大公报·乡村建设》第5期,1934年3月15日,第3张第11版。

是尽自己的力量去训练几级人才或几种人才,去供给国内农村工作机关。①定县县政研究院的陈筑山在实践中也感到人才缺乏。"我们现在所需要的人才,最低限度,须具备历史的眼光,科学的头脑,现代的生活与办事的决心的几个条件,但是这几个条件都具备的就难得了,这是感于人才缺乏困难。"②山东省乡村建设研究院研究部的唐现之认为,乡村工作需要有较为高深近代知识的人负此重任。他呼吁有觉悟的知识分子回乡村开展青年教育,以谋乡村大众的幸福。③

不仅在整体乡村建设中缺乏人才,具体事业的开展亦是如此,梁桢认为乡村手工毛呢业的发展所遇到的最大困难,不是技术的,而是没有专门人才具有"宗教热忱"以整个的生命力去研究它、改良它和利用它。④邹平的濮东钧认为中华职业教育社等机构联络乡村领袖以推进乡村建设的策略,在各地运用中出现了不少弊害。一般的所谓领袖,多半是地主豪绅之流,"那么多半不是敷衍粉饰,毫不负责;就是别具野心,操纵把持,不但使事业感受牵制,无从发展,而且有时反被他们利用来加害农民"。乡村中缺乏真正热心公益、素孚众望的领袖和现有的豪绅轻视及阻挠乡建事业,是一种很值得我们注意的事实。但乡村建设缺少了领袖便无法进行,目前乡建领袖问题要注意两方面的工作,一是慎重选择,二是致力培养。⑤

六、乡村报道焦点之四:对乡村建设运动的反思与展望

1936年后,日本加快全面侵华步伐,民族危亡形势急迫。乡村建设运动及乡建团体在救亡图存的大势中,开始从复兴农村与民族复兴立场进行检讨,审视

---

① 杨开道:《燕京大学农村建设工作——在第二次全国乡村工作会报告》,天津《大公报·乡村建设》第21期,1934年11月8日,第3张第11版。
② 陈筑山:《河北省县政建设研究院的工作》,天津《大公报·乡村建设》第32期,1935年2月24日,第3张第9版。
③ 唐现之:《乡村工作者的培养之商榷——一个训练乡村青年的办法》,天津《大公报·乡村建设》第34期,1935年3月10日,第3张第9版。
④ 梁桢:《乡村手工毛呢业之前途——北平手工毛呢所给予我们的启示》,天津《大公报·乡村建设》第12期,1934年6月21日,第3张第11版。
⑤ 濮东钧:《乡村领袖问题》,天津《大公报·乡村建设》第54期,1935年8月4日,第3张第9版。

乡村建设运动的整体效果。四大媒体中,《申报·农村生活丛谈》《东方杂志·农村写实》和《益世报·农村问题专页》偏重于描述农村经济问题和农民生活状况,关于乡村建设的概况和检讨更多刊载于《益世报·农村周刊》和《大公报·乡村建设》,两刊中对乡村建设思想和乡村建设运动进行反思的群体主要有两类,一是乡村建设的发起者和参与者,二是以左翼学者为主力的批判者。

(一) 乡村建设实践者的反思

1. 乡村建设成效不彰

1936 年元旦,瞿菊农在《大公报·乡村建设》副刊上发表《今年的乡村建设运动》一文,表达了自己对乡村运动的忧虑与希望。他呼吁在这民族命运最紧要的关头,在两年来乡村建设工作已成为一种相当力量的工作,而实际成就却并不显著之时,我们从事乡村工作的同人更应该下一番反省的工夫。他提出几个问题供大家来思考:其一,对于乡村建设运动意义与合作是否有深刻的认识与坚决的信仰?其二,乡村建设的工作,对于农民生活的改进与农村基本的建设有了多少的成功?农民得到了什么利益?其三,对于培养农民组织能力的教育与活动是否有相当的办法与内容?其四,从事乡村工作的同人在交换经验上是否得到讨论的好处?分工合作上有多少进步?其五,乡村建设各方面的办法与内容是否比上年进步,研究实验方面有无实在办法贡献于全国?其六,乡村同人对自己在乡建运动信心、认识、能力等方面的反省。①

乡村建设运动的效果如何呢?庄泽宣等认为,"现在谈不到建设,目前只希望能防止乡村更大的崩溃"。庄泽宣通过对各实验区的考察,指出定县自清末以来即有模范县之称,但乡村崩溃的加速未尝因平教事业而见低,无锡素称富庶,其境况亦愈趋愈下。②而梁漱溟亦谓:"乡村建设正所以防止乡村崩溃。"赵冀良认为:"乡村建设起于乡村破坏;乡村破坏随着乡村建设的呼声日益深刻化。为什么乡村建设运动并不能防止乡村破坏,这是因为乡村建设运动的本身没有力量呢?还是因为客观的条件不够,在当时不能发生大作用呢?这是从

---

① 菊农:《今年的乡村建设运动》,天津《大公报·乡村建设》第 66 期,1936 年 1 月 1 日,第 3 张第 11 版。

② 庄泽宣:《邹平乡村建设的近况及其动向》,《东方杂志》1935 年第 32 卷第 1 号。

事乡村建设工作的人所要研究考察的一个大问题。"他在文中引发大家的思考："究竟所谓乡村建设，能不能在此民族危亡，国难关头，有所贡献；而所谓防止乡村崩溃，是否必须停止一切所谓建设！"①作者对乡村的病源总结为外有帝国主义的压迫，内有民族衰落和文化不振，"乃造成今日中国政治无力、社会崩溃、人生贫困的现象"②。乡村工作如何能有大的成效，作者寄希望于政治当局的进一步筹划与全国人士更积极的工作。

2. 缺乏统一运动和共同目标

徐雍舜在对整个乡村建设运动发展进程进行梳理的基础上，提出了当前农村运动孤立零碎的问题。现在农运蒸蒸日上，各地工作层出不穷，"但有一个大问题摆在眼前，就是各自为政，彼此间缺乏联络，缺乏相互的认识，缺乏共同的目标与步骤，总而言之，只有零碎片段的工作，没有整个统一的事功。分工合作自然是无可或疑的原则，但是只分工而不合作，甚至连分工都谈不到，尽管自己关着门试误瞎撞，遗漏者遗漏，重复者重复，这无乃太不经济了"。他希望乡建同人认清正当的途径，确定共同的目标，集中思想和力量，以实现合理的分工合作。"因此，统一运动，建国计划，共同目标，是我们眼前应有的急务，这是不容忽略的一个要点。"③江苏省立教育学院的惠北民众教育实验区主任喻任声等，在检讨乡村工作时，发觉乡村建设的一切设施，偏重于"教""养"两方面，如民众教育的实验、合作社、农业推广等，无绝大成效亦有若干可供参考之处，但在国难当头时，本区农村目前最大的需要，"要以冬防或自卫设施为最迫切"，以培养团结精神，充实地方自卫力量。④

3. 乡村建设依然困难重重

章元善在对定县的考察中发现，定县的工作存在两方面的问题，一是平教

---

① 赵冀良：《乡村建设感言》，天津《大公报·乡村建设》第41期，1935年4月28日，第3张第9版。
② 赵冀良：《乡村建设感言》，天津《大公报·乡村建设》第41期，1935年4月28日，第3张第9版。
③ 徐雍舜：《中国农村运动之总检讨——读孔雪雄〈中国今日之农村运动〉书后》，天津《大公报·乡村建设》第13期，1934年7月5日，第3张第11版。
④ 喻任声、王作薪：《惠北民众教育实验区地方自卫训练之实验》，天津《大公报·乡村建设》第68期，1936年1月29日，第3张第9版。

会在运动刚刚找着出路时，把定县县政接过来办，是白白添上一个重负，"以致有陷平教会于失却它独立性的危险，是一个很不智的举动"。因为行政技术的试验并不在平教运动原定计划之列，实行县政分散他的力量，阻碍本身工作的进展。他认为办社会事业的人们，只要专心注力于"下层工作"，假之以时日，政治的昌明是不必发愁的。第二个问题是定县人的三种隐忧：一是壮丁出关，年富力壮离乡东去；二是百姓没有盐吃，三是兵车络绎于途，西关一带，兵马满街。① 这种担忧也正是平教会运动的隐患。

河北省县政建设研究院副院长陈筑山以县政建设作为救国之策，即使得到省政府在政策、人事与经费方面的支持，他还是感到工作上的处处困难：一是学术与行政难以打成一片；二是人才困难；三是背后无力量援助的困难。新兴的建设事业不免与旧的社会势力发生矛盾，冲突常常发生。"如合作社的放款，是为农民有利的事业，但与农村中放高利的人发生了冲突，因此生了不少的误会。""所以现在的情形，可以说有研究实验之名，而无研究实验之实。"四是各方面要求过急，不是现有经费与时间所能许可的。② 陈礼江认为乡村建设进行的首要困难即在土地问题，"在中央没有规定土地办法以前，各县土地，大半操在不耕者手中。土地为生产要素之一，若其问题一日不解决，则乡村经济建设，恐即一日无办法。生产技能固可因有专家的指导与协助得些微改进，但分配问题恐终无法解决"，而帝国主义经济侵略和国家政治不上轨道亦使得乡村建设困难重重。③

中国华洋义赈会的于永滋，对农村合作运动作了检讨，认为主要问题在于："第一，社员人数太少，负不起改善农民经济之责。第二，自集资金太少，不能吸收农村中游余资金，专恃借债维持社务，信用既不巩固，而金钱又不免外溢。第三，业务太简单，营业额太少，既不能维持合作社之存在，又不能满足社员经济的需要。"提出应借鉴华洋义赈会的方法，一是提倡各社举办社务

---

① 章元善：《从定县回来》，天津《大公报·乡村建设》第7期，1934年4月12日，第3张第11版。
② 陈筑山：《河北省县政建设研究院的工作》，天津《大公报·乡村建设》第32期，1935年2月24日，第3张第9版。
③ 陈礼江：《邹平山东乡村建设研究院参观记》，《申报月刊》1933年第2卷第5号。

扩大周，二是制定农村合作社社务进展标准。①章元善则指出，一方面要从消极方面解除束缚，政府应为合作运动解除一切迟缓其进展的种种束缚。另一方面要从积极方面加以助力，使其与一般工商业得到同样的待遇，不需要过分的提倡，以免合作运动沦为一种慈善事业。②阎仲容指出，农村信用合作社应以调剂农村金融、辅助农民发展生产为主要任务，但近年各地农村信用合作社放款未能充分用于生产事业而用于偿还旧债和日常生活消费，甚至有转化为高利贷资金者。其原因与负债农民太多、日用品与农产品的不等价交换及放款数额太少有关。解决这些问题，需要增加合作社的基金，改善组织，剔除为豪绅地主所操纵利用等积弊。③

一些乡村建设观察者一方面看到了乡村建设的变化，也发现了乡村建设中的问题。黎启宝对广西永淳乡村建设的调查，指出虽然有乡村道路的宽阔、乡村电话的铺设和村民团的操办，而农民却得不到实际利益，三年来三万铜元以上的建设费，还有各种工役征调加重的农民的负担。而"农村的破产，正随着建设的猛进特别急剧的展开"④。毛起鹓认为各地乡村建设工作者或者无理论或者理论过于虚幻，而实践工作又浮滥重复，须结合时代的需要、国家的处境、自己的本领和农民的能力从民众自卫训练、集团农场组织和民众教育方面入手，务取得实效。⑤

（二）左翼知识分子的批判

与各大媒体在国内要闻和《乡村建设》副刊中对乡建运动给予的积极评价有所不同，《益世报·农村周刊》的主编及其刊行的多数文章，均对乡村建设持鲜明的批判立场。全国乡村建设协进会年会在邹平召开时，《益世报·社论》对建设乡村方案有极高的期待，指出"乡村建设问题，是国家政治、经济、社

---

① 于永滋：《介绍两个促进合作社质的发展的办法》，天津《大公报·乡村建设》第63期，1935年11月20日，第3张第9版。
② 章元善：《合作运动在现阶段需要的助力》，天津《大公报·乡村建设》第39期，1935年4月14日，第3张第9版。
③ 阎仲容：《中国农村信用合作社放款用途的检讨》，天津《大公报·乡村建设》第68期，1936年1月29日，第3张第9版。
④ 黎启宝：《广西永淳的乡村建设与农民》，《东方杂志》1935年第32卷第2号。
⑤ 毛起鹓：《乡村建设运动之检讨》，《东方杂志》1936年第33卷第13号。

会问题的出发点"。"乡村问题,不经过有系统有条理的研究、调查,是不能了解。建设乡村的方案,非经过试验与实习,亦不能凭空拟订。将来中国的乡村建设,是否找得到新的出路,就看定县与邹平两个试验区的成绩如何。"① 但在《农村周刊》中则对乡村建设运动的改良手段提出了强烈质疑和批判。主编千家驹不仅是乡村建设运动论战的组织者,而且发表了多篇重要的批判性文章。

表4-3 《农村周刊》中评价乡村建设运动的文章

作者	文章名	期次	日期
吴半农	论"定县主义"	8	1934年4月21日
钱磊（千家驹）	定县的实验运动能解决中国农村问题吗？	12	1934年5月19日
李鼐	邹平乡村建设的根本理论	23	1934年8月4日
陈文治	评"邹平乡村建设的根本理论"	24	1934年8月11日
徐若英	邹平乡村建设理论批判	26	1934年8月25日
公竹川	关于"邹平乡村建设的根本理论"争辩的几个意见	32	1934年10月6日
千家驹	从乡村工作讨论会回来	34、35、37	1934年10月20日、27日、11月10日
千家驹	中国的歧路——评邹平乡村建设运动兼论中国工业化问题	57	1935年4月6日
张志敏	乡村建设的实际意义	64	1935年5月25日
张志敏	评梁漱溟先生的乡村建设理论之"方法论"	72	1935年7月20日
李紫翔	乡村建设运动的评价	72	1935年7月20日
李紫翔	中国合作运动之批判	111	1936年4月25日
千家驹等	《中国乡村建设批判集》序	112	1936年5月2日
范郁文	中国农村运动的回顾及展望	121	1936年7月4日
千家驹	我们对于农业技术改良运动的态度	122	1936年7月11日
范郁文	现阶段乡村工作青年应有的觉悟及转向	136	1936年10月17日
千家驹	我所见的邹平	155	1937年3月6日
范郁文	中国乡村建设运动的新动态	175	1937年7月24日

① 《社论：大可重视的邹平集会——全国乡村建设协进会年会》，天津《益世报》1933年7月13日，第1张第1版。

从近 20 篇关于乡村建设讨论的文章来看,《农村周刊》的作者群主要围绕着邹平和定县的乡村建设运动实践进行论辩。李鼐、公竹川等作为乡村建设的参与者为邹平乡村建设理论作辩护,而左翼知识分子如千家驹、李紫翔、吴半农、范郁文等则对定县和邹平乡村建设的哲学基础及其挽救农村的效果进行批判。对定县与邹平乡村建设的检视与批评,从《农村周刊》创刊的 1934 年就开始发声,并一直延续到 1937 年《农村周刊》停刊,但其基本观点则大同小异,质疑与批判者主要围绕着如下问题展开。

1. 乡村建设并不能挽救中国农村破产的危机

李鼐强调乡村建设运动不仅是救济乡村运动,是乡村自救运动,是民族社会的新建设运动,更是重新建设中国社会组织构造的运动。李鼐等认为,只有新社会秩序的建立才能消灭军阀制度,而新社会秩序的建立又诉诸维系人心的风俗礼尚;只有用教育的方法来纠正,用社会的经济事实来推动,养成新的风俗习惯以代替旧的风俗习惯,从社会内部生长出新的法律制度,才会发生力量,才能打倒军阀。"中国何时才得救,新秩序建立时便得救。"① 陈文治认为这一维系人心的规范,即新治道,其本质完全是一种变相的剥削制度,它并没有否定军阀制度,不过把军阀制度加以合法化了;必须把帝国主义在华势力清除出去,军阀制度被铲灭之后,才能谈到有效地建设中国农村。② 徐若英批判李鼐的观点,认为只有推倒帝国主义的统治,肃清帝国主义所维持的封建残余及其他一切附庸势力,中国的农业及工业生产力才能走上发展的路途,新的"社会生活"才能"顺利进行"。抹杀这一点而谈"复兴农村""乡村建设",不是欺人,便是梦话。③ 随后,邹平县《政府公报》的主编公竹川批判了陈文治对邹平乡村建设运动理论的曲解。他认为,近年研究社会问题的人受了唯物史观启发着重经济,但又受了蒙蔽。现在新兴的革命高潮已由盛而衰而没落,社会上有力分子不向另一方面着眼,而社会以此而不易开其新机。他认为现在中国

---

① 李鼐:《邹平乡村建设的根本理论》,天津《益世报·农村周刊》第 23 期,1934 年 8 月 4 日,第 3 张第 11 版。
② 陈文治:《评"邹平乡村建设的根本理论"》,天津《益世报·农村周刊》第 24 期,1934 年 8 月 11 日,第 3 张第 11 版。
③ 徐若英:《邹平乡村建设理论批判——读李鼐先生的〈邹平乡村建设的根本理论〉》,天津《益世报·农村周刊》第 26 期,1934 年 8 月 25 日,第 3 张第 11 版。

社会改造运动有两个趋势：一是主张由先解决政治问题而后及于其他问题的暴力革命；二是主张政治与经济两个问题并时解决的乡村建设运动。这两个运动正在消涨转移。公竹川认为批评似乎容易，自己拿出办法则甚困难。① 针对千家驹的质疑，瞿菊农亦肯定帝国主义的经济侵略和封建势力的遗存是中国的大问题，但我们要的是办法。千家驹则认为，有没有办法与乡村建设之路本身是否走得通完全是两个问题。②

虽然实验运动中，文艺教育使识字的人可以增加，卫生教育使病人死亡率有望减少，但钱磊认为："在定县最大多数民众的经济生活（狭义的）上，并不会因平教会之工作而引起根本的变革；不仅如此，而且我们知道定县也正逃不出一般农村破产的命运，它的社会经济正随着中国国民经济破产之深刻化，而日就衰落。"因为"平教会的工作本身实包含着一种不能解决的矛盾。他们想不谈中国社会的政治的经济的根本问题，但他们所要解决的却正是这些根本问题，他们不敢正视促使中国国民经济破产农村破产的真正原因，但他们所要救济的却正是由这种原因所造成的国民经济破产与农村破产！"③ "我们也承认建设乡村非可一蹴而就，但遗憾的是直到今日为止，无论定县或邹平，我们都丝毫找不出乡村建设能成功的趋向或端倪；反而破产的怒潮，如水银泻地的无孔不入。"中国的出路在彻底消灭帝国主义及封建残余势力，这些工作要由组织民众教育民众入手，但却不是邹平的乡农学校和定县的平民教育。④ 在第59期的编后中，面对众多读者请教拿出办法来的反馈，千家驹只是隐晦地指出此办法已经有人在进行，并为许多先哲们规定下来了。⑤ 张志敏认为，银行资本家在乡村的投资并不能解决中国社会问题，反而使中国更加殖民地化或乡村贫

---

① 公竹川：《关于"邹平乡村建设的根本理论"争辩的几个意见》，天津《益世报·农村周刊》第32期，1934年10月6日，第3张第11版。
② 千家驹：《中国的歧路——评邹平乡村建设运动兼论中国工业化问题》，天津《益世报·农村周刊》第57期，1935年4月6日，第3张第11版。
③ 钱磊：《定县的实验运动能解决中国农村问题吗？——兼评民间半月刊孙伏园先生〈全国各地的实验运动〉》，天津《益世报·农村周刊》第12期，1934年5月19日，第3张第11版。
④ 千家驹：《中国的歧路——评邹平乡村建设运动兼论中国工业化问题》，天津《益世报·农村周刊》第57期，1935年4月6日，第3张第11版。
⑤ 千家驹：《编后及其他》，天津《益世报·农村周刊》第59期，1935年4月20日，第3张第11版。

困化更加扩大。①

2. 乡村建设者精神可贵，但他们没有抓住农村问题的根本

批评者们大都肯定了从事乡建实验者的刻苦精神，敬仰他们深入乡间的做法。他们离开生活优裕的都市，刻苦自励地深入农村，从事困难万状的建设工作，"这种高尚的人格，伟大的精神，真是值得无论任何立场的人们之敬仰的"②。吴半农和千家驹等认为，部分实验工作如保健制度、平民读物等也取得相当的成功，值得介绍到别的乡村去推行，但不应对平教会等的实验运动评价太高。③千家驹在《中国的歧路》（同时发表于《农村周刊》和《中国农村》）的文章中，明确反对视农村建设为今后中国唯一的出路④的乡建运动。李紫翔的回应则有更强烈的批判意味，认为乡村建设哲学在实践上是彻头彻尾的一切既成事实之顽固的保守者投降者，同时是一切进步的革新运动之顽强的反对者，其将"礼""习惯"或"心理"作为乡村建设的出发点和归宿点，是倒果为因的主观论；而其培养的新礼俗，是古代哲人"礼"的复活，不过是保守主义的开倒车。⑤范郁文认为农村改良主义者不仅没有把握中国农村中心问题的本质，而且其实践运动是违反社会历史发展法则的。因此，互为条件的"民族革命"与"农民运动"，成为目前中国社会迫切的客观要求。⑥

1936年后随着乡村危机持续发展和民族危机的加深，对乡村建设运动的批判和省思，与对民族复兴和农村复兴道路的探寻密切关联。千家驹强调不同派别虽然存在着差异，但大家为中华民族求得一条出路的用心，却是一致的。千

---

① 张志敏：《乡村建设的实际意义》，天津《益世报·农村周刊》第64期，1935年5月25日，第3张第11版。

② 范郁文：《现阶段乡村工作青年应有的觉悟及转向》，天津《益世报·农村周刊》第136期，1936年10月17日，第3张第12版。

③ 钱磊：《定县的实验运动能解决中国农村问题吗？——兼评〈民间〉半月刊孙伏园先生〈全国各地的实验运动〉》，天津《益世报·农村周刊》第12期，1934年5月19日，第3张第11版。

④ 千家驹：《中国的歧路——评邹平乡村建设运动兼论中国工业化问题》，天津《益世报·农村周刊》第57期，1935年4月6日，第3张第11版。

⑤ 李紫翔：《乡村建设运动的评价》，天津《益世报·农村周刊》第72期，1935年7月20日，第3张第11版。

⑥ 范郁文：《中国农村运动的回顾及展望》，天津《益世报·农村周刊》第120、121期，1936年6月27日、7月4日，第3张第11版。

家驹在 1937 年的文章中肯定了邹平乡村建设运动的进步：一是他们把抗战问题在工作中公开地提出来了，在训练民众时也注重于民族意识的唤起。二是邹平对成年教育非常重视，注重成年人的军事训练和教育工作。三是因乡村学的努力调解，邹平县政府诉讼案件减少。四是合作社在改进农民经济生活上做了一定工作。① 范郁文指出，随着乡建运动本身开始其瓦解以至没落的过程，一些乡建运动领导者进行了自我检讨；一些乡村青年志士开展了自我批判重新转向的过程，使乡村建设运动出现了新的动态。"第一个最显著而进步的特征，便是否定了以往一向的各自为政的狭义的态度，已展开了形成乡村运动联合阵线的倾向。""第二个显著而进步的特征，便是已否定了以往一向的取消民族问题闭关自守的为乡村建设而建设的错误态度，而把目前乡村工作的主要任务，放在抗敌救亡的运动之上，使乡村建设运动联系起来。"② 尽管乡建运动出现新的态势，但范郁文认为乡村建设运动把握了中国外部的矛盾，但忽略了社会内部的矛盾，对现在的社会生产关系还是肯定并拥护的，其本质上并没有发生有意义的新突破，还是没脱出社会改良主义的窠臼。③

知识界关于中国农村问题、农村社会性质及乡村建设的讨论与批判，正是集中在千家驹所说的五个方面：中国农村建设是否能离开民族解放运动而单独的解决；由农业引发工业，由农村救济都市是不是算得中国问题之真正的解决；无原则的农村建设，是建立民族经济的壁垒还是充当殖民地的清道夫；农村经济问题包含生产工具的分配，生产物的分配，农业经营和农村金融等问题，仅从农业技术、农业运销和农村金融等枝节问题上兜圈子，是否能够解决农村经济问题；农村建设中一些地方在恢复落伍的手工业经济和宗法社会的礼教，这是前进还是开倒车。④ 从《农村周刊》所刊文章的数量及其观点看，尽管编者强调其立场的中立性、分析的实际性、态度的严肃性和批评的客观性，却依然显

---

① 千家驹：《我所见的邹平》，天津《益世报·农村周刊》第 155 期，1937 年 3 月 6 日，第 3 张第 11 版。
② 范郁文：《中国乡村建设运动的新动态》，天津《益世报·农村周刊》第 175 期，1937 年 7 月 24 日，第 3 张第 12 版。
③ 同上。
④ 千家驹、李紫翔：《中国乡村建设批判集序》，天津《益世报·农村周刊》第 112 期，1936 年 5 月 2 日，第 3 张第 12 版。

示出强烈的批判性特点,显示其成为知识分子发表观点、影响舆论的重要阵地。

《益世报》对农村问题的报道引发了大量来自乡村的知识分子的共鸣,不仅征集了大量农村通讯稿件,有关乡村建设运动讨论的文章也引起了许多读者的关注与同情。[①]1936年5月,千家驹选编的《中国农村经济论文集》由中华书局出版(包括《农村周刊》中的49篇论文,分为一般理论的检讨、研究与调查、各地农村实况三类),形成书籍与报刊互相呼应的宣传攻势。从关于乡村建设运动的论战来看,《农村周刊》已经成为左翼学者重要的舆论平台,与《中国农村》一起对当时华北乡村建设实验的两大主流——定县和邹平的乡村建设进行了持续的报道和批判,既有助于扩大乡村建设运动的社会影响,传播了邹平和定县的乡村建设理论与实践;更以论战的形式,掀起了知识界对中国农村问题与乡村建设运动的关注。这场讨论从1934年4月发起,于1934年8月至1935年7月达到高潮,1936年进入总结阶段,并在1937年出现了社会改造者与乡村建设者寻求共识的趋向。对乡村建设运动的批判和深度论辩的文章,也引发了读者群对乡村建设理论尤其是中国农村问题的思考;对乡村建设运动的批判显示了左翼知识分子在思想宣传方面的强大攻势与凝聚力,以及他们在大众传播领域中主导话题的意识与能力。

"在多数时间,报界在告诉人们该怎样想时可能并不成功;但它在告诉它的读者该想些什么时,却是惊人地成功。"[②]媒介是拓宽民众眼界的利器,也是社会舆论走向的风向标。它以鲜明的媒介议题设置功能塑造着公众的社会议题,以显著性的报道激发国民的共鸣。这些受众广泛、社会影响力极大的报刊或以专栏,或以副刊的方式,集中地传播着乡村建设的思想与实践内容,使其既超越了学界,也超越了政界,一定时期内扩散为一个广泛而深刻的社会话语。由媒介合力营造的"乡村"和"乡村建设"话语更进一步形成累积与共鸣

[①] 《本页重要声明》中言:"本报自本年元旦发表征询农村疾苦之启事后,两个月来,各地来函陈诉农民疾苦者,不下五六百起。"(天津《益世报》1934年2月24日,第3张第11版,"农村问题专页"第8号)另《农村周刊》编辑部"关于各地农村通讯的稿件,近来收得太多了,以致许多稿件积压甚久"。(《编者的话》,天津《益世报·农村周刊》第162期,1937年4月24日,第3张第12版);李肃的《邹平乡村建设的根本理论》一文的编者案(天津《益世报·农村周刊》第23期,1934年8月4日,第3张第12版)。

[②] 〔美〕沃纳·塞佛林、小詹姆斯·坦卡德:《传播理论:起源、方法与应用》,郭镇之等译,华夏出版社2000年版,第248页。

效应，引导并助推了乡村建设思想的广泛传播。

乡村建设思想的传播与乡村建设运动的发展相互影响，不仅带动各社会团体和知识分子的乡村建设实践行动的陆续开展，也推动国民政府对乡村问题的关注。"有些人致力于乡村问题的研究，有些人努力于实际工作。政府对于农村复兴有各方面的计划与设施，学者们对于乡村建设亦有各方面的评论。这些都是表示乡村建设的重要，已渐为国人所认识。乡村建设的工作，已成为一种有生命有力量的工作。"① 国民政府成立了农村复兴委员会、中央农业实验所等机关，开展农情调查，部署乡村建设工作。各地方政府如广东省实行乡村建设三年计划，江西省成立农村事业委员会，其他如山西、四川、广西、湖南、云南、安徽等省份也进行乡村建设实验，在县域范围内开展县政实验或县政建设，如江宁、兰溪、定县、邹平等。

乡村建设思想的传播促进知识分子将学术理论研究与解决实际问题的结合起来。晏阳初认为，"乡建运动给社会方面的影响，最大的是社会意识，它使社会人士认识了乡建的意义，无形中成立了一种风气，使一般学者，渐渐趋向实际工作，一般学生也能认真苦干"②。学生运动开始深入乡村从事宣传，各学校竞设实验区或与乡建机关开展合作。燕京大学开设清河实验区，齐鲁大学开设龙山实验区，江苏省立教育学院开设北夏、惠北等实验区，金陵大学农学院建立乌江实验区，都是一时风气所尚。据统计，共有12所大中专院校的数百名师生参与乡村建设运动。③ 而平教会在定县还与清华大学农学院合作，农学院派4名专家指导定县农业工作（虽然仅有三个月合作），还与北平协和医学院建立公共卫生方面的合作。④ 乡村建设运动造成一种社会舆论，一般知识分子认为建设乡村是复兴民族的根本工作，都市的学者们开始注意乡土研究和调查，致力于社会科学和农业改良，"养成了大众化和生产化的显明意识，这是中国社会改造上沛然莫御的一大鲸波"⑤。

---

① 菊农：《乡村建设之历史的任务》，天津《大公报·乡村建设》第33期，1935年3月3日，第3张第9版。
② 晏阳初：《十年来的中国乡村建设》，《晏阳初全集》第1卷，湖南教育出版社1989年版，第569页。
③ 郑大华：《民国乡村建设运动》，社会科学文献出版社2000年版，第457页。
④ 晏阳初：《复斯丹巴》（1932年5月18日），《晏阳初全集》第3卷，第274页。
⑤ 晏阳初：《十年来的中国乡村建设》，《晏阳初全集》第1卷，第570页。

第五章 多种乡村建设理论与模式的比较

自 1904 年米鉴三、米迪刚父子首倡翟城村"村治"到 1915 年米迪刚在翟城村确立起具有近代地方自治意义的自治制度；自 1929 年 10 月卢作孚首次提出"乡村建设"到 1930 年 11 月 16 日梁漱溟发表《山东乡村建设研究院设立旨趣及办法概要》；自 1927 年卢作孚开始在嘉陵江、三峡地区进行"乡村建设"实践到 1930 年山东乡村建设研究院成立并着手在邹平进行"乡村建设"实验，在短短二十余年间，以"乡村建设"为标榜的团体及其实践活动可谓蔚为大观，不仅涌现出晏阳初、梁漱溟、卢作孚等著名的阐发乡村建设思想代表人物，而且在这些代表人物的主持下制定了相应的组织制度，进行了内容丰富的实践活动，形成了米迪刚等人开创的"翟城村模式"，晏阳初等人探索的"定县模式"，梁漱溟等人开创的"邹平模式"，卢作孚等人创立的"北碚模式"，彭禹廷等人倡立的"宛西模式"，沈鸿烈主持下的"青岛模式"等乡村建设模式。本章将从思想理论基础、组织制度设计和实践效果三个层面，对这些模式进行考察，并在此基础上对各种模式进行比较研究，总结其共性与差异。

一、米迪刚与"翟城村模式"

关于模式，著名社会学家费孝通曾作过阐释。费氏指出："模式这个概念是从发展方式上说的。因为各地所具备的地理、历史、社会、文化等条件不同，所以在向现代经济发展过程中采取了不同的路子，这是可以在实际中看到的。不同的发展路子就是我所提出的不同发展模式。"①就费氏所论而言，米迪刚父子所首创的翟城村"村治"，显然可以被概括为"翟城村模式"。由于翟城村"村治"对其后诸多乡村建设思想、理论及实践颇有影响，因此本章将首先来探讨米迪刚与"翟城村模式"。

如前所述，"翟城村模式"最早可以追溯到1904年米氏父子首倡翟城村"村治"，而其思想理论基础，则是米氏所提倡的由"村治"到"国治"、"农村立国"和"立国要图，未重乎教育"等思想。早年跟随贾恩绂求学时，米迪刚已经认识到要"由身而家而村县而省国世界，脚踏实地，以次进展，治一身时，则希望此身可以为一家之模范；治一家时，则希望此家可以为一村之模范；治一村时，则希望此村可以为一县之模范；治一县时，则希望此县可以为一省之模范；治一省时，则希望此省可以为一国之模范；治一国时，则希望此国可以为全世界之模范"②。此后，米迪刚又与王鸿一等人共同提出"将村与村相接，县与县相连，以改造全社会，以改造省政府，合省以奠中央，发扬国光，对抗世界，胥惟村治是赖，换言之，今后之国家组织，必以村为单位，村治者，全国政治之缩影本也"③。1924年后又强调"村治"与"国治"互为因果，"此即所谓村治与国治互为因果相寻之谓也"④。米氏之所以如此重视"村治"与"国治"的关系，一个很重要的原因应在于"村治组成之在精神上主观上，实深有符于主权在民，而以全体人民组织民国之真谛也"⑤。

米迪刚"农村立国"思想的萌芽至少可以追溯到1916年发表的《论吾人之天职》中所表达的"国犹花木也，村落则犹花木之根，省县其枝叶也，通都大邑乃其花也，根不深者叶不茂，而花则更无鲜艳之望"⑥的思想。此后，米氏在多种著作中反复重申中国应"以农立国"。与此前的"以农立国"论者不同的是，米氏对"农"的含义的理解有四个要点：其一，"农村"是"农"的最基本、最重要的含义。其二，由于农村经济的基础在农业，因此"农业"应

---

① 费孝通：《费孝通全集》第15卷，内蒙古人民出版社2009年版，第5页。
② 米迪刚：《翟城村附刊按语》，尹仲材编述：《翟城村志》，第279页。
③ 尹仲材编述：《翟城村志》，第37页。
④ 尹仲材编述：《翟城村志》，第245—246页。
⑤ 尹仲材编述：《翟城村志》，第261页。
⑥ 尹仲材编述：《翟城村志》，第269页。

为"农"的一部分。其三,"农民"亦应为"农"的应有之意,要"谋求社会永久安宁幸福",应从"农民"着眼。其四,"农业"这个义项,更多的是用于将"农业"与"工商业"对举之时。由此,"以农立国"从"农业立国"扩展为"农村立国"。[①]1924年后,在米迪刚与王鸿一讨论完成的《中华民国治平大纲草案》中,"农村立国制"被作为第二条列入其中。1925年,米迪刚又在其草拟的《中华民国建国方案说略》中再次将"农村立国"列入其中,并贯穿于整个方案之中。

米迪刚认为,推行"村治"要坚持"农村立国",一方面整理"内地旧农村",另一方面建设"边藩新农村"。而坚持"农村立国",又要以教育为"要图"。在米氏主持拟定的《自治规约》等文件中,一方面指出人类生活"必相倚相聚以成群团,大而一国,小而一村,罔不及此,在东西各文明国,国有国治,村有村制,诚以一村之集合团体,为一国集合团体之单位也,欲谋一村集合团体之巩固,须人人具有普通知识,欲人人具有普通知识,舍普及教育莫由"[②]。另一方面强调:"国者省之集,省者县之集,县者村之集,根本至计,其在乎村,苟一村特别储金以兴教育,则一村之人才蔚起,而一村治矣,此村治,他村效之,逐渐推广,以至一县,而一县亦治矣,由县而省,由省而国,成效可期,顾力行如何耳。"[③]

由此可见,在米迪刚的"村治"思想中,"村治""国治""农村立国"与"教育"之间,有着极为密切的联系,不仅共同构成了"翟城村模式"的思想基础,而且成为制定关于"村治"组织制度的重要依据。

作为《翟城村志》一书的编述者,尹仲材一方面指出"迪刚先生幼承父师之教,长游东瀛,历观彼邦最著名之各地模范农村,更根据学理上村治一级应占之重要地位,以组成翟城村之村治"[④],另一方面又强调"翟城村自前清光绪末年筹办村治,除教育一项,系大致遵照部章办理外,其余多系按照乡土人情,风俗习惯,因革损益,量为兴作,毫无模仿之见存乎其间,而四方来观

---

① 参见本书第一章。
② 尹仲材编述:《翟城村志》,第90页。
③ 尹仲材编述:《翟城村志》,第96—97页。
④ 尹仲材编述:《翟城村志》,第47页。

者，往往辄谓本村村治系仿照日本某村某町，皆属不知内情之谈"①。尽管尹并未对其自相矛盾的记述做出解释，但米氏在"历观彼邦最著名之各地模范农村"和"因革损益"之后制定的组织制度，却与此前中国乡村的组织制度有着明显的不同，进而成为"翟城村模式"的重要组成部分。

在米迪刚主持或影响下制定的各项组织制度中，既有全局性的《翟城村村治组织大纲》，又有专门针对教育、财产、风俗、劝农、卫生、道路等的具有一定特色的《教育费贷用储金会简章》《因利协社简章》《纳税组合规则》《筹办义仓办法》等。《翟城村村治组织大纲》是翟城村"村治"中公布的最重要的文件之一。《大纲》由时任村长米逢清与村佐及村民于1915年2—3月间共同商定。其主要内容有："村治"由全村村民组织之；由全村村民公举村长1人、村佐2人；全村划分为8个自治区，各区公举区长1人；组织村公所作为最高执行机关，办理本村一切事务，事务分为庶务和财务两股；由村公所组织村会作为立法和行政机关，公议本村重要事务，村会开会时以村长为议长，以村佐、各股股员以及各区区长为会员；一切自治基本费用由本村村民负担，自治经费预算决算由村会议决。②将《大纲》与清末公布的《城镇乡地方自治章程》和民初的《地方自治试行条例》等相对照可知，《大纲》在"村治"议事和执行机构及其职权规定方面，与后二者有某些相近之处。就此意义而言，《大纲》已经具有了诸多近代自治制度的色彩。

由于翟城村"村治""原起于振兴学校，成绩亦早著"③，因此教育在"村治"中占据极为重要的地位。在米迪刚关于翟城村教育的制度设计中，教育费贷用储金制度最具有特色。此项制度虽由米鉴三首倡，但制度设计却主要由米迪刚完成。1920年，米迪刚撰写《教育费贷用储金之商榷》一文，提出"农村教育费贷用储金""族姓教育费贷用储金""家庭教育费贷用储金"三项办法。④1922年1月，米迪刚乃"追承先意，商诸本村同志"，成立教育费贷用

---

① 尹仲材编述：《翟城村志》，第75—76页。
② 尹仲材编述：《翟城村志》，第59—60页。
③ 尹仲材编述：《翟城村志》，第86页。
④ 尹仲材编述：《翟城村志》，第102—109页。

储金会。① 其所订《教育费贷用储金会简章》主要内容有：本会"由翟城村人民组织之"，以辅助本村贫寒子弟升学为宗旨；本会储金除贷与贫家子弟升学需用外，不得挪作他用；凡在外做事的本村村民，赞成本会宗旨者，"须按所得薪水数目，捐助本会百分之三以上，其居乡者听之"，如果有村民在政学各界做事且年薪在百元以上，不照章捐纳款项，则"子弟及期服内之侄若孙"不能享受贷款权利；捐款应于每月初交纳，有不得已情况时可缓交，但不得超过三个月；会员由捐款者组成，由会员开会时选举经理1人，董事5人，检查3人，均以3年为任期。② 所订《学生贷费规约》主要内容又包括：本村成绩优良，家境贫寒的学生在高小毕业时，可以贷本村教育储金会款项作为升学费用，贷款额以足够学生入学校的学费为标准，但每人每年不得超过60元；贷费与否及金额由储金会依据高小校长所报告的本村学生毕业成绩，酌量议定；贷款于每学期开学时支给，交由学校管理员存储，以防滥用；贷款由学生本人负责偿还，其方法是在毕业任事后，按所得薪俸多寡，分年偿还，但在开始偿还当年起改称义务捐，以捐足5年为期限，期满后仍愿继续捐纳者听之。③

在米迪刚等人关于财产的制度设计中，《因利协社简章》颇具特色。《简章》主要内容有：本社以提倡全村村民互助精神，谋全村村民共同利益的发展为宗旨；本社内部分为四部，以金融协社为主体，消费协社等附之；本社金融部为全村出纳总机关，凡本村学校基金、教育费贷用储金等项，均由本社金融部代为保管出纳；本社由金融部妥切经营村民储蓄生息低利放款等；本社股东以翟城村人为限；本社由股东总会、评议委员会、执行委员会、监查委员会等组成；本社每年年终结账一次，除一切正常开支外，其纯利按十二成分配，以二成作为公积金，三成为办事员花红，七成为股东红利。④

除以上特色鲜明的制度设计外，米迪刚等人还制定了《纳税组合规则》《筹办义仓办法》《教育会章程》《国民高等小学校章程》《自治讲习所章程》《乐贤会简章》等诸多章程，成为翟城村"村治"制度设计的重要组成部分。

---

① 尹仲材编述：《翟城村志》，第101页。
② 尹仲材编述：《翟城村志》，第98—99页。
③ 尹仲材编述：《翟城村志》，第99—100页。
④ 尹仲材编述：《翟城村志》，第78—81页。

显然，以上制度设计，并不足以展示"翟城村模式"在制度设计方面的全部。米迪刚等人在总结翟城村"村治"实践经验基础上拟就的《中华民国治平大纲》和《中华民国建国方案说略》等方案中的制度设计，既是"翟城村模式"中诸多制度设计的延续，又集中体现了米迪刚由"村治"到"国治"的基本主张。在《中华民国治平大纲》中，米迪刚等人明确提出建立传贤民主国体、农村立国制、村治纲要、中央行政、省行政、县行政、均田制度、金融制度、营业制度、工商制度、礼俗制度等制度设计①，在《中华民国建国方案说略》中则提出传贤政体、农村立国、教育制度、重农政策、工商政策、殖边政策、经济制度（分配制度）、军事制度、政府组织等制度设计。

综合比较之下可知，米迪刚、王鸿一等人共同讨论完成的《中华民国治平大纲》《中华民国建国方案说略》等，是米迪刚等人对翟城村"村治"实践经验的提升和理论化。一方面，《大纲》和《方案》中的部分制度设计，如"村治纲要"就直接体现了"村治"实践的成果。"村治纲要"所强调的制订村治组织大纲、村治考绩章程、设立村公所与村议事会、因利协社、纳税组合、义仓办法、看守禾稼规约、保护森林规约、教育普及计划书、教育费贷用储金会、乐贤会、平治道路规约等，均为翟城村"村治"相应制度设计的重要内容。另一方面，民主传贤政体、农村立国制的提出以及"以中国固有文明为主，以欧美物质文明副之，建设政教合一，君师并重，凡我五族人民均能正德利用厚生之中华民国，为世界开一真正共和之先例（按欧美今日之所谓共和者非共和实共争也）"②的"建国标的"，又表明，米迪刚等人的制度设计，已经大大超出了翟城村"村治"的范畴。

米迪刚等人在《村治组织大纲》、教育、财产、风俗等方面的制度设计，在翟城村"村治"实践中得到切实的实施。在《村治组织大纲》实施方面，1915年7月，由县长补助费中提拔300银元作为开办经费，建筑村公所用房3间，于9月间落成；相继订妥和备案各种最重要的规约；推举出的村长、村佐及各区区长于10月6日就职，股员也议定专人；11月被标为模范村。

---

① 北京中华报社研究部：《建国刍言》，北京中华报社1925年版，第56—135页。
② 米迪刚：《中华民国建国方案说略》，尹仲材编述：《翟城村志》，第373页。

在教育方面，最突出的是翟城村初等高等小学校的创办和发展，最具特色的则是教育费贷用储金制度的推行和乐贤会的建立。其一，为普及教育，翟城村于光绪三十年（1904）十月建成育正学校，劝集学生20名，作为甲班。光绪三十二年（1906）冬，又劝集学生25名，作为乙班。1912年，劝招学生33人，作为丙班，1913年二月获准添招高等一班，同时将学校更名为定县翟城村初等高等小学校。1915年孙清源担任校长后，一方面招集70余名初等生作为丁戊两班，另一方面筹措经费，扩大校舍规模，并招考高等第二班、第三班。此后数年间又有相当扩充。其二，为保障贫困家庭子弟能够顺利升学，翟城村又推行教育费贷用储金制度。早在光绪三十四年（1908），村立初等小学甲班学生期满毕业时，由于有7名学生因家庭贫穷而无力升学，米迪刚等人共同拟定贷借章程，由本村学校经常费用余额中，贷给每人每年18银元，以使这些学生能够升入高等小学。等将来这些学生自立后，除偿还贷款数额外，还须照章程"纳利以为公家之酬报"。1913年，由于本村学校添招高等生一班，贫家子弟易于升学，于是贷用学费一事便暂时停止。[①]1922年初教育费贷用储金会成立后，米迪刚等人决定再次扩大规模，改订简章，推出第二期教育费贷用储金，进而提出第三期计划。[②]其三，为联络学校与家庭起见，成立乐贤会，"取孟子乐有贤父兄之义"。该会成立于光绪三十二年（1906）秋，每年议定开会两次，"相沿至今"。[③]

在财产方面，除计划成立因利协社外，1914年11月村公所召开村会议时，村长再次提出设立义仓，于是议定办法，积极推行，于当年11月15日办起，10天内筹集到谷20石，"凡村中贫户购置食物甚艰者，若有妥实担保，亦可由义仓借给，俟秋收照章偿还，以广积蓄。所有仓款，不准挪作他用"[④]。1915年10月村公所召开村会议时由会长提议成立纳税组合，"以谋村人纳税之便利"，后在县公署征收田赋过程中发挥了重要作用。

在风俗方面，成立德业实践会，"入会者尚属踊跃，计男女会员共有八十

---

① 尹仲材编述：《翟城村志》，第93—94页。
② 尹仲材编述：《翟城村志》，第96—101页。
③ 尹仲材编述：《翟城村志》，第137页。
④ 尹仲材编述：《翟城村志》，第84—85页。

余人,合一村之男女老幼,集于一会,而部分研究个人之职业,应尽之道德,以造成完全之人格,实亦一大盛事也"。1915 年 9 月由米逢清等商议设立勤俭储蓄会,10 月 7 日在村公所召开成立大会。该会成立后仅 7 个月,就已经"储有制钱四百余串矣"。1915 年 10 月 18 日村公所召开第二次会议时,又由村长提出改良风俗案,"嗣由诸职员,共本斯意,切实进行,迄今七月,幸无一家违犯规约者"①。

此外,在劝农方面,主要开展了凿井、看守禾稼、保护森林、防除害虫、农产物制造物品评等;在卫生方面设立卫生所;在交通方面进行了平治道路等活动。

以由"村治"到"国治"为目标,以制订村治组织大纲、普及教育、实施教育费贷用储金制度、组织乐贤会、设立义仓、成立纳税组合、开凿水井、看护禾稼、设立卫生所、平治道路为主要内容,以教育费贷用储金制度、因利协社、乐贤会为主要特色的翟城村"村治"在 1904—1925 年间取得了相当程度的成就,从而形成了具有一定特色的"翟城村模式"。而更为重要的是,"翟城村模式"很快就走出了翟城村的范围,对定县、直隶"村治"、山西"村制"以及"乡村建设"产生了广泛而深远的影响。在定县,翟城村推行"村治"以后,"定县各村之竞相摹效者,诚指不胜屈,或采形式,或重精神,或专撮举于某种组合",最终由定县知事主持制订了《定县村治大纲》,使定县成为"模范县"。在直隶,一方面凿井、植树及农会纷纷设立,另一方面米迪刚以直隶省议会副议长身份建议各县设立自治讲习所。在山西,原定县县长孙发绪于 1916 年担任山西省长,"饮水思源,乃特别注意进行农村自治,创设村制"。孙发绪去职后,阎锡山(百川)继续推行"村制"。就此意义而言,米迪刚主持和影响下的"翟城村模式"应是 20 世纪前期各种"乡村建设模式"中极具特色和重要地位的模式之一。

二、晏阳初与"定县模式"

晏阳初被不少学者称为"乡村教育三杰"或"乡村建设三杰"之一,其推

---

① 尹仲材编述:《翟城村志》,第 145—146、152、150 页。

动的定县平民教育和乡村建设实践则被概括为"定县模式",受到学界颇多关注。关于晏阳初乡村建设思想及其实践,尤其是从比较的角度探讨晏阳初与梁漱溟等人乡村建设思想及其实践模式差异的研究成果已然不少。本书将在此基础上,从思想理论基础、组织制度设计和实践效果三个方面,对晏阳初等人开创的"定县模式"进行考察。

作为定县平民教育及乡村建设事业的主要推动者,晏阳初从"民为邦本,本固邦宁"的传统观念和在法、比等国从事华工教育的经验出发,对平民教育的概念、宗旨、目的、使命、内容、方式等进行了深入的阐述,构成了"定县模式"的思想理论基础。

晏阳初认为,"平民"是指年龄在12岁以上的不识字的,及已识字而缺乏常识的一般男女。"所以应受平民教育的平民,从狭义讲,就是指导这一般失学的青年和成人;从广义上讲,就是一般粗通文字没有常识的男女,也应包括在内。"[①] 晏阳初对平民教育宗旨、目的、使命、内容、方式以及平民教育与乡村建设的关系等的认识,随着时间的推移而有所变化。在1926年完成的《"平民"的公民教育之我见》一文中,晏阳初着重指出了平民教育的目的和实施步骤。他强调,平民教育的目的有两个方面:一是使一般十二岁以上不识字的男女都能够运用日常生活必需的文字;二是使一般已识字而缺乏常识的男女皆领受共和国民应有的基本教育。其实施步骤分为两步,即第一步先对不识字的"平民"施以识字教育,第二步再对已识字的人施行"平民继续教育"[②]。

在1926年11月《关于平民教育精神的讲话》一文中,晏阳初一方面指出推行平民教育的根本办法有四个要点,即要根本改变从前办平民教育的旧观念,要有一定的机关,专司其事,一面罗致专门人才,作精密的科学研究,一面为热烈的、有组织的提倡,要有一定的制度,"凡办教育,无论如何,总得要有一定的制度",要大规模地去办;另一方面将平民教育的步骤划分为识字教育、公民教育和生计教育三个阶段,认为不识字的国人占到80%,因此识字

---

① 晏阳初:《平民教育概论》,第141页。
② 晏阳初:《"平民"的公民教育之我见》,《晏阳初全集》第1卷,第64—65页。

教育至为重要，之后应更进一步，"以中华民国国民必须之教育，完成其公民资格，平民教育之最后目的，亦即在此"①，而后进行生计教育，"在城市则注重工业；在农村则注重农业，改良其技术，改善生活，使之生计稳定，生趣盎然。平民至此，可谓教养兼备了"②。

1927年，晏阳初又强调，"平民教育"的最后目的"是使二百兆失学男女皆具共和国民应有的精神和态度"；平民教育的宗旨，是"除文盲、作新民"；平民教育包括四个方面，即以文艺教育培养智识力，以生计教育增进生产力，以公民教育训练团结力，以卫生教育发育强健力；平民教育最后的使命为"先从根本上垫高我民族的程度，然后本吾辈毕生的经验，全副的心血，合四万万同胞的聪明才力，对于二十世纪的新文化，尽我民族占全人类四分之一的责任"③。

1928年，晏阳初一方面对平民教育目的和使命做了进一步的阐发，另一方面又提出了平民教育的原则和方法。在平民教育的目的方面，晏阳初强调要"养成有知识、有生产力和公德心的整个人"。而要造就这样的人，就需要进行三种教育，即文字教育、生计教育和公民教育。晏阳初认为国家遭受异族压迫，人民受军阀摧残的根本原因，在于人民平均知识低下，因此要为民族争自由，为民权图发展，就应先努力提高民智，使民众有知识有头脑，而要有知识，又须先认识文字，因此文字教育便成为平民教育的第一步。晏阳初进而指出，只有书本知识而在实际生活中"菽麦不分"的书呆子并不是平民教育的需求，应极力设法消除，因此平民教育于实施文字教育之外，还需要生计教育，"使人人具备生产的技能，造成能自立的国民"。晏阳初还强调，即使是民智提高，民生充裕的人，也未必一定对国家社会前途有益，"盖其人缺乏公德心，一举一动，只知有自己的祸福利害，不顾国家社会的祸福利害；所有知识、经济，只足以供其为恶之资，所作之恶，常比无知识无能力者高出万倍"④。因此，平民教育于实施文字教育和生计教育外，还要有公民教育，以"造成热诚

---

① 晏阳初：《关于平民教育精神的讲话》，《晏阳初全集》第1卷，第84—85页。
② 晏阳初：《关于平民教育精神的讲话》，《晏阳初全集》第1卷，第85页。
③ 晏阳初：《平民教育的宗旨目的和最后的使命》，《晏阳初全集》第1卷，第119页。
④ 晏阳初：《平民教育概论》，《晏阳初全集》第1卷，第124页。

奉公的公民"。在平民教育的使命方面，晏阳初重申其使命在于"作新民"，并明确其具体内容有三项，即养成有知识，有生产力，有公共心的整个人；养成社会健全的分子，发展社会的事业；养成建设国家的国民，增高国际地位。在平民教育的原则方面，晏阳初提出了六大原则，即全民的，以平民需要为标准的，适合平民生活状况的，根据本国国情和人民心理的，地方自动负责的，人人有参加的可能。在平民教育实施方法方面，晏阳初提出了学校式、社会式和表证式三种方法。

1931年9月，晏阳初明确针对一般人民最感困难的愚、穷、弱、私四大问题，提出四大教育，即用文艺教育攻愚，培养知识力；用生计教育攻穷，培养生产力；用卫生教育攻弱，培养强健力；用公民教育攻私，培养团结力。由此使其关于四大教育的认识进一步深化。1932年，晏阳初又阐述了平民教育与乡村建设的关系。一方面，"教育为建设事业的根本，而更加注意政治经济。良足使人欣慰！实在各方面的建设，固属必要，而教育即为引起建设事业中种种活动之动力。建设当然也能充实教育的内容"①。另一方面，"整个的生活建设与农业生活为整个的，不容割裂。农村建设，必须着眼生活全体，否则顾此失彼，必多困难。敝会本历年经验所得，以为农村改进事业，必须从各方联锁进行，始有成效。故生计教育向与文艺、卫生、公民三种教育，分途并进"②。1934年，晏阳初又明确阐述了平民教育的"三大方式"，其中，"学校式"一方面通过培养青少年的平民学校，为社区服务的、觉悟的、进步的青年组织奠定了基础。另一方面通过"统一的村学"的实验开发出改造中国乡村生活的教育。"家庭式"教育有双重目的，即帮助解决家庭与学校之间的矛盾，扩大家庭责任感，使"家庭社会化"。"社会式"以平校毕业生的各项活动为中心，"但它的意图是使社区所有成员按照四个方面计划的路线继续受教育"。

此后，晏阳初又在众多场合对其平民教育思想进行了发挥，如乡村运动担负着"民族再造"的使命。要实现这一使命，最有效的方法，莫若"实验的改造民族生活的教育"。又如"乡村建设"的使命在于教育民众，训练民众，组

---

① 晏阳初：《在欢迎来宾会上的讲话》，《晏阳初全集》第1卷，第219页。
② 晏阳初：《致中华教育文化基金会请款书》，《晏阳初全集》第1卷，第239页。

织民众，发挥其应有的力量等。这些阐述和发挥，共同构成了"定县模式"的思想基础。

为保障平民教育构想的顺利实施，晏阳初等人也提出了一系列切合定县实际的组织制度设计。这些组织制度设计又可以归为两类，一是关于推行机构的组织制度，二是关于推行平教的具体组织制度设计。

晏阳初等人关于推行平民教育的组织机构的制度设计，在1933年河北省县政建设研究院之前和之后，有一定变化。在1933年以前，中华平民教育促进总会发挥着重要作用。促进总会的组织制度可以分为三类：一是行政制度，在总干事之下设总务、城市、乡村、华侨四部，每部直辖若干股，分担一切行政事宜；二是研究制度，设有调查统计、平民文学、视导训练、公民教育、生计教育、直观教育、妇女教育八科，每科直辖若干门，分担一切研究事宜；三是训练制度，设立平民教育师范院、育才院、研究院，以培养全国教育需要的人才。

由于平民教育促进会是平民教育的学术机构，平民教育的推行工作由各地平民教育促进会具体负责，因此为顺利推行平民教育起见，又设计出"鼎足而立"的推行制度，即由地方人士、平教专家、地方政府三足分工合作。地方上各界领袖，自动结合各法各机关和一般热心人士共同提倡平教，并分任各委员会的委员，协助专家实施平教；培养或聘请平教专门人才，专任实施平教事宜，并请托平教总会选派专家指导一切；呈请地方政府补助经费，维持秩序，并规定褒奖和惩戒办法，使平民教育在地方上易于普及。

1933年以后，平教会与县政建设研究院的密切合作，成为推行平民教育的重要制度保障。"平教会不是一个机关，乃是一个私人学术团体。平教会与研究院在法律上，经济上并没有关系，然而在实际工作上却有很密切的合作关系。"① 为保证两个机构的密切合作，平教总会干事长被聘为研究院主席，平教会其他有经验的人员也被聘请了负责，同时仍在平教会工作。②

河北省县政建设研究院的目标为调查研究并改进人民的生活；发展全省县

---

① 晏阳初：《中华平民教育促进会定县实验工作报告》，《晏阳初全集》第1卷，第344页。
② 晏阳初：《定县的乡村建设实验》，《晏阳初全集》第1卷，第277页。

单位的建设计划；培训行政和技术人员；研究院由主席、副主席和总干事长全权主持院务，下设四部，调查部负责搜集有助于制订建设计划的经济和社会的情报资料；研究部负责研究乡村建设的政治、社会和行政等方面的问题，并根据研究结果制订执行建设计划的程序；实验部首先在实验县进行以检验建设计划和政府机构，以及严密认真地研究县政府的职能和程序为目的的政治实验；训练部负责为推行省的建设计划，培训行政和技术人员。[1]

由于"县政建设实验工作，以县政机构之拟制为其第一步"，因此县政府的组织制度便显得十分重要。在晏阳初等人的设计中，定县县政府由三层组织构成。最下层为公民服务团，"全县人民之政治活动，以公民服务团为基础"。服务团团员包括全县人民在内，但依据年龄分为现役、预备、后备三种。同时依据团员在学校的组织和学习所专，分为政务、教育、经济、保卫四组，以与乡镇建设委员会四股相应。团员（主要是现役团员）要随时补助各种建设工作进行，随时接受继续教育及特种训练，严守纪律。服务团以本乡镇学校教师为指导员，在设计上技术上接受其指导，服务团各组工作活动分别受该乡镇委员会指挥监督。因此，公民服务团乃是一个（一）以少壮分子为中坚；（二）以教育为基础；（三）以各种建设为工作内容；（四）以军队纪律为精神之一种政治初步组织也。[2] 公民服务团之上为乡镇建设委员会。该委员会实际上是地方自治组织中的执行机关的乡镇公所的替代组织。在以公民服务团为基础的县政组织制度中，乡镇建设委员会向上接受县政府政令，向下主持服务工作。委员会设委员6—12人，"以容纳当地之有资望阅历者，而以本乡镇之小学教师为当然委员及秘书以增其效率"[3]。委员会正副主席一经选定即由县政府加委为乡镇长副，委员会下分政务、教育、经济、保健四股，与公民服务团之四组相呼应。乡镇建设委员会之上为县政府。由于晏阳初等人认为县政府组织的合理化不仅在于裁局改科，集中事权，更在于能够集合实际人才与专家学者于一堂，以供策进行，因此提出应在县政府中设县政委员会，同时进行裁局并科。县政委员会由委员7—11人组成，委员由县长商

---

[1] 晏阳初：《定县的乡村建设实验》，《晏阳初全集》第1卷，第278页。
[2] 晏阳初：《定县实验区工作概略》，《晏阳初全集》第1卷，第395页。
[3] 晏阳初：《定县实验区工作概略》，《晏阳初全集》第1卷，第396页。

承研究院院长聘任。11名委员中，1人兼任秘书长，5人分任各科科长，其余不管科委员5人。管科委员重在行政经验，不管科委员（为名誉职）重在专门学术，参与会议，提供计划，给予学术上技术上之辅助。裁局并科方面，裁撤原有公安、财政、教育、建设四局并县政府原有两科，改设民政、财政、教育、经济、公安五科。①

  为保证平民教育顺利推行，晏阳初等人十分重视具体制度设计，"凡办教育，无论如何，总得要有一定的制度。平民教育应该有平民教育的'学制'"。其中较为完善、成效较著的是组织教育制度、经济合作制度和保健制度，"平教会有四件事值得提出来说的，就是组织教育、经济合作、保健制度及县政机构"。组织教育制度方面，由于晏阳初认为"形成扫盲教育制度是平民教育运动计划的第一个部分"②，而识字又是扫盲工作的首要内容，因此选字制度和编辑制度便成为组织教育制度的重要内容。选字方面，根据在法、比华工教育中的经验以及回国后对各种平民课本，及他种白话书报的调查比较，选出常用的字数千。再由这数千字中，选出最通用的字一千，作为"基础字"（foundation characters）。编辑方面，将选出的一千字编成三册，名《平民千字课读本》。其中首册计三百字，分四十课，每课用白话体，将生字参入，撰成通常日用或稍带新意的语句；生字或生字所联成的熟语，都用大号字；每六课参入一课练习，或填字，或对字，或词句重组，或造句等。

  经济合作制度方面，提出县单位合作组织制度设计：（1）组织自助社，在合作训练未能完成，合作社尚未组织之前，先组织自助社。其性质为合作社的准备，社员不必交纳股金。成立后可以用自助社之名义，向仓库抵押棉麦等农产品，通融资金。（2）组织合作社，合作社采取兼营的方式，按照农民的需要，逐渐经营信用、购买、生产、运销四方面的经济活动。合作社的组织，仍要注意以农民接受合作的训练为基础，推行合作社的工作，尤需要注意业务的视导，以指导社会之进行，审核其会计，并继续授以合作教育的训练。（3）组织合作社联合会，"为欲构成制度起见，各村成立合作社既多，必须赖有合作

---

① 晏阳初：《定县实验区工作概略》，《晏阳初全集》第1卷，第397—400页。
② 晏阳初：《在第四次大周会上的讲话》，《晏阳初全集》第1卷，第424页。

社联合会以为后援，经营始能便利，故区有区联合会，区之上有县联合会。依定县经济活动区域的分配，划全县为两区，组织联合会，现已于城区内成立合作社联合会，分购买、运销、信用、生产四部分"[1]。

在保健制度方面，晏阳初一方面提出村保健员、乡镇保健站和县保健中心三级制度。村保健员是一位平民学校校友会会员，由村长推荐，在乡镇保健站受过10天卫生保健训练，其任务为登记村子的出生和死亡人数；预防天花，为全村种牛痘。乡镇保健站是为补充村保健员的不足和提高服务质量而设，乡镇保健站配备合格的医生（乙级）、换药员或护士，能为3万人提供治疗和预防服务。保健中心全县只有一个，设有一所50个床位的医院，一个实验室，办公室和教室，负责协调并辅助乡镇保健站的医务工作。

另一方面又提出了由保健员、保健所、保健院组成的三级保健制度。其中保健员每村1人，由平民学校毕业同学会会员受有相当训练者充任。保健所为联村组织，所内有医师1人，助理1人，其区域之划分，须顾到人口距离等。保健院为全县卫生教育与卫生建设之总机关。

在提出以上关于平民教育和乡村建设构想的同时，晏阳初等人将这些构想和组织制度付诸实践，并选择定县作为实验和研究区。"现在我们有了自己的大规模实验和研究区，正是为了这个研究我们才来到定县，我们希望这个研究所得到的成果通过平民教育运动传播给占我国85%的广大的农业人口中。"其工作重点"不是探索中国农民耕作的最现代的方法，而是探索现代科学和经验的实际应用。这些科学和经验能使中国农民现在所持有的，也许在今后许多年里仍必须持有的那些工具、习俗和经验变得尽可能的有用，尽可能地发挥出生产潜力。我们不是要用拖拉机代替手扶犁，也不是让村里装上最新的无线电设备。我们决定在可能的地方保留过去的东西，但是通过采用中国民力所能及的现代方法来使这些老的东西得以扩大和改进"[2]。

晏阳初等人在定县的实验和研究上取得了多方面的成就，构成"定县模式"的重要内容，由于"四大教育"和"三大方式"在定县平民教育和乡村建

---

[1] 晏阳初：《中华平民教育促进会定县实验工作报告》，《晏阳初全集》第1卷，第325页。
[2] 晏阳初：《有文化的中国新农民》，《晏阳初全集》第1卷，第153—156页。

设中居于极为突出的地位,因此下文将重点考察这几个方面的成效。

以晏阳初为干事长的中华平民教育促进会在定县的实验工作于1926年10月由翟城村开始。1926年10月至1927年9月间,首先在翟城村办了几所平民学校。1927年10月至1928年9月间,平民学校逐渐由翟城村扩展到附近10余村以至于30余村。1928年10月至12月间,又扩展至60余村。1929年1月至7月间,平民教育研究、实验、编辑等工作集中在翟城村与县城内两处,推行工作偏重于第一区和第三区内150余村,同时兼顾其余四区各村。1929年8月至1930年6月间,平教会工作开始集中定县并开始"全县实验的筹备时期"。

在1926—1930年间,定县平民教育所取得的成绩,主要可以归结为以下三个方面。

第一,以"三大方式"为基础,积极开展教育实验。在社会式平民教育方面,于1927年11月10日在翟城村设立平民问字处2处,每处设置黑板1块,学生词典一部,校正国音字汇一部,平校用书全部。问字处成立后,"村内的人们,不管男女老少,所操何业,来处问难的很多,以增进他们的学识,惜乎问难的人们,来来往往,当时没有记载,不能以数量估计其成绩"①。1927年11月25日又于翟城村试办平民图书馆1处,"来馆的人们百分之七十以上,俱系小校及平校的学生"②。同时在图书馆附设平民阅报所1处,"每日阅报的人比阅书的人,更为踊跃"。在公民的社会教育方面,主要工作有三项:一是参与村治讲习会,1928年12月3日在翟城村召集全村民众,开村治讲习会,邀请平教会职员担任讲习,授课一周,以训练民众实施村治的能力。二是组织游行讲演团,从1927年开始,为积极推广平民教育学校,轮流到各村讲演,到1928年底共出外讲演数十次,所到村庄有翟城、东亭、唐家庄、东丈、齐堡、王习营、土良、东建羊、帅村、大羊平、大陈村、元光、鸡鸣台、陈村营、辛兴、北齐、南齐、小流、北祝、大辛庄。"每次讲演,各村大大小小,男男女女,邀约前来,包围讲演场所,万头攒集,颇极一时之盛,有时达二三千人,

---

① 汤茂如主编:《定县农民教育》,中华平民教育促进会学校式教育部,1932年,第348页。
② 汤茂如主编:《定县农民教育》,第350—351页。

少亦四五百人"。"晚间演放电影，来观者尤夥，讲演员趁换影片的时候，作简短的讲演。"①三是组织平校毕业同学会。在健康的社会教育方面，一是于1928年7月成立平民学校体育联合会，约有会员200余名。同时在翟城沙滩设立平民运动场，提供足球、篮球、网球、棒球等体育用品供会员游戏。7月11日在球场比赛足球时，"观众如堵，约二千余人"。二是组织乡村卫生会于翟城村村公所，以本村平校毕业生为当然会员，"其他赞成本会宗旨者，亦得为本会会员"。三是设立诊疗所。其中第一乡区诊疗所成立于1929年4月，每天来的病人至少10余人，多则二三十人。6月以后，诊病即达4000余次，治愈的有2000多人。在休闲的社会教育方面，主要工作有到各村传授新剧、演放电影、举行新年游艺会等。在学校式平民教育方面，主要在定县城内和东亭区开展平民学校实验工作。到1930年前，定县城内共设立初级高级实验平民学校6所，其中初级3所，高级3所，6校共有学生153人，平均每校学生25.5人，其中男生4校有118人，女生2校有35人。东亭区原先有初高级实验平校3处，男校设于东建阳村，女校设于东亭镇及北祝村。后又有所变动，北祝、东亭两校继续设立，在翟城村设立第一、第二两所高级实验平校和第五、第六两所初级实验平校，同时东建阳实校因不便指导停止。以上6所学校共有学生145人，分为8班，平均每班约有学生18人。

第二，推行平民教育。据调查，1926年秋至1928年6月，平教会在第一乡区成立了61所平民学校（其中表演平民学校24所，普通平民学校37所）。在61所平民学校中，有54所填了调查表。这54所均为初级平民学校，其中男女初级表演平校24所，男女普通平校37所，平均每月费用最高为11.83元，最低为0.3元，中数为1.36元。54所学校共有学生1125人，其中男生907人，女生218人。到1929年6月时，定县全县共有平民学校227所，其中第一区10所，第二区42所，第三区101所，第四区40所，第五区21所，第六区13所。这227所学校中，又有初级校219所，高级校8所。在初级校中，男校199所，女校20所。高级校中，男校6所，女校2所。227校共有学生5839人，其中第一区252人，第二区926人，第三区2501人，第四区1150人，第

---

① 汤茂如主编：《定县农民教育》，第354—355页。

五区 546 人，第六区 464 人。1929 年 7 月以后，全县推广宣告停止，同时划城厢及中一区 65 村为第二乡区，自 1929 年 7 月至 1930 年 7 月，推广工作集中于第一、第二两个乡区，同时兼作全县推行。这一时期，第一乡区共成立平校 98 所，其中 91 所完成调查。这 91 所学校中，有初级校 86 所，高级校 5 所。初级校中又有男校 76 所，女校 10 所。5 所高级校均为男校。91 所学校共有教员 98 人，学生 1995 人，平均每校 22 人。第二乡区成立学校 51 所，其中高级校 3 所，初级校 48 所。初级校中男校 45 所，女校 3 所。3 所高级校均为男校。51 校共有学生 1197 人，其中初级平校学生 1134 人，高级平校学生 63 人，平均每校学生 23 人。

第三，进行研究及编制工作。1926 年 10 月至 1928 年 12 月，在学校式教育方面制定了平教学制，分初高两级，每级四月；规定各级平校的教育内容；厘定课程标准；编辑教材如农民千字课本；周会讲题大纲；卫生归条；编制农民千字课各册成绩测验。1929 年 1 月至 7 月又修正了学制及课程标准，编辑高级平校课本，编辑千字课教学书，编辑珠算教学书，重新编辑农民千字课各册测验，编制市民千字课成绩测验，编制士兵教育讲演大纲，编辑农民报，编辑农民教育部宣传品。1929 年 8 月至 1930 年 6 月，再次编定平教学制、普及全县识字教育方案、继续编辑三种千字课本及识字课本教学书、编辑高级平民算术、编辑平民育才学校课本、修正农民千字课各册测验、编制高级识字课本测验等。

1931 年以后，定县平民教育和乡村建设又取得了诸多进展。在初级平民教育研究与实验方面，1931 年度，又将学生入学年龄重新规定，并设实验初级平校 3 所。1933 年度设甲乙两种试验初级平校各两所：甲校修业 2 个月，乙校修业 3 个月。1934 年度编《初级平校指南》一部，供实施乡村教育者之参考。在除文盲的研究与实验方面，1931 年度分全县为三个实施区，各择一村镇为实施中心村，并设表演平校 20 所，分布各区，担任推行工作；全县成立普通平校 417 所。1932 年度，将推行表演工作集中研究区内的 60 村，并设表演平校 5 所，作推广妇女教育之实验，研究区内成立男女普通平校共 86 所。在初级平校以上教育之研究与实验方面，1931 年度，又将高级平校课程重新规定，设试验学校 3 所。1932 年度，重新修订高级平校目标、新编教材与教法，并设实验男女校各 1 所。1933 年度，又重新制订高级平民学校课程，设实验高级女平校 2 所。

此外，到 1934 年前，有 476 个村开办了 3844 个识字班，总计注册人数达 21170 人（男 14080 人，女 7090 人），年龄大多数为 14—25 岁。定县这个男性年龄组的文盲已降低到 10%。1933—1934 年组织成立了 295 个自助社，所做的生意计达 52000 员。1934 年 6 月，273 个社仍在工作，另外 22 个社已改成综合合作社。

综合以上三个方面，定县的平民教育和乡村教育实践主要是以晏阳初提出的"除文盲，作新民"和"再造民族"为最终目标和使命，以文艺、生计、公民、卫生四大教育和学校式、家庭式、社会式三大方式为主要内容，其所取得的成就也主要集中在以上方面。这些构成了"定县模式"的主要特征。

三、梁漱溟与"邹平模式"

梁漱溟是 20 世纪中国最著名的乡村建设思想家和理论家，也是与晏阳初、卢作孚等人齐名的乡村建设实践家。在其思想和理论基础上形成的"邹平模式"，是 20 世纪前期最重要的乡村建设模式之一，受到学者们的广泛关注。[①] 本节将在此基础上，从思想理论基础、制度设计和实践成效三个方面对这一模式进行探讨。

"邹平模式"的思想理论基础是梁漱溟在中西文化比较和"以农立国"思想基础上形成的关于乡村建设的思想和理论。

在《东西文化及其哲学》《中国文化要义》《乡村建设理论》等著作中，梁漱溟深刻地阐述了中西方文化与社会的三个主要区别。首先，梁漱溟认为中国是一个伦理本位的社会。在传统中国社会中，"人生将始终在与人相关系中，此即伦理"，"伦理关系即表示一种义务；一个人似不为其自己而存在"，而在西方则是"处处形见其自己本位主义，一切从权利观念出发"，如社会方面

---

① 例如，马勇：《梁漱溟教育思想研究》，辽宁教育出版社 1994 年版；善峰：《梁漱溟社会改造构想研究》，山东大学出版社 1996 年版；朱汉国：《梁漱溟乡村建设研究》，山西教育出版社 1996 年版；郑大华：《梁漱溟传》，人民出版社 2001 年版；等等。

"在我莫不寓有人与人相与之情者,在彼恒出以人与人相对之势。社会秩序所为维持,在彼殆必恃乎法律,在我则倚重于礼俗。近代法律之本,在权利;中国礼俗之本,则情与义也";经济方面中国为伦理本位的经济,西方为个人本位的经济;政治方面中国只有君臣、官民之间的伦理义务,"而不认识国家团体关系"。其次,梁漱溟认为中国是职业分立的社会,西方是阶级对立的社会。"在昔西洋社会以贵族与农奴阶级对立;今以资本家与劳工阶级对立。中国社会于此二者亦无所似。若称西洋为阶级对立的社会,则中国殆可云职业分立的社会。"再次,梁漱溟强调中国的伦理本位社会和职业分立社会是交相为用、和互相成的:"此伦理本位职业分立之二者,又交相为用、和互相成。"[1]

在以上三点认识的基础上,梁漱溟将传统中国社会结构概括为"伦理本位,职业分立"八个字。认为"伦理本位,职业分立"八个字,"说尽了中国旧时的社会结构,——这是一很特殊的结构"。但近代以来,随着西方文化尤其是个人本位、权利观念的输入,中国伦理本位的社会遭到了破坏。"中国旧社会组织构造破坏,让中国政治无办法;中国政治无办法,让中国旧社会组织构造更加崩溃。"在西方列强入侵、工业化等多种因素的影响下,到了20世纪二三十年代,已经"破坏到中国文化的无形的根,已经破坏到中国的老道理了"[2]。

梁漱溟认为,中国传统社会构造和社会文化之所以遭到越来越严重的破坏和失败,最主要的是中国缺乏团体组织和科学技术。"这两点是我们顶缺乏的,而同时却正是西洋人的长处。西洋人擅长这个,我们顶缺乏这个;所以自中西相遇之后,我们看着失败,敌不过他了。尤其是缺乏头一点,更是我们敌不过西洋的最重要的原因。"[3] 而缺乏团体组织和团体生活,又给中国社会带来了四大缺点,即缺乏公共观念,"身家而外,漠不关心,国民缺乏国家观念即其著者;其他类此";缺乏纪律习惯,"西洋在多人聚集场面,无待一条一条宣布告诫,而群众言动之间早已习惯成自然的有条不紊。在中国人多,便无秩序,虽

---

[1] 梁漱溟:《乡村建设理论提纲》,中国文化书院学术委员会编:《梁漱溟全集》第5卷,第369—372页。
[2] 梁漱溟:《乡村建设大意》,中国文化书院学术委员会编:《梁漱溟全集》第1卷,第613页。
[3] 梁漱溟:《乡村建设大意》,中国文化书院学术委员会编:《梁漱溟全集》第1卷,第627页。

有警察犹难维持"；缺乏法治精神——西洋总按照一定章程办事，中国人却每徇私人情面；缺乏组织能力，"组织能力即政治能力，其要点在公共事情大家商量着办理，既不由自己一个人做主，亦非完全被动。这要十分耐烦，要对团体有牢韧的向心力才行。中国人最缺乏的是这个"①。

由此，梁漱溟强调，重建中国社会构造和社会文化，就要重视中西精神的沟通，"如果在根本处——中西人的精神——找不出一个妥帖点来，中国社会的组织构造便为无根，一切的制度便完全建立不起。中国旧的社会组织构造破坏，一定要有个新的组织构造出来；新的组织构造，一定要有这么一个根——中西精神沟通后所表现出来的事实"②。于是，能够容纳"西洋近代进步团体生活的精神"的团体组织，便成为中国社会文化和社会组织构造的关键。

那么，应该从哪里着手进行社会组织的建设呢？梁漱溟的选择是从乡村做起。梁漱溟强调，团体组织必须从小范围的乡村做起，"事实上我们的组织天然不能不先从小范围着手。一定要先从小处慢慢地做到大处；先从近处慢慢地做到远处；我们没有法子一上来便从远处大处去做。这个意思也就是说：'我们的组织，必须要先从小范围的乡村做起，才比较容易、可能'"。之所以选择从乡村做起，一方面是因为"从乡村做起容易引起人的关切注意——乡村这个地方是与我们（乡下人）的生活关系最亲切的；乡村的利害，就是我们的切身利害"；另一方面是由于"在小范围的团体里面自己的意思容易表达——在小范围的团体里面，自己对于团体有什么意思才容易表达"。③

除以上梁漱溟本人强调的两点缘故外，梁漱溟选择乡村作为社会组织建设，还应有两个方面的原因。一是"以农立国"思想的影响。尽管梁漱溟并未专就其"以农立国"思想进行阐述，但深受这一思想的影响，却是不争的事实。其在《主编本刊之自白》中便明确表示："民国十二年春间我在山东曹州中学的讲演，就已提出'农村立国'的话。这意思在我心里萌芽得颇早，然而这话则要算章行严先生说的。""我前曾说过，我们的难题，是一面须照顾得民族过去历史固有精神，一面还须应付眼前脚下所践处的环境世界，更一面要准

---

① 梁漱溟：《中国建国之路》，中国文化书院学术委员会编：《梁漱溟全集》第3卷，第340页。
② 梁漱溟：《乡村建设理论提纲》，中国文化书院学术委员会编：《梁漱溟全集》第5卷，第439页。
③ 梁漱溟：《乡村建设大意》，中国文化书院学术委员会编：《梁漱溟全集》第1卷，第651页。

备着世界的变迁，未来的文化。所谓'学治主义'所谓'农村立国'，或于固有精神，未来文化，不无相应，然而独何以处兹环境世界？"① 当王鸿一、米迪刚等人出版《建国刍言》时，梁漱溟又表示，《中华民国治平大纲草案》"第一条规定了传贤民主国体，第二条规定了农村立国制——我颇点头承认；然我总不敢信，就是这样便行"②。二是对乡村与中国文化的根之间关系的认识。"中国文化有形的根就是乡村，无形的根就是老道理。所以所谓中国文化已崩溃到根，已根本动摇；也就是说中国的乡村已经崩溃，中国的老道理已经动摇了。""最近的破坏，已经破坏到中国文化有形的根，已经破坏到乡村，这是第一层的意思。再说第二层：最近的破坏，也已经破坏到中国文化的无形的根，已经破坏到中国的老道理了"。"创造新文化要以乡村为根，要以中国的老道理为根。所谓乡村组织就是要从乡村做起，从乡村开端倪，来创造一个新文化，创造一个新社会制度，所以说创造新文化要以老道理为根，也就等于说乡村组织要以老道理为根了。"③

在梁漱溟看来，作为中国社会文化重建关键环节的团体组织不仅要从乡村做起，而且要承担起实现团体生活和引进科学技术两大功能。"我们的乡村组织的第一要义就是：'培养组织能力，实现团体生活'"。"必须每个份子对团体生活，都为有力地参加，中国才能太平。固然中国人没有组织能力，不会商量着办事；可是现在因为只有这个办法可用，所以虽然不会商量，也得学着去商量。一个人当家，尚可以独断独行，多数人当家，则非商量不可。商量着办事虽然是很不容易，亦非学着去做不可。换句话说，现在中国要想结合团体，非把这个组织能力培养起来不可。"乡村组织的第二要义是"使内地乡村社会与外面世界相交通"，"有乡村组织，才能内外相交通；内外相交通，才能引进新知识方法"。而符合以上多方面要求的乡村社会组织，便是村学乡学。"我们成立村学乡学就是教育全村全乡人众的，教他们都自觉地来加入这个组织，大家齐心学好，向上求进步。这样，个人就可以慢慢地明白，

---

① 梁漱溟：《主编本刊之自白》，中国文化书院学术委员会编：《梁漱溟全集》第5卷，第15—17页。
② 梁漱溟：《主编本刊之自白》，中国文化书院学术委员会编：《梁漱溟全集》第5卷，第15—16页。
③ 梁漱溟：《乡村建设大意》，中国文化书院学术委员会编：《梁漱溟全集》第1卷，第613、653页。

慢慢地自觉了。"①

当然，在强调村学乡学重要地位的同时，梁漱溟并未将乡村建设的含义仅仅局限于此，而是强调乡村建设是包括经济建设、政治建设和教育文化在内的建设。"所谓乡村建设，事项虽多，要可类归为三大方面：经济一面，政治一面，教育或文化一面。虽分三面，实际不出乡村生活的一回事；故建设从何方入手，均可达于其他两面。例如从政治方面入手，先组织成乡村自治体；由此自治体去办教育，去谋经济上一切改进，亦未尝不很顺的。或从教育入手，由教育去促成政治组织，去指导农业改良等经济一面的事，亦可以行。"②

在提出乡村建设思想理论和筹设山东乡村建设研究院、邹平县政实验县区的同时，梁漱溟等人还提出了关于山东乡村建设研究院和邹平县政实验县区组织、财政、合作、金融、自卫、教育等各方面的一系列组织制度设计，形成了"邹平模式"的制度支撑。在山东乡村建设研究院组织方面，主要颁布了《山东乡村建设研究院组织大纲》和《修正组织大纲》。在研究院组织制度方面，《修正本院组织大纲》对研究院的隶属、性质、组织系统等作了明确规定。如规定山东乡村建设研究院隶属于山东省政府，研究院"研究乡村自治及一切乡村建设问题，并培养乡村自治及乡村服务人才，以期指导本省乡村建设之完成"；研究院设院长、副院长各一人，由省政府任命；院长主持全院事务，副院长协助院长处理事务，院长不能执行职务时，由副院长代理；研究院设乡村建设研究部、乡村建设人员训练部、社会调查部、总务处、农场、医院、乡村服务指导处、图书馆等，各设主任一人；总务处下设文书、稽核、会计、庶务、注册、出版六股；由院长、副院长、各部主任、区长官、县长及院长特约之教职人员2—5人组成院务会议作为院长、副院长的咨询机构；研究院组织大纲由山东省政府核准公布，自公布之日施行。

在县政府组织方面，《邹平实验县组织暂行办法》规定县政府在山东省政府暨山东乡村建设研究院指挥监督之下处理本县行政，监督地方自治，改进社会事务；县政府执行中央及省法令确认有困难时，可呈由山东乡村建设研究院

---

① 梁漱溟：《乡村建设大意》，中国文化书院学术委员会编：《梁漱溟全集》第1卷，第643—644、650、671页。

② 梁漱溟：《山东乡村建设研究院设立旨趣及办法概要》，《梁漱溟全集》第5卷，第227页。

转呈核准变更之；实验县城区设首善乡，其余地方划分为 13 乡（即第一至第十三乡），乡下设若干村，村下二十五户为闾，闾下五户为邻；乡村在不抵触中央及省县法令规则的范围内制定自治公约；县政府设县长一人总领全县事务并指挥监督全县行政自治机关；县政府秘书以及第一至第五科，各科设科长一人，科员、技术员、督学事务员若干人，秘书暂由第一科科长兼任；县政府设县政会议和县地方会议和各项委员会。

在财政方面，制定了在乡学经费由县政府代征统收统支期间对乡学财政收支进行稽核的《邹平实验县各乡学经费稽核委员会组织规程》，规定委员会由学长、教导主任、学董代表 2—3 人组成；委员会职权有审查乡学内预算决算、稽核乡学内一切收支账目等职责；委员会由委员互推主席一人，每月初由主席召集例会一次，详细审查上月收支款项，认为无疑义时由各委员签名盖章并向下次学董会议报告；委员会开会时乡理事和辅导员列席会议。

在合作方面，具有代表性的是《邹平实验县合作事业指导委员会暂行组织规则》《乡学村学推进合作事业纲领》。前者规定合作指导委员会由山东省乡村建设研究院邹平实验县为研究实验和促进邹平合作事业而设；委员会以县长为委员长，并由县政府从研究院讲授合作各教师、研究院农场主任及职员、县政府第四科长及技术员、农村金融流通处经理和其他有关人员中选聘 8—10 人为委员；委员会设常务委员 2 人协助委员长执行委员会决议事件并处理委员会日常事务等。后者规定乡学村学在合作教育方面应实施民众合作教育、在合作事业指导委员会指导下实施社员训练并协助合委会实施职员训练；在合作社促成方面应向合委会提供设置促进意见，在实施促进上进行应有的宣传引导工作，协助办理组织手续；在合作社业务方面应向合委会提供业务指导意见，并在合委会委托下协助经营合作社业务；在合作行政方面应在合委会委托下施行调查、考核，稽核合作社账目以及其他协助事项。

在教育方面，制定了颇具特色的《邹平实验县设立村学乡学办法》。办法分为总则、村学、乡学、附则四个部分。其中总则为第 1—6 条，规定实验区"为推进社会，促成自治，以教育的设施为中心，于乡设乡学，于村设村学"；乡学村学的教育对象为各该区域的全体社会民众；乡学村学由董事会在县政府之监督指导下主持办理；乡学村学教育由学董会依据民情推举的学长主持；乡学村学经费原则上由地方自筹，由县政府酌量补助；乡学村学的一切设备为地方公有，开放给一般民众享用，管理规则由学董会制订。关于村学的条款包括第7—13条，主要内容为：实验县区各村依法组织村学学董会，推举村学学长，成立各村村学；村学成立一年内教员（1—2人）由县政府介绍，由学董会聘任，薪金由县库支出，一年期满后由地方自行聘任和供给；村学在县政府和乡学的指导辅助下酌情成立成人部、妇女部、儿童部等，"施以其生活必须之教育，期于本村社会中之各分子，皆有参加现社会并从而改造社会之生活能力"，相机倡导本村所需之社会改良运动（如禁缠足、戒早婚等），"兴办本村所需要之各项社会改进事业（如合作社等），期于一村之生活，逐渐改善，文化逐渐增高，并以协进大社会之进步"；村学以部、班、组为编制，村学成立后，"其原有之一切教育设施，如小学校、民众学校等，应分别归入前项编制中，以统属于村学"；村学学长负有督教村中不肖子弟、调节邻里不睦、监督村理事执行村中自治事务等职责；村理事办理村政府委任事项及本村自治事务，"除应随时在村学报告于村众外，每月应有总报告一次"。乡学包括第14—22条，除与村学相似的条款外，还有酌设升学预备部、职业训练部等办理本乡所属各村学不能独自办理的教育；指导辅助所属各村学；设立高级小学、民众学校高级部等。附则为第23条，规定了乡学村学与政府的关系，"乡学村学之设立，以政府办法，地方乐于接受；地方自动，政府善为接引为原则；无事强迫进行"[①]。

除以上制度设计外，《山东县政建设研究院实验区条例》《县政府暂行组织办法》《邹平实验县合作社职员讲习会简章》《梁邹美棉运销合作社联合会章程》等大批实验规程，也是邹平实验县区组织制度的重要组成部分。

以上制度设计从不同方面体现了梁漱溟等人的乡村建设思想和理论，其中部分组织制度在邹平、菏泽得到推行并取得成效，成为"邹平模式"又一个重要组成部分。

自1931年成立山东乡村建设研究院到1937年前，梁漱溟等人主持和推行

---

① 梁漱溟：《山东乡村建设研究院县政建设实验区邹平县实验计划（摘录）》，中国文化书院学术委员会编：《梁漱溟全集》第5卷，第382—385页。

的乡村建设实验，在乡村教育、农畜品种改良方面，均取得了一定的成效。

在乡村教育方面，1933年邹平实验县划定并划分为13个乡之后，便着手建立村学乡学，1934年度，各乡乡学经费分别为958元、2400元、2940元、1962.40元、2022.24元、2020.50元、1990.00元、3086.00元、2913.00元、2590.98元、2541.92元、3303.76元、2158.50元和3748元。[①] 这一时期各乡学的工作重点之一，便是升学预备部和职业训练部方面的工作。其中预备部在1935年前后已有学生17班，除第11、12、13等乡学各设升学预备部两班外，其余各乡学设1班。职业训练部的工作在各乡有所差异。如第3、4、5乡为蚕桑区域，因此设立了养蚕训练班，研究养蚕制丝及合作社等科目；第8、9、10、11、12等乡为棉业区，因此举行了开办棉业合作社的讲习会，研究植棉方法及合作运销簿记等科目。讲习会共举办4期。第1期设于城里，第2期设于第12乡学，第3期设于第8乡学，第4期设于第6乡学。同一时期各乡学村学的成效还可从邹平第六区乡学村学的进展中获得一些认识。该区首先在魏家庄和小店成立村学，然后设立乡学。到1935年前后，全区在成人教育、学校教育和青年训练方面均取得一定成效。其中，成人教育方面1933年有成人部11处，学生338人，到1934年度增加到15处，有学生531人。学校教育方面全乡17个村庄有学校23处。到1937年前，邹平全县351个自然村中，有322个村设有小学（较小村庄有联合设立一校者）。1935年6月时，全县有在学儿童10044名，占学龄儿童近50%。此外，邹平还设立共学处，即利用在学的优等学生来教育失学儿童，到1935年前后已成立262处，收容失学儿童2227人。

在金融方面，成效主要体现在成立农村金融流通处、推行农村信用合作社、举办庄仓合作社三个方面。邹平于1933年成立了农村金融流通处，1935年前后，流通处业务主要有乡村放款、经收各项公款、经理各团体机关个人存款。乡村放款方面，一是信用合作社放款，到1934年底共放款7000元；二是庄仓合作社贷款共3000余元；三是特种放款，共贷出整理旧债款项7000余元。经收各项公款方面，"计有省地方丁漕税年计十四万一千四百余元，地方附捐七万九千五百六十余元，酒税二千余元，牙税二千余元，契税一万余元。又教

---

① 萧克木编校：《邹平的村学乡学》，山东乡村建设研究院出版股1936年版，第165—166页。

育基金三万余元，建设基金一万余元，赈款、贷济款、县仓款三项计五千余元。总计邹平公款每年征存在四十万上下"①。邹平的信用合作社在短短一年之内便组织成立25处，有社员370人，资本1006元，贷款为6170元。邹平庄仓合作社是基于积谷备荒、储蓄致富、立信用之基础、平准粮价、调剂农村食粮需供而设。到1935年前后共成立庄仓社147处，有社员9465人，存粮5300余石。

在合作事业方面，邹平1936年前共有美棉运销合作、蚕业产销、林业生产、信用庄仓和购买等6种合作社307所。其中美棉运销合作方面，1933年前后，参加合作的棉农不出40余个村庄的居民，1934年前后已有218个村庄的棉农参加合作社。②在蚕桑合作社方面，1932年有合作社10处，社员271户，推广改良蚕种数为593；1933年时社数增至12，社员户数为241，推广改良蚕种数为740；1934年时，社数为27，社员户数增至339，推广改良蚕种数增至715；1935年社数为10，社员户数为522，推广改良蚕种数为1685。林业合作社方面，1932年时有合作社5处，社员239人，植树2690株；1934年时合作社增至20处，有社员1636人，植树24450株；1935年时合作社数又增至25社，有社员1940人，植树31050株。

此外，在农畜品种改良方面，邹平以推广美棉、优良杂交猪、来行鸡、改良蚕种为重点。在卫生方面，邹平1934年成立了"山东乡村建设研究院医院"，同时在其他13个乡中的6个乡每乡设立卫生所1所。

综上所述，"邹平模式"主要是以梁漱溟的乡村建设思想理论为基础形成的。由于梁漱溟极为重视乡学村学和合作社组织，因此，邹平乡村建设的成效，也主要体现在这几个方面。又由于梁漱溟更加看重社会力量的作用，而将行政力量置于次要的辅助地位，因此"邹平模式"难以得到南京国民政府的大力支持，这在一定程度上影响了其实践成效。

---

① 山东乡村建设研究院编印：《山东乡村建设研究院及邹平实验区概况》，出版者不详，1936年，第123—124页。

② 梁漱溟：《山东乡村建设研究院最近工作概况》，中国文化书院学术委员会编：《梁漱溟全集》第5卷，第490页。

四、卢作孚与"北碚模式"

在较长的一个时期里,卢作孚并未被视为乡村建设的代表人物。但随着刘重来等人的一系列研究成果的发表,卢作孚对乡村建设的贡献逐渐受到学界关注。本书第一章的研究也表明,卢作孚提出"乡村建设"一词的时间应早于梁漱溟等人。其主持和影响下的嘉陵江三峡乡村建设实验,也是20世纪前期乡村建设的典型模式之一。因此,本节将着重对"北碚模式"进行剖析。

北碚模式的思想理论基础,无疑是卢作孚关于乡村建设的一系列观点和理论阐述。本书第一章已指出,早年萌生的"教育救国"思想和加入中国同盟会,认同孙中山的思想主张等构成卢作孚"乡村建设"思想的重要渊源;卢作孚推行乡村建设的终极目标应在于"创造出现代需要的新社会"和建立一个"完全独立自主的民主国家";卢作孚乡村建设思想的核心是"乡村现代化",尤其是"人"的"现代化";秩序建设是乡村建设、社会建设和国家建设中的根本问题;组织建设是为卢作孚实现其乡村建设、现代新社会建设和国家建设目标的重要桥梁。这里将在此基础上做四点补充。

第一,卢作孚提出,应从力所能及的区域(二县或三县)开始建设的小规模经营和实验。"我们相信,无论什么事业,都应'大处着眼,小处着手'——这有两种解释:横的方面,事业要做到大的范围,却应从小的范围起;纵的方面,事业要做到大的进步,却应从小的步骤起。"[①] "我所希望于有志的当局着手让步,是集中精神在力所能及的区域以内,是更集中在力所能及的区域以内的二县或三县以内。指定两县或三县作为特别试验的区域,许多建设的事业和怎样建设的方法,都从这两县或三县的区域以内开始试验。"[②] 之所以要从小范围开始实验的理由有三个:一是由于人才缺乏,"骤然做起事来,需要的人才还待一个一个地切实的训练。所以着手之初,宜为小规模的经营,以为逐渐训练的基础和准备。人才增加,事业自易发展"[③]。二是在方法上,"最初从小规模着手,也是一种最经济的方法"。三是由于经费缺乏,"最初更宜以少的经费,经

---

① 凌耀伦、熊甫编:《卢作孚文集》,北京大学出版社1999年版,第16页。
② 卢作孚:《一个根本事业怎样着手经营的一个意见》,凌耀伦、熊甫编:《卢作孚文集》,第18页。
③ 卢作孚:《一个根本事业怎样着手经营的一个意见》,凌耀伦、熊甫编:《卢作孚文集》,第16页。

营规模小的事业，等到成绩显著，民众赞成以后，逐渐谋扩大的机会，便少许多困难的问题"①。

第二，卢作孚强调，要进行和学习现代化，就不能不有现代的集团组织和集团生活。卢作孚指出，集团生活可以从两个方面来解释：一方面集团生活是有生活的相互依赖关系；另一方面集团生活是有两个以上彼此由比赛而斗争。由于"人不能离开社会组织而生活，更不能离开集团组织而生活"，"世界既成了现代的世界，任何人都逃不出现代的集团生活"，因此中国人也"不得不转变其原有的集团组织；不得不降低原有的家庭相互依赖和亲戚邻里朋友间相互依赖的关系，而产生适应现代生活的新的相互依赖关系；不得不看轻原有家庭和亲戚邻里朋友间的比赛标准，而提倡新的比赛标准，不得不减少原有家庭和亲戚邻里朋友间的道德条件，而增加新的道德条件"。又由于"现代的国家有一个根本的要素，他们有国家那样大的集团组织，而我们却至今没有，只有政治团体本身那样大的集团组织"②，因此中国要现代化，就必须使集团组织和集团生活走向现代。

第三，卢作孚认为，要有现代的集团组织和集团生活，"不能不有现代的训练，不能不训练个人去创造现代的社会环境；同时又不能不创造现代的社会环境去训练个人"③，因此，人的训练问题便成为一个根本问题。"今天中国什么都不缺乏，只缺乏人——只缺乏有训练的人，所以根本在先解决人的问题——解决人的训练问题。"④人的训练有三个要点："第一要他们的头脑有现代化整个世界那样大，能够在非常明了的整个世界的状态之下决定他们自己的办法；第二要他们的问题至少有中华民国那样大，在非常明了的国家紧急状态之下决定他们自己的任务；第三是要他们在可能的范围内创造一个现代的物质建设和社会组织起来，无论在交通方面、产业方面、文化方面或其他公共生活方面。"⑤训练人的方法有二：一是"要将现在负起责任，要解决社会

---

① 卢作孚：《一个根本事业怎样着手经营的一个意见》，凌耀伦、熊甫编：《卢作孚文集》，第17页。
② 卢作孚：《建设中国的困难及其必循的道路》，凌耀伦、熊甫编：《卢作孚文集》，第322—327页。
③ 卢作孚：《建设中国的困难及其必循的道路》，凌耀伦、熊甫编：《卢作孚文集》，第325页。
④ 卢作孚：《中国的根本问题是人的训练》，凌耀伦、熊甫编：《卢作孚文集》，第298页。
⑤ 卢作孚：《四川嘉陵江三峡的乡村运动》，凌耀伦、熊甫编：《卢作孚文集》，第353页。

上某种问题或训练社会上某种人的人,随时送到现代的旁的国家去,先受过训练"。二是"要多请旁的国家有专门技术而又有训练人的技术的多多到中国来帮助训练"。①

第四,卢作孚将自己在嘉陵江三峡进行的乡村建设实验和创办的民生公司作为创造现代集团生活和进行人的训练的重要事业。一方面,卢作孚强调:"我们从社会上做第二个试验了,以嘉陵江三峡为范围,以巴县的北碚乡为中心。始则造起一个理想,是要想将嘉陵江三峡布置成功一个生产的区域,文化的区域,游览的区域。……于是乎我们先后训练青年了。训练青年的中心意义是要让他们充满了社会的要求,社会的思想,社会的活动;……他们都受严格纪律的训练,都经社会服务的实习,都随时在社会服务上相互帮助,……他们在那里不是亲戚邻里朋友的集团,另外有一种生活的相互依赖关系、比赛标准和道德条件,是他们的行动所趋赴的。"②另一方面,卢作孚又指出:"除这第二个试验是从嘉陵江三峡着手而外,还有第三个实验的事业是民生实业公司","我们创造公司,也正是要扩大我们的生活依赖关系。每个人都依赖着这一个事业,凡所需要的生活费用,住宅、医药、娱乐、教育都由事业供给,一直到老;而每一个人的努力,亦一直到老为着这桩事业。这个依赖的局面必须造成。这个目的,纯在造成一个社会,而非为着个人"。③

在阐述其乡村建设思想理论和进行乡村建设实践的过程中,卢作孚同样十分重视组织制度设计。早在1923年卢作孚列出"建设上的种种问题和应该注意的种种事项的大要"时,便将制度置于首要地位,提出要"以现行各种制度的大纲为起点"④。1927年江巴璧合特组峡防团务局成立后,在正、副局长下设总务、政治、军事、稽核四股,每股主任一人,服务员数人,分股办事。其中总务股管理文书收支、会计、庶务及乡村电话等;政治股管理官兵政治训练,并辅助峡区教育、实业、市政、公益之经营,兼编辑一切印刷物品,办理宣传及引导参观诸事;军事股专司各队军事训练,发布命令,保管武器,并管

---

① 卢作孚:《中国的根本问题是人的训练》,凌耀伦、熊甫编:《卢作孚文集》,第297页。
② 卢作孚:《建设中国的困难及其必循的道路》,凌耀伦、熊甫编:《卢作孚文集》,第335—337页。
③ 卢作孚:《一桩事业的几个要求》,凌耀伦、熊甫编:《卢作孚文集》,第444—445页。
④ 卢作孚:《一个根本事业怎样着手经营的一个意见》,凌耀伦、熊甫编:《卢作孚文集》,第18页。

理巡船马匹等事；稽核股负责稽核银钱及各项公物之收支及账目。① 在1929年完成的《乡村建设》一文中，卢作孚不仅强调秩序问题是乡村建设的根本，而且提出了一些组织制度设计。原来的场，现在江、巴两县改场为里。每里有一个教育委员负的是教育建设的责任，有一个建设委员，负的是经济建设、交通建设、卫生建设的责任，有一个团务委员，负的是治安建设的责任。"里长以下，还有各闾的闾长，各邻的邻长，办理小范围的关于建设的事务"。"就江北现状论，在一里的委员长和委员，是唯一的受县政府的监督和指挥的。"② 1936年4月，卢作孚等主动呈请四川省政府将峡防局改组为嘉陵江三峡乡村建设实验区时，提出了关于实验区的制度设计。"实验区署直隶本省第三行政督察专员公署，设区长副区长各一人，由省政府任命之。""实验区内各乡镇原有之自治组织，均一律遵照修正剿匪区（即苏区。——引者注）内各县编查保甲户口条例，改编保甲。"实验区署设立内务、教育、建设、财务四股。其中内务股管理公文函电收发缮印庶务编辑、编查保甲户口及壮丁训练、公共卫生公共医院及公安各队等事项；教育股管理小学教育短期义务教育普及改进、私塾教育改良及取缔、职业教育、职业补习教育或国民生计教育实施、民众教育推行、小学教师训练、教育经费整理统筹及分配等事项；建设股管理全区市政道路电话电灯水利沟渠堰塘仓储及公墓坟场的计划整理、畜种的改良、果树森林的培植、农产品生产及运销的改良、手工业及机械工业的改良提倡等事项；财务股负责编制全区经费预算决算、审查各机关预决算及计算、办理收支计算银钱出纳、财务统计、登记全区一切公产等。实验区署组织乡村设计委员会，由区长就区内文化经济游览治安卫生各事业领袖，及区内外专门人才中聘请若干人为委员，并互推7—11人为常务委员，每月召开一次常务会议，审查或决定各项公共事业实施计划、考察状况、指导进行方法。③ 1942年2月，四川省政府又在行政院批准后，下令自当年3月1日起将实验区署改组为北碚管理局，并公布组织规程，规定"四川省政府为促进北碚及其附近乡镇之建设并谋切实推行

---

① 《江巴璧合特组峡防团务局概况一览》，《卢作孚研究》2007年第3期（总第11期）。
② 重庆市档案馆藏：《乡村建设》，第24—25页。
③ 《嘉陵江三峡乡村建设实验区署组织规程》（1936年），重庆市档案馆藏，档号：0081-0004-06289。

各项行政及自治事业起见特设北碚管理局";"本局暂以前嘉陵江三峡乡村建设实验区署所辖之北碚文星黄葛（桷）二岩澄江五乡镇为管辖区域";"本局隶属于省政府,受第三区行政督察署之监督指挥,办理辖区内各项行政及自治事务,并执行上级政府委办事件"①。

在公布以上组织制度的同时,卢作孚等人还根据实际需要制订了更为具体的规章制度。例如,农业方面1939年制订了《嘉陵江三峡乡村建设实验区镇（乡）农会组织章程》,规定:"本会以发展农民经济,增进农民智识,改善农民生活,而图农业之发达为宗旨";负指导农民,并协助政府或自治机关,分别进行关于土地、水利改良,种子、肥料及农具改良,关于森林培植及保护,水旱、虫灾之预防及救济,粮食储积及调剂,农业教育及农村教育推进,治疗所、托儿所及养老济贫事业举办,公共图书室、阅报室设置事项,农业以及农民调查、统计等12项事务;经区署核准,可设立示范农田,农产陈列所及农具陈列所,举行农产展览会,农产比赛会,及农业讲习会;设干事长、副干事长各1人,干事3—5人,候补干事1—3人,由会员大会选举之;等等。②工业方面的《兼善实业股份有限公司章程》（兼善实业公司是兼善中学的附属产业）规定:公司经营农场、机制面粉厂、机米厂、营造、木材、砖瓦、石灰、林场畜产商品、公寓餐厅等业及其附属事业;公司设总公司于北碚公园路第1号,日后营业发达,再于各埠酌设分公司或办事处;公司股本总额定为国币10万元,分为1000股,每股100元,一次缴足;公司设董事7人,任期3年,监察2人,任期1年,连选得连任;董事应互选董事长1人,为董事会之主席,对外代表本公司;董事会之职权有经理人员之选任及解任、核定本公司出入款项及一切账报、议决兴革事项及监视议决案之执行、视察营业概况、召集股东会等五项。教育方面1933年10月公布了《北碚私立兼善初级中学校暨附属小学校董会简章》,规定:董事会由本校校董组织之,校董名额无定;董会设常务校董9人,由校董互选,主席及副主席各1人,由常务校董互选;校董

---

① 《关于嘉陵江三峡乡村建设实验区署改设北碚管理局的训令附组织规程》,重庆市档案馆藏,档号:0055-0002-00021。
② 《嘉陵江三峡乡村建设实验区镇（乡）农会组织章程》,《卢作孚研究》2007年第4期（总第12期）。

会议议案以出席校董过半数表决之，如出现同数时，则取决于主席；校董职责有考查学校一切事务，审核预算及决算，决定筹集常年经费及决定保管基金办法，推选常务校董等四项；常务校董职责有计划学校进行方案，考察学校进行状况，审核学校之预算及决算，经费之筹划；财产保管及财务监察，选聘校长等五项；等等。① 这些组织制度的制定和推行，既是"北碚模式"的制度支撑，又是其取得成效的一个有力保障。

卢作孚主持和影响下的嘉陵江三峡乡村建设实验在 1927—1949 年，共经历了峡防局、嘉陵江三峡乡村建设实验区和北碚管理局三个阶段，持续时间长达 22 年。随着各项组织制度和措施的推行，在乡村教育、农业、金融、合作、卫生、工矿业等方面取得了诸多成效。② 在教育方面，1927 年 12 月创办实用小学校，1930 年 5 月，募捐添买分校一所，10 月添购儿童图书馆地基一幅。同年全校有男女教师 10 人，学生 120 名，经常开支每月 320 余元，校内设备儿童图书室、博物馆、校园农场、儿童俱乐部、儿童新剧场、游戏场、贩卖部，并附设照相馆。1932 年 1 月，归并兼善中学办理。1931 年 10 月，创办民众夜课学校，由全局职员担任教师。1932 年 6 月，筹办三峡厂工余学校。所有男女工人，分班上课。1932 年 10 月，成立民众教育办事处，添购新式大幻灯 1 具，同年开办民众妇女职业学校，1933 年 9 月，附设民众书报阅览室，10 月增设问事处，到 1936 年时，嘉陵江三峡实验区共有学龄儿童 11759 人，增设义务小学 75 所，在校学生数 2954 名，占学龄儿童总数近 25%，到 1949 年时，全区高等、中等和初等教育等均有较大发展。高等教育方面有：私立相辉文法学院 1 所，内分文史、法律、经济、农艺、银会、外文 6 系，学生 1883 人；私立勉仁文学院，学生 153 人；世界佛学院汉藏教理院，学生 74 人；私立立信高级会计职业学校，学生 201 人；私立健生艺专校，学生 41 人。中等教育方

---

① 《兼善中学设立及学校生活珍贵史料》，《卢作孚研究》2008 年第 4 期（总第 16 期）。
② 参见《江巴璧合特组峡防团务局事业进程一览》，《卢作孚研究》2007 年第 3 期（总第 11 期）；《江巴璧合特组峡防团务局概况一览》，《卢作孚研究》2007 年第 3 期（总第 11 期）；郑大华：《民国乡村建设运动》，社会科学文献出版社 2000 年版，第 266、285、296 页；黄子裳、刘选青：《嘉陵江三峡十年来之经济建设》，《北碚月刊》第 1 卷第 5 期，1937 年 1 月 1 日；《北碚概况报告书》，《卢作孚研究》创刊号；北碚管理局：《北碚概况》，北碚管理局 1949 年版，第 34、23—24 页；虞和平：《民国时期乡村建设运动的农村改造模式》，《近代史研究》2006 年第 4 期。

面：国立女师院附中附师，共有学生 580 人；国立实验中学高初中，共有学生 329 人；私立兼善中学高初中，共有学生 721 人；私立勉仁中学，共有学生 108 人；私立三峡中学高初中，共有学生 350 人。初级教育方面：中心国民学校 17 所，保国民学校 47 所，幼稚园 4 所，私立小学 5 所，教师共计 578 人，学生 11450 人入学，学龄儿童总数 13748 人中 85% 以上入学。同时北碚 124 保，共划学区 124 个，民教部设传习处 437 个，导生 875 人，民众学生 12673 人，历期已毕业者 27354 人，占失学成人总数（连矿工）6 万余人中，60% 以上。同时训练小先生教学，计有小先生 1921 人，学生 7712 人。

在农业方面，1949 年时全局共有合作农场 82 场，参加农民 5727 户（占全体农民 7395 户 78.5%）；良种推广方面共计推广水稻中农三十四号及胜利籼稻种 5000 亩，南端苕 4680 亩并试种秋玉米种 4 市斗，川大改良豌豆计川大三〇一、三〇二、三〇三 3 种共 9 市升 8 合，"以上各种良种，均拟在局属地区大量推广繁殖，以供给其他地区种子"①；防治虫害方面除经常发动农民及学生捕杀螟虫、土蚕及天牛等外，并利用现有喷雾器 12 具，喷粉器 8 具，砒酸铅 800 磅及硫酸铜 500 磅，在各乡镇农林指导员及各保民教主任指导之下适时防治各种害虫；家畜防疫方面历年共预防猪 19469 头，牛 866 头，治疗猪、牛 4845 头。

在金融方面，1928 年 9 月筹设农村银行，预定资本 1 万元，1930 年 2 月增为 3 万元，1931 年 6 月重新改组为北碚农村银行，增加资本为 10 万元，7 月 10 日，正式开业。到 1937 年前，历年放款额为 37920 元。到 1949 年时，金融机构有北碚银行，以调剂地方金融、扶助经济建设、发展合作事业为宗旨，只以限于财力、人力及法币金元改制等影响，尚未达成预定使命，亟待充实以应人民需要；北碚合作金库，"原为调剂合作事业资金之必要组织，亦因各社员自积资金不丰，鲜有挹注，以致存放业务不能运用自如，尚待积极予以加强"；中国农民银行，"经常办理农贷"；美丰银行，"融通工商业资金"；和成银行，"与美丰业务相同"。②

在合作事业方面，1929 年 1 月创办峡区消费合作社，1931 年起独立经营，

---

① 《北碚概况报告书》，《卢作孚研究》2005 年第 1 期（总第 1 期）。
② 《北碚概况报告书》，《卢作孚研究》2005 年第 1 期（总第 1 期）。

扩充北碚合川重庆民众消费合作社3处，共集资本1万元，1932年1月，合川重庆两处并入民生公司办理，北碚1处并入农村银行接办。嘉陵江三峡实验区的合作社在1937年以后有较大发展，到1949年时有筹集合作资金的合作金库1所，从事农业生产的合作农场82所，从事农村副业的织布生产合作社3所、联合社1所（共有织户124户，布机236台），从事于农村资金存放的乡镇合作社3所，保合作社59所，从事于小手工业的综蔴生产合作社1所，洗染织补公用合作社1所。

在卫生方面，1927年6月创设峡区地方医院，施药送诊。1928年培修各项医疗房间。1929年又添修病房，1930年10月购回大批手术、电疗消毒各样器械。同年医院有院长、医生及助手看护职员共9人，每月开支400元。有待诊室、手术室、养病室、药剂室及各种新式手术器械，并有自动开关新式厕所一所。平均每日诊治百人左右，完全不取医药费。1933年5月训练护士班。募捐筹建新医院。到1949年时有卫生院1所，乡镇设有卫生分院2所，卫生所3所，医师、护士、助产士等19人，各保有卫生员共计124人，保健员40人。1947年8月成立北碚医院，计有员工74人，薪给80%由该理事会补助，不足之数赖业务收入维持。该院设有病床60张（半数以上为平民而设），各科均有专科医师，有各种新式设备。"凡贫苦民众，经保甲证明，完全免费医治。年来邻县远道来此求治者日益增加，拟增设新医院，充实设备，添聘专科医师，多对病人服务。"[1] 1927年开始进行防疫工作，大规模点种峡区各场牛痘，以后逐年举行，到1934年前后共20余次，人数逾20万人，到1949年夏，计已种110万人。自1936年至1949年共注射伤寒、霍乱疫苗329600人。

在交通方面，嘉陵江三峡实验区1928年秋开始安装电话，1929—1930年间已取得明显进展；邮政方面1930年成立北碚三等邮局，陆续开办全区乡村邮路；铁路方面建成北川铁路；公路方面1949年时全区共有公路38公里；河运方面"嘉陵江横穿本境，渝合每日有汽船、木船经过本境"[2]。

在工矿业方面，1928年3月成立缙云石印社，1930年1月并入峡局工务

---

[1] 《北碚概况报告书》，《卢作孚研究》2005年第1期（总第1期）。
[2] 《北碚概况报告书》，《卢作孚研究》2005年第1期（总第1期）。

股,9月并入三峡染织工厂,成立石印部。1929年1月成立峡局工艺售货处,1930年9月并入三峡染织工厂。1930年6月计划设立三峡染织工厂,购办染织机器及电灯机。9月三峡染织工厂成立,陆续安装各种机械,总厂资本五万元,陆续扩充成渝合广四个分销处。1931年6月添购大批织造机器,1933年8月建设第二厂,添置124马力蒸汽机1部、25千瓦电机1台,完成自来水塔,除供本厂及科学院应用外,兼供北碚全市饮料之用。第二厂建筑及设备完成,约费五万余元,1934年8月完成。到1937年前,嘉陵江三峡实验区已建有天府煤矿公司、三峡染织工厂、嘉陵煤球厂、利华玻璃厂、广益化学工业厂、自然电池厂等。1949年时轻工业以由三峡染织工厂演变而来的大明纺织染厂最有代表性,当时有纱锭6700枚、织布机210架、工人1020人。煤矿工业方面有大小煤厂42个,以天府规模较大,用机器采煤。照明、通风、排水均用动力,并有铁路运输,日可产煤1600吨,全区月产煤约6万吨。石灰业20余家,月产2000吨,耐火材料月产1600吨。其他近代工业还有面粉厂2家、电池厂4家、硫酸厂1家、制革厂1家、玻璃厂1家。

总之,在1922—1949年间,卢作孚等人在"乡村现代化""经济建设为中心"等思想理论指导下,将嘉陵江三峡乡村建设事业和民生公司作为创造现代集团生活的重要实验,使嘉陵江三峡地区无论是在峡防局时期,还是嘉陵江三峡乡村建设实验区和北碚管理局时期,在农业、工业、金融、教育、卫生等领域现代化方面都取得了不凡的成就。由此,卢作孚主持和影响下的"北碚模式"便成为20世纪前期最具特色的乡村建设模式之一。

五、彭禹廷与"宛西模式"

在20世纪前期的乡村建设模式中,由彭禹廷首倡、别廷芳等人继起而形成的"宛西模式"颇具特色。这一模式的思想理论基础,则是首创者彭禹廷的"三自主义"思想。

彭禹廷(1893—1933),河南省镇平县七里庄人,早年曾先后就读于县立高等小学堂、县立师范传习所、开封知新中学、北京汇文大学等学校。1915年开始担任南阳五中教员,1929年1月被委任为河南自卫团第二区区长,1930

年参与创办河南村治学院，1930年8月返回镇平，参与成立宛西地方自卫团。1931年设立自治研究会，"以阐发建设之原理"。1933年被杨瑞峰等杀害。彭禹廷在1928年时即提出"国家之基础在乡村，乡村不治，国基即难尊定，誓以救地方者救国家"[①]。1930年又认为"现在民众痛苦，非剿匪一事所能解决，必有治本之方法，健全之人才，方能奏效"[②]。到1931年前，彭禹廷又将地方自治的目标定为"夜不闭户，路不拾遗；村村无讼，家家有余"。随后，彭禹廷在《在现任乡镇长训练所举行开学典礼时演词》《对乡村小学教师讲缩小的三民主义》等阐述了自己的"三自主义"思想。这一思想不仅是训练团丁时的指导思想，而且成为"宛西模式"的思想理论基础。

在彭禹廷看来，"三自主义"是缩小的"三民主义"。"孙中山提倡国民革命，是以三民主义为工具的，我们提倡'地方革命'也要有主义，也要有工具。我们的'地方革命'既然是由中山的'国民革命'来的；我们的主义，自然也离不开中山的'三民主义'，不过中山的'三民主义'，是以国家为单位，我们整个的拿来用，似乎不甚相宜，所以我们必须把中山的'三民主义'缩小了，才合乎实用！"其中与孙中山"民族主义"相对应的是"自卫主义"。彭禹廷认为，孙中山的民族主义"是对外打不平的，专注意在国外；所谓政治、经济、人口三种压迫，都是自外国来的"，而镇平所受的大股土匪、旧式军队、贪官污吏三种压迫是自国内来的。因此，"镇平县的民族主义，就是要设法避免这三种压迫，想避免这三种压迫，非自卫不可"。所以，"镇平县的民族主义"便是"自卫主义"。[③]

彭禹廷接着指出，在孙中山的"民权主义"中，选举权、罢免权、创制权、复决权是四种直接的权利，而要得到这四种权利，就要倡办自治。而在"政治未上轨道之前，我们又居在鞭长莫及之地"倡办地方自治，则必须推倒官治。"推倒'官治'之后，豪劣才没有护符；进行自治，才没有障碍！各县的情形不同，一切自治的规程，也不能尽同；不过大概的情形，总是差不多

---

① 镇平县地方建设促进委员会：《镇平自治概况二集》，出版者不详，1934年，第199页。
② 镇平县地方建设促进委员会：《镇平自治概况二集》，第199页。
③ 王扶山、王彬质编：《彭禹廷讲演集》，镇平县教育局，1932年，第85—87页。

的。"因此,"自治主义就是'缩小的民权主义'"。①

最后,彭禹廷强调,"民生主义"的缩小是"自富主义"。"农业不自己去改良,没有人来替我们改良;丝绸业自己不去改良,也没有人替我们改良;水利不自己去兴,没有人替我们兴;森林不自己去造,没有人来替我们造;各种合作社不自己去办,没有人来替我们办,造森林、兴水利,改良农业,改良丝绸业,倡办各种合作,以及其他等等,只要大家努力进行,三五年后全县每年即可增加数百万元的收入。生产有办法,分配有办法,那便是'镇平县的民生主义'成功。""再就中山的民生主义而论,'平均地权'一项,试问目前能办不能办呢?'节制资本'比较容易些,试问镇平县今日的老百姓,那有资本家配言节制呢?但是我们目前的麦款,五亩以下之户不出,佃农不出,过百亩以上之户,实行累进法,亦含有'平均''节制'之意。按我县农村的情况,若再不想增加生产的办法,非由凋敝而破产不止!所以说自富主义,就是'缩小的民生主义'。"②

在彭禹廷关于"三自主义"的阐述中,"自卫主义"尤其是"治匪"具有极为重要的地位。从一定意义上说,"自卫主义"特别是"治匪"是"自治主义"和"自富主义"的前提和基础。"欲为民族寻出路,非建设乡村不可,欲谋乡村之建设,非由民团入手不可"③。"因为各种匪祸的剧烈,必须先由自卫入手,俟社会秩序粗定,再从事政治与教育的自治工作。这样社会有相当严密的组织,人民有相当的知识,再从事经济建设的自富工作,以增加生产,由生产技术的改进,生产力的增加,生产关系逐渐改变,则社会关系自能改变,而根本建造一个新社会了。"④因此彭禹廷十分重视"治匪之法"。他认为"治匪之法"有"治标"和"治本"两种。其中前者有三个要点,即武力集中,"现在的股匪,很大而且很多;民众武力不集中,决敌不住";要有组织,"乡间壮丁虽多,枪支虽多,若没有组织,仍是乌合之众,何能济事";要有训练,"民众武力有组织而无训练,仍不能指挥如意,仍无自卫的能力"。后

---

① 王扶山、王彬质编:《彭禹廷讲演集》,第 90—91 页。
② 王扶山、王彬质编:《彭禹廷讲演集》,第 91—92 页。
③ 李腾仙:《彭禹廷与镇平自治》,河南镇平县地方建设促进委员会,1936 年,第 154 页。
④ 李腾仙:《彭禹廷与镇平自治》,第 157 页。

者包括"清乡""救穷"两个要点,"'清乡'实为弭盗的良法。……村长若能认真办理,则奸宄无地自容;土匪何从而生?村长只要负责任,则潜伏村里的宵小匪类,自然可以没用,大杆土匪也无从集合了。所以'清乡'是治本的第一个好办法。""人没有生而为匪的,还是为饥寒所迫的居多数;若民生问题没有办法,则土匪决不易肃清,故非'救穷'不可。"①救穷的具体办法,则有息讼、清地亩、积义仓、造林、兴水利、改良并扩张家庭工业、改良家畜、倡办合作等8项。

由于"息讼"与"自治"关系密切,而造森林、兴水利、改良农业、倡办合作又是"自富"的重要内容。因此,彭禹廷的"三自主义"实际上也构成了一个相对完整的体系。"这三者是有连环性的,不能够严格分开的。在自卫时期不过是侧重自卫工作,同时还要培育自治自富的基础,并且要着手自治自富的初步工作。在自治时期,侧重自治工作,而同时不能抛弃了自卫工作。尤须加重了自富工作。在自富时期,侧重自富工作,而对于自卫自治的工作也须要继续注意,继续改进,使他们互相适应,互相融合成功一个浑然的自卫自治自富的完美社会机构,所以归结起来,这三种工作都是一个组织的工作。"②这一体系成为"宛西模式"的思想理论基础。

在消除"匪患"和推行自治的过程中,彭禹廷等人在组织制度设计方面也做了大量的工作。其中相当一部分组织制度,是和"自卫""自治""自富"的"三自主义"直接相关且能够反映宛西地方特点的。在与"自卫主义"相关的组织制度中,"民团"的组织制度占有极为重要的地位,正如时人所指出:"有了民团,才有镇平的县自治;所以民团是促成镇平县自治的原动力。在别的地方,民团,保卫团,或其他地方武力的名义,不一定于自治进行上有帮助;或者自治是自治,民团是民团;或者民团反足为自治的障碍,而在镇平则不然!要是镇平的民团办不好,镇平早已成为匪区了;那有自治之可言。"③1931年6月15日,自治委员会第七次会议通过了《镇平县保卫团简章》,主要内容有:在保卫团编制方面,每闾编为1排,以闾长为排长,每乡或镇编为1甲,以乡长或镇长为甲

---

① 王扶山、王彬质编:《彭禹廷讲演集》,第18—20页。
② 李腾仙:《彭禹廷与镇平自治》,第157—158页。
③ 镇平县十区自治办公处:《镇平县自治概况》,镇平县十区自治办公处,1933年,第147页。

长，每区编为一区团，以区长为区团长，县设总团，以民团支队长为总团长。区团、甲、牌在必要时均可以增设副长，"襄办事务"；凡十八岁以上，四十五岁以下的男子，除残废疯癫、现任公务和在校肄业者外，均有入保卫团受编制训练的义务；保卫团团丁的武器"刀矛土炮均可，然必须整治适用，弹药充足，违者罚办"；团丁平时应接受军事政治训练，有匪警时应立即集合，听候甲牌长指挥；团丁训练时的政治训练员由甲长聘请各乡镇小学教员充任，军事训练员由团丁举荐有军事知识、国术技能者充任；除训练外，区团甲长负有集合检阅之责，区团长三个月内至少检阅1次，甲长1个月内最少检阅1次；各区团、甲、牌所用旗帜，由十区自治办公处造发。① 1932年10月17日，自治委员会第八次会议议决《保卫团训练办法》，规定：各甲每月于农历初一、初十、二十日集合训练；各乡镇每昼夜由各组轮流负责巡逻和盘查，各组执行任务时须携带武器，佩戴黄色袖章，以便识别；政治训练由自治指导员及小学教师负责，军事训练由后备队长负责；各甲每次集合时必须进行军事训练和政治训练；训练时务必循循善诱，使团丁能自动感兴趣和努力。②

在与"自治主义"相关的组织制度设计中，比较重要的有《十区自治办公处组织章程》《镇平县区组织章程》等。其中《十区自治办公处组织章程》规定办公处根据《建国大纲》第八条，"以筹备自治，完成一县之训练为宗旨"；办公处设立自治委员会，委员会由十区区长及地方各法定机关领袖组成，委员皆为名誉职；自治委员会议决全县自治应兴应革事项，但不得与政府现行法令相抵触；自治委员会常会和临时会负责公决办理，并督促各区自治事务所和地方各机关办理全县自治事宜或处务会议认为必要的事项；办公处设正副处长各1人，由自治委员会选举，处内暂设事务、调查、财务、宣传四股，各股设主任1人；处务会议由正副处长、各股主任及处长指定的职员组成；处内设镇平县息讼会，各区设息讼分会等。③《镇平县区组织章程》规定：区公所遵照国家法令暨地方自治委员会决议案综理区自治事务；区公所设区长1人，副区长1人，区长管理区自治事务，并监督所属职员及所属乡镇长，副区长助理区

---

① 镇平县十区自治办公处：《镇平县自治概况》，第159页。
② 镇平县十区自治办公处：《镇平县自治概况》，第160页。
③ 镇平县十区自治办公处：《镇平县自治概况》，第3—4页。

长办理自治事务；区公所置总务、建设、教育三股，各设主任 1 人，分别掌管文书、会计、庶务，森林、水利、道路、农矿、桥梁工程，学校教育、社会教育等事务；区分为三等，第四、五两区为一等区，第二、六、十为二等区，第一、三、七、八、九为三等区；区公所文牍、会计、书记、股员均由区长委任；区公所附设调解委员会；区公所设区务会议，由区长、副区长、各股主任及本区所属各乡镇长组成。①

与"自富主义"相关的组织制度设计主要有《镇平县造林简章》《镇平县改良丝绸章程》《镇平县信用合作社章程》等。《镇平县造林简章》共计 15 条，主要内容有：《造林简章》以提倡种树、振兴林业，增进地方人民直接间接利益为宗旨；提倡各乡村组织林业公会；私有荒山废地已种树者当从速继续种植，未种植者限三年内完全种齐；私人划出自种的造林区每年须造全区面积三分之一，否则亦按年将未种之处收为公有；各乡原有官荒废地均划归林业公会种植，利益永归公会所有；道路、河流如有未种，或已种植而枯死者，由林业公会补种。②《镇平县改良丝绸章程》共 22 条，主要内容有：整顿山丝，派员赴产丝各地竭力宣传，"俾缫丝各家，彻底明了缫好丝之利益"，设法奖励竭力改良，缫顶好丝者，各商号一律不准购买劣丝，禁止劣丝入境；整顿山绸，山绸宽长重量不符合规定者，长绸每疋处五元罚金，短绸每疋处二元罚金，买卖山绸均须炼熟过称，"以八五归生"等；奖惩机户，规定机户织卖货者不准织包机，织包机者，不准织卖货；织机者必须到本会领取执照，否则不准织绸等；规定工徒学习期限及劳金；整顿家丝，如宽面一尺四寸的轻湖绉，生长以五丈为准，每疋须重八两以上，面宽一尺六寸之重湖绉，生长以五丈二尺为准，每匹须重十八两以上等，各种家丝湖绉，一律包炼，不准估匹买卖，违者照山丝绸例处罚等。③《镇平县信用社合作章程》共有 15 条，主要内容有：合作社定名为镇平县第某区乡（镇）无限责任信用合作社；合作社宗旨为贷放资金给生产上必要的社员和为社员储金；合作社至少由社员 20 人组成，均负无限责任；合作社社股每股国币 1 元，社员入社时，至少须认购社股 1 股，一次

---

① 镇平县十区自治办公处：《镇平县自治概况》，第 16—17 页。
② 镇平县十区自治办公处：《镇平县自治概况》，第 87—88 页。
③ 镇平县十区自治办公处：《镇平县自治概况》，第 58—61 页。

交足，但至多不得超过 50 股；合作社设理事会与监事会、理事、监事，由社员大会选举；合作社业务有存款、放款、代理收付款项等。

以上关于"三自主义"的组织制度设计，成为"宛西模式"的重要制度支撑，其推行和实施则直接影响着"宛西模式"的成效。

宛西自治由彭禹廷首倡，1930 年以整合镇平民团开始，到 1933 年彭禹廷被害时，已由镇平扩展到内乡、淅川等宛西各县，在自卫、自治、自富等方面已取得一定成效。彭禹廷被害后，别廷芳等人领导下的宛西模式又取得了一些成效。因此，考察"宛西模式"的成效，应分两个阶段进行。本节将着重考察彭禹廷主持阶段的成效。在自卫方面，彭禹廷于 1927 年开始出任南区区长，训练民团，"以枪三十支，成立第一队，十二月又成立第二队，剿土匪王长安等董顺天等数次，南区遂少安"。1928 年 3 月又成立第三队，5 月成立第四队。8 月彭禹廷任镇平民团军旅长，11 月改任大队长，辖四个中队，每个中队辖三个分队。1929 年 1 月，彭禹廷又担任河南自卫团豫南第二区区长，扩大自卫组织，辖 9 个县，"则土匪之自镇平至外县者，可悉平之"，"九县地方秩序赖以大安"。① 1930 年，彭禹廷再次回到镇平，"内乡民团领袖别香斋，邓县宁洗古，淅川陈重华，共约彭先生于十九年九月二十七日在内乡开联防会议；成立宛西地方自卫团"②，推举别廷芳（香斋）为司令。会后，彭禹廷回到镇平，一面训练后备民团，一面整顿常备民团。1930 年 10 月，仿照瑞士义务民兵制，训练壮丁共 1500 余人。1930 年冬至 1931 年春，彭禹廷等屡次兜剿邓县（今邓州市）、新野各县股匪，"迭获胜利"③。1931 年 3 月，训练第二期壮丁 900 余人。11 月训练第三期壮丁 1300 余人。1932 年 2 月，组织民团教育处，使团丁半工半读，化兵为工增加生产。④ 在自治方面，1930 年 10 月，彭禹廷等人组织自治委员会及十区自治办公处。12 月，组织息讼会及分会。1931 年 1 月，设全县自治研究会，研究自治原理和办法。4 月，成立乡镇长训练班。6 月，成立地方人员训练班。1932 年 3 月，决定取消各区区丁，管理户籍、森林、道路等事

---

① 李腾仙：《彭禹廷与镇平自治》，第 184—185 页。
② 镇平县十区自治办公处：《镇平县自治概况》，第 147 页。
③ 镇平县十区自治办公处：《镇平县自治概况》，第 147 页。
④ 李腾仙：《彭禹廷与镇平自治》，第 184—185 页。

项。① 在自富方面，1931年12月20日至1932年3月止，第一区共植树12042株，第二区49299株，第三区28810株，第四区111679株，第五区67303株，第六区38338株，第七区38291株，第八区37079株，第九区21217株，第十区20088株。1931年1月以后清丈地亩共经历了宣传、调查、清丈等5个阶段。5月设妇女草帽辫传习所和平民工厂。其中传习所由办公处建设股主任兼任所长，聘请女技师2人，传授制造草辫、草帽、熏染、装成各法，并教授珠算、注音字母、民众课本，时间为3个月，1933年前有学生105人，共制成草帽6400余顶。平民工厂"先从织布、绸、染三科入手。限于财力，尚未扩充。现只有织科工师六人，学徒三十二人。染工师一人，学徒三人。成品为山绸，纺绸、花葛等品，及市布，呢绒，各棉织物。每年约可织绸类三百疋，布类二千四百疋。两种价值约为一万六千余元"。1931年6月成立农民借贷所和义仓。10月修筑全县公路，架设全县电话。其中公路方面1933年前修成镇南路（镇平至潦河）38里，镇内路（镇平至曲屯界牌）50里，镇邓路（镇平至侯集镇）25里，镇新路（镇平至新民市）18里，新卢路（新民市至卢医庙）20里，卢高路（卢医庙至高邱）18里，卢晁路（卢医庙至晁陂）18里，晁张路（晁陂至张楼）12里，张贾路（张楼至贾宋）12里，贾侯路（贾宋至侯集）30里，侯彭路（侯集至彭营）20里。电话共4部，15门，总机1部，设在城内，分机3部，一部设在贾宋，一部设在侯集，一部设在卢医庙，城内各机关各区及民团各团营均能通话。全县境共通31处，电话线长约400里。②

除以上成效外，彭禹廷主持下的"宛西模式"还在信用合作、教育、社会救济、息讼等多个方面取得了一定成效。这些成效集中体现了这一模式的特色，即将缩小的"三民主义"——"三自主义"贯穿始终。

六、沈鸿烈与"青岛模式"

无论是米迪刚主持和影响下的"翟城村模式"，还是晏阳初主持下的"定

---

① 李腾仙：《彭禹廷与镇平自治》，第184—185页。
② 镇平县十区自治办公处：《镇平县自治概况》，第63—166页。

县模式",梁漱溟主持下的"邹平模式",卢作孚主持和影响下的"北碚模式"以及彭禹廷主持下的"宛西模式",都是非政府主导下的乡村建设模式。与这些模式不同,"青岛模式"是这一时期为数不多的由地方政府主导的乡村建设模式。"在我国由政府当局自动注意乡村问题,并实施研究从事改进者,则青岛市为创举也。"①

"青岛模式"的主持者,时任青岛市长的沈鸿烈,早年曾赴日本学习海军,回国后曾在北京政府任职,参谋军机。后赴东北统率松花江商船,就任东北海军舰队司令等职,并曾主管东北海防。1931年12月开始担任渤海舰队司令兼青岛市市长。主政青岛期间,沈鸿烈提出施政纲领十条,成立地方自治委员会,筹设市乡区建设机构,推行地方自治,其中在李村等乡村地区所进行的建设,构成这一时期国内乡村建设的一个重要组成部分。

沈鸿烈在青岛推行乡村建设的思想理论基础,是其施政纲领十条和召集各乡区办事处职员时的训话。沈鸿烈的提出的十条施政纲领是:整饬吏治,修明内政;厉行自治,充实民力;禁绝恶习,改良风俗;建设乡村,施惠贫民;普及教育,以求实用;提倡国货,优待劳工;发展区务,繁荣市面;整顿军警,巩固治安;慎重邦交,保护外侨;力图建设,输入文明。②

与十条施政纲领相比,沈鸿烈召集李村、沧口等乡区办事处职员时的训话和召集李村区村长的训话更具有针对性。沈鸿烈首先从"民为邦本"的观念和大多数人民生活在乡村的事实出发,强调如果只注重城市建设,而不重视乡村,便是舍本求末,"想要解决本市市政的一切问题,必须先要从解决乡村的各项问题入手"。然后提出了乡区建设办事处成立后的三个工作要点:一是要注重改良各乡村农产,发展园艺,提倡工商,如修筑道路,以解决生计问题,使人民能够自给。二是注重稽查各乡村人口,完备保卫团,强健身体,以解决治安问题,使人民能够自卫。三是注重增进各乡村道德、改良风俗、普及教育以解决人民智识问题,使之能够自治。接着,沈鸿烈又强调建设乡区的目的,"就是要改良从前,努力现在,启发将来,而实行训政时期的职务,以完

---

① 许莹涟、李竞西、段继李编述:《全国乡村建设运动概况》第1辑下册,山东乡村建设研究院出版股1935年版,第650页。

② 青岛市政协文史资料委员会编:《沈鸿烈生平轶事》,新华出版社1999年版,第2页。

成自治"。最后,沈鸿烈还提出了"要想达到使人民自给、自卫、自治三种目的"的六个办法:一是到民间去,"乡区建设办事处,不是办公事的衙门,是要实在替老百姓做事的,所以办事处人员,不要坐在桌子上办事,要到外面去办事,凡事必须眼到口到足到,才算办实在事"。二是不要用文告,"乡下老百姓认识字的不多,一切事情,都要用口头仔细与之说明,不必用文告。就是对于上级机关,也可以用口头常常报告。不用书面的虚套,可以省去多少烦文"。三是要将就人民,"乡下老百姓,看见衙门,就怕进去。所以无论调查或指导的事,都要我们去将就人民,不要人民来将就我们"。四是办事要简单,"乡区建设办事处,既是把社会、公安、教育、工务、农林等局所,全在一起办事,凡事总要简单明了,互相接洽研究,比如公安局人员调查过的事,其他人员,即不必再去调查,以免分头办理,不但手续重复,且使人民不胜其烦"。五是调查要确实,"凡调查一件事,不能说概括的话。比如梨树受了虫害,必须查明受虫害者,究有多少株,农民究竟受了多少元钱的损失,要能够以数字表明,并且要实在数目,我们才可以想得出一定的救济方法"①。六是要因势利导,"乡下种种不良的风俗习惯,固然都要改革,但是不能操之过急,反生阻碍,总要与民相习,权衡轻重。比如迷信神佛一事,倘若单是吃素烧香,并无大害,不必过于干涉,但是吃符水治病等等,可以妨害人的性命,那就必须要禁止的"②。

在召集李村区村长训话时,沈鸿烈又着重强调了四点:一是改良果木,"将来要由农林事务所派专门的人组织园艺宣讲队,到乡下各处轮流实地讲授,各家的青年子弟都可以学,这是与人一辈子生计有关系的。一方去病,一方想法子改良,以后各处的果木就可以慢慢增加,大家都可以用少数的地,赚多数的钱了"。二是改良畜牧。三是改良农产,"研究这些农产物种植法及种子的如何改良,希望大家照着去办。官厅并不要一个钱,不过希望人民都发财,就是公家发财一样。并且你们有了钱,也可以教育子弟,地方也就可以发达了"。四是整修道路,"要把道路修好,交通都方便了,又把保卫团办起来,好使各

---

① 《市长召集各乡区办事处职员训话记录》,《乡村建设月刊》第1卷第1期,1933年3月。
② 《市长召集各乡区办事处职员训话记录》,《乡村建设月刊》第1卷第1期,1933年3月。

村庄联合一起，容易集合，容易互助，……土匪自然就不敢来了"。"再者官厅提倡修路，只要人民于农暇时出力，需用钱款和材料，都由市府担任，并不要人民花一个钱。"①

综合以上沈鸿烈的施政纲领和训话内容可以看出：一方面，沈鸿烈仍然将改良农产、畜牧、道路等作为乡村建设的重点；另一方面，又将乡村建设置于整个青岛的建设规划之中，强调某些费用由青岛市政府承担。这就使"青岛模式"的理论基础表现出其独特的一面。

沈鸿烈不仅提出了青岛乡村建设的施政纲领和具体办法，而且主持制定了一系列相应的组织制度。在乡区建设机构方面，1933 年 3 月公布《青岛市乡区建设办事处规则》10 条，主要内容有：设立乡区建设办事处的目的是"谋本市乡区之建设"，秉承市政府及主管局台所处理一切事务；乡区建设办事处包括李村、沧口、九水、薛家岛、阴岛 5 处；乡区建设办事处由市政府及工务、社会、教育、公安各局，农林事务所各派 1 人组成，由市政府指定 1 人为主任，均须常驻各处服务；各局台所对乡村建设事项，"应就主管范围编定方案，发交办事处执行，并具报市政府备案"；乡区建设办事处除执行交办事项外，还负责办理调查、报告、建议、指导等事项；乡区建设办事处经费应编制预算，呈由市政府核定支给。② 1933 年 10 月，公布了《青岛市区联合办事处规则》9 条，主要内容有：设立市区联合办事处的目的在于改进市区平民劳工生计、风俗习惯、卫生清洁道路，民众普及教育，"秉承市政府及主管局所处理一切事务"；办事处就公安局管辖区域分为三区，以公安第一区为第一区，公安第二区及公安第三区所辖大港小港沿海一带为第二区，公安第四区为第三区，各区名称为市区第几联合办事处；办事处由社会、工务、教育、公安各局及农林事务所派员组成，由市政府指定社会局职员 1 人为主任，常驻各处服务；办事处应办事项由社会局同关系各局所编定方案，发交办事处执行并具报市政府备案；办事处除执行交办事项外，还负责办理调查、报告、建议等事项；办事处经费应编制预算呈由市政府核定支给。③《青岛市区公所组织细则》9 条，主要

---

① 《市长召集李村区村长训话》，《乡村建设月刊》第 1 卷第 2 期，1933 年 4 月。
② 《青岛市乡区建设办事处规则》，《乡村建设月刊》第 1 卷第 1 期，1933 年 3 月。
③ 《青岛市政府行政纪要》，青岛市政府秘书处，1933 年，第 19—20 页。

内容有：青岛全市划分为12个自治区，分甲乙丙三等，人口7000户以上的第一至第五区为甲等，人口5000户以上的第六至八区为乙等，人口5000户以下的第九至十二区为丙等；每自治区置区长1人，受市政府指挥监督掌理全区自治事务；各自治区可设事务主任1人，辅助区长办理全区自治事务，主任由市政府从助理员中选任；甲等、乙等区暂设助理员2—3人，丙等区暂设助理员1—2人，承区长及事务主任之命助理区务。① 在农林方面，1933年公布了《青岛市农林事务所农林推广指导员服务简则》11条，主要内容有：农林事务所除原派各乡区建设办事处服务人员外，特设专任指导员若干人；专任指导员办理关于农业推广实验区及特约农田计划管理指导事项，农林事务所各项实验成绩推行事项，农业改良及病虫害防除宣传指导事项、各种优良种苗种畜普及事项，本市农业调查统计事项等；专任指导员须常巡视各推广实验区及特约农田随时予以指导等。② 在工业方面公布了《李村区农村染织工厂组织纲要》，规定李村乡区建设办事处为倡导农民生产合作及家庭副业，特筹备农村染织工厂；为经济关系，暂设机织部分，由社会局承领布机8架，毛巾机2架，等营业发达后再扩充印花部分等。③ 在合作方面，制订了《青岛市合作事业指导委员会组织规则》12条，主要内容有：本市社会局为促进全市合作事业，设立青岛市合作事业指导委员会；委员会的职务为规划全市合作行政方针，拟定合作事业的各项规章，指导员民进行合作事业，指挥监督本市各机关实施合作行政，筹措及调剂本市合作事业资金；委员会委员除社会局局长、各关系科股职员及各乡区建设办事处主任为当然委员外，其余由社会局延聘具有合作学识及经验的专家5—9人担任；委员会设主任委员及副主任委员各1人，专任委员5人，干事若干人；委员会可选派委员或干事赴各乡区视察合作事业并考察工作人员成绩。④《青岛市沧口区农村有限合作社章程》规定该合作社目的是共同购买农业经营上的各种物品，共同贩卖农产品，共同利用农业经济上所需设备，共同经营农产制造及农业手工，共同促进本村其他经济利益；合作社由社员9人

---

① 青岛市政府秘书处：《青岛市政府行政纪要》，第21页。
② 《青岛市农林事务所农业推广指导员服务简则》，《乡村建设月刊》第1卷第4期，1933年11月。
③ 青岛市李村乡村建设办事处编：《李村乡村建设纪要·第一关于社会事项》，出版社不详，1934年。
④ 《青岛市合作事业指导委员会组织规则》，《乡村建设月刊》第1卷第6期，1934年1月。

以上组成，负有限责任；社员入股时至少须认购社股 1 股，每股 1 元，一次缴足；合作社设理事 9 人，监事 7 人，候补理事 5 人，候补监事 3 人构成社务委员会；理事会和监事会设常务理事、监事各 3 人，由理事会、监事会分别互选；理事会负执行社务的全责，对外代表本社，并得聘请经理人及其他人员。①在教育方面，《青岛市教育局乡区小学充实学额暂行办法》规定本市乡区小学应于每年秋季开学后 1 周内派全体职员分赴本区各小学将学生出缺席人数及教室容纳人数调查 1 次，根据调查结果统计本区各校应补充学生若干名，然后就学龄儿童中先择其年龄较大家境较裕者造具补充学额名册，作为劝令入学的标准；乡区建设办事处将补充学额名册通令本区各村长及学务委员按册逐户劝令入学，倘劝说无效，应即报告该区建设办事处，由处科其家长 1 元以上，10 元以下罚金。②《青岛市市立阴岛简易民众教育馆简章》，主要内容有：本馆隶属于青岛市教育局，职掌民众教育设施和宣传，以启迪民智、改良社会习俗为宗旨；教育馆可设科学、图书、讲演、体育、艺术等部；各部可分别组织各种研究会；教育馆设馆长 1 人，由教育局委任，总理全馆事务，并指挥监督所属职员，助理员 1 人，秉承馆长办理本馆一切事宜；教育馆可呈准教育局举行游艺会、音乐会、各种民众教育展览会及民众运动会。③《青岛市设立民众问字处办法》规定民众问字处以解决民众不识字痛苦及文字上疑义或书写上困难为宗旨；问字处由各级党部、各公安局分局所、各团体、各机关、各公所、各私立学校设立；各商店工厂以及私人住宅附近若愿意附设，也可设立；设立问字处应申请市教育局核准；问字处业务范围为字音字义、短语短句等。④在市政建设方面，《青岛市乡村行道树经营保护办法》主要针对本市区域内乡村各道路行道树的经营及保护事项规定：乡村行道树栽植及灌溉由各乡区建设办事处督饬各该道路所在村村民办理；行道树树种的选择和栽植距离、时期由农林事务所核定；行道树每年由农林事务所派熟练工人指导两侧地主修整一次，树枝归

---

① 《青岛市沧口区农村有限合作社章程》，《乡村建设月刊》第 1 卷第 4 期，1933 年 11 月。
② 青岛市李村乡村建设办事处编：《李村乡村建设纪要·第二关于教育事项》，出版社不详，1934 年。
③ 《青岛市市立阴岛简易民众教育馆简章》，《乡村建设月刊》第 1 卷第 6 期，1934 年 1 月。
④ 《青岛市设立民众问字处办法》，《乡村建设月刊》第 1 卷第 3 期，1933 年 10 月。

地主所有等。①《青岛市办理乡区街巷清洁简则》规定：乡区各村街巷清洁，悉按各该村幅员人口及需要形势，按 10 户或 20 户出夫 1 名，轮流扫除并由村长首事督饬进行；私人里院的清洁应由各院主自行清理，所有垃圾粪便及污水等不洁之物须各指定偏僻处所分别倾倒，不得随地抛弃；各村街巷不得倾倒污水存留垃圾、粪便及牛马粪等物，不得随意便溺或散置砖石；各村清洁由乡区建设办事处及公安分局每星期派人会同抽查，随时纠正等。②

以上组织制度设计涉及市乡办事处关系、农林、工商、合作、教育、市政建设等诸多方面，从不同层面使沈鸿烈的施政纲领具体化，这些组织制度的实施，则成为青岛乡村建设取得成效的重要保障。在沈鸿烈任青岛市市长期间，青岛乡村建设取得的成效，主要包括以下几个方面。

第一，在卫生事业上的主要成效有三项：一是设立医院分院和诊疗所。除李村此前已设有分医院外，其余如阴岛、薛家岛、沧口、台东等处均于 1932 年各成立分院 1 处，并在九水、水灵山岛等设立诊疗所。又有巡回医车巡回各乡村，其费用多由青岛市立医院节余项下拨给，每一所分医院约 500 元。"院址尚觉敷用，设备亦称完全，遇有重病难治者，则送往市立医院。现在该区乡区人民，大多有疾病，即入诊疗所医治，鲜有求神方、求谶符者矣。"③ 二是厉行清洁卫生，如清理各区街道，修砌井台井盖，清洁住所，并由各办事处设立卫生训练班，召集各村村长施以卫生常识训练，再由各村长回村训练民众，指导本村卫生设施，以及防疫种痘等。三是训练产婆。由于乡村旧式产婆既无产科知识，又无相当训练，仅凭个人经验助产，往往发生危险，因此各乡区办事处遵照市政府社会局拟定的训练方案，先对区内产婆进行调查登记，然后再定期召集训练，每期训练 3 个月，期满考试及格，发给证明的产婆才能继续原有职业。

第二，在社会风俗改良及社会救济等方面主要有五项成效：一是设立毒品戒烟所。由于很多乡村居民吸食吗啡、鸦片，仅由警察查禁，难以肃清，因此乡区办事处设立戒烟所。"一面向民众说明免予罚办，使其自首入所戒除；一

---

① 《青岛市乡村行道树经营保护办法》，《乡村建设月刊》第 1 卷第 4 期，1933 年 11 月。
② 《青岛市办理乡区街巷清洁简则》，《乡村建设月刊》第 1 卷第 2 期，1933 年 4 月。
③ 许莹涟、李竞西、段继李编述：《全国乡村建设运动概况》第 1 辑下册，第 670 页。

面由村长调查报告，强制戒除。戒烟者之住所伙食，富者自备，贫者由公家供给。所内一切经费，由市府拨发。首先举办者为李村，名为自新戒烟所。以后其他各分区，亦由市府社会局通令实行。"① 二是奖励戒赌。其中李村区内亢家庄村民于1929年设立戒忌赌会，"会员甚多，并订有简章，为公共遵守之标准"。李村区办事处为提倡这一善良风俗，为该会修善简章，辅助进行，并请市社会局嘉奖，将这一组织推行到其他分区。三是劝禁妇女缠足。在市政府社会局颁发乡区村庄劝禁妇女缠足委员会后，各乡区办事处即依照简章和地方情形，指导各村庄组织委员会，委员会以各村村长为首，附近教职员及热心公益的人为委员，一面发给调查缠足妇女表格，指导各村委员会调查劝放，一面派员赴各村抽查，"遇有缠足妇女，均召集其家长，令转解放，并予以严重警告"。四是提倡正当娱乐。1933年10月间，市政府风俗改良委员会为改正乡区不良习惯，呈请市政府饬令社会局和公安局转令乡区各办事处提倡正当娱乐。各办事处奉令后，于所辖区中适中地点筹设1处公共娱乐场所，内部设置幻灯、留声机、旧剧、书报等，并提倡公共运动和国术表演。五是办理救济事业。据各乡区办事处调查，1932年12月沧口、李村、九水、阴岛、薛家岛、水灵山岛等处共有鳏寡孤独疾者568人，"除内有孤儿四名，由办事处送习艺所外，余均由市府社会局于隆冬之际，按名发给救济费三元，由办事处购买粮食发给"。②

　　第三，在社会经济方面的成效主要有农林、工业、合作、金融等项。在农林方面，一是清理土地，先由市政府财政局拟定章则，再由各办事处遵办，具体步骤是先召集各村村长开会，各村村长赞成后，再由各村推出1—2人常驻办事处，担任指导清理及督促乡民办理投验各事宜。李村、沧口两区于1933年1月开始办理，4月底完成。随后其他各分区亦相继办理。二是进行农业调查与指导。三是设立农场和林场。四是推广农业实验区，在各区试验各种农作物。五是设置特约农田，以李村区成绩最好。据统计，1933年度，李村普通特约农田有36号，小麦特约采种区有6号。六是进行作物和家畜改良。在工业

---

① 许莹涟、李竞西、段继李编述：《全国乡村建设运动概况》第1辑下册，第670—671页。
② 许莹涟、李竞西、段继李编述：《全国乡村建设运动概况》第1辑下册，第673页。

方面，主要是开办民生工厂和训练乡村青年技艺。青岛市政府为改良手工业技术，发展乡村经济起见，特开办民生工厂，由社会局命令乡区各办事处选送高小毕业儿童到厂学艺1年，费用由厂方供给，所学科目很多，每人必须学成两科才能毕业，毕业后轮流回各乡办工厂或在家庭举办相应工业，无力自营者留厂工作。该厂第一次习艺名额不过200人，第二次则增至近千人。1932年11月，各处考送的儿童，最少者30名，最多者50余名。到1937年前，李村区已办有农村染织工厂，"性质等于生产合作社。由该村实验小学校长指导进行"①。在合作事业方面，由社会局将拟定的农村合作社规程分发各办事处酌情办理。各处"多先从消费合作社入手，如二十二年五月薛家岛区与二十三年一月李村区等处之组织消费合作社是"。其具体办法为先召集各村长、各机关职员、各校校长开会商议，再推举筹备员负责筹备，起草简章，交会通过后，"使征求社员"。李村消费合作社规定每股1元，村民任意认股，各校校长最少6股，教职员最少4股。"该社二十三年一月开始征股，旬日之间即得社员三百六十余人，社股一千四百余元。"② 在金融方面，由于各乡区杂票流行，金融极其紊乱，村民损失较大，因此各办事处成立后，纷纷请求救济。于是青岛市政府于1933年6月下令农工银行发行角票、铜元券两种辅币，流通乡区，以统一货币。"自是年十月一日发行以后，人民颇称便利。"与此同时，各乡区办事处还呈请市政府设立金融救济机关。于是由市政府联合银行及商会，于1933年5月开办合资成立农工银行。据统计，李村区银行办事处1932年度放款449户，15563元；1933年度放款708户，18866元。

第四，在社会治安方面，主要做了两项工作。一方面，各乡区由青岛市公安局第3—6分局负责维持治安，分局下又设有警察分驻所或派出所，平均4—5村设1处分驻所，如李村区共辖93村，分别属第四、第六分局管辖，共有警察分驻所6处，派出所8处，汽车检查处2处，马巡队1小队，共计官警239名。另一方面，为协助警察维持治安，办理保卫团，设立"总保卫团团部"，隶属于青岛市政府，设总团长1人，副团长2人，下设办事员、书记。传达兵

---

① 许莹涟、李竞西、段继李编述：《全国乡村建设运动概况》第1辑下册，第691—692页。
② 许莹涟、李竞西、段继李编述：《全国乡村建设运动概况》第1辑下册，第673页。

各 2 人，传达长 1 人。保卫团分为甲乙二种，甲种保卫团由原第一保安队中一部分人员编成，分驻薛家岛、阴岛、沧口、李村等处。乙种保卫团由各村村民抽派壮丁编成。

第五，在教育方面，以李村区为例。该区 93 个村庄中，1934 年春季时已有中学 1 所，完全小学 20 所，初级小学 11 处，小学分校 42 所，"以学校总数与村数相比，几乎每村有学校 1 所。并且各学校校舍整洁，设备（西式者甚多）齐全，交通便利。加以短期美务教育之推广，社会教育发展，私塾教育之改良，该区亦均积极整理，著有相当成绩。又据二十一年九月之调查，该区愿升而且能升中级学校之女生即有四十余名，以此可见教育发达之一斑"①。

第六，在市政建设方面，以道路建设成绩最好，新建道路可以分为区道、村道、学校道三种，其中区道为通全乡区大道，一律宽 5 米，为汽车通行的干线。村道为村与村相通或通接区道的车马路，一律宽 3 米，各村均已修筑。学校道为学生上学经过的道路。由于乡区新建校舍多在村外，为便利学生上学与"壮观瞻"，特一律修筑宽 3 米的正式道路。此外，在建筑桥梁、水井等方面，乡区各办事处成立后第一年，即取得较大成绩，如修筑桥梁、涵洞、水坝、堤岸、港湾，开凿水井，设立各路路口方向石和里数石，建筑风景亭、建设码头、添设蓄水池、疏浚河道等，均大致在第一年度内完成。在乡村建筑改良方面，对旧有房屋，发给改良式样，使居民在可能范围内加以改善。对于新建房屋，则规定建筑模型，"使得于原有经费之内，仿效建筑"②。

综合以上分析可知，无论是"青岛模式"的思想理论基础，还是组织制度设计及其实施，青岛市长沈鸿烈及其领导下的青岛市政府均在其中扮演了重要角色。由此，由地方政府倡导，由城市帮助乡村进行建设，便成为"青岛模式"的最显著特征之一。

七、其他代表人物的乡建思想与实践模式

关于 20 世纪前期乡村建设的史料与研究成果表明，这一时期乡村建设代

---

① 许莹涟、李竞西、段继李编述：《全国乡村建设运动概况》第 1 辑下册，第 691—692 页。
② 许莹涟、李竞西、段继李编述：《全国乡村建设运动概况》第 1 辑下册，第 680 页。

表人物除米迪刚、晏阳初、梁漱溟、卢作孚、彭禹廷等人外,还有吕振羽、茹春浦、陶行知、张宗麟、赵叔愚、瞿菊农、傅葆琛、黄炎培、江问渔、高践四、陈礼江、赵冕等;同一时期进行的乡村建设实践和实验,则还有江苏省立教育学院的实验工作,中华职业教育社的乡村事业,江宁自治实验县,兰溪实验县,乌江农业推广实验区,北平三大学(燕京大学、师范大学、北平中法大学)的乡村工作,江苏省立民众教育馆的实验工作,山东省立民众教育实验区等。但由于傅葆琛等与晏阳初等人共同进行了定县实验,黄炎培、江问渔等共同参与了中华职业教育社的实践活动,高践四、陈礼江等共同参与了江苏省立教育学院的乡村建设实验工作,因此这一时期参与乡村建设的代表人物的乡村建设思想及其实践模式,除了本章前六节所述各种模式之外,较有代表性的还有黄炎培、江恒源、赵叔愚、陆叔昂等人主持的中华职业教育社的实践,高践四、陈礼江等以江苏省立教育学院为依托的实践等两种实践模式。

作为中华职业教育社的发起人,黄炎培、江恒源、赵叔愚、姚惠泉、陆叔昂等人均曾发表过有关乡村教育和乡村建设的论著,由此成为20世纪前期乡村建设思想的重要代表人物。黄炎培的乡村建设思想集中于乡村教育方面,主要内容可以概括为四项:其一,乡村教育应将推广职业教育、改良职业教育、改良普通教育三者结合起来。"同人于此,既不胜其殷忧大惧,研究复研究,假立救济之主旨三端:曰推广职业教育;曰改良职业教育;曰改良普通教育,为适于职业之准备。"①之所以要推广职业教育,是由于有教育统计表明,全国403所中学中,甲种实业学校仅有94所;7315所高等小学中,乙种实业学校仅有230所。"夫中学毕业力能升学者,或不及十分之一;高等小学毕业力能升学者,或不及二十分之一。数若是其少,谋生者数若是其多,乃为学生升学地之中学、高等小学数若是其多,为学生谋生地之实业学校数若是其少,供求不相济若此,职业教育之推广,其可缓耶?"之所以要改良职业教育,是由于职业教育存在三大弊端,即"设置拘统系而忽供求","功课重理论而轻实习","学生贫于能力而富于欲望"。而改良普通教育,则是由

---

① 黄炎培:《中华职业教育社宣言书》,郭丽、徐娜编:《乡村建设派》,长春出版社2013年版,第315页。

于第三个弊端与普通教育直接相关:"夫生活程度,必与其生活能力相准;办事酬报,必与其办事能力相当。若任重有所不胜,位卑又能有所不屑,奚可哉? 此第三病根,实于受普通教育时代种之。故同人所主张,改良职业教育必同改良普通教育。"① 其二,由于全国国民"十之八九属于乡村",而"吾国学校,十之八九所施皆城市教育"②,而城市教育"全是浮泛在人群表面上的空场面"③,因此应盛倡普及乡村教育。"吾尝思之,吾国方盛倡普及教育,苟诚欲普及也,学校十之八九当属于乡村;即其设施十之八九,当为适于乡村生活之教育。……乡村生活偏于农工,即乡村学校宜注重农工。就令不特设农工学校,……且宜于普通师范学校外特设乡村师范学校,以养成乡村教员。"④ 其三,乡村教育不应仅从教育着手,而应以整个乡村作为对象。"乡村是整个的问题,教育是一种方法,把乡村做对象,不应该单从教育着手。……所以想把全部农村改进的事务,统统包在我们责任范围以内,而不愿限于教育,就是这个意思"。"把乡村做国家的单位,把一乡村的改进,做全国改进的起点。这是全部同志的希望和计划,于个人没有关系的呀!"⑤ 其四,倡办乡村职业教育,必须注重三个要点,即"第一点,须实地去做;第二点,须先试验有效;第三点,须深入这项职业的环境"。"办职业教育,万不可专靠想,专靠说,专靠写,必须切切实实去'做'。原来一切教育,都没有允许我们凭空想,说空话,写空文章的;不过职业教育,尤其重要。因为职业教育的目标,很简单,很分明,是给人家一种实际上服务的知能,得了以后,要去实用地应用的。""办职业教育,必须把试验业已有效的授给人家。……因为一般教育,总是根据一种原则,就是'先知觉后知';而职业教育,不唯着重在'知',尤着重在'能',在'先知觉后知'以外,还须郑重地补充一句——'先能授后能'"。"办职业教育,不但着重职业知能,而且还要养成他们适于这种生活的习惯。所以办某

---

① 黄炎培:《中华职业教育社宣言书》,郭丽、徐娜编:《乡村建设派》,第 315—316 页。
② 黄炎培:《〈农村教育〉弁言》,郭丽、徐娜编:《乡村建设派》,第 317 页。
③ 黄炎培:《与安亭青年合作社谈乡村事业——讯合作记者》,郭丽、徐娜编:《乡村建设派》,第 319 页。
④ 黄炎培:《〈农村教育〉弁言》,郭丽、徐娜编:《乡村建设派》,第 318 页。
⑤ 黄炎培:《与安亭青年合作社谈乡村事业——讯合作记者》,郭丽、徐娜编:《乡村建设派》,第 319—320 页。

种职业学校，必须深入某种职业环境，如农必于农村，商必于商业区，工必于工业区，即家事学校，亦须使学生勿远离家庭生活，然后耳濡目染，不致理想日高，事实日远；即欲以教育的力量，改造环境，也须身入其中，然后随处得到待决的问题，供我研究。"①

江恒源在创办《职业与教育》期刊的同时，主要从五个方面阐述了其乡村教育和职业教育思想。第一，江恒源解释了农村教育和农村改进两个名词。认为农村教育"是在农村特设机关，认定一般农民生活需要，以实施种种改善农民生活的方法，……取固定方式的教育设施，统名之曰'农村学校教育'，取活动方式的设施统名之曰'农村社会教育'。所谓农村教育，则为混合二者之总名"②。农村改进则是"一个农村或若干农村，划成一个适当的区域，依照理想的能实现的预定计划，用最完善的方法技术，以化导训练本区以内的一切农民，使全区农民，整个生活，逐渐改进，由自给、自立，以达自治，俾完成乡村的整个建设。此种区域，称作'农村改进区'"③。第二，江恒源阐述了对乡村改进中的经费问题、人才问题、乡村改进与乡村自治的关系问题三大问题。强调办理乡村改进应"简而易行，就是不要专重形式，不要好大喜功"，"事事求经济，就是要用最少的劳力资财，可以获得最大的效果"，"力求普遍，就是有使改进事业普及于全国乡村"，"促进农民自动"；认为乡村改进的人才应具有四种知能，即教育方面能办理乡村的各种教育，"以提高民众知识，增进民众能力"，政治方面能指导农民"怎样去组织团体，怎样去开会，农民有争执，他能去代为调解，农民有不满意的事，他能代为疏通解释"，生计及建设方面能"指导农民改良种种农事；他能指导农民去修桥、筑路；他能指导农民组织种种合作社"，卫生、娱乐及消防方面能"指导农民讲求公私卫生、改良公共娱乐、组织消防队使一般民众日进于康乐之境"；指出"今日的乡村改进便可算是大多数民众未能自治时的过度（渡）办

---

① 黄炎培：《怎么样办职业教育（节录）——敬告创办和改办职业教育机关者》，郭丽、徐娜编：《乡村建设派》，第321—322页。
② 江问渔：《两个名词的解释》，郭丽、徐娜编：《乡村建设派》，第329页。
③ 江问渔：《两个名词的解释》，郭丽、徐娜编：《乡村建设派》，第329页。

法,同时也就是将来推行自治的准备"①。第三,江恒源强调,乡村改进(或乡村建设、"复兴农村")应以教育为枢纽。"论到他的目的,是以教育方法达到农村的真正自治;论到他的内容,是包括文化,经济,政治三方面;论到他的功用,是治学校教育社会教育于一炉,以全区农民为教育的对象,虽然目前南北各地所办的农村事业,不是一样,有的以教育为中心,有的以生产为中心,有的以经济合作为中心,有的以政治组织为中心,有的以保卫组织为中心,有的以卫生为中心,但万言归总,是离不了'深入民间,相机指导'八个大字。所以无论如何,还是以教育为枢纽。"②"照目前各地所举办农村改进事业看,大概皆是分成文化教育、经济农事、村政组织三大类。这三类,要推行尽善,可以说是没有一样不是拿教育功夫来做枢纽的。"③第四,江恒源指出,乡村教育应遵从"富教合一"主义。"略释其义,便是一面教他致富的方法,同时使他得着了许多人生实用知识和道德行为的最好训练。这种教育,是跟着致富方法走的,是以物质为基本的,不是谈空话,强迫人家不吃饭去做好人的所谓道德行为,要从穿衣吃饭的行为上评价出来,所谓实用知识,要从利用厚生的效验上,证明出来。"④第五,江恒源认为,乡村教育要解决好三个重要问题,一是判明乡村教育的性质和范围。"所谓农村改进也,农村建设也,其工作范围和性质,当然仍是属于农村教育一类。"二是乡村建设人才的养成应"以特殊设置的教育机关为主体,而辅之以乡村师范,辅之以农科等机关"。三是乡村教育"要特别侧重在青年身上"。⑤

赵叔愚的乡村建设思想,同样集中于乡村教育方面,其主要内容有三项。一是从教育的趋势出发,探讨了"革命教育"与"教育革命"的必要性。"教育的演进有三个趋向:(甲)教育属于少数的特殊阶级,演进到全民众的、普遍的、机会均等的。(乙)教育的内容、材料,从虚伪的(文化)演进到实用的。(丙)自高等教育演进到普通教育。""历史告诉我们教育是一步一步地演

---

① 江问渔:《关于乡村改进问题的解答》,郭丽、徐娜编:《乡村建设派》,第332—335页。
② 江问渔:《农村改进与农村教育》,郭丽、徐娜编:《乡村建设派》,第342—343页。
③ 江问渔:《关于农村教育的三个重要问题》,郭丽、徐娜编:《乡村建设派》,第356页。
④ 江问渔:《富教合一主义》,郭丽、徐娜编:《乡村建设派》,第337页。
⑤ 江问渔:《关于农村教育的三个重要问题》,郭丽、徐娜编:《乡村建设派》,第353—361页。

进,现在教育虽是由少数人移到多数人,由虚伪而移到实用,由高等教育出发点,而移到由普通教育为出发点;但是实际仍未做到这地步,教育机会仍未均等,内容仍然没有注重到实际,中心点也仍旧没有移动!""现在教育范围扩大到了民众,但是中心仍在最上层!我们现在要把教育的中心移到最下层全体民众生活上!把教育范围扩大到包括整个全社会。""我们知道这样做是有意义的,我们这样做就是要'教育革命',行'革命的教育'。"① 二是分别探讨了"教育革命"和"革命教育"的内容。赵叔愚认为,新教育提倡几十年,又变成了洋八股,也有了阶级性,因此,"现在教育,是要能普通到民众,是不要阶级的!所以不分旧教育、新教育都要把阶级打倒!这就是教育革命。教育革命不是革办教育者个人的命,是要根本革教育制度的命"。"教育革命,就是要从中等教育入手。我们的理想,是要把中等教育的普通中学、职业学校、师范学校,统统关门!办工农师范学校,——整个的学校"。他还指出,革命教育是农民教育的革命,是革命的农民教育。"农民教育,不是农村教育,和有系统的不同。农民教育,就是农村里的农民的成人教育!有的称农民运动,有的称农民训练"。三是认为乡村教育的基本训练、政治训练和生产训练是有连环性的,不可分的,是为了将百分之八十以上的农民训练成一个建设新国家的健全活动分子。"基本训练是为解决知识问题。知识不增进,农民的政治能力和生产能力,也难得发展。""政治训练是要在实际上发展农民的政治能力。可是不但要借助于基本训练,以增进其效率;而尤须与生产训练连环以进,实现整个的三民主义的革命建设。""生产训练是要改善农村经济,增进农民生产。可是除却借助基本训练,以增其效率外,更要靠着政治训练,以保护生产的利益,而供自身的安享。""所以农民训练的三大目标,便是训练百分之八十以上的民众,使他们个个都能作一个建设新国家的健全活动份子……能以基本训练而得到国民应有水平线以上的相当知识,能以政治训练而获得民权以行使运用政权的力量,能以生产训练而遂其衣、食、住之需要。社会因此安宁,国家因此兴旺,种族也因此强盛了。"②

---

① 赵叔愚:《教育革命与革命教育》,郭丽、徐娜编:《乡村建设派》,第214—218页。
② 赵叔愚:《教育革命与革命教育》,郭丽、徐娜编:《乡村建设派》,第218—221页。

姚惠泉的乡村建设思想集中于乡村职业教育。他首先指出救国之道"以办理职业教育为首要","挽救之道，不止一端，扼要之图，非积极办理职业教育不为功"。接着他认为，职业教育的目的在于养成人才，使社会富强安定。"职业教育之目的，在用教育方法，养成具有'一方为己谋生'之知能，'一方为人服务'之道德之人才，务使'无业者有业'，'有业者乐业'，庶社会可安定而富强可立待。"进而强调办理职业教育必须先注意占全人口大多数农民之整个生活。"乃者职业教育之呼声日高，职业学校之数量日多，固一好现象也。但形式取学校，地位偏都市，分科重工商，于农村大多数人民之整个生活，仍未加以注意，此决非根本办法也。"①

陆叔昂的乡村建设思想亦集中于乡村教育方面。其主要内容可以归纳为三个方面：其一，从探讨乡村改进之路出发，强调应富与教并行。"农民所最感痛苦的，就是一个穷字，农民所感不到急切，而国家因此受其影响的，就是一个愚字。惟穷于是要谋富，惟愚于是要讲教，富与教，实为今日改进农村两件最急要的宝贝，富了，教了，政治的目的，也随之达到了。故讲富不能离教，讲教不能离富，富与教，二者并行而不可离，此为建设事业的先决问题。"②其二，训练民众需要注重民众教育，但其先决问题，应为"正确其思想"，"与其多接触，与其多谈话，与其多练习，与其多实验，耳提面命，潜移默化，使其观念正确，脑筋灵敏，遇到新事业之举办，新办法之试行，彼必乐于从命，广为宣传。于是利用机会，更教其识字，教其握笔，一旦成就，即为健全有用的国民"③。其三，将教育作为复兴农村的方案的一项重要内容。"先办农村学校一所，分成人、妇女、儿童三部教学，渐谋义教民教之普及，以达到全村青年男女及学童咸受相当教育为目的。"④

在阐述各自乡村建设思想的同时，黄炎培、江恒源、赵叔愚、姚惠泉、陆叔昂等人以中华职业教育社为依托，在徐公桥等地进行实践，并逐渐形成了自己的实践模式。中华职业教育社成立之初，仅关注工商职业教育的改进与实

---

① 姚惠泉：《农村改进与中国前途》，郭丽、徐娜编：《乡村建设派》，第362—363页。
② 陆叔昂：《农村改进之路》，郭丽、徐娜编：《乡村建设派》，第367页。
③ 陆叔昂：《训练农村民众的先决问题》，郭丽、徐娜编：《乡村建设派》，第368页。
④ 陆叔昂：《一个复兴农村的方案》，郭丽、徐娜编：《乡村建设派》，第370页。

验，1919—1920年间成立农业教育研究会，1925年8月，黄炎培提出划区实验乡村教育，"划定一村或联合数村，其面积以三十方里为度，其人口以三千至五千为度，先调查其地方农产及原有工艺种类，教育及职业概况，为之计划，如何可使男女童一律就学，如何可使年长失学者得补习之机会，如何养成人人有就业之知能，而并使之得业，如何使有志深造者，得升学之指导"①。9月，决定以山西数村为实验区。1926年5月，黄炎培、赵叔愚等人又联合中华教育改进社、中华平教总会、东南大学农科教育科等成立联合改进农村生活董事会，共同试办划区乡村改进工作，选定昆山徐公桥为第一试验区，以赵叔愚为执行部主任，"从此南方农村改进事业遂正式开始"②。

由于黄炎培等人认识到乡村教育"决不能离农村而独立，以今日中国农村之破产，欲致农业教育于有成，事实上有不可能者，非以全力改进一新的环境，则教育无从实施；非农村经济有改进农村生产有增加，则教育不易进步。同时非农村组织健全，有自治能力，则农村事业亦不能保持永久"③，因此，该社"以教育为一切农村改进事业之中心，从经济方面作起，而以农村自治为终结，实施之际，于教育事业之推进，则以政治经济为辅；于政治事业之改革，则以教育经济为辅；于经济事业之发展，则以教育政治为辅。教育，经济，组织三管齐下，以达到农村之发荣滋长"④。随后，黄炎培等人制定了整个的实施计划，主要内容有：由主办机关择定一区或数区实行；邀请专家及有关系者组织各种委员会分别办理调查设计等事；应以经济、文化、政治三者连锁合一，改进农民整个生活达到真正自治为目标；办理程序为联合地方中心人物、调查地方概况、划定改进区域、筹定可靠经费、组织改进机关等；应坚持两大原则，即"一切设施，以本区人为主体"，"一切设施，以本区财力能负担为标准"；经费由主办机关视其事业之范围规定之；应采取两种改进方式，即"以地方原有教育或自治为中心，实行农村事业之改进"，"由各县行政机关，教育机关，及农业机关，在经费人才可能范围内，分别举办或联合举办，否则，先

---

① 许莹涟、李竞西、段继李编述：《全国乡村建设运动概况》第1辑上册，第419页。
② 许莹涟、李竞西、段继李编述：《全国乡村建设运动概况》第1辑上册，第420页。
③ 许莹涟、李竞西、段继李编述：《全国乡村建设运动概况》第1辑上册，第420页。
④ 许莹涟、李竞西、段继李编述：《全国乡村建设运动概况》第1辑上册，第421页。

从筹备经济，培育人才入手"等。

与其他机构所主持的试验区相比，中华职业教育社的试验区规模较小，但数量较多，分布也较广。其中主要有江苏昆山安亭徐公桥的徐公桥乡村改进区，江苏镇江新丰黄墟的黄墟新村改进区，江苏镇江桥头镇的三益改良蚕种制造场，江苏苏州木渎善人桥的善人桥农村改进区，江苏泰县（今泰州）江堰的顾高庄农村改进区，浙江绍兴柯桥州山的善庆农村小学，江苏镇江太平乡的丁卯农村小学，上海漕河泾的农村服务专修科，上海沪闵路的沪郊农村改进区，昆山地方自治实验区周巷村的观澜义务教育试验学校，昆山地方自治实验区唐家角的陵景乡村小学，江苏上海县（今上海市闵行区）第四区的荻山自治实验部等。由于其成效以徐公桥较具有代表性，因此下文将以徐公桥为例，来管窥中华职业教育社实践模式的成效。

徐公桥农村改进事业始于1926年10月。当时由中华职教社、中华教育改进社、中华平民教育促进会、东南大学农科及教育科等机关组织了徐公桥联合改进农村生活董事会进行筹备工作。后来中华教育改进社等四个机关退出，因此于1927年春停办。1928年春，中华职教社在中国文化基金委员会的经济补助下，单独负责筹办。当年4月开始联合地方领袖成立了"徐公桥农村改进会"负责试验工作，试验期满后，交地方接办，由昆山县政府每年补助1300元经费。

徐公桥乡村改进区的最高行政机关即徐公桥乡村改进会，其下设委员会，委员会内设办事处，设主任1人，下分总务、建设、农事、教育、保安5股，股设主任和股员。改进区以"富教合一主义"为本，以乡村自治为辅，自1928年7月至1934年6月间，在诸多方面取得成效。其中建设方面有：改进市政，即设立垃圾箱收置污物、劝导戒烟、取缔卖烟、改良茶馆、增加正常娱乐、设置简易晒衣场等；修建重要桥梁道路。经济方面有：注意选种、推行打稻机等新农具、提倡果园、麦作展览、提倡副业、举办借贷合作社等。教育方面有：设立小学6所，有学生535人，经费一半由县教育局承担，一半由私人捐助；设立农民教育馆等社会教育机构，馆内分为娱乐、书报、陈列三室，指导农民识字方法；设立民众学校，并在各小学分设识字指导团，在本镇各商店中设问字处；采用壁报、民众茶馆、改良茶馆、通俗演义、常识展览、电影等形式增进民众知识及娱乐；设立小青年服务团和青年服务团的形式训练青年等。卫生及保安方面有：设立主持防疫、诊疗及救急事宜的公共卫生诊所；成立消防队，由区内20—50岁的民众义务担任队员，每村镇1队，置正副队长各1人，干事3—5人；设立保卫团，"全区有团员八十余人，农隙之余，夜则出防，日则操演"[①]。

与黄炎培、江恒源、姚惠泉等人以职业教育为中心的思想认识和实践模式不同，以江苏省立教育学院为依托的高践四等人，更强调民众教育的重要性并付诸实践。高践四在《民众教育的意义》《民众教育与乡村建设时期》《农民教育馆之三要》《农村建设方案》《江苏省各县县单位乡村民众教育普及办法草案》等著作中，较全面地阐述了自己的乡村民众教育思想。其主要内容如下：一是在分析和总结诸多民众教育主张的基础上，提出了民众教育的"真义"，即"民众教育须就实地生活需要，培起全民（至少大多数人民）力量，运用团体，根据理性，以解决一切社会问题"，"不就实地生活需要便引不起兴趣，无从施教，前文已经说明。对于此点儿童及成年人是相同的，而成年人因在家庭社会直接负责维持及改进责任的关系，此点尤为重要"。"全民力量，团体与理性是新社会秩序的三要素，亦就是未来世界历久不弊，正常形态人类文明的基础。三者缺一不可。中国人虽具理性而缺前二种要素，所以平时在社会上并理性的作用亦不甚显著，必俟培起大多数人民的力量，形成团体，理性的作用方能显著，新社会秩序方能树立。国家及政治经济等问题始得一一解决。"[②] 二是提出了推行乡村民众教育的宗旨、原则和民众教育馆的工作要点。高践四认为，乡村民众教育的宗旨是"以全民教育培起国民力量，树立自治基础；增进农业生产，改善经济组织；促进乡村建设，充实人民生活"。乡村民众教育的原则有："乡村民众教育应以全乡为学校，全体村友为学生，普及全民，完成训政，实施宪政为目的"；"应以实际生活为根据"；"应为乡村建设之先锋"；"应以最经济之费用与时间，养成地方自治乡村建设之种子"；"应就县自治区分区通行，限期普及（全县以三年为期）"；"乡村民众教育之设施，应如血液

---

① 许莹涟、李竞西、段继李编述：《全国乡村建设运动概况》第1辑上册，第440页。
② 高践四：《民众教育的意义》，郭丽、徐娜编：《乡村建设派》，第382—383页。

循环，脉络贯通，从中心以达全体，纲举目张，易收指臂之效"；"乡村民众教育分课室内与课室外两种教育"；"乡村民众教育应设法引起民众动机，使自动，自教，自助，自立"。高践四还认为，"民众教育馆"要做到三要，"第一要是'预'"；"第二要是'时'"；"第三要是'专'"①。三是阐述了民众教育与乡村建设的关系。"民众教育与乡村建设，本是同一起源的，双方都是为的要使民众有组织，有力量，能自觉的自动的共同努力，解决社会政治经济问题"。"于是提倡民众教育者遂一致趋向于以乡村建设为民众教育之中心工作，与乡村建设运动者联络进行，希望就乡村的小基础，及民众实地生活需要，下指导训练的功夫，使民众有组织，发生力量，能自觉的自动的共起谋自身问题及中国问题之解决，民众教育到了这个地步，可说是已经走上了正途。同时乡村破坏程度已达极点，国家根本动摇。为事势与环境所迫，农民不得不谋自救，而全国视线已集中于乡村。目前民众教育的走上正途，以乡村建设为中心工作，亦是自然的趋势。"② 四是提出了乡村建设和民众教育的方案。高践四提出的乡村方案包括维持治安、讲求水利、指导农事、教育农民、提倡合作、制造农产、便利运输、联络进行八个要点。其乡村民众教育普及办法则包括："以县组织法所规定之自治区为各县乡村民众教育学区，并以每县自治区总数五分之一为实验区，其余五分之四为推广区（或实施区）"；"实验区比推广区先办一年，各项民众教育方法先在实验区内试行，得有效果，即在推广区内推行"；"乡村民众教育应以生计为体，公民训练及识字为用，并辅以健康、家事、艺术三项教育"；"每区设一乡村民众教育办事处，区内每乡至少设一民众学校，以由乡村自动发起，办事处辅助指导为原则"；"每区设干事一人，助理一人至二人，民众学校教师十人以上"，"干事对于本区乡村民众教育之设施、进行、规划、指导、督促负全责，助理及民众学校教师须辅助干事实施民众教育"③ 以及设备、经费等事项。

---

① 高践四：《江苏省各县县单位乡村民众教育普及办法草案》，郭丽、徐娜编：《乡村建设派》，第390页。
② 高践四：《民众教育与乡村建设时期》，郭丽、徐娜编：《乡村建设派》，第385—386页。
③ 高践四：《江苏省各县县单位乡村民众教育普及办法草案》，郭丽、徐娜编：《乡村建设派》，第391—392页。

陈礼江的乡村建设思想集中体现在《什么是乡村教育》《中国乡村教育运动》《乡村教育的新趋势》《民众教育与乡村建设》《乡村教育与乡村运动》等著作中。从中可以看到，其乡村建设思想亦以乡村教育和民众教育为重点，主要内容有三项：一是阐述了乡村教育的定义和意义。"凡是（以）乡村社会生活需要为根据的教育设施，企图增进乡村间人民的道德、知识、技能，使整个的乡村社会生活向上发展的，都可以称为乡村教育"①；乡村教育的使命有四，即培养民族意识、训练生产技能、启发改造乡村的决心、养成合作的习惯。二是阐述了乡村民众教育与乡村建设的关系。他认为，当时盛行于乡村的下层的社会改造运动，目的在觉醒民众来建设乡村以复兴民族，其实质都是一回事，"即从教育大众入手来建设乡村以复兴民族和创造新国家"。"'乡村建设'可代表此种运动的目标，及'民众教育'可代表达到此种运动的目标的方法"，"或者说我们从事民众教育者当以建设乡村成功为鹄的，非如此，民众教育将要失去重心而缺乏意义了"。②三是指出了乡村教育应取的途径，即"教育观念之改正"，改变将教育视为升官发财的阶梯的错误观念，形成新的合理的教育观念，"今后的乡村教育，第一着当设法如何改正这个错误的观念，并积极地造成一个合理的新的教育观念"；"教育制度之建设"，"今后我们当细心研究我们的教育背景，如经济情形，社会状况，政治设施，历史遗传，民族精神及文化特点等，再集思广益来订出一适合国情的教育制度"；"整个计划的拟订"，其要点为"仿苏俄《五年计划》的办法，使经济建设与文化建设相辅而行"，"须按部就班，分期，分区，分事项编订，以便今后逐渐地施行"，"乡村教育仅占乡村事业之一部分，为增加效率计，宜与其他事业联络进行"；"教育经费之宽筹"，"若我们认定教育的内容是包括人民的整个生活，与其他社会事业是不能分离的，那么我们就当联络各机关，利用其原有事业的经费来办乡村事业，自然较易有成效"；"教育人才的培植"，"因为今后乡村建设既要包括农民的整个生活，则当教员者当又如何准备呢。他不但须具有基本的训练，如国文、社会科学、自然科学、教育知识；并且也要有专业的训练，如各种乡

---

① 陈礼江：《什么是乡村教育》，郭丽、徐娜编：《乡村建设派》，第405页。
② 陈礼江：《民众教育与乡村建设》，郭丽、徐娜编：《乡村建设派》，第411—412页。

村建设的知识、技能和服务乡村的志愿。这一批苦干的人才，若不是设法培植，谈乡村教育自然是空话"。①

在以上思想认识的指引下，高践四、陈礼江等人以江苏省立教育学院为依托进行乡村建设实验。江苏省立教育学院作为一所单科大学，专门从事实验民众教育及农事教育的研究。其前身江苏省立民众教育院成立于1928年2月，劳农院成立于1929年1月，两者于1930年6月合并成江苏省立教育学院。其宗旨为"养成江苏省六十一县民众教育农事教育服务人才，并为全省民众教育农事教育研究设计及实验之机关"②。教育学院在组织上分为三部，总务部综理事务，教务部主持人材训练及有关教务事项；研究实验部研究各种实验计划，主持各种实验工作，经费"均系省款"。学院下设民众教育、农事教育两个系和农事教育专修科进行人才训练。研究实验部的工作包括理论研究和实验工作两个方面。理论研究方面，1928年春夏两季以研究平民教育运动所得为主，1928年秋至1929年夏则侧重于民众教育理论系统及新方法的创造。1929年秋至1930年夏，趋重于各国成人教育的研究。1930年秋季以后，趋重于教育心理基础与社会基础的研究。实验工作方面，1928年春夏两季从事民众学校教育事业的实验。1928年秋冬两季从事于各种民众教育事业的试探，如卫生教育，妇女教育、民众茶园、农事推广、图书馆、民众戏剧等。1929年春则将各种分立的教育设施统辖于教育机关之下，在院外设黄巷民众教育实验区，在院内设农民教育馆，以附近村落数十处为农民教育区。1930年秋季，在丽新路设立工人教育实验区，在高长岸及社桥设立乡村实验民众教育馆，在南门设立城市实验民众教育馆，在江阴巷设立实验民众图书馆。1932年夏，黄巷、高长岸等乡单位的实验告一段落，于是开始从事区单位的实验工作，成立北夏、惠北两个实验区，"以期由方法之试探，进而为经济的实验，共谋现实教育之普及，与社会之改造"③。上述实验均取得了一定成效。如黄巷在政治教育方面总结出了"乡长人选以业农者为上选，如非农民，其行动多违反农民之利益"，"县区政府之措施，常不能与指导人员之理想相合，致指导工作，效率减低"，"县区政

---

① 陈礼江：《乡村教育与乡村运动》，郭丽、徐娜编：《乡村建设派》，第419—420页。
② 许莹涟、李竞西、段继李编述：《全国乡村建设运动概况》第1辑上册，第375页。
③ 许莹涟、李竞西、段继李编述：《全国乡村建设运动概况》第1辑上册，第381—382页。

府所委办之事项，多非一般乡治人员能力所及"，"乡公所无的款收入，事业进行不易"①等经验。在经济方面进行了推广改良稻种、麦种、蚕种、鸡种、信用合作、开垦荒地、减租、禁赌等工作，共计获得13424.8元的收益。在文化建设方面，消除文盲、提倡正当娱乐、提倡体育、破除迷信等。该实验区所获得的经验可以归结为："局部的建设，常在枝节上下功夫；根本改造，常非教育所能为力。黄巷民众所最需要的为耕地，为工作；而耕地无多，地权不属，丝厂倒闭，茧价惨落。同人等常听到黄巷民众哀痛的呼声，只觉心余力绌。所谓政治建设，经济建设，文化建设，只是将颓垣败壁，略加修补，并非根本改造；而根本改造，非俟教育普及，自治完成，宪政实现，立法机关中农民代表占绝大多数时，不能完成这伟大的工作。"②与黄巷不同，北夏普及民众教育实验区以无锡县第十自治区为实验单位。该实验区以"用教育方法，组织民众，培养民力，以促成自治，复兴民族"为宗旨。首先联络当地民众尤其是地方领袖，使之同情实验事业；继则组织乡村改进会，一方面举办社会调查，以为实验根据，广泛成立民众学校，培养社会的中坚分子。进而由改进会学生各方面用力，推广改良农业、提倡合作组织、举办健康指导，以及其他事业等。到1934年前后，该区共有乡村建设协进会1个，会员36人；民众学校20所，34班，学生1424人；民众读书会3个，会员47人；民众阅书报处1处，每年平均500人读书；问字代笔处1处，平均每年80人；信用合作社12所，社员183人；农民借款储金处1所；养鱼合作社6个，社员234人；蚕业运销合作社1个，社员12人；诊疗处1处，平均每日150人就医；育蚕指导处4处等。该区的方针和努力方向亦可视为其经验总结，即"第一，教育不能超然于政治之外；第二，教育所以适应人民生活之需要，其道多端，今日应特重政治教育；第三，教育必藉政治权利方得普及；第四，乡村政治机关与教育机关应合而为一，使教育彻底生活化"③。

---

① 许莹涟、李竟西、段继李编述：《全国乡村建设运动概况》第1辑上册，第387页。
② 许莹涟、李竟西、段继李编述：《全国乡村建设运动概况》第1辑上册，第390页。
③ 许莹涟、李竟西、段继李编述：《全国乡村建设运动概况》第1辑上册，第399—400页。

八、各种乡村建设模式的综合比较

作为 20 世纪前期乡村建设中的主要模式，以上各种模式既有其特点，也有其共性，以下将分别从思想理论基础、组织制度设计及实践效果三个方面对各种模式进行比较研究。

首先，在思想理论基础方面。一方面，由于其代表人物知识背景、生活经历不同，其所强调的侧重点亦各不相同。例如，作为长期生活于乡村的地方绅士，米迪刚更强调以"农村立国"和"学治主义"为根本，一方面开辟边藩新农村，另一方面整理内地旧农村，既要发展工商业，又要保持"以农立国"的精神，并将其贯穿于政治制度、经济制度和教育制度的设计之中。作为长期从事华工教育的教育家，晏阳初更强调平民教育，更注重四大教育（生计、文艺、卫生、公民）和三大方式（学校式、家庭式、社会式），并将"除文盲、作新民"作为平民教育的宗旨。作为中国传统儒家文化的研究者和传承者，梁漱溟更强调融合中西方文化，以创造出新文化，救活旧乡村。作为实业家的卢作孚，则将"乡村现代化"和"乡村建设"置于以"经济为中心"的突出地位。作为地方著名绅士和代表人物，彭禹廷则致力于将孙中山的"三民主义"地方化，提出了"自卫、自治、自富"的三自主义。作为地方政府的主官，沈鸿烈将"建设乡村，施惠贫民"，"发展区务，繁荣市面"作为施政纲领，则体现了其以城市发展促进乡村建设的意图。其余黄炎培等人对职业教育的重视，高践四等人对民众教育的强调，均体现了其思想认识具有不同的侧重点。另一方面，无论是米迪刚、晏阳初、梁漱溟，还是卢作孚、彭禹廷等，均将乡村建设或乡村教育视为进行建国运动，实现中华民族复兴的重要基础。如米迪刚强调"村治"与"国治"互为因果，"此即所谓村治与国治互为因果相寻之谓也"[1]。"村治组成之在精神上主观上，实深有符于主权在民，而以全体人民组织民国之真谛也"[2]。晏阳初认为，乡村运动担负着"民族再造"的使命。要实现这一使命，最有效的方法，莫若"实验的改造民

---

[1] 尹仲材编述：《翟城村志》，台湾成文出版社 1968 年版，第 245—246 页。
[2] 尹仲材编述：《翟城村志》，第 261 页。

族生活的教育"。梁漱溟强调，重建中国社会构造和社会文化，就要重视中西精神的沟通，使能够容纳"西洋近代进步团体生活的精神"的团体组织，便成为中国社会文化和社会组织构造的关键，而团体组织必须从小范围的乡村做起，"事实上我们的组织天然不能不先从小范围着手。一定要先从小处慢慢地做到大处；先从近处慢慢地做到远处；我们没有法子一上来便从远处大处去做"①。卢作孚指出，应从力所能及的区域（二县或三县）开始建设的小规模经营和实验。"我们相信，无论什么事业，都应'大处着眼，小处着手'"，"一个乡村问题放大起来，便是国家的问题"。②

彭禹廷提出"国家之基础在乡村，乡村不治，国基即难尊定，誓以救地方者救国家"③。此外，在强调各自侧重点的同时，大多数乡村建设模式都同时进行了乡村政治建设、经济建设和文化建设。

其次，在组织制度设计上，一方面，由于各乡村建设实验县区所依托的机构不同，其在组织制度上的设计和规定也有所不同。典型者如"定县模式"的形成与中华平民教育总会密切相关，因此1933年以前，中华平民教育促进总会的组织制度发挥着重要作用。1933年以后，平教会与县政建设研究院的密切合作，成为推行平民教育的重要制度保障。"平教会不是一个机关，乃是一个私人学术团体。平教会与研究院在法律上，经济上并没有关系，然而在实际工作上却有很密切的合作关系。"④为保证两个机构的密切合作，平教总会干事长被聘为研究院主席，平教会其他有经验的人员也被聘担任了负责，同时仍在平教会工作。⑤"邹平模式"一方面在山东乡村建设研究院与邹平实验县区的关系上规定县政府在山东省政府暨山东乡村建设研究院指挥监督之下处理本县行政，监督地方自治，改进社会事务；县政府执行中央及省法令确认有困难时，可呈由山东乡村建设研究院转呈核准变更之。另一方面制订了颇具特色的《邹平实验县设立村学乡学办法》。卢作孚主持和影

---

① 梁漱溟：《乡村建设大意》，中国文化书院学术委员会编：《梁漱溟全集》第1卷，第651页。
② 卢作孚：《一个根本事业怎样着手经营的一个意见》，凌耀伦、熊甫编：《卢作孚文集》，第16页，第88页。
③ 镇平县地方建设促进委员会：《镇平自治概况二集》，出版者不详，1934年，第199页。
④ 晏阳初：《中华平民教育促进会定县实验工作报告》，《晏阳初全集》第1卷，第344页。
⑤ 晏阳初：《定县的乡村建设实验》，《晏阳初全集》第1卷，第277页。

响下的"北碚模式"经历了峡防局、嘉陵江三峡实验区和北碚管理局三个时期，因此在组织制度设计上也做了相应的规定，如"实验区署直隶本省第三行政督察专员公署，设区长副区长各一人，由省政府任命之"；"四川省政府为促进北碚及其附近乡镇之建设并谋切实推行各项行政及自治事业起见特设北碚管理局"；"本局暂以前嘉陵江三峡乡村建设实验区署所辖之北碚文星黄葛（桷）二岩澄江五乡镇为管辖区域"；"本局隶属于省政府，受第三区行政督察署之监督指挥，办理辖区内各项行政及自治事务，并执行上级政府委办事件"。① 在彭禹廷领导下的"宛西模式"，民团占有突出地位，因而也出台了相应的规定。而"青岛模式"在组织制度方面的设计，则以设立乡区建设办事处较具特色，其目的为"谋本市乡区之建设"，秉承市政府及主管局台所处理一切事务。另一方面，以上乡村建设模式在具体组织制度设计方面也有一定的共同之处，尤其是在乡村教育方面，大都有小学、中学、民众教育馆、阅报处等的设置，在乡村合作社方面，关于社员等方面的规定也有类似之处。

最后，在具体实践及成效方面，其异同又体现在三个方面。其一，在实验区的范围上。一方面，各实验县大小不一，有以县为实验区范围的，如邹平、定县、江宁以及慈溪、菏泽等，有以区为实验区范围的，如无锡县第十自治区，有以村庄为范围的，如翟城村、黄巷等，也有以分布于数县的几个镇为实验区范围的，如"北碚模式"以嘉陵江三峡的江、巴、璧、合四县五镇为范围。另一方面，这些实验区范围普遍在县区以下，是名副其实的实验区。其二，在实践内容上。一方面各实验区推出了具有自身特色的实验内容，如"定县模式"的"四大教育""三大方式"，"邹平模式"的"乡学""村学"，"北碚模式"的"乡村现代化"，"宛西模式"的保卫团建设，"青岛模式"的市政建设等。另一方面，各实验区在实践内容上也有不少共同之处，如均重视人才的训练，均将教育置于重要地位，均重视经济建设尤其是合作社组织等。其三，在实验成效上。一方面，"定县模式"在平民教育和卫生保健方面，"邹平模

---

① 《关于嘉陵江三峡乡村建设实验区署改设北碚管理局的训令附组织规程》，重庆市档案馆藏，档号：0055-0002-00021。

式"在合作事业方面,"北碚模式"在经济建设和"乡村现代化"方面,"宛西模式"在乡村保卫方面,取得了显著的成效。另一方面,各个模式所取得的成效,都大体包含政治、经济和文化教育三项内容。

总之,尽管20世纪前期的乡村建设模式在理论基础、组织制度设计和实践成效方面存在明显的差异,但其目的均在于解决民生问题,均试图通过小范围的实验探寻中国建设和实现中华民族伟大复兴的道路,因此,均构成这一时期中国乡村建设不可分割的组成部分。

第六章　国民政府的乡村建设理论与政策

随着乡村建设思想理论的传播和社会实践运动的持续扩展，20世纪30年代后期，乡村建设思想及其社会效应开始受到国家政权的关注和影响。国民党和国民政府也试图将乡村建设逐步纳入国家建设或经济建设的总体架构中。国民政府主导和引导下的乡村建设思想、理念及其路径、模式，显然另具特色。

一、理论家的思想主张——以陶希圣为例

陶希圣（1899—1988），原名汇曾，湖北黄冈人，"中国现代史上少数拥有众多'专家'头衔的历史人物：是历史学家、法学家、政治评论家、战略学家、共产党理论及中国问题专家等，更是参赞高层政务的政治人物"[①]。20世纪二三十年代的陶希圣因对中国社会史的研究和发起社会史论战而"暴得大名"，亦因创办《食货》半月刊、拓垦中国社会经济史而曾引领学术。

在政治立场上，陶希圣先为国民党改组派的旗手，1928—1929年间在《新生命》杂志上连续发表中国社会构造与社会性质系列论文，并结集成《中国社会之史的分析》与《中国社会与中国革命》两书出版。1934年，任教于北京大学的陶希圣创办《食货》杂志，致力于中国社会经济史的研究。1937年后陶希圣一度追随汪精卫，但不久即离其而去并最终成为蒋介石的"文胆"。陶希圣的学术研究兼跨历史学、社会学、法学等领域，驰骋于历史与现实之间，

---

① 黄宽重：《礼律研社会——陶希圣研究中国社会史的历程》，《新史学》2007年第18卷第1期。

尤以社会史研究立基于学界。他坚持"历史的研究，足以使人明了现实的问题，而现实问题则系研究历史出发之点。为解决现在的问题，研究历史，那才是研究活的历史"①的研究路径，在对中国传统社会性质、社会构造、社会关系的历史研究中，探赜索隐，以求探寻社会改造、经济复兴、中国问题的解决之道。有关乡村建设的思想主张就深潜于他的社会改造与变革思想之中。

（一）陶希圣乡村建设思想的理论基石

在20世纪二三十年代之交的中国社会性质与社会史论战中，陶希圣在中国社会性质、社会构造、革命理论等论题上，以历史的、社会的、唯物的观点观察中国社会，将"解剖中国社会""中国社会史的决算"作为认识和解决中国问题的前提。

陶希圣强调，"要扫除论争（中国革命问题论争。——引者注）上的疑难，必须把中国社会加以解剖；而解剖中国社会，又必须把中国社会史作一决算"②。而"中国社会史的决算，至少要提出下面两点做中心：第一，中国社会是封建社会，还是资本主义社会？第二，帝国主义势力的侵入是否使中国社会变质，变质又达到什么程度？"③即中国社会性质、帝国主义入侵是中国社会史决算的两个中心问题。陶希圣将对中国社会的分析建立在中国社会史的研究基础之上，何谓中国社会史的研究？"一方面是用社会历史方法解释三民主义和国民革命。另一方面是用这一方法研究中国历史，叫做'中国社会史'。"④陶希圣所坚持的独特学术路径非常注重于中国社会之史的考察，不仅如此，陶希圣认为还要深刻认识"中国社会到底是什么社会"⑤，唯有如此才能追寻近代中国问题之本、农民痛苦之源、农民问题的实质。陶希圣作为中国社会经济史研究的拓荒者和推动者，更善于从经济问题背后折射的生产关系和社会关系上分析中国问题的本源，其中，也可略见马克思政治经济学方法对他的深刻影响。

---

① 陶希圣：《中国政治制度的变迁》，《晨光周刊》1937年第6卷第20—21期。
② 陶希圣：《中国社会之史的分析》，新生命书局1930年版，第1页。
③ 陶希圣：《中国社会之史的分析》，第1—2页。
④ 陶希圣：《潮流与点滴》，台湾传记出版社1979年，第112页，转引自王先明：《走向社会的历史学：社会史理论问题研究》，河南大学出版社2010年版，第45页。
⑤ 陶希圣：《中国社会之史的分析》，第17—50页。

在中国社会性质的界定上，陶希圣认为中国已经不是封建社会，"我认定中国农业经济是以资本为中心的。虽然有封建剥削的存在，却不能因此便断定中国的社会形式是封建制度"①；但中国也还不是资本主义社会，而是"自战国到最近，是一个变质的封建社会"②。封建制度虽然解体但影响犹存，资本主义有所发展但窒碍难行，因此陶希圣认为"此二千五百年的中国，由封建制度言，是后封建制度时期；由资本主义言，是前资本主义社会"③。处于后封建和前资本主义阶段的中国社会，已然成为中国农民问题的症结所在："封建制度虽已破坏，而封建势力还存在着。封建势力便是中国资本主义不能作进一步发达的桎梏，也便是中国农民痛苦的源泉。"④通过对中国社会性质和社会构造的机理分析，陶希圣阐释了中国农民痛苦的根源和土地问题的严峻："中国社会是什么社会呢？从最下层的农户起到最上层的军阀止，是一个宗法封建社会的构造，其庞大的身份阶级不是封建领主，而是以政治力量执行土地所有权并保障其身份的信仰的士大夫阶级。中国资本主义受这个势力的桎梏，所以不能自发的发展。自帝国主义的经济势力侵入以后，上层社会除兼地主与资本家的残余士大夫阶级而外，新生了以帝国主义资本为中心的资本阶级。在都市，资产阶级与无产阶级的对立，已有'见端'。在乡村，全国耕地大半属于地主而为佃田，农民土地问题形势极为严重。"⑤在中国社会构造的解读中，陶希圣进一步深入中国社会结构内部，探究士大夫阶级对中国社会政治的破坏。

在陶希圣看来，近代中国既负载延续着传统中国的社会构造，也深受资本帝国主义施加的影响，认识中国社会构造是解决中国问题的前提。"中国社会构造是中国目前要解决的一切问题的根源。不认识中国社会构造便不知道中国的问题。不知道中国问题，便无从提出解决中国问题的主张。"⑥《中国社会之史的分析》和《中国社会与中国革命》两书主要就在诠释中国社会是宗法封建的构造，以具有官僚地主身份的士大夫阶级为主导，但又长期存在着不能充分

---

① 陶希圣：《中国经济及其复兴问题》，《东方杂志》1931 年第 28 卷第 1 号。
② 陶希圣：《中国社会之史的分析》，新生命书局 1930 年版，第 8 页。
③ 陶希圣：《中国社会与中国革命》，新生命书局 1931 年版，第 195 页。
④ 陶希圣：《中国社会之史的分析》，第 39—40 页。
⑤ 陶希圣：《中国社会之史的分析》，第 50 页。
⑥ 陶希圣：《中国社会与中国革命》，第 1 页。

发展的商业资本。①"此一观点与中共干部派所主张中国社会是半殖民、半封建社会,中国革命的对象是帝国主义及封建势力,及其反对派认为中国已进入资本主义社会,革命对象是资本家,二派的论点相抗衡,并且逐渐成为国民党的理论基础。"②

陶希圣指出,"中国的社会是以士大夫身份与农民的势力关系为基础的社会"③,除了物质劳动者农工商以外,逐渐形成数量庞大而利益悬殊的士大夫阶级,这确是中国社会的一个特点。士大夫阶层具有游惰性、依存性、争讼性,"实为中国治乱之源"④。"中国的政治组织整个建立在乡村的农民之上,而士大夫也便是农民所养育的游惰阶级。这个阶级是封建社会的身份阶级的扩大,其阶级支配在以政治力量执行土地所有权并保障其身份信仰。"⑤建立在士大夫身份基础上的是官僚政治。"我认定中国社会还是一个封建社会,不过还是有一个以政治力量执行土地所有权并保障其身份的信仰的士大夫身份,代替了古代的封建领主。以这种身份为背景的政府是官僚政府,其政治是官僚政治。"⑥陶希圣强调,"官僚组织是榨压民众的铁锤。打下去不费吹灰之力,要它改造社会尤其是减轻民众的负担,换句话说,要它往上打,那是很困难的"⑦。因此,士大夫阶级不能担负破除官僚政治与改造社会的重任。

造成中国社会发展长期迟滞、资本主义滞缓的因素,除了封建士大夫阶层及其造成的官僚政治,还有商人资本与土地制度的破坏。陶希圣尤其注意到商人资本在中国社会经济变迁中的破坏力,他将金融资本及商业资本合称为商人资本。商人资本向土地经营领域的延伸,造成商人投资于地价以获取地租,而非扩大再生产。"中国自秦汉以来,社会常停顿于商人资本与土地兼并交相为用的经济状态,而政治亦常往来于战斗集团合并分解之环中"⑧。"自秦以后,中

---

① 杜正胜:《古代社会与国家》,台湾允晨文化1992年版,第973页,转引自黄宽重:《礼律研社会——陶希圣研究中国社会史的历程》,《新史学》2007年第18卷第1期。
② 黄宽重:《礼律研社会——陶希圣研究中国社会史的历程》,《新史学》2007年第18卷第1期。
③ 陶希圣:《中国社会与中国革命》,新生命书局1931年版,第128页。
④ 陶希圣:《中国社会之史的分析》,第61页。
⑤ 陶希圣:《中国社会到底是什么社会?》,《新生命》1928年第1卷第10号。
⑥ 陶希圣:《中国官僚及军备之社会史的观察》,《新生命》1928年第1卷第12号。
⑦ 陶希圣:《太原见闻记》,《独立评论》1933年第72号。
⑧ 陶希圣:《中国社会与中国革命》,第144页。

国社会组织已不是封建制度。中国社会已是商业资本所支配的小生产制"①。因此"商人资本与封建地租两者是构成中国社会的两大成因"②。陶希圣通过分析传统中国社会的经济逻辑，寻求中国社会迟滞的经济原因。

陶希圣一方面指出商业资本不能转变为工业资本，因此无法带来资本主义的发展。"商人资本不独不能单独的决定新生产方法，并且还容许旧生产方法在某程度内的再建"③。"近代资本主义的特征是工业支配商业，中国经济的特征却是商业支配工业，……商人资本之独立发达，与资本制生产之发达程度，成反比例。所以，商人资本虽瓦解了旧封建制度，却不能够产生新资本制度。旧生产方法崩坏以后，成立怎样的新生产方法，这不是商业所能决定的"④。尤其是"中国的商人资本，因其本身是兼并农人的，所以破坏了农人的购买力；农人的购买力衰落，所以商人资本不能发达为工业资本"⑤。

另一方面，陶希圣指出了商人资本的本质在于它"是地租的原始蓄积。田赋也是地租的原始蓄积之一种"⑥。"中国的地主，依农人的徭役劳动与现物地租而生，所以只投资为地价而不自当农业经营之任。资本主义的经营方法从未发达于都市，更未移用于农村。"⑦陶希圣注意到了商业资本投资于农业，没有带来农业经营的现代化，商业资本没有带来现代农场经营模式，"中国的土地耕作者与土地所有者的关系，不是契约上纯粹货币关系。而地主也从没有把资本主义的经营方法移转于农村及农业之上。地主的投资是地价的投资而不是企业的投资"⑧。"因此，探求今日中国之经济构造，土地制度是要与商业资本相合而观察的。在这种情形之下，商业资本有一部分流为土地买卖之用，换句话说，变为地价。因之，地主把土地当作投资的目的，把地租

---

① 陶希圣：《中国前代之革命》，《新生命》1930 年第 3 卷第 1 号。
② 陶希圣：《中国社会与中国革命》，第 4 页。
③ 陶希圣：《中国社会与中国革命》，第 35—36 页。
④ 陶希圣：《中国社会与中国革命》，第 23、25 页。
⑤ 陶希圣：《中国学校教育之史的观察 —— 学校教育之理想与实际》，《教育杂志》第 21 卷第 3 号，1929 年 3 月。
⑥ 陶希圣：《中国社会与中国革命》，第 27 页。
⑦ 陶希圣：《中国学校教育之史的观察 —— 学校教育之理想与实际》，《教育杂志》第 21 卷第 3 号，1929 年 3 月。
⑧ 陶希圣：《中国社会与中国革命》，第 54—55 页。

当作利息。又因之，流于土地买卖的资本，大部分不用于农业经营，仍旧是与生产没有关系的资本"①。商业资本介入农业，带来的恰恰是对农业的破坏，介入愈甚，破坏愈烈。

"在中国社会，商人资本是支配的势力，同时地主阶级也有支配的势力。这是我们要知道的一点。商人资本与地主阶级的关系却不是平列的关系，不是商人与地主平分中国的天下，中国的社会的统治，掌握在地主阶级之手。而商人资本是构成中国地主制度一个因子。"②地主与官僚赖以为生的是农业，陶希圣指出农业是中国最主要的生产事业，从事农业生产的人口约当全国人口总数70%以上，此居全国人口70%以上的农民，有百分之六七十以上为佃农。陶希圣以民国十八年（1929）的中国社会为例，说明了三位一体的地主、官僚、商人资本对农村的破坏："佃农所担负的是地租，而自耕农则负担地税。地租是地主直接征收的，地税是地主间接以官僚的资格分割的。何以官僚及地主必须剥削农民呢？因为农业是中国的主要生产，地主固直接依赖农业生产物以为生，即商人又何尝不要购置土地以供给家族的生活。官僚固全靠国税为俸给，而国税大部分是地税……中国的生产主要的是农业生产，支配这主要生产的当然是地主了。所以官僚、商人都变做地主……地主阶级与商人资本结合，而商人资本再降附于外国金融商业资本之下。地主阶级便与帝国主义势力结合了。"基于此，他认为当时的中国社会演进态势，表现为金融商业资本之累积与农村人口的流亡。"金融资本及商业资本，合称商人资本……封建制度被商人资本分解以后，生产方法的前途并不一定是资本主义生产制。封建生产制的转变可以说有两条路。第一条路是商人变成资本家。这便是说，他把生产者集合在资本直接支配之下。第二条路是商人把小所有人变作他的媒介，换句话说，他从小生产者去购买生产物，他让小生产者保持独立，他让小生产者的生产方法维持旧状而不加改变……中国的封建制度分解以后，商人资本的发达便是追随这第二条路的。所以一方面商人资本独立发达，他方面生产方法不能改变，而生产者陷于破坏沦落的命运……中国农业的衰落，到民国十八年可以说达于极

---

① 陶希圣：《中国社会与中国革命》，第297—298页。
② 陶希圣：《民国十八年之中国社会》，《东方杂志》1930年第27卷第4号。

顶……商人资本之独立发达,与一般社会经济之发达,成反比例。这个法则,完全为民国十九年的中国社会状况所证明。"中国的金融商业资本愈蓄积,则社会生产愈破坏。①

当然,陶希圣也还关注到帝国主义入侵对中国社会的影响,认为帝国主义一方面带来了中国都市资本主义的发展,另一方面却进一步破坏中国农村。"中国社会的变革只有待外部向内的侵入"②,但是外国资本主义带来了两个不同的后果——都市的资本主义化与农村的继续破坏:"一八九五年以后的中国,有两个特征:第一,都市在外国生产资本与财政资本独裁之下,开始资本主义化。第二,农村(包括旧来小市镇)在'商人资本'性的资本运动之下,继续破坏。换句话说:继续中国自秦汉以来商人资本与土地资本交相为用的经济。不过加上了一个条件,即农村及小市镇的资本有一部分被吸收于外国资本支配下的大都市,亦即随外国资本而流入外国资本阶级之手。依此方式,于是农民流亡加急,而旧来的农村社会关系却没有根本的变革。这是一个要注意的事情。"③近代资本的蓄积不是带来生产的发展,而是引发生产衰退。"外国资本的侵入,使农业破坏,最显著的是水利经济的破坏。新生产方法还没有发达,旧生产方法却早已破坏。"④

对此,陶希圣还从六个方面进行阐述:第一是因为中国依外国资本的侵入而加入于世界经济之中,国家的基础渐移于都市货币经济之上,旧日的米谷仓库制度、漕运制度,皆归无用,国家的注意渐淡于水利经济的组织与监督。第二因为资本主义的侵入,使中央权力崩溃。地方割据,致地方权力皆争夺都市而漠视河川。地方政府失却紧密的有计划的联络,水利工程不能大规模举行。第三,中央权力既没有实力,全国的米市没有调节的可能。一省的饥民载道,而他省的米谷充斥。第四是因为大工业破坏了农村副工业。"大工业使农村的家庭工业与农耕的分离完成了"。所以农村凋敝,而农民愈加流散,堤防沟洫无力修治。第五,军阀过重的诛求,使农民不能维持农耕生产手段的现状,如

---

① 陶希圣:《民国十八年之中国社会》,《东方杂志》1930年第27卷第4号。
② 陶希圣:《中国社会与中国革命》,第144页。
③ 陶希圣:《中国社会与中国革命》,第65—66页。
④ 陶希圣:《中国社会与中国革命》,第74页。

家畜、种子、农具，非被征发，便须卖却以偿税捐。第六，商人资本依附于外国资本，其破坏生产的速率增加。官僚、绅士、商人、银行、高利贷家，皆奉事外国资本，全带有买办的性质。资本的蓄积，是资本主义成立的一个条件。但在中国，资本的蓄积与资本主义的生产方法成反比例。依于商人资本、地价、田赋、征榷及外国资本，新生产方法尚未发达，旧生产方法已经解体。①

随帝国主义入侵裹挟而来的外国资本"对中国社会的破坏力，伟大实无可比伦。外国商品的廉价输入，已使中国穷乡僻壤，皆有洋货商人涉足。乡村手工业已随其制造品市场的堵塞，日益凋零……中国的商人资本与外国金融资本结合，造就统制幼稚工业的伟大势力。农业手工业已趋崩溃。水利的荒废，肥料的败坏，农民实无力自救。而一切流通于农村的资本，都是掠夺其农产物且剥削其购买力的工具。所以农民破产，倍速于往时"②。"所以今日的中国，都市虽在外国资本之下资本主义化，而农村的破坏，较从古以来更为迅速。水利经济的崩溃，尤产生残酷凄凉的饥民，决非薄弱的资本主义化都市所能吸收，实在是异常危急的现象"③。中国乡村的衰败、农业的破产与乡村的危机之所以"倍速于往时"，外国资本的介入实为罪魁祸首之一。

正是由于商人资本的特性、官僚政治的延存与帝国主义的侵入，造成了中国乡村农民、农业与农村问题的空前危机。"金融商业资本特别发达，工业资本相对进展，这都是农业衰落的原因。商业高利资本在金融资本后盾之前，可以更加深入更加广泛的破坏独立与市场接触的小农"；"商人买贱卖贵，农民便是买贵卖贱。因此商人资本是从农民的生产上面蓄积起来的。商人资本愈加发达，则农民愈加贫困"；"金融商业资本的发达，当然使农民困穷"；"工业资本主义发达与农民的穷困也到处成正比例。工业国所有的农民离村的现象，在中国也日益加厉起来"。中国资本主义的发展所带来的，恰恰是"金融商业资本发达，工业不能尽量发达而只有相对的发达，农业手工业破坏"④。因此，积极寻求乡村问题的破解之道成为陶希圣进一步思考的主题。

---

① 陶希圣：《中国社会与中国革命》，第74—75页。
② 陶希圣：《中国社会与中国革命》，第211—212页。
③ 陶希圣：《中国社会与中国革命》，第96—97页。
④ 陶希圣：《中国经济及其复兴问题》，《东方杂志》1931年第28卷第1号。

(二) 陶希圣乡村建设思想主张的内涵

翁贺凯认为,"1920年代末30年代初陶希圣的史学和革命理论其实相当典型地反映了当时南京国民党政府的反对派——国民党改组派的立场"[①]。陶希圣基于国民党改组派的政治诉求,主张回归国民党一大精神,依循孙中山民生主义导向的建设思路,在现代中国革命的视野下谋划土地问题、农民问题的破解之道,唤起民众创造新社会、反对帝国主义的力量。

第一,坚持民生主义导向的乡村建设思路。

孙中山在《建国大纲》中就曾明示"建设之首要在民生"。对于农民问题,民生主义主张以平均地权的方法达到耕者有其田的"最终结果";同时对于资本问题以节制资本的方法造成以养民为目的的生产制度。陶希圣在对中国农民痛苦和农业衰落的分析中,论证了土地制度和商业资本实为罪魁祸首。"从民生主义说,非改革地主制度,不能解决土地问题"[②]。因之,实行平均地权和节制资本的民生主义,"则债权人剥削小农的事情可以消灭。不实行民生主义,则资本制度下的小农和封建势力下的小农必然要日益濒于穷困,……要达到耕者有其田的目的,必须制止兼并,制止兼并,必须限田"[③]。但是,"耕者有其田的社会必然是小农私有的土地,并不适于集约耕种方法的现象。这种现象是阻碍农业生产力的。所以在达到耕者有其田的最终结果的过程中,必须实施农业生产合作的制度"[④]。陶希圣认为,农业生产合作团体和家产共有的家族团体不同,后者是身份制的集团,前者是契约制的集团,所以应当提倡共同耕种共同收获的共有制,却不应当以法律维持宗法系统下的家族共有制;前者可以促成民生社会的实现,后者增进家族的依赖性,并且保持宗法的遗迹。而"如果我们要从根本上消灭君权及官僚政府,我们必须摧毁宗法和宗法相维系的封建势力"[⑤]。可见,陶希圣认为,即使实现"耕者有其田"尚不能解决农业生产发展的问题,而必须要借助农业生产合作制度,实现农业的资本主义集约经营。

---

① 翁贺凯:《1927—1934 陶希圣之史学研究与革命论——兼论其与国民党改组派之关系》,《福建师范大学学报》2003 年第 4 期。
② 陶希圣:《中国社会与中国革命》,第 187—188 页。
③ 陶希圣:《中国社会之史的分析》,第 228 页。
④ 陶希圣:《中国社会之史的分析》,第 228 页。
⑤ 陶希圣:《中国宗法势力及其摧毁》,《新生命》1929 年第 2 卷第 1 号。

陶希圣还主张通过国家资本或社会资本发展农业，农业问题"今后的解决应当是进步的解决……这便是民生主义的路径。民生主义对于农业问题，要把农业生产从封建式的地主所有之束缚解放，以国家或社会资本发展农业"①。同时，发展富农经济也是挽救农业衰落的补救之策。"农业的衰落，很难有挽回的办法。……农村衰落引起农民的不安。因工业资本有相对的发达，地主没落而富农发达的趋势，定是经济复兴之中一个重要的现象。这种现象的进展，目前已有见端。"②由此可以看出，陶希圣思想主张的独特性体现在两个方面：一是在"耕者有其田"基础上依托合作制度实现农业的现代化；二是对富农经济寄予挽救农业的期望。

第二，在现代中国革命的视野下谋划乡村建设。

"陶希圣的革命论是建立在他对中国社会的剖析之上的"③。现代中国乡村建设始终是在革命与建设叠加的时代氛围中被加以讨论和付诸实践的，但是时论对革命的理解却是千差万别的。在革命话语高昂的建设年代，在"革命的建设"时期，陶希圣也将自己的革命观纳入乡村建设视野中。陶希圣认为，"革命是一种突变的进化"④，并且"中国革命是变革中国社会构造的运动"⑤。但是，中国前代之革命不仅"不能变更经济组织及政治制度"，而且"每终于专制之再建，及商人地主统治之再建"⑥。历史上的中国革命，"又何尝不是整个历史运动之一结束一序幕？"⑦这种周期性的治乱循环革命于变革中国社会构造没有太大意义，中国传统社会构造并未根本破坏，时至近代仍掣肘着社会变革的步伐。与多数革命论者不同，作为法学家的陶希圣更主张革命秩序的建立与建设新制度。陶希圣认为，无论在革命的破坏时期或是革命的建设时期，立法是掌握革命政权者所不可缓的一件事，革命时期的立法要破坏旧秩序而建设革命

---

① 陶希圣：《中国社会与中国革命》，第313—314页。
② 陶希圣：《中国经济及其复兴问题》，《东方杂志》1931年第28卷第1号。
③ 翁贺凯：《1927—1934陶希圣之史学研究与革命论——兼论其与国民党改组派之关系》，《福建师范大学学报》2003年第4期。
④ 陶希圣：《中国社会与中国革命》，第84页。
⑤ 陶希圣：《中国社会与中国革命》，第193页。
⑥ 陶希圣：《中国前代之革命》，《新生命》1930年第3卷第1号。
⑦ 陶希圣：《中国社会与中国革命》，第192页。

秩序，并要从革命秩序中促起社会的进化。"革命的秩序，是建立在社会矛盾上面的法律状态"，"把矛盾的革命秩序引上于正当的法律状态，这是法学家所希望的"①，并进而使革命秩序直进到更新的社会的秩序。

陶希圣同时把革命视为"破坏不适于人类生存的社会制度的一种手段。破坏之后必须建设新制度使因旧制度而感受痛苦的民众得以遂其生存。所以革命的第一步是破坏，第二步是建设"。这种革命的破坏，本身就是建设的起点。革命的破坏，是破坏维持旧制度的思想和维持旧制度的政权，但是革命的破坏是极困难的，比如宰制乡村的土豪劣绅，要解放农民和善良的地主，必须对这种人加以裁制，"但是在乡村经济上他们却有极深的根据。他们虽然以重利盘剥农民，而打倒他们以后，农民连高利的借款也无从借到，一时间金融的停滞，给农民以莫大的威胁。农民于农业凋敝之余，感觉到土豪劣绅打倒后痛苦反有过于从前，不得不忍痛向他们降伏。"陶希圣主张，要克服革命破坏所必生的困难，只有深信总理知难行易的学说，"在革命的破坏以后，本党仍须集中政权于掌握之中，一方面制止反革命派的死灰复燃，一方面开始非常的革命建设，这便是以党治国的真意义，也便是在宪政时期以前划定一过渡时期，做革命建设的准备的真意义"。"革命的建设本与革命的破坏相须。故总理称之为'非常的建设'。""革命的建设必有待于革命的破坏的完成。同时，革命的破坏的完成也必须革命的建设为助力。"②总而言之，"本党革命方略的基本精神尤在于彻底的破坏与非常的建设相辅而行"③。

陶希圣认为，中国社会是进化的，新社会必定脱胎于旧社会，外来文化必定地方化。④"新社会在中国现时是有创造的可能性的。……但这样的责任，并不在少数的，安闲的，浮奢的人身上，而是在多数的勤劳的下层群众身上"⑤。与之相适应，陶希圣将国民党视为由农夫、工人、商人、智识阶级组成的党，"基础惟何？在于全国多数的民众"。"本党如深植其基础于生产组织内各阶级，

---

① 陶希圣：《立法政策与立法技术》，《新生命》1928年第1卷第10号。
② 陶希圣：《国民党的革命方略》，《新生命》1928年第1卷第8号。
③ 陶希圣：《国民党的革命方略》，《新生命》1928年第1卷第8号。
④ 陶希圣：《中国社会的进化》，《北平周报》1934年第80期。
⑤ 陶希圣：《中国社会的进化》，《北平周报》1934年第80期。

则反抗帝国主义,发展民众组织及改组民众生活的政纲,必能依民众本身的力量以实现。本党的基础如移植于官僚士大夫,则'革命军起,革命党销'"①,所以中国革命"应当发展革命前期潜在于封建势力及帝国主义资本之下的勤劳民众势力"②。可见,陶希圣主张将乡村建设建立在以党治国的基础上,以谋求将国民党建设成为代表"勤劳民众势力"的政党,发挥国民党在从革命到建设中的作用。

第三,扭转都市对于乡村的破坏趋势,建构都市与乡村的良性互动关系。

在论及近代中国乡村建设时,都市与乡村、工业与农业的关系问题始终是无法回避的现实问题。陶希圣将这些问题追溯到遥远的古代,但却是怀着强烈的现实关怀,通过中国社会史的追溯,来解剖时下问题的根源。前已述及,陶希圣认为都市是官僚士大夫的大本营,商人资本无限制地汲取农村的资源,造成农村生产资本匮乏,乡村无以发展,历史上的都市对乡村是破坏性的。"中国历代政府的基础不在都市而在农村。历代政府的事业不在振兴商业,而在便利农业。……如此,历代政府的基础在于农村而不在都市,所以历代的政治颇有农村对都市的压抑的精神。在欧洲,资本主义初期的发达,均由政府加以保护,而后臻于兴盛。在中国,政府对资本主义常加抑制。"③到了近代资本主义入侵以来,情形更加恶化。近代以来"中国的交通线从来是为海上列强服务。如此的交通线愈向内地进发,内地愈加破产。路之所至,洋货随之。……如此的都市愈加发达,则内地愈加破产"④。"资本主义是高度的都市文化,都市文化与乡村是了无关系的"⑤。陶希圣所注意到的都市与农村的相互对立,都市的发展所带来乡村的破坏,是着眼于都市对乡村的侵蚀而出现的游民阶层,"我们的海口都市是向内侵略的根据地",导致乡村游民的离乡离村日趋严重,唯有"逆转这一趋势,中国才能够取得独立自由"⑥。

在工业化和现代化已经相对发达的近代,陶希圣认识到,"现代社会的重

---

① 陶希圣:《从中国社会史上观察中国国民党》,《新生命》1928年第1卷第9号。
② 陶希圣:《立法政策与立法技术》,《新生命》1928年第1卷第10号。
③ 陶希圣:《中国官僚及军备之社会史的观察》,《新生命》1928年第1卷第12号。
④ 陶希圣:《中国经济发达的一个趋势》,《中国经济》1934年第1期。
⑤ 陶希圣:《中国社会的进化》,《北平周报》1934年第80期。
⑥ 陶希圣:《中国经济发达的一个趋势》,《中国经济》1934年第1期。

心已由农村转移到都市。所以,现代都市是政治活动的中枢"①,即使"从历史的材料上,我看出中国的经济不全是自足农村经济。工商都市的地位和影响是不可忽视的"②。"中国已经是以城市为中心的社会了,城市失去,乡村是难独存的。"③因此,重新建构都市与乡村之间的良性互动关系,破除既有的都市破坏乡村的城乡关系,也是乡村建设所必需的。

(三)陶希圣乡村建设思想的时代特征

与同时代的社会思想家和乡村建设实践者不同,陶希圣致力于揭示中国土地、农民和农村问题背后的社会关系,在中西文化比较的视野中找寻乡村问题破解之道,否认传统重农思想之于乡村建设的意义。不难看出,从生产关系角度缕析农民和农业问题折射的土地资本与生产资本、土地所有与使用、农民与商人资本之间的关系,也是其历史研究的基本方法,其中也可体察到唯物史观方法的巨大影响。

第一,参照西方工业社会资本主义发展的路径与模式观察中国封建制度的解体与资本主义的桎梏,实现从身份社会到契约社会的转变。

陶希圣对于社会史的追溯和对中国社会的解剖,是以西方社会为参照系的,在中西比较的基础上提出借鉴西方资本主义的经验。他提出,一方面"要铲除封建势力,必须废除封建社会的身份制……而代以契约制,即契约自由主义。但是资本主义的契约制不适于民生主义……劳动本位的生存权法典是中国勤劳民众对帝国主义资本要求解放所必需"④。另一方面,需要借鉴西方资本主义现代大生产的方法,"欧洲近代社会的生产是扩大再生产,中国社会的生产却是单纯再生产。中国社会的生产,是以同一技术,同量资本,在同一的生产组织之内,反复实行的","资本蓄积而生产不增加,这是中国经济上重大问题"。⑤对于乡村经济来说,就需要改变地主无意于土地经营的现状,"土地购买在中国虽

---

① 陶希圣:《中国前代之革命》,《新生命》1930年第3卷第1号。
② 陶希圣:《冀筱泉著中国历史上的经济枢纽区域》,《食货》1936年第4卷第6期。
③ 陶希圣:《一刻钟的谈话》,《半月文摘》1937年第1卷第5期。
④ 陶希圣:《立法政策与立法技术》,《新生命》1928年第1卷第10号。
⑤ 陶希圣:《中国社会与中国革命》,第204、210页。

为投资的重要方法，而购买土地的用意，在不劳动亦不经营而坐得地租的收入。在封建势力及封建势力所保持的封建思想没有消灭以前，这种现象不能铲除。耕种方法的改良便没有希望。要使耕种方法得以改良，必先求地主对土地有意经营，换句话说：必须发达农村资本主义，如此，则契约制的法律必须侵入农村。但是这种法律决不能解放农民，达到耕者有其田的目的。如法律对地主而保护劳动农民，则地主更无意于投资，农村经济又将趋于破坏"①。

第二，古代的重农思想决非解决乡村问题之道，而要从生产者的立场求得乡村问题的解决。

古代中国社会不乏贵农务本、重农轻商、重农贵粟等农本主义社会思想资源。陶希圣分析到，农本主义是从来统治者所抱的经济政策之原理，"农本主义是什么呢？先要知道的，农本主义是农业本位思想，不是农民本位思想"②。陶希圣更关注的是农本主义所折射的乡村社会关系。"中国农民除了地租关系之外，还有农民与都市市民的关系"③。古代中国的均产主义，则有士大夫的限田与均田政策与剩余人口的分产主义。"总之，中国的社会思想，后来常从消费者着眼。所以从来的政治家及社会改良家，甚至于革命者，对于农民与地主的关系，农民与商人资本的关系，及其与消费者的关系（地租问题，生产价格问题，及谷价问题）三者很少完全顾到的，更少由生产者立场上来求解决的。古来的改革家，只注意到农民与消费者的关系即谷价问题。因为他是与农业生产隔膜的消费者。今日的改革家却与相反。他只注意到农民与地主的关系即地主问题。他拿西洋的农民问题理论来观察中国，而不知中国农民实兼受地租，生产价格及谷价问题三重的压迫。这也是因为今日的改革家是与农业生产隔膜的消费者。纯消费者之士大夫及剩余人口中的游民流氓，决没有解决生产问题的眼光。"④因此，若要实现乡村发展，需要理顺基于生产者的生产关系，从生产者的立场上求得问题的解决。

第三，陶希圣更善于从生产关系角度缕析农民和农业问题折射的土地资本

---

① 陶希圣：《立法政策与立法技术》，《新生命》1928年第1卷第10号。
② 陶希圣：《中国社会与中国革命》，第89页。
③ 陶希圣：《中国社会与中国革命》，第90页。
④ 陶希圣：《中国社会与中国革命》，第95页。

与生产资本、土地所有与使用、农民与商业资本之间的关系，从中可以看出马克思主义分析方法对陶希圣的巨大影响。

陶希圣所关注的非仅经济复兴、农业发展等表层问题，他更关注的是经济复兴所带来的社会结构变动。"空前的国内大战已经结束。社会上重要问题应当是经济复兴问题。中国经济能不能有复兴的趋势？如果能够复兴，社会结构有怎样的变化？社会各阶级有怎样的活动？如果经济不能够复兴，在经济继续衰落之中，中国社会将有怎样的结局？"[1]因此，农民问题、乡村问题的解决不是在于简单的地租、土地问题，而是社会关系的调整与社会结构的重组。"即如农民问题，最直接最迫切的是地租问题，即地主与农民的关系之问题。然而此外，则尚有农民的生产资本问题；更有农民与消费者关系的问题，即谷价问题。从来的学者只注意谷价问题，如常平仓制度，即其设备之一端，然而'谷贱伤农'，这岂是根本的办法？至于农民与商人的关系，古代法家常有痛切的指摘，但其解决方法不过是'贵粟贱商'。'贱商'不能解决农民问题，反增加农民的痛苦。商人破坏则农民的生产物没有人贩卖，农民的肥料耕具没有人供给，农民的流动资本没有人借贷。'贱商'是不行的。但若因此遂不加改革，则农村中资本流通愈大，农民破产愈速。"[2]

所以农民问题就非单纯的社会阶层问题，"中国的农民问题，包含土地所有问题，及农业生产资本问题。土地所有问题便是土地所有权归属于耕者与否的问题，地租问题便是这个问题的一个结果现象。农业生产资本问题，便是土地资本是否使用于农业经营的问题，地价问题以及地租与地价之比例问题都属于这个问题。农民与商业资本的关系尤其是有关于这个问题的一个重要问题"[3]。农民问题与农业、土地、资本问题的链接，使得"农业问题之解决必须与一般资本问题之解决并行。如何转化不生产的土地资本为生产资本，与如何转化金融商业高利贷资本为生产资本，是一个问题"[4]。陶希圣注意到在历史上没有转化不生产资本为生产资本的前例，历史上这个问题的解决是倒转的解

---

[1] 陶希圣：《中国经济及其复兴问题》，《东方杂志》1931年第28卷第1号。
[2] 陶希圣：《中国社会与中国革命》，第210—211页。
[3] 陶希圣：《中国社会与中国革命》，第300页。
[4] 陶希圣：《中国社会与中国革命》，第312页。

决,每到商人资本高度集积而生产民众急剧破产之际,民众便普遍蜂起,杀戮官僚,破坏都市,减少人口使与生产力恢复均衡,摧毁货币资本使社会回复半自然经济状态,重分土地使兼并集中的现象毁灭。这样一来,社会得到一时的安全,不久以后商人资本再度集积,生产民众再度破产,惨剧又将重演。故而"今后的解决,绝不应还追随这一条路"①。

即使是在20世纪30年代正在进行的乡村建设中,陶希圣也从社会关系变动角度指出了其中的要害。1934年4月,陶希圣在参观青岛李村农林试验场时曾经问到农具改良的成绩,场长答道:"农具改良在目前是做不得的。土地没有整理以前,小农场的上面没法使用新农具。如果使用了,抛出去的农民只有到都市里去。工业没有发达,都市又那里去谋生?"陶希圣深以为许,认为这种社会关系是多少社会改良家苦做了一辈子也看不透的:"农村副业的改良,是他们努力的工作。他们以为这样可以增加农家的收入。但是,要知道这是因为地方是青岛市外,还可以做得通。改良增加农家的副业,换句话说,便是帮助农村的商品生产。农村的商品,是要销场的。销场是在那里?不用说,是在都市。离开了都市,谈农村,只有消除农村的商品生产,让农村回复到中古的自足经济去。不然,如果也去教他们养猪养洋猪,养鸡养洋鸡,那便没法不依赖都市,并且可以说是促使农村里依赖都市。如果一面促使农村依赖都市,他方不去解决都市的问题,我想只有那在纸上面'到民间去'、'到乡间去'的人才会作这样的言论。"②

二、蒋介石的乡村建设主张

在革命建国与构建现代民族国家的整体视野下,蒋介石也提出了一套乡村建设思路。通过对孙中山建设思想的重新解读和诠释,蒋介石在训政体制的框架下,提出了包括四大建设(五大建设)在内的建国构想,其中包含了地方自治、县政建设、合作运动等乡村建设举措,构建了国民党的革命建国、以党建

---

① 陶希圣:《中国社会与中国革命》,第313页。
② 陶希圣:《鲁游追记》,《食货》1935年第2卷第1期。

国和"以农立国"的思想。

在革命、建设、建国思潮激荡迭起、思想纷呈的 20 世纪二三十年代,作为国民党和国民政府最为重要的领导者,蒋介石对现代中国发展的影响不言而喻。这位 20 世纪复杂而又颇具争议的历史人物,关于他的毁誉褒贬、功过成败的评说至今不曾停息。近年来,学界在"找寻真实的蒋介石"之路上进行了多角度、全方位的历史研究[①],但大多是将研究视角聚焦于蒋介石的政治军事、内政外交、人际关系等论题上,而对其乡村建设思想的关注却较为少见;相关的研究也主要集中在蒋介石的农村合作经济思想、训政思想、蒋介石与传统文化等方面。[②] 实际上,蒋介石执政前期正是乡村破产、乡村崩溃之时,蒋介石对此也不无认识。但与提倡乡村复兴、乡村建设的在野力量不同,他是从现代中国执政者的角度和视野来思考乡村问题的。因而,他的乡村建设思想在时势移易的历史进程中,具有特别值得研究的价值和意义。

(一) 蒋介石乡村建设思想的主要渊源

南京国民政府成立之后,面临着一系列涉及国计民生和民族未来的基础性和根本性问题。在此新旧制度交替、政权更迭的过渡时代,面对国基初立、民困未苏、政局未稳、社会紊乱的残酷现实,建设事业困局良多。"但中国政府,深知欲谋国家之建设,必先求国内之统一。故国民政府奠都南京以来,即无日不努力于统一之完成及秩序之恢复。"[③] 完成国家统一、恢复因战争造成的紊乱社会秩序,是从革命到建设的必然选择。"革命尚未成功,建设尤须保障,整

[①] 杨天石:《找寻真实的蒋介石:蒋介石日记解读》,山西人民出版社 2008 年版;陈红民、何扬鸣:《蒋介石研究:六十年学术史的梳理与前瞻》,《学术月刊》2011 年第 5 期;黄道炫:《1980 年代以来中国大陆蒋介石研究述评》,《近代史研究》2007 年第 1 期。

[②] 张士杰:《蒋介石的农村合作化思想研究》,《档案史料与研究》1991 年第 2 期;张士杰、郭海儒:《蒋介石的农村合作经济思想》,《民国档案》2004 年第 4 期;彭干梓:《蒋介石的生产教育与职业教育思想述评》,《职教论坛》2008 年第 1 期;秦英君:《蒋介石的"训政"思想》,《史学月刊》1988 年第 4 期;马振犊:《南京国民政府时期蒋介石思想理论简析》,《民国档案》2003 年第 1 期;秦英君:《蒋介石与中国传统文化》,《史学月刊》1999 年第 3 期;关志钢:《阳明心学与蒋介石力行哲学》,《深圳大学学报》2000 年第 5 期;黄道炫:《力行哲学的思想脉络》,《近代史研究》2002 年第 1 期。

[③] 蒋中正:《中国之统一与建设》,《总裁言论》(第三册),中国国民党福建省执行委员会编印,建国出版社印行,出版时间不详,第 232 页。

军经武，亦未可视为缓图。"① 在此基础上，南京国民政府拉开了十年建设帷幕，"训政时期，首重建设，兴利举废，富民强国"②，蒋介石的乡村建设思想也就此萌生。

首先，蒋介石的乡村建设思想是在解读孙中山建设思想的基础上，融合个人思路而筹划架构的。

孙中山建设思想的体系化以1919年《建国方略》的完成为标志，是由社会建设、物质建设、心理建设三大部分构成，以民权思想为核心，以民生为目标的思想体系。③ 蒋介石一向以孙中山的正统继承者自居，以遵奉总理遗教、倡行三民主义为思想依归。"一生矢志恪守孙中山主义、遗志"，虽然终其一生并未完成孙中山遗教、遗愿，但作为"继承性创业者"④，蒋介石的执政资源和权威获得，主要来自于对孙中山三民主义思想的继承和发挥。如果说历史没有给予孙中山实现其宏伟建设蓝图的机缘，那么蒋介石却有着将三民主义建设从理论构想变为实际的机遇。

蒋介石的乡村建设思想主要源于对孙中山《建国大纲》《建国方略》《实业计划》等文献的解读，并将之奉为圭臬。1928年1月23日，蒋介石在南京中央党务学校发表题为《一切政治制度要以〈建国大纲〉为基础》的演讲，指出："一切建设的方向，就是要把《建国大纲》整个地实现出来，一切政治制度必须以《建国大纲》为基础，遇到实际上困难莫决的问题，也要以《建国大纲》为最高原则，拿来作解决一切的准绳。"⑤ 1928年2月8日，蒋介石在国民党二届四中全会发表宣言，"昭示今后更始之图，其最重要之基本任务，乃在确实遵奉总理遗教，努力于革命建国大业之完成"⑥。1928年7月6日，蒋介石在《祭告国父文》中说："至于破坏之后，亟待建设，我总理遗著之《建国大

---

① 秦孝仪总编纂：《总统蒋公大事长编初稿》（卷一），中正文教基金会1978年版，第244页。
② 徐永昌题词，田见龙：《山西建设公报汇刊》1932年1月。
③ 王先明：《建设告竣时 革命成功日——论孙中山建设思想的形成及其时代特征》，《广东社会科学》2013年第1期。
④ 吕芳上：《重评蒋介石》，见〔美〕陶涵：《蒋介石与现代中国的奋斗》，林贵添译，台湾时报文化出版企业股份有限公司2010年版，第5页。
⑤ 秦孝仪总编纂：《总统蒋公大事长编初稿》（卷一），第198—199页。
⑥ 秦孝仪总编纂：《总统蒋公大事长编初稿》（卷一），第200—201页。

纲》《建国方略》，对于程序节目，早有显明之规定。"① 由此可见，蒋介石执政期间，仍以孙中山三民主义思想相标榜，这也成为蒋介石乡村建设思想的首要源泉。

其次，蒋介石是在构建现代民族国家的时势所趋中，筹划现代中国乡村建设思路的。现代国家的建构也就是民族国家的形成过程，"国家规模、国家权威、国家职能、国家结构和公民资格是政治学永恒的重大问题，也是现代国家建构的重要考量维度"②。1927 年南京国民政府建立之初，"中央所夙夜以求者，唯在巩固和平统一之基础，……尽力以谋国家之安定"，因为唯有如此，方能"确立社会之秩序，厉行一切之建设，使主义不托于空言"，这也是实现"今日之政府，为全国国民之政府"的国家职能所归。③ 南京国民政府顺应了中国现代化的这一时代趋势，正如 1932 年 10 月 2 日《国际联盟调查团报告书》所称："支配中国之重要原素，即为中国自身徐徐进行之近代化"；"现政府对于改造之努力，虽不免有若干之失败，实已有甚多之成就"。④

当然，蒋介石对现代国家建设也有着自己的理解。尤其是在 20 世纪二三十年代，外患加剧，内争不息，建立一个强有力的国家政权，提升经济实力和军事力量，进而挽救国家、复兴民族，是蒋介石执政着力追求的目标。蒋介石说："吾人最大之目的，在完成现代的国家之建设。今后一切政治设施，均应切合于此要求，方足以达到复兴民族之使命。"⑤ 无疑，现代国家建设完成之时，也就是民族复兴实现之日。因此，"无论那一个人从事那一种工作，其目的都是要挽救国家、复兴民族！"⑥ 通过经济、武力（军事）和教育建设，实现现代国家建设的目标。"现代国家的生命力是什么？第一就是教育，第二就是经济，第三就是武力。这三种力量缺乏一种或有一种不健全，便不能建设完

---

① 秦孝仪总编纂：《总统蒋公大事长编初稿》（卷一），第 239 页。
② 叶麒麟：《现代国家建构的多维度考量》，《南京社会科学》2009 年第 1 期。
③ 蒋中正：《今日政府之责任与国民之地位》，《建国月刊》1929 年第 2 卷第 1 期。
④ 秦孝仪总编纂：《总统蒋公大事长编初稿》（卷二），第 228 页。
⑤ 蒋中正：《地方行政人员工作纲领》（1936 年 5 月 16 日地方高级行政人员会议闭幕词），《总裁言论》（第三册下），第 230 页。
⑥ 蒋中正：《现代国家的生命力》（1935 年 9 月 8 日出席峨嵋军训团总理纪念周训词），《总裁言论》（第三册下），第 166 页。

全的现代国家。"①"因为自民国成立二十多年以来，都没有真正照着建国的方法来努力培养这教育、经济、武力三种的生命力；所以直到现在国家还只有一个形式，而没有真正的力量；始终不能建设起现代的国家。"②

现代国家建设是一个涉及民族独立、民权平等、民生福祉的全方位建设。在国内政局动荡、民族矛盾尖锐的历史时代，蒋介石从事现代国家建设所面临的困境可想而知。而在谋求现代国家建设的努力中，乡村问题终于开始获得政府层面的关注。蒋介石对乡村问题的认识，着眼于乡村社会秩序重建、乡村社会经济发展、乡村文化教育复兴，在"民族、民权、民生"三民主义的框架中，力图通过地方自治、县政建设、合作运动、新生活运动与国民经济建设运动，最终实现乡村复兴与乡村发展。

（二）蒋介石乡村建设思想的形成与内涵

1. "围剿善后"与乡村建设

蒋介石乡村建设思想的萌芽孕育，起始于20世纪二三十年代之交对革命根据地的"围剿"及其善后。1932年6月8日，蒋介石在安庆发表"剿匪"谈话："剿匪方针，决以开辟道路为首，次以组织民团，整顿警察，再次以救济贫民，施行教育，而以宣传主义，平均地权，为根本之图。"③虽然这是出于"围剿"星火燎原的革命力量的初衷，但蒋介石已经注意到单纯军事进攻失败的教训，而侧重"政治安抚"与"经济善后"，力图通过经济建设、社会救济、民众教育与土地整理等多重政策组合，实现"战后重建"。1932年6月18日，蒋介石在庐山召集豫、鄂、皖、赣、湘五省"剿匪会议"，确定第四次"围剿"计划，以七分政治、三分军事，兼施并进，同时建立保甲自卫组织。"土地必须丈量，户口必须清查，方才能说政治有组织，这二件事是政府的基本工作。……处理土地的方法，应当以辅助'剿匪'进行为前提，因地制宜地去

---

① 蒋中正：《现代国家的生命力》（1935年9月8日出席峨嵋军训团总理纪念周训词），《总裁言论》（第三册下），第168页。
② 蒋中正：《现代国家的生命力》（1935年9月8日出席峨嵋军训团总理纪念周训词），《总裁言论》（第三册下），第169页。
③ 秦孝仪总编纂：《总统蒋公大事长编初稿》（卷二），第200页。

办耕者有其田，平均地权，或者地还原主，或者实行二五减租，都可以斟酌办理。"①可以说，蒋介石在"围剿"战争期间的乡村建设思想，着眼于"剿灭"中国共产党的革命力量，服务于"围剿"战争的军事需要，通过办理保甲自卫、推行合作、社会救济、平均地权等政策，企图达到加强社会控制、争取民心的目的。

2. "四大建设"与乡村建设

如果说"围剿"战争时期蒋介石的乡村建设思想还带有应急性、战时性的特征，那么到 20 世纪 30 年代中期，蒋介石则是在现代中国国家建设的总体视野下考量乡村建设的。1935 年 9 月，蒋介石在峨嵋军训团演讲《国父遗教概要》，蒋介石将孙中山实现三民主义、完成国家建设的建国方略——心理建设、物质建设、社会建设，进一步发展为心理建设、物质建设、社会建设和政治建设，基本阐明了各自的基本思路、思想内涵和步骤方略。在有关地方自治、合作运动、民生建设的论述中体现出对乡村建设的高度关注。蒋介石的乡村建设思想就渗透在对"四大建设"的筹划之中。

在"四大建设"中，蒋介石尤其注重从孙中山建设思想中抽离出来的政治建设。孙中山在《建国大纲》中阐明了建国的主要政纲，蒋介石对此做了新的解读和引申，作为南京国民政府政治建设的基本指导原则。蒋介石认为："当前最急要的中心工作，就是政治建设"，并且"政治建设唯一的目标就是'民生'"。②在此理念指导下，蒋介石提出：第一，完成地方自治是训政时期政治建设的基本工作，"地方自治是政治建设之初步，也就是三民主义的国家建设的基本"③。"目前政治建设亟应着手的要务，就是以下七项：（一）调查户口，（二）办理警卫，（三）清丈土地，（四）发展交通，（五）普及教育，（六）推行合作，（七）开垦荒地。民国十七年中央曾经规定推进党政工作的七种要务，即所谓'识字''卫生''保甲''造林''筑路''合作'和'提倡国货'七

---

① 秦孝仪总编纂：《总统蒋公大事长编初稿》（卷二），第 205 页。
② 蒋中正：《总理遗教第二讲——政治建设》（1935 年 9 月 15 日在峨嵋军训团讲），《总裁言论》，中国国民党中央宣传部印行，中国文化服务社总经售，出版时间不详，第 16、19 页。
③ 蒋中正：《总理遗教第二讲——政治建设》（1935 年 9 月 15 日在峨嵋军训团讲），《总裁言论》，第 44 页。

项运动","其中最大部分,就是属于自治的范围,即从事政治建设的急要工作"。① 上述七种"要务"均与乡村建设在在相关。可见,蒋介石的乡村建设思想是在地方自治的框架内构思的,即通过推行地方自治进行乡村建设。也就是说"地方自治,是政治建设的基本工作,也就是建国的中心要务"②。"总之,地方自治各种事业都是救亡复兴,完成革命,最基本的急务"③。第二,蒋介石依据孙中山《建国大纲》关于平均地权的思想,将土地问题也视为政治建设的一环,且为"一切建设之先"。蒋介石认为:"经济的要素,是劳力,土地,资本三种,其中土地尤为民生的基础,我们政治建设的第一个目标即'平均地权'。所以总理特别提出'土地'问题,为一切建设之先。……平均地权的精义,就是以和平渐进的方法,一步一步达到土地公有的目的。这一条的规定,就是'平均地权'最主要的实施方法,与我们革命的前途,关系最大。"④ 第三,蒋介石还对地方自治中地方政府的职能进行了解说。"革命之谓何?政治之谓何?如果地方政府在消极方面能够重视职责,不贪不懈,爱护民众;在积极方面更能兴办水利,发展交通,开发富源,培植森林,开垦荒地,改良农产,发展各种生产事业,绝不会有现在这样货弃于地,民困于野的情形。"⑤ 以地方自治为乡村政治建设的基础,可以说是蒋介石乡村建设思想的一个显著特点。

蒋介石物质(经济)建设思想是对孙中山《实业计划》的延续。关于物质建设,蒋介石认同"国家建设之首要在民生"的理念,认为孙中山的实业计划"完全以畅裕民生为出发点,实业计划实现之时即经济发达,物质建设成功之日,国民的衣、食、住、行、育、乐等一切民生问题就可解决,当然能成为一

---

① 蒋中正:《总理遗教第二讲——政治建设》(1935年9月15日在峨嵋军训团讲),《总裁言论》,第24—25页。
② 蒋中正:《总理遗教第二讲——政治建设》(1935年9月15日在峨嵋军训团讲),《总裁言论》,第35页。
③ 蒋中正:《总理遗教第二讲——政治建设》(1935年9月15日在峨嵋军训团讲),《总裁言论》,第55页。
④ 蒋中正:《总理遗教第二讲——政治建设》(1935年9月15日在峨嵋军训团讲),《总裁言论》,第36页。
⑤ 蒋中正:《总理遗教第二讲——政治建设》(1935年9月15日在峨嵋军训团讲),《总裁言论》,第38页。

个富强安乐的新国家"①。"本来建设就是我们革命的目的。我们革命，就要来建设一个三民主义的新国家。……最主要最根本的工作，就是物质建设"②。第一，蒋介石尤其注重在乡村建设中推行合作制度的意义。"经济建设，最重要最有效的一个方法，就是普遍推行合作制度，发展合作事业。合作的根本原则是'人人为我，我为人人'。"③第二，蒋介石也关注到农业在物质建设中的地位。"我们中国数千年来，都是以农立国，直到现在，虽然也有一小部分新式工业，但在外力压迫之下，衰微不振，可说是一个农业国家。国民之所恃以生存与国家之所赖以托命者，端在农业，农业生产一方面直接供给生活的主要资料，一方面又是工业原料的泉源，无论要增进人民的生活或要发达实业，都非先改进农业不可。""所以发展农业，实为经济建设中刻不容缓之要务。一方面要改良种子肥料与生产和运销的方法，尤其要发展水利，再要移民垦荒，使地能尽其利。如此农业才可振兴起来。工业的基础，也可奠定起来。"④第三，蒋介石将国民经济建设运动视为"自存自强之根本要道"⑤，力图通过国民经济建设运动实现孙中山的物质建设计划。国民经济建设运动实施之要项，包括振兴农业、鼓励垦牧、开发矿产、提倡征工、促进工业、调节消费、流畅货运、调整金融。其中振兴农业要项："增加农业生产，凡制肥选种，改良农作方法，活泼农业金融，流畅农产运销，悉以合作社为基础指导并改进之，以达到粮食自给自足为初步目标。一方面增加产业原料之生产量，同时提倡农产之就地加工制造。"鼓励垦牧要项："鼓吹大规模之移民垦荒与经营畜牧，实施军区屯垦制，利用集团劳力，开发农利，恢复并增进牛羊马匹与农村各种副产物（如猪鱼鸡鸭之类）之生产。同时提倡各省所有荒废土地之开垦与耕作，以地无旷土

---

① 蒋中正：《总理遗教第一讲——总理遗教概要》（1935年9月14日在峨嵋军训团讲），《总裁言论》，第8页。
② 蒋中正：《总理遗教第三讲——物质建设之要义》（1935年9月16日在峨嵋军训团讲），《总裁言论》，第116页。
③ 蒋中正：《总理遗教第二讲——政治建设》（1935年9月15日在峨嵋军训团讲），《总裁言论》，第24页。
④ 蒋中正：《总理遗教第三讲——物质建设之要义》（1935年9月16日在峨嵋军训团讲），《总裁言论》，第120页。
⑤ 蒋中正：《总理遗教第三讲——物质建设之要义》（1935年9月16日在峨嵋军训团讲），《总裁言论》，第138页。

为目标。"①振兴农业与鼓励垦牧，显然是乡村经济建设的重要方面，故而国民经济建设运动不能不与乡村建设发生必然联系。

蒋介石在对孙中山心理建设思想的解读中，首先高度肯定了心理建设的重要性，蒋介石认为，所谓心理建设，"实际上就是'精神建设'。……精神道德的建设，是我们一切建设最紧要的基础"②，认为"'心理建设'实为革命的根本要务"，"心理建设之重要，实在一切建设之上"③。"心理建设即国民精神建设，实为革命建国之基础。"④其次，蒋介石对孙中山心理建设的学说（即《孙文学说》等文献）进行了多个层面的解读，认为：孙文学说为孙中山关于革命心理之根本建设的遗教，亦即我们革命最重要的心理基础，孙文学说之要旨，在确立"知难行易"之力行的哲学观念；孙中山民族主义第六讲及军人精神教育等遗教之要旨，即在恢复中国固有高尚的伦理道德，也就是以忠孝、仁爱、信义、和平为表征的民族精神和以格物、致知、诚意、正心、修身、齐家、治国、平天下为核心的政治哲学。再次，蒋介石在孙中山心理建设思想的基础上，继续阐发了十二条"做人做事成功立业的根本要则"——忠勇、孝顺、仁爱、信义、和平、礼节、服从、劳动、整洁、助人、学问、有恒。这既是中国童子军守则，也是经国民党第五次全国代表大会确定的党员守则。⑤最后，在此基础上，蒋介石提出了完成心理建设之方法——教育，新生活运动作为一种生活革命的教育，即心理建设之实行。这样，蒋介石就将新生活运动嫁接到了心理建设的路径之中。"新生活运动的意义，就其内容而言，则为国民生活革命的运动；就其方式而言，则为普通社会教育的运动；就其最后目的而言，

---

① 蒋中正：《国民经济建设运动之意义及其实施》，《农村合作》1935年第1卷第3期。
② 蒋中正：《总理遗教第一讲——总理遗教概要》（1935年9月14日在峨嵋军训团讲），《总裁言论》，第6—8页。
③ 蒋中正：《总理遗教第四讲——心理建设之要义》（1935年9月17日在峨嵋军训团讲），《总裁言论》，第166—167页。
④ 蒋中正：《总理遗教第四讲——心理建设之要义》（1935年9月17日在峨嵋军训团讲），《总裁言论》，第165页。
⑤ 十二条守则为：忠勇为爱国之本；孝顺为事亲之本；仁爱为接物之本；信义为立业之本；和平为处世之本；礼节为治事之本；服从为负责之本；劳动为服务之本；整洁为洁身之本；助人为快乐之本；学问为济世之本；有恒为成功之本。

则为民族复兴运动中最重要根本的中心工作即国民精神建设运动。"① 在蒋介石看来，精神建设是一切建设最紧要的基础，故而乡村建设也离不开对农民精神的训练和管控，精神建设与乡村建设亦不可分离，且为乡村建设中之最核心和最棘手之处。

蒋介石的社会建设思想，则是依据《民权初步》的思路，致力于建设秩序化的现代社会。"《民权初步》是总理关于社会建设第一完善的典范。现在我们的社会是凌乱散漫，毫无组织的旧社会，因此被人家耻笑，说我们国民是'一盘散沙'，我们的国家，为无组织的国家。我们要雪耻图强，复兴民族，必自改造社会做起，使我们的社会成为有秩序，有纪律，合乎现代组织的新社会。《民权初步》虽然是专讲集会，然而推广来说，就是建设社会的轨范。更是实现民权主义，建立现代国家，对于一般国民实施基本训练的教本。"② 社会建设以民权为着眼点，是民族—国家建设中以"人的现代化"为旨归的建设范畴。乡村建设离不开农民的现代化，且这正是乡村建设结构的核心层面。

从《国父遗教概要》对孙中山建设思想的解读来看，蒋介石沿袭了孙中山"民生为历史的中心"这一全部三民主义最基本的原理，其目标所指仍是在民族、民权、民生的总体设计内，遵循"建设之首要在民生"的主旨，探讨现代中国建设的基本路径和可能走向。"所以归结起来说，民生为宇宙大德的表现，仁爱为民生哲学的基础，亦即革命的根本条件。简单一点说：革命的中心目的，即在民生。……我们要实现三民主义，就务必以最大劳力改善人民的生活，确保社会生存，发达国民的生计和光大群众的生命。"③ 此亦即孙中山民生哲学的进一步发展，对此，蒋介石在抗日战争时期又作了新的阐释与发挥。

3. "五种建设"与乡村建设

1939年5月，蒋介石在重庆发表题为《三民主义之体系及其实行程序》的演讲，对乡村建设思路作了进一步的梳理，将伦理建设从心理建设中抽离出

---

① 《国父遗著概要》，《先总统蒋公思想言论总集》（卷三），第118—119页。
② 蒋中正：《总理遗教第一讲——总理遗教概要》（1935年9月14日在峨嵋军训团讲），《总裁言论》，第9—10页。
③ 蒋中正：《总理遗教第五讲——社会建设与民生哲学之要义》（1935年9月18日在峨嵋军训团讲），《国父遗著概要》，《先总统蒋公思想言论总集》（卷三），第129页。

来，将训政时期的基本建设延伸为五种建设，演变而为心理建设、伦理建设、社会建设、政治建设、经济建设五大建设的思路，其中包含了乡村建设的部分内容。首先，蒋介石依然坚持"三民主义的哲学基础为'民生哲学'"[1]，将训政时期的主要工作概括为建立地方自治，将现代化新国家作为训政时期的建设目标。蒋介石说："训政时期是建国第二时期，根据总理遗教，要实行'约法之治'，就是要拿约法来管理一切事情，这个时期内主要的工作，是要开始实行地方自治，训练人民行使四权。但四权行使的范围，以地方自治的成绩如何为条件。所以这一时期的实际工作，可概括之曰建立地方自治。就是要依照民族主义、民权主义与民生主义之需要，推行五种建设，——（一）心理建设，（二）伦理建设，（三）社会建设，（四）政治建设，（五）经济建设，这五种建设，就是建立地方自治的中心工作。但同时仍是以教育、经济、军事三者为基础，紧接着军政时期革命武力的建设，来促成现代化亦即军事化的新国家之实现。"[2]其次，蒋介石对五种建设的内涵又做了进一步展开。"心理建设就是国民精神建设，为革命建国的基本……心理建设其重要在一切建设之上。"那么为什么要讲心理建设呢？蒋介石认为"主要的是改变国民的气质，提起积极精神，确立自信，力行革命"。实际上，蒋介石的主要目的是在于倡导力行哲学，"我们要讲心理建设，先要研究孙文学说。全部孙文学说的要旨，在于确立'知难行易'的哲学观念。我所讲的'力行'哲学就是根据总理知难行易的学说发挥引申的"[3]。"伦理建设就是国民道德建设，要以总理所讲的忠孝仁爱信义和平八德为精神，以昌明我国固有的人伦关系，即所谓五伦——就是五达德——以实行《礼运篇》的博爱互助尽己共享为原则"[4]。"这种伦理建设与心理建设，是为了提高一切建设的基本力量，在革命建国时期中，应视为急要之务。"在《三民主义之体系及其实行程序》中，蒋介石更明确了社会建设和政治建设的区别与定位，即"社会建设实际就是具体而微的政治建设，条目上和政治建设大同而小异，所不同者其范围更切近于民众，其功效更着重于基层。

---

[1] 蒋中正：《三民主义之体系及其实行程序》（1939年5月7日讲），《总裁言论》（一集），第3页。
[2] 蒋中正：《三民主义之体系及其实行程序》（1939年5月7日讲），《总裁言论》（一集），第11页。
[3] 蒋中正：《三民主义之体系及其实行程序》（1939年5月7日讲），《总裁言论》（一集），第12页。
[4] 蒋中正：《三民主义之体系及其实行程序》（1939年5月7日讲），《总裁言论》（一集），第13页。

所以社会建设当以总理的《民权初步》作轨范，以组织保甲及社会法定团体为基础，以推行地方自治开始实行法的各类基层工作的要务"①。与以地方自治为中心的社会建设不同，"政治建设是以《建国大纲》为政治建设的法典，以民政、财政、教育、建设、军事各种业务为政治建设的内容，以训练人民行使四权为政治建设的起点……在训政期中，地方自治没有完成以前，我们可以把县以下的工作分为县政与自治两项（所谓县政即普通所说的官治）。大体上说，乡镇以下是自治部分，即是社会建设；区以上是县政部分，亦即是政治建设"②。在蒋介石看来，县政建设是政治建设的中心，"新县制"就是这一思想的体现。对于五种建设中的经济建设，蒋介石也有进一步发挥。他认为："经济建设当然应以总理实业计划为全国经济建设的纲领。但在基层工作上，应很（根）据地方自治开始实行法之遗教，以查户口、量土地、兴水利、开荒地、造森林、辟交通、教工艺、推行合作、管理粮食与实施积谷制度，为地方经济建设之初步；而以人尽其才，地尽其利，物尽其用，货畅其流为目的。推行经济建设，在三民主义最高原则下，当然应遵守民生主义的办法，着眼于防止垄断和增进大多数人民的生活，而以平均地权工作，为一切经济建设之中心工作。"③

从对"五种建设"的阐释可以看出，蒋介石将乡村建设置于较之以前更为重要的地位，不仅心理建设和伦理建设关乎乡村建设的思想道德根基；而且蒋介石明确将社会建设视为乡镇以下地方自治的工作，经济建设关乎县政建设，经济建设则依据《地方自治开始实行法》的遗教，分为初步经济工作和以平均地权为目标的中心工作。

无论是抗战前的"四种建设"，还是抗战时期提出的"五种建设"，蒋介石都不可能将乡村建设置于执政视野之外，乡村建设甚至在很大程度上左右着蒋介石的决策与执政方向。将乡村建设置于地方自治的制度设计中，以"县政为三民主义政治之基础"④，通过四大建设（五大建设）最终实现现代民族国家建

---

① 蒋中正：《三民主义之体系及其实行程序》（1939年5月7日讲），《总裁言论》（一集），第14页。
② 蒋中正：《三民主义之体系及其实行程序》（1939年5月7日讲），《总裁言论》（一集），第15页。
③ 蒋中正：《三民主义之体系及其实行程序》（1939年5月7日讲），《总裁言论》（一集），第16页。
④ 秦孝仪总编纂：《总统蒋公大事长编初稿》（卷一），第256页。

设，完成革命建国，"达到建设国家复兴民族完成革命的目的"①，是其乡村建设思想的主要内容。

（三）蒋介石乡村建设思想的特征

1. 革命建国

在革命泛化的20世纪前期的中国，革命几乎是时代潮流、社会变迁的主流，以革命相标榜成为评判先进与落后、进步与衰退的标签。蒋介石终其一生，也始终自矢革命，以革命者自居，借以赢得在国民党内的权威和确立执政根基。同时，已经确立执政地位的国民党，更需要面对现代国家建设这一首要问题。现代中国的国家建设历史进程中，革命与建国是无法分离的，不唯蒋介石将革命与建国视之为一体，胡汉民、孙科等人亦有此看法。胡汉民说："训政期中最大的工作是什么呢？就是建设。目前有人以为军政时期是革命时期，训政以后便不是革命时期了；又有人以为革命只有破坏，没有建设；这都是大错特错！尤其是说建设的时候就用不着革命，最为荒谬！"②孙科也坚持这一看法，"现在的中国，实已从军政的破坏时代，折入到训政的建设时代"，"就理论来说，我们都晓得总理毕生的志愿就在'革命'，'革命'的目标，就在'建设'，'革命'的破坏，不过是'革命'的'建设'的初步。如果'革命'而没有'建设'实可说是完全失掉了'革命'的意义"。③

由此可见，国民党内对革命与建设的关系是认识非常清楚的，蒋介石也坚持这一观点，"本来建设就是我们革命的目的。我们革命，就要来建设一个三民主义的新国家"④。自辛亥革命以来，中国国民党几度沉浮，但是力图建立现代民族国家的努力始终不曾改变，当这一接力棒传到蒋介石手上时，蒋介石关于建立什么样的现代国家、如何建设现代国家的思考，实际上就构成了国民党执政的主要目标追求。蒋介石认为，建国目的就在于要实现民族独立、民权

---

① 蒋中正：《复兴民族之要道》（1934年2月5日出席浙江省政府扩大纪念周训词），《总裁言论》（第三册上），第86页。
② 胡汉民：《第三次全国代表大会的使命是甚么？》，《中央半月刊》1929年第2卷第9期。
③ 孙科：《三民主义的建设——为总理逝世四周年纪念作》，《中央半月刊》1929年第2卷第9期。
④ 蒋中正：《总理遗教第三讲——物质建设之要义》（1935年9月16日在峨嵋军训团讲），《总裁言论》，第116页。

平等、民生自由。"我们要建设三民主义的新中国,这是我们建国运动的总目标";"我们要建国,就要实现民族主义、民权主义和民生主义,将中国建设成三民主义的新国家"。①

为了实现这一建国目标,革命必不可少,而更重要的则是建设。蒋介石认为:"唯有彻底重造革命之基础,完成真正统一之局面,而后一切救国建国之方案,始有循序推行之可能。"②尤为重要的是,"军事告终,仅系破坏时期告一段落,并非国民革命全部之成功。……盖继此以后,关于'心理'、'物质'、'政治'、'社会'之建设,乃民生幸福国际平等之祈求,有需于全体同志全国同胞之共同奋斗者,殆十倍于军事时期"③。因此,革命与建国是前后相继、彼此连接的两个历史阶段,革命与建设均是达到建国之目的的手段。"所谓革命者,即依据一种进步的新思想(主义),以人力彻底改进各个人以至整个国家之生活形态之谓,简言之,革命即生活形态之改进也。"④可见,革命不仅是建设之前提,本身也就是建设之应有之义。

2. 以党建国

"训政"主导下的乡村建设。以党建国、以党治国、以党训政是南京国民政府行政体制的基本特征,蒋介石乡村建设思想因而也具有国民党"训政"体制的特征。"从党的方面说,本党主义是主张以党建国,以党治国"⑤。蒋介石试图为现代中国置入一套党国一体的制度设计,并以此来推进各项建设。"务使全国人民之思想,悉以三民主义为依归,全国政治之设施,悉从本党之指导,励行总理以党治国之主张,俾中国能得系统之建设。"⑥ 1928 年 10 月 3 日,中国国民党中央常务委员会议通过《训政纲领》,由国民政府公布施行。1928 年 11 月 26 日,国民政府发表训政时期施政宣言,提示今后建设方针,以安定社会及裁兵节饷与整理财政为建设之先决条件;并以全力从事下列三种实际建

---

① 蒋中正:《建国运动》(1937 年 7 月 18 日对庐山暑期训练团第一期毕业学员讲),《总裁言论》(第三册下),第 239、240 页。
② 蒋中正:《今日政府之责任与国民之地位》,《建国月刊》1929 年第 2 卷第 1 期。
③ 秦孝仪总编纂:《总统蒋公大事长编初稿》(卷一),第 238 页。
④ 秦孝仪总编纂:《总统蒋公大事长编初稿》(卷三),第 15 页。
⑤ 蒋中正:《对于第三次全国代表大会的感想》,《中央半月刊》1929 年第 2 卷第 9 期。
⑥ 秦孝仪总编纂:《总统蒋公大事长编初稿》(卷一),第 240 页。

设——政治建设、经济建设、教育建设。1929年3月15日，中国国民党第三次全国代表大会开幕。大会通过《追认训政纲领》《确定总理主要遗教为训政时期中华民国最高根本法》《确定训政时期党、政府、人民行使政权治权之分际及方略》《确定地方自治之方略及程序》《确定训政时期物质建设之实施程序》及《确定教育宗旨及其实施方针》等要案。1931年5月12日，国民会议通过《中华民国训政时期约法》，于6月1日正式公布。

在以党治国和训政体制之下的乡村建设思想，体现为"建国工作，以地方自治为根本"，党国"一致为地方自治之促进，此为国家建设之最基本的要件。三民主义之实现，将视此为关键，盖必自治事业——举办，而后四种政权之使用，方得归着于具体之事项，而不流于空虚"①。1930年10月10日，蒋介石发表《告全国同胞文》，提出肃清"匪共"、整理财政、发展经济、澄清吏治、厉行地方自治五项，认为"目前政治，最低限度，必期此五者之实现"，"总理关于建国程序与实行地方自治之遗训，实为训政时期惟一之急务，亦为实现真正民权之唯一途径"。蒋介石认为："今后政治施设，宜集中于地方自治之积极推进，完成其组织，充实其基础。中枢以之督率各省，各省以之督率县区，务使训政及早完成，而民权真能实现，此又攸关立国之大本也。"② 由于地方自治的实现、现代国民的训练等都是国民党"训政"的主要内容，乡村建设由此也就具有浓厚的国民党训导、主导的色彩。

3. 文化立国

"以农立国"的新阐释。重农思想，古已有之，然而时至近代，工业化、城市化的迅速发展使工业文明凸显出对乡村文明的巨大优势，近代工商立国、重商主义思潮的出现，对传统以农立国的经邦济世理念形成巨大冲击。到20世纪二三十年代，随着农业、农村、农民、农地问题的恶化，农村崩溃、农村破产之论甚嚣尘上，现代化进程中的城乡关系问题由此成为执政者不得不面对的现实问题，以农立国论与工商为本、农工并重等思潮相互辩诘激荡，一度影响深远，蒋介石对此也不无独到认识。1931年1月1日，蒋介石发表告国

---

① 蒋中正：《努力完成训政之大业》（1931年5月17日在国民会议闭会式讲演），《总裁言论》（第三册上），第46页。
② 秦孝仪总编纂：《总统蒋公大事长编初稿》（卷二），第75、74页。

民书，提示建国要务为敬教劝农①，从革命建国的高度确立了农业和农村的定位。在城乡关系上，蒋介石指出，"我们一切设施，以后不仅要注意都市，而且更加注意到乡村僻巷，……要知道都市的事情，不过是我们全部工作百分之一二的事情，其余尚有百分之九十八、九十九的事情，都在各县地方乡村里面"，"一切政治设施，要注重乡村，要为一般平民造福"。②而对现代化所导致的乡村资源外流，蒋介石指出："近年可忧之现象，尤在各地优秀人士之群去其乡，乡村空虚之结果，必致庶事不举而基础日隳，此尤社会之隐忧，所当努力以挽回之者也。"③总之，"中国人民百分之八十以上为农民，欲求建设，非先复兴农村不可"④。可见，将复兴农村视为现代国家建设的前提，这是蒋介石乡村建设思想的重要特点。

但是，仅仅将"以农立国"理解为农业立国、农村立国，显然会引起激烈的抵制，毕竟20世纪二三十年代的中国已经显现出了走向现代化的强劲势头，"工商立国"思想拥有大批拥趸。蒋介石乡村建设思想的另一时代特征，就是将中华传统文化塞进了"以农立国"的躯壳里，将以农立国的思想内涵从"农业立国""农村立国"发展到农耕"文化立国"，这是现代化和都市化背景下对"以农立国"思想的新的诠释。现代国家建设不仅要注重国家规模、国家权威和国家职能；更为重要的是将现代国家建设基于深厚的历史文化之上，并培养具备公民意识的现代国民，也即前述现代国家建设中国家结构的调适与公民资格的养成。在国家结构的调适中，蒋介石最注重的就是中华传统文化在现代国家建设中的作用。中华传统文化是植根农业社会的一套思想观念和伦理道德体系，如何在传统与现代的背景下改造和利用传统文化，是与现代化背景下"以农立国""以农救国"的内涵相统一的。

蒋介石乡村建设思想源于孙中山，而"中山先生的思想，是中国的正统

---

① 秦孝仪总编纂：《总统蒋公大事长编初稿》（卷二），第83页。
② 蒋中正：《推进政治应注重农村之建设》，《四川经济月刊》1935年第3卷第1期。
③ 蒋中正：《努力完成训政之大业》（1931年5月17日在国民会议闭会式讲演），《总裁言论》（第三册上），第46页。
④ 蒋中正：《中国之统一与建设》，《总裁言论》（第三册下），第232页。

思想，就是继承尧舜以至孔孟而中绝的仁义道德的思想"①。1932 年 5 月 16 日，蒋介石在中央军官学校演讲《自述研究革命哲学经过的阶段》谈到："《大学》《中庸》之道，是中国很好的伦理哲学和很好的政治哲学"，"总理在哲学上，不偏不倚，完全讲的是中庸之道"。②1932 年 5 月 23 日，蒋介石在中央军官学校演讲《革命哲学之重要》，认为"一、立国的精神所在，就是'国魂'，国魂就是民族精神。二、要恢复民族精神，就先要恢复中国固有的民族道德；尤其要实行总理知难行易的革命哲学"③。1932 年 6 月 6 日，蒋介石在中央军官学校演讲《中国的立国精神》，讲词大旨："三民主义是中华民族精神的具体体现……总理发明'知难行易'学说，来代替王阳明'知行合一'学说，成为我们立国的精神，若再以我国固有的民族道德，与总理'知难行易'的哲学，融会贯通，成为一种新的民族精神，则不惟可以保障我们国家民族不会被人侵略，而且中国一定能成为世界上的和平之主。"④1935 年，蒋介石再次强调："我们中国的国魂，是什么呢？就是总理的三民主义。……三民主义不但是我们中国的国魂，也就是我们抵御外侮，复兴民族最重要的一种精神的武器。"⑤

蒋介石之所以如此竭力挖掘中华传统文化与三民主义之间的内在关联，乃是因为他认定从尧舜孔孟阳明之道，到中山思想，再到力行哲学，是一以贯之的哲学思想体系，是救国建国、复兴民族的文化基石、民族精神与国魂所系。"现在要复兴我们中国，一定要复兴我们的礼义，我们的廉耻。礼义廉耻，是我们本有的民族性，国魂之所寄，就在于此。所以今天要救国，要复兴民族，要把管子说的下两句改过来，改为'礼义廉耻，国之四维，四维既张，国乃复兴'。"⑥这样，所谓以农立国、以农救国就不仅仅是"务使一般青年的脑海中都深印着'以农救国'四个字，大家去发展农业，以实现总理的民生主义，而

---

① 秦孝仪总编纂：《总统蒋公大事长编初稿》（卷二），第 86 页。
② 秦孝仪总编纂：《总统蒋公大事长编初稿》（卷二），第 197 页。
③ 秦孝仪总编纂：《总统蒋公大事长编初稿》（卷二），第 198 页。
④ 秦孝仪总编纂：《总统蒋公大事长编初稿》（卷二），第 200 页。
⑤ 蒋中正：《总裁言论》（第三册下），第 194 页。
⑥ 秦孝仪总编纂：《总统蒋公大事长编初稿》（卷二），第 236—237 页。

完成全部三民主义的国民革命"①的问题，而且还是建国原动力之所在——"建国的原动力没有别的，就是我们中华民族固有的德性，即是忠孝仁爱信义和平之八德，而尤以仁爱为中心；这是中国几千年来相传的道统，深入于一般的人心，几乎是成了每一个黄帝子孙的天性。只要把它恢复过来，就是建国的总动力所在。"②更重要的是，这还是蒋介石所认定的现代国民必备的条件——"重秩序、守纪律，明地位、负责任，崇主义、复国魂，扬武德、张四维"③。蒋介石将这些曾经被革命话语视之为封建糟粕的东西与现代国民（公民）建设结合起来，将传统农耕文明的整套伦理道德与价值观念嵌入力行哲学体系中，最终完成对"以农立国"思想的文化追踪。

蒋介石承继孙中山关于乡村建设的思想理念和制度设计，在革命建国与现代民族国家的整体构建中提出了乡村建设思路。在训政体制的框架下，他提出了包括四大建设（五大建设）在内的革命建国构想，其中包含了地方自治、县政建设、合作运动等乡村建设思想。他的乡村建设的思路也深刻影响着南京国民政府乡村治理及乡村建设的政策选择。

三、国民政府的乡村治理与建设的政策、措施

思想的力量也体现为它与具体的实践活动之间的双向互动。南京国民政府时期的乡村建设思想不仅体现了理论界和政界对乡村问题的思考，也是国民党及国民政府治理乡村、建设乡村的思想基础。国民政府关于乡村治理与建设的政策与措施是国民政府吸纳相关思想成果，在国民党执政理念基础上做出的施政乡村的总体制度安排。

中国凤以农立国，全国人口，百分之八十以上是农民，农业生产，实

---

① 蒋中正：《教育完善学风纯良革命才有希望——十九年四月十七日在第二次全国教育会议讲》，《中央党务月刊》1930年第21期。
② 蒋中正：《建国运动》（1937年7月18日对庐山暑期训练团第一期毕业学员讲），《总裁言论》（第三册下），第247页。
③ 蒋中正：《现代国民必备的条件》（1935年9月21日峨嵋军训团第二期毕业聚餐词），《总裁言论》（第三册下），第191—194页。

占全国总生产，约将百分之八十，质言之，即中国经济基础，大部分建筑在农村经济上，此为中国经济基石之农村经济，既已在帝国主义与中国内在矛盾两面夹攻之下，崩溃破产，则整个中国社会之组织，亦即随之动摇解体……所以中国农村问题，亦即是中国整个社会之中心问题。苟对中国破产之农村，能有精密计划，使之复兴，则中国整个社会，不难立致繁荣。假使中国之农村问题，不得解决，其他一切问题，恐均无法为彻底之解决，此复兴农村计划，所以为当前最重要而最迫切之工作。①

正因如此，南京国民政府时期的国民党与国民政府推出了包括地方自治、农地改革、合作运动、农业推广、农业改良等政策在内的乡村治理与乡村建设举措，力图以政府之力挽救乡村危机，实现乡村复兴。这些乡村建设与乡村治理的政策措施以地方自治为标识，将党治、官治和民治融于一体，开启了政党与政府主导乡村建设的路径与模式。

（一）党政融化：乡村建设中的政党与政府

国民革命以后，以"秉承总理遗教，负救国建国之重大使命"②自诩的中国国民党，复举孙中山革命建国的政策方略，倡言从革命向建设的历史转向，启动现代国家建设的步伐。但是，坚持一党执政的国民党极大地改变了现代中国政治生态，国民党的执政理念必然影响到国民政府的具体施政和制度安排，国民政府关于乡村治理和乡村建设的基本理念与思路设计，因而被打上了深深的"党治"和"党政融化"烙印。

1．"政权褓母"：乡村建设中的国民党

中国国民党一向以"以党治国，以党建国"而自诩，但又"不愿徒袭一党专政之虚名"③，在攸关乡村建设的地方自治、民众训练、政权建设、治权建设等领域，国民党一方面与国民政府划分职责权限，确立国民党与国民政府

---

① 实业部《中国经济年鉴》编纂委员会编：《中国经济年鉴》，商务印书馆1934年版，第A110页。
② 中国第二历史档案馆编：《国民党政府政治制度档案史料选编》（上），安徽教育出版社1994年版，第6页。
③ 中国第二历史档案馆编：《国民党政府政治制度档案史料选编》（上），第276页。

的各自职能；另一方面又宣扬"党治"精神，发挥在乡村建设中的影响力和主导性。

首先，"中国国民党于建国治国之过程中，乃以政权之襁母自认"。政党在国家政权建设中的角色和地位是现代中国民族国家建设无法回避的重要因素。国家政权建设不仅体现为国家权力的下沉、社会控制的加强、资源汲取能力的强化，还体现为社会公共服务的普及、国家—社会关系的重新界定、现代公民社会的培育等内涵。国民党确立了在训政时期的职能定位，"在训政时期，政治上之最高原则，既为'以党建国'及'以党治国'，故就党与政府之关系言之，则党为训政之发动者，政府为训政之执行者；就党与政府二者在训政时期中与人民之关系言之，则党之目的，在以政权逐步授诸人民，政府之目的，在于逐步受国民全体直接之指挥与监督"①。这样，国民党确立了作为训政发动者、政权引领者的地位。1929年3月27日，国民党第三次全国代表大会通过的《三全大会关于治权集中中央纳诸国民政府由五院掌理和政权由国民党最高权力机关代表国民行使之决议》，明确了国民党代表国民行使政权的地位。"本党入于训政时期，受治国之重托，其主要任务则在一方面赓续军政时期已成之绪业，使军阀官僚永无再起之日；一方面萃全国之治入于一党，以实行治权于全国"；"在此国家建设之行程中，本党所当努力之中心问题，实为治权之建设与政权之建设二者"②。治权集中中央纳诸国民政府、政权由国民党代表国民行使成为判定党政关系的基本原则。

其次，由于乡村建设主要面向县以下的乡村层级，而国民党在县以下的基层组织又非常薄弱，如此看来国民党似乎居于与乡村建设无关之地位，但实际上并非如此。国民党始终以调控地方自治的方式渗透到乡村民众四权训练、政权建设之中。

1929年6月15日，国民党第三届中央执行委员会第二次全体会议通过《三届二中全会关于党与政府对于训政之权限及各级党部与同级政府关系之决议》，对各级党部与政府在训政期间的职责进行了界分，明确规定："（一）中

---

① 《申报年鉴》社编：《第二次申报年鉴》，申报馆特种发行部1934年版，D1页。
② 中国第二历史档案馆编：《国民党政府政治制度档案史料选编》（下），安徽教育出版社1994年版，第2页。

央党部指挥并监督下级党部推行下列各事：①培植地方自治之社会的基础；②宣传训政方针；③开导人民接受四权使用之训练；④指导人民努力完成地方自治所必备之先决条件；⑤促进其他关于地方自治之工作。（二）中央执行委员会政治会议决定县自治制之一切原则，及训政之根本政策与方略。（三）国民政府执行县自治制之实施计划，及一切关于训政之根本政策与方略。"① 可见，包括中央党部在内的各级党部主要职能在于推进地方自治、民众训练；国民党中执委政治会议和国民政府则分别担负县以下自治的决策与实施之责。

对于国民党县级党部的职能，1930年3月4日国民党第三届中央第三次全体会议通过的《训政时期党务工作方案》也做了明确界定：（甲）县党部之工作"（一）指导下级党部或直接派员赴各乡村作普及党义之宣传，务使全县人民明了三民主义，以完成军政时期开化人民之工作。（二）协助政府在开始实行地方自治之际，竭力宣传下列各事之利益，以便利政府之推行训政而无所阻碍。一、清户口，二、立机关，三、定地价，四、修道路，五、垦荒地，六、设学校。（三）提倡合作事业，指导人民生产之改进，务使全县经济能有充裕之发展。（四）特别注重教育之普及，并提高其程度。（五）指导人民组织自治机关，并准据《民权初步》训练四权之使用"。可见，面向乡村基层的党义宣传、自治宣传、提倡合作运动、注重乡村教育、民众四权训练等事务，是县级党部的主要职责所在，国民党的基层组织由此渗透到乡村建设的各个领域。总而言之，国民党"党员人人均负有宣传主义参与自治事业及扶助人民之义务"②，国民党以超然于外、内在于里的方式，渗透到乡村建设的各个领域当中。③

2. 政府行为：乡村建设中的政府职能

南京国民政府建立之后，上自中央，下迄省县，逐步设置了一套较为系统完整的乡村建设主管机关与推进机构，显示出现代国家政府对乡村建设的介入、倡导、扶助与支持，体现了依靠国家政权力量推进乡村建设的现代意识。

---

① 中国第二历史档案馆编：《国民党政府政治制度档案史料选编》（上），第4—5页。
② 《申报年鉴》社编：《第二次申报年鉴》，C13页。
③ 1938年3月31日，国民党临时全国代表大会通过《临全大会关于中央采以党统政省市采党政联系县市采党政融化三种形式之决议》，将党政关系进一步明确为以党统政、党政联系、党政融化三种形态。"（1）中央采取以党统政的形态；（2）省及特别市采取党政联系的形态；（3）县市采取党政融化的形态。"中国第二历史档案馆编：《国民党政府政治制度档案史料选编》（上），第5页。

国民政府在乡村建设中的职能首先体现为以国家政权的力量将国民党的政策方略推向乡村。依照孙中山《建国大纲》与国民党第一次全国代表大会宣言所确定的省县权限原则，"凡省内之国家行政，悉受中央指挥；凡地方自治与建设，悉归各县办理；省为县自治之监督，立于中央与县之间，以收联络之效"①。1935年，行政院划分中央与地方权责纲要原则训令指出：地方事业有关于国家整个政策者，应以国防、以民生为中心目标，先由行政院依照下列事业范围，参酌现行法令，分别规定其具体纲领，以为各地方施政及建设之准则：(1)关于重要水利之兴办及交通事业之发展事项；(2)关于重要矿业之开发事项；(3)关于土地政策之实施事项；(4)关于主要农业之经营事项；(5)关于移殖事项。②

其次，南京国民政府将农政置于国家施政的重要位置。中央农业行政先后历经行政院工商部、农矿部、实业部等部主管。中国自古以农立国，素来注重农政，历代政府均有专司职掌。1928年3月，国民政府农矿部成立，易培基任部长，内设农政司、农民司；同年12月合并为农政司，同时增设林政司，分理农林渔牧行政事宜。农矿部遵照孙中山民生主义及实业计划，厘定训政时期农矿部施政纲领年表，并设立设计委员会及法规起草委员会等机构，关于农林渔牧行政均有相当成绩。1931年，工商部、农矿部合并为实业部，孔祥熙任部长，内设林垦署、农业司、渔牧司。其中农业司"掌农业蚕桑之试验，检查，改良，保护，农地改良，病虫害之防除及检查，农用器具及种子之检查改良及介绍奖励，农业团体之监督，农田水利，农业之调查及统计，农业智识之增进，农民银行及农民合作社之促进，田租之调查，农村经济之调查及统计"③。

再次，国民政府为有效推进乡村建设，还设置了从灾害救济到复兴农村的各类乡村建设机构，建立较为完整的乡村建设推进体系。

中国农村救济之道，"不外如何推广农业，如何发展农业金融及整个推动农村复兴机关之设立等问题"④。乡村的建设与复兴，首在乡村救济。1928年8

---

① 中国第二历史档案馆编：《国民党政府政治制度档案史料选编》(上)，第4页。
② 中国第二历史档案馆编：《国民党政府政治制度档案史料选编》(下)，第280页。
③ 《申报年鉴》社编：《申报年鉴》，申报馆特种发行部1933年版，第F13页。
④ 实业部《中国经济年鉴》编纂委员会：《中国经济年鉴》，第A111页。

月 3 日，国民政府公布施行《国民政府赈务处组织条例》："赈务处直隶于国民政府，掌理各灾区赈济及慈善事宜。"① 1931 年 11 月 24 日，国民政府为办理救济水灾区域内难民及灾区善后事宜，修正公布《国民政府救济水灾委员会章程》，设立国民政府救济水灾委员会，"本委员会于散放急赈外，并注意工赈、农赈，俾早日恢复灾区并预防将来水患"②。1935 年 6 月，行政院为救济华北战区被灾各县，特设华北战区救济委员会，派黄郛、于学忠、李煜瀛、张继、陶孟和等 26 人为委员，以黄郛为委员长，于学忠为副委员长。内分农赈、急赈、财政三组，工作期暂定为六个月，"以鼓励战区内人民兴办建设事业，增加生产能力，促进农业复兴为目标"③。灾区救济和"匪区"善后，虽具有战时性、应急性特征，但国民政府借鉴中国华洋义赈救灾总会的农赈模式，将赈济与合作事业结合，推动了农村合作运动的发展，也成为南京国民政府乡村救济的显著特征之一。"农赈性质，即是急赈之后，农民生活所需之用度，如建修房屋，添置器具，购买种籽，补充耕畜，及下届收获前必需之生活费。如果还有需要，农民可自动向农赈组借钱去解决。其借款方法：以村为单位，由希望承借之农户家主，照章组织互助社，担负连保责任。将来农赈办竣，即以收还款项，推广农村合作事业。此互助社亦即是农村合作社之初步组织。"④

1928 年 12 月 8 日，国民政府公布《建设委员会组织法》，建设委员会直隶于国民政府，设有总务、设计、事业三处，"建设委员会之职权如左：一、遵照实业计划，拟制全国建设事业之具体方案，呈国民政府核办；二、国民建设事业有请求指导者，应为之设计；三、办理经国民政府核准试办之各种模范事业"⑤。其中，乡村水利电力灌溉等是建设委员会所举办各种有关乡村建设模范事业之一。创办农田灌溉之动机缘起于戚墅堰电厂利用电力戽水，灌溉农田。建设委员会除在武进、无锡设立灌溉区，办理农田灌溉及筹划芙蓉圩等处之灌溉工程外，并于吴江之庞山湖设立灌溉试验场，从事垦浚。

1933 年 4 月 18 日，行政院第 97 次会议通过《农村复兴委员会章程》，筹

---

① 中国第二历史档案馆编：《国民党政府政治制度档案史料选编》（上），第 82 页。
② 中国第二历史档案馆编：《国民党政府政治制度档案史料选编》（上），第 117 页。
③ 实业部《中国经济年鉴》编纂委员会编：《中国经济年鉴》，第 A158 页。
④ 实业部《中国经济年鉴》编纂委员会编：《中国经济年鉴》，第 A159 页。
⑤ 中国第二历史档案馆编：《国民党政府政治制度档案史料选编》（上），第 129 页。

设农村复兴委员会。"国民政府行政院为计划复兴农村方法、筹集复兴款项并补助复兴事业之进行起见,设农村复兴委员会。"①1933年5月5日,在南京召开第一次大会,决定议案多项,逐渐推行。"务期减除农民疾苦,调剂农村金融,增加农民生产。使农村之复兴,得早实现。此该会设立之意义也。"②1933年5月13日,行政院临时会议通过了农村复兴委员会工作进行原则六项:确定本会为行政院内之设计及推动机关,而非执行机关;极力保持原有行政系统之完整,原有主管机关者,交主管机关办理,无主管机关者,应设法使之归入现有行政系统中;应使中央与地方极力设法排除农村复兴之一切障碍;应设法完成国内对于农村有关系之联络;中央与地方应整理原有机关及经费,如无特别需要时,以不添机关不增加经费为原则;应极力应用各机关现有人才,如不足用时得特聘或特约专家。依据该会会章规定,农村复兴委员会非执行机关,而为行政院内之设计及推动机关,其任务有二:一为调查与研究,以其结果或建议于行政院,或备行政院之查询,或发行刊物以供众览;二为联络与促进,即调查全国各公私机关之工作,为之联络,并设法予以促进及鼓励。③

1931年6月6日,国民政府颁布《全国经济委员会组织条例》,同年9月26日,国民政府任命蒋介石、宋子文、张嘉璈等10余人为委员,并指定以蒋介石、宋子文为委员长。"斯会之设立,在求促进经济建设,改善人民生计,调节全国财政,关系至为重要"④。10月30日,全国经济委员会筹备处正式成立。全国经济委员会在乡村建设领域,运用统制手段对蚕丝、棉业、茶业进行生产、运销改良,成效尤著。全国经济委员会还直接参与江淮水灾救济、办理农赈、举办江西农村建设服务区、筹划西北农林建设、推进农村合作事业,无不着眼于乡村建设路径的探索和实践。

最后,国民政府的临时性派出机构,如鄂豫皖三省"剿匪"总司令部、军事委员会委员长南昌行营等军事指挥机构,也将编组保甲、发展合作运动纳入

---

① 中国第二历史档案馆编:《国民党政府政治制度档案史料选编》(上),第189页。
② 实业部《中国经济年鉴》编纂委员会编:《中国经济年鉴》,第A129页。
③ 实业部《中国经济年鉴》编纂委员会编:《中国经济年鉴续编》,商务印书馆1935年版,第A204—205页。
④ 《申报年鉴》社编:《申报年鉴》,第G30页。

战后重建措施之列，乡村建设由此被赋予加强社会控制、调整社会秩序的内涵，地方自治反而蜕变成了对乡村的严密控制。

1932年8月，鄂豫皖三省"剿匪"总司令部为严密民众组织、彻底清查户口、增进自卫能力、完成"剿匪"清乡工作起见，公布《"剿匪"区内各县编查保甲户口条例》，旨在"先谋自卫之完成、再做自治之推进"①。根据条例，保甲之编组以户为单位，户设户长，十户为甲，甲设甲长，十甲为保，保设保长；保甲须按照户口及地方习惯及地势限制及其他特殊情形加以编组。②"剿匪"区内编查保甲户口，"其作用在组织民众、清查户口、增进自卫能力、完成'剿匪'工作"，"保甲制度实施对象，侧重农村"。③后来，保甲制度被普遍援引应用于新县制中，成为国民政府加强乡村社会控制的措施。1932年10月，鄂豫皖三省"剿匪"总司令部"为兴复农村、奖励农业起见"，公布《"剿匪"区内各省农村土地处理条例》，并规定"凡经'赤匪'实行分田之县或乡镇，于收复后，为处理土地及其他不动产所有权之纠纷及办理一切善后事宜，得设农村兴复委员会。……农村兴复委员会处理被匪分散之田地及其他不动产所引起之纠纷，一律以发还原主、确定其所有权为原则"④。1932年11月，鄂豫皖三省"剿匪"总司令部核准公布《鄂豫皖三省"剿匪"总司令部农村金融救济处组织规程》。凡经指定准设农村合作预备社各县之农村金融救济事宜，概由农村金融救济处管理之，其职责包括：关于农村合作预备社之指导及监督事项；关于各县农村金融救济分处之指挥及监督事项；关于救济农村之款项分配及收支审核事项。⑤

1933年9月6日，国民政府军事委员会委员长南昌行营公布《"剿匪"区内临时赈济办法》，将赈济办法分为急赈、收容、工赈、农赈四种。其中，农赈即"贷以耕牛、种子或必需用费为恢复农村之用，于'匪区'收复后施行之"⑥。1934年1月9日，国民政府军事委员会委员长南昌行营颁布《"剿匪"

---

① 中国第二历史档案馆编：《国民党政府政治制度档案史料选编》（上），第415页。
② 中国第二历史档案馆编：《国民党政府政治制度档案史料选编》（上），第408页。
③ 中国第二历史档案馆编：《国民党政府政治制度档案史料选编》（上），第493页。
④ 中国第二历史档案馆编：《国民党政府政治制度档案史料选编》（上），第419—420页。
⑤ 中国第二历史档案馆编：《国民党政府政治制度档案史料选编》（上），第431页。
⑥ 中国第二历史档案馆编：《国民党政府政治制度档案史料选编》（上），第487页。

区农村合作委员会组织规程》。农村合作委员会"其职掌如左：（一）规划农村合作之行政方针；（二）指导农民进行合作事业；（三）指挥、监督各县主管机关实施合作行政；（四）筹措及调剂农村合作事业之资金"①。1934年12月30日，国民政府军事委员会委员长南昌行营制订《"剿匪"省份各县分区设署办法大纲》，在豫、鄂、皖、赣、闽等省实行分区设署制度，"认定彻底改善区制，分区设署，实为目前之要图，以为县政确立下层之基干"②。1937年6月3日，行政院公布《各县分区设署暂行规程》，确立了分区设署制度的法律地位。军事委员会委员长南昌行营依据"剿匪"经验而施行的各项乡村治理政策，对后期国民政府乡村建设影响极大，分区设署、合作运动、编组保甲都被借鉴用以加强乡村自卫和社会控制，地方自治的躯壳也因此被掏空。

（二）地方自治：乡村治理的制度设计

1. 地方自治的理论渊源

南京国民政府时期的地方自治，在孙中山拟订的《地方自治开始实行法》《建国大纲》中已略举其端，中国国民党历次全国代表大会和中央政治会议也复述有关于地方自治的决议。

1924年3月12日，孙中山拟定《建国大纲》25条，阐明了中华民国建国的基本方略，其中关于地方自治的设计渗透着"训政时期政府协助人民筹备自治""县为自治单位""民有民治民享"等地方自治理念。首先，《建国大纲》规定"在训政时期，政府当派曾经训练、考试合格之员，到各县协助人民筹备自治"，以使各县"成为一完全自治之县"，"凡一省全数之县，皆达完全自治者，则为宪政开始时期，国民代表会得选举省长，为本省自治之监督，至于该省内之国家行政，则省长受中央之指挥"③。其次，地方自治的完成，依托乡村建设的实现，《建国大纲》规定"县为自治之单位"，一县地方自治的完成，其标准在于县内人口调查、土地测量、警卫办理、道路修筑、四权使用训练的完

---

① 中国第二历史档案馆编：《国民党政府政治制度档案史料选编》（上），第512页。
② 《通令各省府为令发"剿匪"省份各县分区设署办法大纲仰查照办理具报》（1934年12月30日），《军政旬刊》第43—44期合刊，1934年12月31日。
③ 黄哲真：《地方自治纲要》，中华书局1935年版，第75、76—77页。

成。同时，孙中山还将规定一县之内土地价格、溢价归公，地价增溢用以举办地方人民事业，开发天然富源及大规模工商事业纳入地方自治范围。尤为重要的是，"一完全自治之县，其国民有直接选举官员之权，有直接罢免官员之权，有直接创制法律之权，有直接复决法律之权"①。因此，唯有实现一县之内乡村的社会、经济、政治全面建设，方可言地方自治的实现。无疑，乡村建设是实现地方自治的基本前提，地方自治是乡村建设的目标所归。

《地方自治开始实行法》是孙中山所构想和建议的地方自治施行程序，其主要设想包括以下三点：首先，地方自治能否试办，"全视该地人民之思想智识以为断"②。孙中山是将地方自治建立在民众自治思想程度和意愿基础上的，自治宣传的成熟和自治思想的普遍，是地方自治能否实行的前提。其次，孙中山规定了地方自治的基本实施程序。"若自治之鼓吹已成熟，自治之思想已普遍，则就下列六事试办之，俟收成效后，陆续推及其他，其事之次序如左——（一）清户口（二）立机关（三）定地价（四）修道路（五）垦荒地（六）设学校。"③在以上六项工作办有成效的基础上，再逐渐推广，及于他事。"此后之要事，为地方自治团体所应办者，则'农业合作'，'工业合作'，'交易合作'，'银行合作'，'保险合作'等事，此外更有对于自治区域以外之运输交易，当由自治机关，设专局以经营之。此自治机关职务之大概也。"最后，孙中山认为，"此所建议之地方自治团体，不止为一政治组织，亦并为一经济组织"④，地方自治能够顺应世界历史潮流，也是现代政府的基本职能，地方自治从一县及于它县，从多县及于一省一国，最终达到"民国之基，于是乎立"的境地。⑤

正是因为地方自治在民国政治建设、社会建设、经济建设中的基础性地位，国民党和国民政府都对地方自治钟情有加、寄予厚望，希冀通过地方自治来实现国家政权深入乡村、稳定乡村社会秩序、加强乡村社会控制的目的。

---

① 黄哲真：《地方自治纲要》，第76页。
② 黄哲真：《地方自治纲要》，第77页。
③ 黄哲真：《地方自治纲要》，第77页。
④ 黄哲真：《地方自治纲要》，第82页。
⑤ 黄哲真：《地方自治纲要》，第83页。

1927年南京国民政府成立后,孙中山的地方自治思想有了推向基层和走向全国的政权基础,"以人民的智识程度和政治教育为前提的自治事业",依靠南京国民政府的官治加以扶植培养,进入所谓"摇篮时代"。①

1929年3月21日,国民党第三次全国代表大会通过《确定训政时期党政府人民行使政权治权之分际及方略案》,提出:"培植地方自治之社会的基础,宣传训政之方针,开导人民接受四权使用之训练,指导人民努力完成地方自治所必备之先决条件,并促进一切关于地方自治之工作,由中国国民党中央执行委员会指挥并监督下级党部推行之。"② 3月23日,第三次全国代表大会通过《确定地方自治之方略及程序以立政治建设之基础案》,其内容是:"一、确定县为自治单位,努力扶植民治,不得阻碍其发展。二、制定地方自治法,规定其强制部分,使地方自治体成为经济政治的组织体,以达到真正民权民生之目的。三、由国民政府选派曾经训练考试之人员,到各县协助人民筹备自治。四、地方自治之筹备,宜逐渐推行,不宜一时并举。以自治条件之成就选举完毕为筹备自治之终期。"③

1931年5月12日,国民会议制订《中华民国训政时期约法》;6月1日,国民政府公布实行。其中第34条规定:"为发展农村经济,改善农民生活,增进佃农福利,国家应积极实施左列事项:一、垦殖全国荒地,开发农田水利。二、设立农业金融机关,奖励农村合作事业。三、实施仓储制度,预防灾荒,充裕民食。四、发展农业教育,注重科学实验,厉行农业推广,增加农业生产。五、奖励地方兴筑农村道路,便利物产运输。"④ 国民党及国民会议通过的上述决议与法律,既是有关地方自治的宏观制度安排,也为地方自治框架下的乡村建设提供了政策及法律基础。

2. 地方自治的"摇篮时代"

南京国民政府时期的地方自治首先从颁布地方自治法令开始,在此基础上划分自治区域、筹措自治经费、举办自治事业,以期实现民权、民生主义。

---

① 黄哲真:《地方自治纲要》,第84页。
② 《申报年鉴》社编:《申报年鉴》,第E12页。
③ 《申报年鉴》社编:《第二次申报年鉴》,第C12页。
④ 《申报年鉴》社编:《申报年鉴》,第F3页。

1929年，国民党三大根据《建国大纲》通过"确定地方自治之方略及程序以立政治建设之基础"一案；同年，第三届中央执行委员会第二次全体会议议决通过"完成县自治案"，并限于1934年底前完成县自治。国民政府本此两项原则，拟具"训政时期完成自治实施方案"及分年进行程序表，以为实施步骤。1934年后，鉴于地方自治推进困难重重，国民政府旋又为适应地方需要，制订《改进地方自治原则》《各省县市地方自治改进办法大纲》，改进地方自治。此外，1929—1932年间，相关自治法规如《县组织法》《县组织法施行法》《区自治施行法》《乡村自治职员选举及罢免法》《县参议会组织法》《县参议院选举法》等，均先后由立法院制订并公布施行。

开始自治阶段：1928年9月15日，国民政府公布《县组织法》，这是南京国民政府为推进地方自治而公布的第一个自治法规。《县组织法》对县级政府职能、县域之内自治层级、自治机构等作了详细规定。《县组织法》首先规定了地方自治中县政府的基本职能："于省政府指挥监督之下，处理全县行政，监督地方自治事务。"其次，《县组织法》确立了县—区—村（里）—闾—邻五级地方自治层级，确立了县域之下的区制、村里制度和闾邻组织。其中第六条规定，"各县按其户口及地形分划为若干区。除因地方习惯或地势限制及有其他特殊情形者外，每区至少应以二十村里组成之"；第七条规定，"凡县内百户以上之乡村地方为村，其不满百户者得联合数村编为一村；百户以上之市镇地方为里，其不满百户者编入村区域；但因地方习惯或受地势限制及其他特殊情形之地方，虽不满百户，亦得成为村里"；第十条规定，"村里居民以二十五户为闾，五户为邻，但一地方因地势或其他情形而户数不足时，仍得依县政府之划定成为闾邻"。[①]这些条文规定，确立了县域之内自治组织划分及成立的基本规则。

1929年6月5日，国民政府修正公布《县组织法》，对地方自治层级做了新的调整，将村里制度修改为乡镇制度，闾邻组织一仍旧制。[②]其中第七条规

---

① 中国第二历史档案馆编：《中华民国史档案资料汇编》第五辑第一编，江苏古籍出版社1994年版，第87—88页。
② 1930年7月7日，国民政府再次修正公布《县组织法》，继续延用县—区—乡（镇）—闾—邻制度。

定,"凡县内百户以上之村庄地方为乡,其不满百户者得联合各村庄编为一乡;百户以上之街市地方为镇,其不满百户者编入乡。但因地方习惯或受地势限制及有其他特殊情形之地方,虽不满百户,亦得为乡镇。乡镇均不得超过千户";第十条规定,"乡镇居民以二十五户为闾,五户为邻。但一地方因地势或其他情形而户数不足时,仍得依县政府之划定成为闾、邻"。另外,修正《县组织法》对各级自治机构及其职能也做了新的界定,规定"县政府下设左列各局:一、公安局:掌户籍、警卫、消防、防疫、卫生、救灾及保护森林、渔猎等事项;二、财政局:掌征税、募债、管理公产及其他地方财政事项;三、建设局:掌土地、农矿、森林、水利、道路、桥梁、工程、劳工、公营业等事项及其他公共事业;四、教育局:掌学校、图书馆、博物馆、公共体育场、公园等事项及其他文化社会事业"[①]。区置区公所,设区长一人管理区自治事务;乡置乡公所,设乡长一人,镇置镇公所,设镇长一人,管理各该乡镇自治事务;闾设闾长一人,邻设邻长一人,分掌闾邻自治事务。

与县域地方自治相关的制度设置还有县参议会、区民会议、乡镇(民)大会、闾邻居民会议等参政、议政及议事组织。1929年9月18日,国民政府公布《乡镇自治施行法》,将乡镇大会的职权确定为:行使选举权、罢免权、创制权、复决权;制定或修正自治公约;审核预算决算;审议上级机关交议事项;审议本乡公所或镇公所及乡务会议或镇务会议交议事项;审议所属各闾邻或公民提议事项。在乡镇之内的闾邻,也规定各设居民会议,开会须有过半数居民出席,其议决须有出席居民过半数同意。1929年10月2日,国民政府又公布《区自治施行法》,对区民大会职权也有详细规定:"区民大会之职权如左:一、行使选举权、罢免权、创制权、复决权;二、制定或修正区自治公约;三、审核预算决算;四、审议县政府交议事项;五、审议区公所或区务会议交议事项;六、审议所属各乡镇公所或区公民提议事项。"[②] 1932年8月10日,国民政府公布《县参议会组织法》与《县参议员选举法》,将县参议会确定为"全县人民代表机关",并有议决下列事项之权:筹备区长民选及完成县

[①] 中国第二历史档案馆编:《国民党政府政治制度档案史料选编》(下),第524—529页。
[②] 徐秀丽编:《中国近代乡村自治法规选编》,中华书局2004年版,第112页。

自治事项；县单行规则事项；县预算、决算事项；整理县财政收入、募集县公债及其他增加县民负担事项；经营县公有财产及公有营业事项；县民生计及救济事项；促进县教育及其他文化事项；县公民行使创制权提交审议事项；县长交议事项；其他应兴应革事项。①

地方自治的推行具有取代官治、改造绅治的意图，但改变乡村既有的权力结构需要具备深厚自治精神的民众基础。在民治无以确立、自治精神尚未普及的民国时代，乡村民众对地方自治的兴趣和参与程度难尽人意。虽然地方自治是"一种社会改造的方式，为训政时期工作的中心"②，但是地方自治的推行进展极为缓慢。1929年，中央政治会议第207次会议议决训政时期定为6年，以1934年底为完成县自治时期。内政部根据该项决议案，拟定训政时期完成县自治实施方案与内政部主管事务分年进行程序表，全表分为十五大纲，每纲另分细目，就各纲目所列举事务之先后缓急，分期进行。自1929年至1934年分为六期，"分饬各省，依限完成"。国民党三届四中全会《刷新政治案》中，关于地方施政纲要规定地方自治应照原定程序，督促进行。内政部根据此案迭电各省，催促办理，从速筹备，尤以完成县组织为急务。1931年7月1日，国民政府通令各省，实行地方自治，且定于3个月内完成区乡自治，4个月内完成县市自治。"惟因内忧外患，纷至沓来，各省财政，复多艰窘，遂至进行迟滞。"仅就完成县自治组织一项而论，江苏、浙江、山西、河北、广东五省限于1930年6月底前完成，但实际情况却是："考诸实际，江苏虽在十八年年底各县已遵照改组区及乡镇自治区之划分办理完竣，区公所亦先后成立，然截至廿年九月，各乡镇依法选举完毕者，仅十八县，区民宣誓登记完毕者，仅三十二县，其他各县尚未完成也。浙江山西河北三省，亦均未能依限完成。"③地方自治尚称先进的上述五省尚且如此，遑论其他各省。殆至1934年，"乃回顾过去成绩，全国一千九百余县中在此训政将告结束之际，欲求一一达到《建国大纲》之自治程度，能成为一完全自治县者，犹杳不可得，更遑言完成整个地方自治

---

① 中国第二历史档案馆编：《国民党政府政治制度档案史料选编》（上），第665—666页。
② 黄哲真：《地方自治纲要》，自序，第1页。
③ 以上所引参见《申报年鉴》社编：《申报年鉴》，第G5页。

工作"①。地方自治的艰难前行，使国民党和国民政府不得不重新筹划地方自治事业，另谋他途，改进自治。

改进自治阶段。面对地方自治的困境和难题，1934年2月21日，中央政治会议第396次会议通过了《地方自治原则》，其主要内容包括县与县以下之乡、镇、村两级地方自治单位，地方自治分为扶植自治时期、自治开始时期、自治完成时期三个阶段，重申设立县政建设实验区三项基本原则。同月，内政部公布《改进地方自治原则》，较之以往地方自治理念有所不同，《改进地方自治原则》"为一切自治法规之最高原则"②，首先"确定县与市为地方自治单位。县为一级，县以下之乡镇村等各自治团体均为一级，直接受县政府之指挥监督"。即改变之前县—区—乡（镇）—闾—邻五级自治组织系统，一变而为县与乡镇村两级制，仅在情形特殊之处可立特例设区于县与乡镇村之间，为自治行政区域。其次，确定地方自治之进行，分为三期——扶植自治时期、自治开始时期、自治完成时期，大致对应于训政时期、官督民治时期、宪政开始时期。自治完成时期的标准就是"县、市长民选。县、市议会民选。乡、镇、村长等民选。人民开始实行罢免、创制、复决各权"。最后，《改进地方自治原则》重新规定了推进地方自治的程序与方式，一改以往全国统一推进的模式，改由各省自定推进计划呈请内政部核准行之。"推行自治应因时因地而有不同，中央只宜作大体及富有弹性之规定，……为适合各地方之特殊情形及便利推行政令起见，每省至少应设置县政建设实验区一处或分区设置实验县若干处，统一'政'、'教'、'富'、'卫'各种组织与事业，以为研究及实验之中心，而期达到政治社会化、行政科学化之目的。"③

1934年3月3日，内政部咨各省政府的《各省市地方自治改进办法大纲》在前述《改进地方自治原则》基础上，又提出了县市行政与自治打成一片、充实区乡镇公所等新的自治原则。《各省县市地方自治改进办法大纲》首先规定："确定县市为自治单位，在训政时期，县市政府所有设施应注重由上而下实行训政，县市行政与自治须打成一片，不可勉强分开。"这一原则，实际上意味

---

① 中国第二历史档案馆编：《国民党政府政治制度档案史料选编》（上），第610页。
② 徐秀丽编：《中国近代乡村自治法规选编》，中华书局2004年版，第201页。
③ 徐秀丽编：《中国近代乡村自治法规选编》，第196—197页。

着县市行政的强化和自治的弱化，充实县市政府组织与职权，提高行政效率，以为实施地方自治之初步。其次，《各省县市地方自治改进办法大纲》对区乡镇公所的职能予以强化，"区乡镇公所应酌置专门人员，以办理各种地方建设事业，县政府应随时指派得力人员至区乡镇公所指导督促，必要时并得分区设置乡村建设办事处以谋乡村事业之发展"[①]。这是国民政府有关地方自治的法令中第一次出现设置乡村建设办事处的规定，但其地位"不为地方自治团体，仅为辅佐县市政府之机关"[②]。最后，《各省县市地方自治改进办法大纲》对县市政府应于最短期内切实指导并督促各区乡镇坊公所办竣事项也做了规定：包括办理社会调查及统计；严密保卫组织；实施民众教育；发展社会经济，改进民众生活（县市政府须指导农民组织各种合作社，筹设各县农民银行或分行，设立借贷所、农业生产储蓄会、改良农具及农产品，修筑堤坝水闸河流道路、造林及举办农业仓库、实施卫生检查等）；指导并协助民众组织各种社会团体（特别注意人民固有之组织，其不善者应改进之，利用人民固有团体之组织与经费发展地方事业，并借此养成人民互助合作之习惯，训练四权之行使）。

上述地方自治原则的重新确立，其总的原则是自治与行政相互结合，强化官治，宣扬党治，弱化自治，凸显了国民党和国民政府在面对地方自治困境时的无奈和权宜选择。由于"训政时期以推行地方自治为主要工作，盖革命为非常之破坏，不可无非常之建设以继之"[③]，因此国民政府不得不继续高举地方自治的招牌，但地方自治的现实困境又使乡村治理重行纳入官治和党治的轨道。1935年11月22日，国民党五全大会通过《切实推进地方自治以完成训政工作案》，将地方自治的困境一是归咎于"政府只注重书面应付，而忽略实际工作，每借口'剿匪'关系，或经济无着，以因循敷衍，奉行故事，徒有自治之名，而无自治之实"。二是归咎于"地方党政当局多次密切联系，党部欲推进而不可能。……地方党政当局之未能切取联系，而影响于自治前途者甚大"。一言以蔽之，即"由于推动自治之原动力失去真正'党治精神'作用"所致。"所谓'党治精神'者，非仅依照党纲规定发布命令之谓，即必须由党部推动，由

---

① 徐秀丽编：《中国近代乡村自治法规选编》，第198页。
② 徐秀丽编：《中国近代乡村自治法规选编》，第202页。
③ 中国第二历史档案馆编：《国民党政府政治制度档案史料选编》（上），第610页。

党员领导；换言之，必须将官办自治改为民办自治，将土劣自治改为革命自治，而后真正地方自治始有彻底实现之可能。方今训政工作既亟待完成，推行地方自治，实不容或缓。"①依靠官治、党治而推进的地方自治，自然与民治渐行渐远。到抗日战争中期，随着《县各级组织纲要》的公布和"新县制"的推行，地方自治的推行与社会控制的需求紧密结合，使处于"摇篮时代"的地方自治在国民党与国民政府的襁褓中始终无法独立成长。

（三）农地改革：土地问题与乡村建设

"中国农村问题中，目前发展最明显的，就是土地问题"②。在乡村建设中，土地问题是焦点和难点，近代以来备受关注的土地分配、土地利用、租佃制度、地权集散等，构成土地问题的基本方面。国民政府对土地问题的基本政策在于力主通过减租、调整租佃关系、整理田赋积弊等和平土改方案，化解土地矛盾，改进生产技术，实现孙中山平均地权、耕者有其田的理想。

南京国民政府成立后，所有全国土地行政事宜皆归内政部设司主管。1931年1月，设立中央地政机关筹备处，以吴尚鹰为主任。1932年10月，国民政府修正内政部组织法第十条条文，规定在中央地政机关未成立前，关于土地行政及土地调查测量登记估价之筹备事项，暂由土地司掌理之。与此同时，1930年6月30日，国民政府公布《土地法》，作为处理土地问题的法律依据。

南京国民政府时期，国民党及国民政府的土地政策以承袭孙中山"平均地权"的主张自居，在土地立法、保护佃农、二五减租等方面有所尝试。"根据中山先生之民生主义，以制定关于土地之新法则，乃中国国民政府之所有事"③。1928年12月26日，立法院草拟《土地法原则》提交国民党中央政治会议讨论，1929年1月16日，中央政治会议通过《土地法原则》。《土地法原则》提出："国家整理土地之目的，在使地尽其用，并使人民有平均享受使用土地之权利。总理之主张平均地权，其精意盖在乎此。欲求此主张之实现，必要防止

---

① 中国第二历史档案馆编：《国民党政府政治制度档案史料选编》（上），第611页。
② 王枕心：《两年来从事农村改进运动的自检》，《汗血月刊》1935年第4卷第6号。
③ 〔日〕吉田虎雄：《论国民政府之土地政策》，H君译，《清华周刊》第32卷第1期（总第466号），1929年10月19日。

私人垄断以谋不当利得之企图，并须设法使土地本身非因施以资本或劳力改良结果所得之增益，归为公有。为求达此目的之惟一最有效之手段，厥为按照地值征税及征收土地增益税之办法。"①《土地法原则》提出了以照地价征税及征收土地增益税的原则办法，系参照德国在青岛所实行之土地税法而成。

1930年6月30日，国民政府公布《土地法》。《土地法》共计397条，对土地所有权、土地登记、土地使用、土地税、土地征收做出了详细规定，可谓是国民党土地政策的具体化和法律化。《土地法》规定，"中华民国领域内之土地，属于中华民国人民全体所有，其经人民依法取得所有权者，为私有土地"，明确了土地私有原则；对农地租用，《土地法》延续了国民党1926年在广州通过的《最近政纲》所规定的"二五减租"办法，"地租以不得超过正产物收获总额千分之三百七十五计算为准"②。《土地法》对土地私有、"二五减租"等的规定有利于农村土地矛盾的缓和，但《土地法》虽经公布，却迟迟未予施行。直至1935年4月5日，国民政府方才公布施行《土地法施行法》。有法而长期未予施行，造成南京国民政府时期地政的紊乱与无序，立法权威也大打折扣。

在保护佃农、推行"二五减租"的政策推行方面，国民党及国民政府的努力更是相形见绌，难见成效，法律条文与具体实践之间的差距不可以道里计。国民党关于保护佃农的政策形成于广州国民政府时期。1926年10月，国民党在广州召开有大量左派参加的中央和各省区代表联席会议，通过《最近政纲》，规定"减轻佃农田租百分之二十五"，减轻农民负担，统称"二五减租"。③ 1927年5月10日，南京国民政府颁布《佃农保护法》，提出佃农租种土地"皆应受政府之保护"，"佃农缴纳租项等，不得超过所租地收获量百分之四十"，"除缴纳租项外，所有额外苛例，一概取消"，"凡押金及先缴租项全部或一部等恶例一概禁止"。④ 从条文看，《佃农保护法》倾向于保护佃农利益，调节佃农与地主间的经济利益，国民党中央也通令保护佃农。⑤ 但真正实

---

① 《土地法原则》，《东方杂志》第27卷第14号，1930年7月25日。
② 《土地法》，《三民》第5卷第1—2期，1930年9月16日。
③ 《中央各省区联席会议录》，油印件，转引自杨天石：《国民党在大陆"二五减租"的失败》，《炎黄春秋》2009年第5期。
④ 《国民政府公布佃农保护法》，《江西省政府公报》第36期，1928年9月21日。
⑤ 《中央通令保护佃农》，《中央周刊》1928年第13期。

施"二五减租"政策的省份，只有浙江及广西，其他各省均未实行。在浙江，"二五减租"的实行也困难重重，迫不得已，浙江省政府于1929年4月命令取消"二五减租"办法。来自土地所有者的强大阻力使得"国民党的政策正在向地主阶级倾斜，其改良主义路线正在弱化"①。国民党与国民政府在维护佃农利益、限制地主剥削、改变既往形成的租佃关系方面，并未有实质性的突破。

国民政府土地行政，主要在土地测量、土地陈报、土地登记等方面有所推进。土地测量创始于晚清光绪初年，但因人才缺乏，办理殊少成绩。1928年国民政府成立后，参谋本部设陆地测量总局，掌管全国陆地测量行政兼办实施业务，督促各省测量局，限期完成五万分之一图，及十万分一、二十万分一调查图，并计划办理全国主要三角点，成立航空测量队，积极进行各项重要业务。

土地陈报与土地查报是财政部为整理田赋积弊而进行的。1934年1月，财政部长孔祥熙提请四中全会通过土地陈报原则，并会同行政院、内政部拟定整理田赋举行土地陈报办法大纲草案及说明书，由财政部拟定实施章则提交全国财政会议议决。1934年6月30日，行政院公布通饬施行《办理土地陈报纲要》，规定各省境内凡公有及私有一切田地山荡等土地，除道路桥梁河流城墙外，在依法办理测量登记以前，均遵照本纲要据实陈报，以便政府编造征册更订科则等事宜；营屯卫等项田地，由地方政府会同原主管机关办理陈报。土地陈报一般分为册书编查、业户陈报、乡镇长陈报、审核复查或抽查、县府公告、编造征册发给营业执照、改订科则等七项程序。按照《办理土地陈报纲要要点说明》的解释，"此次陈报之最大目的，厥为整理田赋，整理田赋之主要工作，在求实户实地实粮"②，以解决粮户失真、地亩失实、科则失平的历年陈弊。《办理土地陈报纲要要点说明》还特别提出，"改订科则为整理田赋之正鹄，编造征册之际，允宜切实办理"③。改订科则原则，在办理土地陈报以后，按照所报地价1%征税为原则，附税名目一律取消，省占40%，县得60%；在土地未实行清丈以前，各县田赋不能按照所报地价征收者，及参照报价及收

---

① 杨天石：《国民党在大陆"二五减租"的失败》，《炎黄春秋》2009年第5期。
② 内政部年鉴编纂委员会编：《内政年鉴》，商务印书馆1935年版，第D251页。
③ 内政部年鉴编纂委员会编：《内政年鉴》，第D254页。

益，将原有科则删繁就简，改并为新科则征收，但附加不得超过原有正税总额。新科则之每亩纳税额，应较旧科则之每亩负担额切实减轻，不宜加重。

土地登记为确定土地权利之必要程序，依法应于地籍测量完竣之土地，方得举办所有权及他项权利登记，但是土地登记工作进展极为缓慢。南京市暨江苏、河南二省，依据土地法原则拟定土地登记暂行章程，呈准中央备案，于地籍测量完竣区域，照章举办，手续完备，可称为正式登记。此外，浙江、湖南、宁夏、广西、云南、广东、江西、上海、青岛等省市的部分地方也举行了土地整理、清丈田亩、土地登记等工作，但与正式土地登记有别。

如何解决土地问题攸关乡村建设的路径选择。在土地所有与土地经营的关系上，国民政府更注重从改良经营的角度解决农村问题，回避了"耕者有其田"的本质在于土地所有权的取得和保障。这也使得南京国民政府的土地政策难以助力于乡村经济建设，在乡村建设中发挥的作用极为有限。

（四）振兴农业：农业推广与农业改良

"吾国向以农业立国，今虽工业日渐发展，而农业仍未失为国民经济之主体，大部人民，仍生活于农村之中。是故农村社会亦可谓为吾国之基础。"[①] 正因如此，农业、农民、农村在中国现代化进程中的地位是无以取代和不容回避的。工业化和现代化虽然是以工业文明僭越农业文明、都市取代乡村为基本取向的，但是没有现代化农业和乡村现代化的快速跟进，中国的现代化注定是残缺不全、先天不足的。振兴农业，推进农业现代化，进而带动乡村社会经济的全面复兴，也就成为现代化进程中乡村建设的应然之举。为此，国民政府在农业改良、农业推广、农产改进、农产统制等领域，均进行了大量探索和实践。

1. 农产改进

20世纪二三十年代之交，中国农业发展的生态环境急剧恶化，天灾人祸交相为患，导致粮食生产不足；加之世界经济危机的冲击，农产输出锐减，输入剧增，酿成严重的农业恐慌。有鉴于此，国民政府相继设立中央农业实验所、

---

① 《申报年鉴》社编：《申报年鉴》，第 P27 页。

中央农业推广委员会、全国稻麦改进所等机构，从事推广新法良种及改进生产等工作。

1931年4月，实业部为提倡农业、改良农产起见，将筹设中的中央农事试验场、中央蚕丝试验场、原蚕种制造所、模范丝厂等四个机构，归并筹设中央农业研究所。同年9月奉行政院令改称中央农业实验所，10月正式成立。是年，该所勘定南京中山门外孝陵卫附近2570市亩土地为该场场址及各农场之需。年度经常费为52.8万元，临时费达112.5万元。其任务主要有："（1）研究及改进发展中国森林、蚕丝、渔牧、农艺及其他农业技术及方法；（2）就中外已知之良法，加以研究及试验，并推广其成效之结果；（3）调查农业实际情形，并输入有益农业之动植物；（4）调查及研究农村经济及农村社会；（5）以科学方法研究农产品，或原料之分级。"① 该所主要推广工作分为农事研究、合作实验、全国农业改进之推动三项。农事研究事宜主要由植物生产、动物生产及农业经济三科分掌，植物生产科下设农艺系、森林系、植物病虫害系、土壤肥料系，动物生产科下设蚕桑系、兽医系，农业经济系下设农业经营系、农情报告系、农场工业系。中央农业实验所与国内各地农场或农业机关的合作实验也有所进展，主要合作实验有：1933年2月，中央农业实验所与上海、汉口商品检验局合办修水茶业改良场；1934年10月，与全国经济委员会合办祁门茶业改良场；1935年1月，与永利化学公司共同举行肥料实验；1935年11月，与江南铁路公司联合在安徽宣城设立农事改良场；1935年3月，与中央农业推广委员会、宁属农业救济协会合办中央农业模范仓库；与国内各地联合设立的合作试验农场遍及山东、河北、山西、陕西、江苏、安徽、浙江、湖北、江西、河南、四川、广西、广东、湖南等省，从事小麦、肥料、马铃薯、棉花、水稻、美麦、美棉、甘薯等研究试验。为推动全国农业改进，中央农业实验所还曾举行冬季作物讨论会、棉业讨论会、七省治蝗会议、作物改进研究会、治虫讲习会等活动。

1935年11月，行政院成立全国稻麦改进监理委员会，由行政院、全国经济委员会、资源委员会、财政部、实业部各派代表一人组成。同年12月，全

---

① 《申报年鉴》社编：《申报年鉴》，第M244—245页。

国稻麦改进所正式成立。"该所执掌其重要者为：研究及改进全国稻麦品种，推广各地优良稻麦品种，研究及防治稻麦病虫害，促进灌溉制度之改良，研究稻麦之分级及运销，调查全国稻麦生产状况及农作制度，扩充全国稻麦耕地面积，增进地力，改良农具，及训练稻麦改进技术人员等项。"[①] 全国稻麦改进所内设稻作组与麦作组，分掌水稻、小麦研究试验、推广改良、稻麦改进。稻作组先后进行水稻生态试验、水稻育种试验、稻米分级试验、米粮调制贮藏研究；推广改良方面，主要包括推广品种、检定品种和举办农田示范。1936年3月，全国稻麦改进所与湖南省建设厅共同组织湘米改进委员会，统筹湘米之产销。麦作组的研究试验包括区域试验、小麦抗病试验、小麦促短生长试验、肥料试验、小麦杂交试验、小麦所含杂草种子研究等项；他如推广改良、调查工作、农具制造、麦粮分级工作也次第举办。

在棉业改良方面，实业部还接收改进正定棉业试验场。1915年，北京政府农商部创设正定棉业试验场，1928年南京国民政府农矿部成立后予以接收，实业部成立后，该场直隶于实业部。正定棉业试验场的主要成就，就是育成中棉正定纯系茧棉91号和美棉正定纯系脱棉17号，1933年推广于附近各地，次年扩大推广工作，择定平汉、津浦、北宁三大干线推进，各线更择定一中心推广区；推广时更同时组织合作社，"推广工作更扩大而为合作事业矣"，"推广工作与组织合作社并进"[②]，是正定棉业试验场推广工作的重要特征。凡合作社社员棉田，其优良种子由场方供给，技术方面亦由场方指导，复由场方介绍天津华新纱厂与中国银行投资，社员棉田每亩投资肥料费2元，月息8厘，俟收花出货后还本，于是合作社业务突飞猛进。

特产改进也是南京国民政府时期农产改进的重要方面，蚕丝、茶叶等商品向为中国农产出口大宗，但进入20世纪以来蚕丝、茶叶等的生产频陷窘境。为推进特产改良，1934年，全国经济委员会通过复兴中国茶业计划，并将红茶改进事业交由祁门茶业改良场负责办理。祁门茶场，源于1915年北京政府农商部在祁门创办的安徽模范种茶场，嗣后改名为茶业试验场；1928年春改为省

---

① 中央党部国民经济计划委员会编：《十年来之中国经济建设》，南京《扶轮日报》社1937年版，"实业篇"，第7页。

② 中央党部国民经济计划委员会编：《十年来之中国经济建设》，"实业篇"，第9页。

立，不久停办；1930年12月，奉令恢复，改称省立茶业试验场；1932年7月再改而为安徽省立茶业改良场。1934年9月，全国经济委员会农业处会同实业部、安徽省建设厅改组而为祁门茶业改良场。该场改组后，在茶叶栽培、制造、包装、分级等茶叶改良方面卓有成效；尤其是将茶业改良延伸到生产、运销环节，创设运销合作社，以自制自销为原则，"于是茶农均乐意组织，而合作社之数量及出箱额，遂突飞猛进与年俱增矣"①。

2. 农业推广

将农业推广纳入政府职能之列，体现了南京国民政府在振兴农业、改良农业进而复兴农村经济方面的主动意识。南京国民政府时期的农业推广政策，在农业推广机制、推广模式等方面，均于乡村建设有所助益，至今也仍不无借鉴意义。

为实施农业推广，1929年6月14日，农矿部、内政部与教育部会令公布《农业推广规程》，1933年3月29日，实业、内政、教育三部会令公布《修正农业推广规程》。宗旨在于"普及农业科学智识，增高农民技能，改进农业生产方法，改善农村组织、农民生活，及促进农民合作"②。《农业推广规程》要求各省国立或省立专科以上农业学校、各省农政主管机关会同有关系之机关团体，一并或单独组织农业推广委员会、农业推广处，管理该省内农业推广事务。《农业推广规程》所列农业推广业务视各县实际需要情形酌定进行，具体可以参见表6-1。《农业推广规程》一经公布，农矿部为谋农业推广计划之实施，于1930年8月拟定实施全国农业推广计划草案，呈请中央政治会议通过，划分全国各省为4期，于20年内完成农业推广。其目标在使全国各县皆设置农业指导员，以教导扶助全国农民，俾生产增进，生活改善。自《农业推广规程》公布后，各省均遵照办理，"其所办之推广业务，如推广优良种子，推行优良农具肥料，防除虫害，推广农村副业，指导合作社之组织，举办农产展览农田示范，及流通农村金融等项，均有成效"③。

---

① 中央党部国民经济计划委员会编：《十年来之中国经济建设》，"实业篇"，第10页。
② 实业部《中国经济年鉴》编纂委员会编：《中国经济年鉴》，商务印书馆1934年版，第A111页。
③ 中央党部国民经济计划委员会编：《十年来之中国经济建设》，"实业篇"，第19页。

表 6-1 《农业推广规程》所列之农业推广业务

事项	主要推广业务
推行农林试验研究机关及农业学校之成绩	供给优良种子树苗及畜种；普及优良的农林业经营方法；普及优良的农家副业之原料与方法；普及优良的农具及肥料普及虫害病之防除方法；推行其他成绩
提倡并扶助合作社之组织及改良	宣讲关于合作社一切规章法令之解释应用；指导其组织及改良；其他关于合作社事项
直接或间接举办下列各事项	各种农业展览会；农产品比赛会；农产品陈列所；农具陈列所；巡回展览；各种农业示范与农家合作示范等；各种儿童农业团；农业讨论周；农民参观日；农民联欢会；农民谈话会；森林保护活动；提倡并扶助正当农林团体之组织；农林实地指导；育蚕指导；农村示范人才之培养；其他关于农业指导及提倡事项
为增进智识及技能得举办下列各事项	乡村农林讲习所；乡村妇女家政讲习会；农林讲习班；农林夜校；农林函授科与农林函询及办事处面询；巡回讲演特殊讲演幻灯讲演及农林影片之播放；提倡扶助乡村公共书报阅览处及巡回文库之设立；其他增进智识及技能事项
提倡并扶助乡村社会之改良与农村经济之发展	提倡扶助模范新村之设立及新村制度之施行；提倡扶助农民组织各种农事或农村改进会或改进委员会；促进乡村道路之改良及发展；促进乡村卫生之改良；指导农家家政之改良；指导乡村之正常娱乐；扶助失业农民；提倡并指导乡村房屋之改良；扶助农村正当自卫事项；提倡扶助农村仓库之设立及食粮之储蓄与调剂；其他乡村社会之改良与农村经济之发展事业
提倡并扶助垦荒造林耕地整理及水旱防治	—
实施关于农业调查及统计并编辑出版事项	—
直接或间接举办种子种畜或树苗繁殖场圃	—

资料来源：实业部《中国经济年鉴》编纂委员会编：《中国经济年鉴》，商务印书馆 1934 年版，第 A113 页。

在农业推广模式方面，南京国民政府设立中央农业推广委员会，由该会"负指导监督全国农业推广事宜之责"[①]，采用建立模范农业推广区和合办推广实验区的方式，探索借助合作社、农会进行农业推广的机制。1929 年 12 月 25 日，中央农业推广委员会宣告成立，中央农业推广委员会由实业、教育、内政三部及中央党部民众运动指导委员会共同派员并聘请专家组成，专以讨论全国

[①] 中央党部国民经济计划委员会编：《十年来之中国经济建设》，"实业篇"，第 12 页。

推广农业计划及各种实施具体方案。中央农业推广委员会成立之后议决通过的法规计划，如《各省训练农业推广人员办法大纲》《省农业推广委员会组织纲要》《农业专科以上学校农业推广处组织纲要》《省农政主管机关农业推广处组织纲要》，次第呈请公布施行。1930 年，中央农业推广委员会与金陵大学农学院合作创办安徽和县乌江农业推广实验区。乌江农业推广实验区创办之主要宗旨，在于"希从农业生产，农村经济，农村教育，农村卫生，农村组织及地方行政等方面，去推进与完成乌江及和县第二区之乡村建设"①。乌江农业推广实验区关于改善农村组织、发展农业生产、提高农民教育、普及农业科学知识各种工作，皆有相当成绩。尤为重要的是，乌江农业推广实验区遵循"乡村建设工作之重要原则，为由代办经过合办以达于自办"，非常重视农会组织，培养农民力量，俾使农会"能独立担负此乡村建设工作之重责"②。1934 年，乌江农业推广实验区与和县政府合作，扩充实验区范围，改和县第二区为实验区，组织和县第二区乡村建设委员会，主持该区乡村建设计划。此外，由实业部直接办理的中央模范农业推广区，先后设立殷巷、汤山、土桥 3 个办事处，从事增加生产、改善农村社会和农村经济工作。农事方面，包括稻作改良、小麦改良、改良种猪、推广鱼苗、推广特种作物及果树等，改良农村经济，该区以合作社及农业仓库为重心；关于农村社会之业务，除在可能范围内为农民灾患之救济与服务外，以启发其智识、提高其技能为工作中心。

可以说，农业推广之于农民生计、农业生产、乡村建设影响甚巨，"据精密之统计，中央模范农业推广区每年经费平均四千元，办理四年后，农民因实施推广直接增加生产所获之利益，在十一万元以上，即平均每年增加农民收入约三万元。乌江农业推广实验区每年经费平均约三千五百元，办理五年，农民所获直接可以计算之利益，共计为三十万另三千余元，即平均每年增加农民利益六万元以上"③。虽然用于农业推广经费过少，成绩尚未显著，但是从乌江农业推广实验区、中央模范农业推广区的运行而论，农业推广成效非常明显。

---

① 中央党部国民经济计划委员会编：《十年来之中国经济建设》，"实业篇"，第 17 页。
② 中央党部国民经济计划委员会编：《十年来之中国经济建设》，"实业篇"，第 19 页。
③ 中央党部国民经济计划委员会编：《十年来之中国经济建设》，"实业篇"，第 19 页。

四、阎锡山的"村政"及乡村十年建设

阎锡山（1883—1960），字伯川，山西省五台县人，早年留学日本，辛亥革命后历任山西省都督、督军、省长和主席等职，主政山西长达30余年。此外，他还担任过国民革命军第三集团军总司令、内政部长、蒙藏委员会委员长、国民政府陆海空军副司令、行政院长兼国防部长等职务。作为为政一方的地方实力派与国民政府要员，阎锡山以武力为后盾雄踞山西，以实行"村本政治"为起点，形成较具特色的治晋方略。他所提出的"用民政治""村本政治""造产救国""物产证券"与"按劳分配""土地村公有"等执政理念和思想，以及在山西30余年的治晋实践，对近代山西社会变迁的影响不容小觑。

（一）从村制到村政：山西村政十年（1917—1927）

现代意义上的中国村治始于清末新政时期。1904年，河北定县翟城村村治发端，影响渐及于河北其他地方及山西等地。1916年冬，曾任定县县长的孙发绪出任山西省长，于村治尤为注意。1917年，时任山西督军的阎锡山兼任山西省长，力倡村本政治，"独山西及河北翟城村，于纷纭变乱之中，根据中国学术思想，参酌日本乡村组织，从事建设事业，绍教养原则之遗绪，开村本政治之先声，在今日政治建设上，洵为极有关系之实例也"[①]。自此之后积累的山西十年村政经验与模式为南京国民政府地方自治所借鉴沿用，于20世纪前期的中国地方自治影响亦较深远。

山西村政的发展历时约20年，其发展阶段约为：1917—1922年为官治提倡村制之时代，1922年之后为村民自办村政之时代；1927年南京国民政府成立以后，特别是国民政府北伐完成、北方政局稳定以后，山西村政与国民党的"训政"合而为一，继续强化以村治为中心的乡村建设（梁漱溟在考察了山西村治后认为，山西村政可分为三个时期，1918—1921年，实行村制，施行六政；1922年春至1927年夏为第二时期，村政五事包括整理村范、开村民会

[①] 王鸿一：《建设村本政治》，《村治月刊》社编：《村治之理论与实施》，北平西北书局1932年版，第8—9页。

议、订村禁约、立息讼会、设保卫团；1927年8月改订村制以后为第三时期，以"村村无讼，家家有余"为目标）。阎锡山本人则认为第三时期的村政始于1929年，先就村营业以资提倡，在省政十年建设计划开始后又以"造产救国"相标榜。阎锡山的乡村建设思想贯穿于山西村政的发展历程中。

山西村政首先从编行村制开始，即以编村为着手之第一步，以编村为施政之基础。阎锡山认为，"村者，人民聚集之所也，为政不达诸村，则政乃粉饰。自治不本于村，则治无根蒂"①。乡村是农耕经济时代民众的主要居住地，因血缘、宗族及农事活动而形成的乡村聚落是基层政治的尾闾，故而阎锡山将施政单位界定在村庄层面。"一省以内，依土地之区划，与人民之集合，而天然形成政治单位者，村而已矣。村以下之家族主义失之狭，村以上之地方团体失之泛，惟村则有人群共同之关系，又为切身生活之根据，行政之本，舍此莫由。"②建立基层行政的末端组织，行政下达于村，是山西村政的先行一着，也是首开政府治理乡村先河的举措。与清末新政时期自治仅达于区级组织相比，乡村治理的尾梢进一步下沉。

1917年9月12日，山西颁布了《县属村制通行简章》，将全省105县划成44402个主附村，设置村长副办理村务，"于各村特设村长副，以补助县治之不逮，并免除官民之隔阂，此创建村制之嚆矢也"③，山西全省的编村工作由此正式启动。1918年4月，继续颁布《村编制现行条例》，规定于村长副之下设置闾长；1918年10月30日，重颁《修正各县村制简章》；1919年1月5日，复制订《各县户口编查暂行条例》；1919年4月7日，颁布《整理村界简章》。1920年10月，拟定村自治分期进行办法，逐步策进。1922年3月1日，全省均仿照偏关县吊子沟村长王树兰5家设邻长办法，令各县一律添设邻长。至此，村制建设形成了较为完备的体系。山西全省105县，共分425区，503街，8681编村（自然村共40207个），2276商闾，87360民闾，计有区长425人，街村长9199人，街村长副17161人。④到1922年3月，"乡村组织制度之建设，

---

① 山西村政处编：《山西村政汇编》，台湾文海出版社1973年版，第1页。
② 《呈大总统文》（1922年11月11日），山西村政处编：《山西村政汇编》，第3页。
③ 邢振基：《山西村政纲要》，晋新书社1929年版，总论，第16—17页。
④ 陈希周：《山西调查记》上册，南京共和书局1923年版，第92页。

盖已完全确立"①。村制的确立和完善为村政的推行提供了制度保障。

在县和编村之间，山西还建立了连接县政与村政的区制，以弥补长期以来存在的县与村庄之间的巨大行政区隔。1918年11月15日，山西省公布《县地方设区暂行条例》，规定于"各县地方，依本条例之规定，就所管境内，划分若干区，促进地方之行政"。各县分区以3区至6区为度，每区设区长1人，由省长委任，直隶于县知事；必要时可以设立临时助理员1—5人；区警数额依据各区户口多寡及区域广狭而定；并设立区公所1处，各区经费由各县自筹。区相当于"一补助行政之机关"②，将清末以来的学区、警区等区划行政化，开20世纪前期区制之先声。

与编村工作同步展开的是以六政三事为主要内容的村政建设。所谓六政，即水利、蚕桑、种树、禁烟、天足、剪发；三事，即种棉、造林、牧畜。"六政三事，实为村治之前身"③，1917年10月1日，山西颁布《六政考核处组织简章》，成立六政考核处，专为考核各县办理禁烟、水利、种树、蚕桑、剪发、天足等六政成绩而设。总体而言，"论其成绩，六政则剪发完全奏效，天足水利种树蚕桑次之，禁烟因环境关系又次之。三事则种棉最好，造林次之，牧畜又次之。此办理六政三事之概略也"④。辛亥革命之后，剪发已为大势所趋，自不待论，以革除缠足陋习为例，山西省于1917年8月27日公布《严禁缠足条例》，规定"全晋妇女，自本条例施行之日起，凡未缠足者，不得再缠，已缠足者，年在十五岁以下，一律解放，十五岁以上，不得再饰木底，致蹈恶习"。1917年9月25日，公布《天足会简章》，令各县一律设立天足会，以祛除妇女缠足恶习为宗旨。1918年8月29日，公布《全省学生不娶缠足妇女会简章》，在太原成立全省学生不娶缠足妇女会。1919年11月24日，公布《委派女稽查员规则》，分赴各县查验天足。虽然政府如此用力，动用各方力量极力推进，但是推行绩效未尽人意，"惟因固习难移，尚未收廓清之全效也"⑤。

---

① 邢振基：《山西村政纲要》，总论，第11页。
② 邢振基：《山西村政纲要》，附录，第93页；总论，第14页。
③ 邢振基：《山西村政纲要》，总论，第3页。
④ 邢振基：《山西村政纲要》，总论，第5页。
⑤ 邢振基：《山西村政纲要》，各论，第32页。

编村与六政三事体现了阎锡山试图从乡村政治、社会、经济建设三个层面推进乡村变动的企图，政府积极介入乡村社会变迁和秩序重构，给山西乡村带来了一股不同以往的清新之风，举凡教育普及、实业整兴、户口编查、人事登记以及一切兴利除弊等事，得力于村制实多。"然此特村本政治之初步，乃官治提倡村制之时代，而尚非村民自办村政之时代也"①，遂于1922年3月正式标榜村政之名，实行改进村制。自此山西村政建设转向以改进村制、充实村政、突出民治主义，以实现"做好人有饭吃"为目标的第二阶段，正式标明"村本政治"。

1922年3月颁布的《改进村制办法》，是山西村政发展的转折点。为了积极有效策进村政，1922年，阎锡山宣布实行将政治放到民间，筹拟村政第二步之改进办法，于榆次、阳曲、太原三县及省城市区首先试办，同年6月推行到平定、寿阳、太谷、忻县、定襄等5县，此为试办时期。1922年8月，成立村政处专司其事。在其成立后直到北伐完成后的6年中，山西村政处"半致力于村制建设，半致力于扶植民治"，村制及村政均"已奠粗基"。②1922年9—10月，阎锡山召集两次县长会议，村治推向全省。1923年2月，取消六政考核处，将禁烟、天足、剪发并归村政处办理，水利、蚕桑、种树移归省署实业科接办，三事仍由原设机关策进。

1922—1927年间的山西村治以民治相标榜，"其大旨以做好人有饭吃二言，期望人民，以主张公道热心爱群八字鼓励社会。而欲达此目的，不但非普通之官治所能及，亦非形式之自治所能成"③。如何实现民治呢？阎锡山依然在编村上做文章，1922年4月1日，阎锡山在山西省议会第三届第一期临时会上的演讲词《欲使民治主义完全实现必须民间有施政之活体组织》提出，欲使民治主义完全实现，必须民间有施政之活体组织，这施政活体组织仍落实在编村上。"故欲使民间有施政之活体组织，宜以编村为民治之单位"，"编村组织之良否，实为民治之根本问题。所谓编村之良组织者，即指编村之大小距离合宜，村长

---

① 《呈大总统文》（1922年11月11日），山西村政处编：《山西村政汇编》，第3页。
② 《山西村政处工作报告》，《江苏省政府公报》1929年第176期。
③ 《呈大总统文》（1922年11月11日），山西村政处编：《山西村政汇编》，第3—4页。

副闾邻长得人，能组成一活体之谓也"。① 将编村打造为施政之活体组织，是为了续行举办包括整理村范、召开村民会议、确定村禁约、建立息讼会、组设保卫团等在内的二期村政。"以上五者，乃村制进行之第二步，村范系官民协办之事，所谓用众推情者在此，其余四项，则纯粹由人民自办之事。"②

《改进村制办法》将村政范围扩大为以下几类。一是整理村范。"村范者，使村中无不良之分子而已，盖一村之坏人不除，村政之进行，必难顺利，是以于施行村政之初，即汲汲于村范之整理。"③1921年2月14日颁布的《整理村范规则》规定，凡是编村中不具有以下六种行为者称为自治模范村——无贩卖鸦片金丹者、无窝赌及赌博者、无为盗者、无窝娼者、无斗殴及持刀行凶者、壮年男子无游手好闲者。1922年3月，该规则又加入4项——吸食鸦片金丹者、忤逆不孝者、家庭残忍者，并将失学儿童一并调查，合而为整理村范之全部。整理村范意在劝诫村中有不良嫌疑者，务使改悔。二是村民会议制度化。村民会议系全村人民参与村事的组织形式，村公所为执行村务的行政机关，以村长副闾长充任。召开村民会议的目的在于使村人均有负荷政治的习惯，以巩固民治之基础，训练民众的自治能力，"此种会议，洵为练习民治之适当途径"④。三是制定村禁约，"村禁约者，保障好人制裁坏人之村自治法规也"⑤，是禁止村中坏人为非作歹，俾好人得以安生的办法。1925年6月8日公布的《村禁约之规定及执行简章》，村禁约的范围包括：妨害公众安宁者、妨害公众秩序者、妨害公共事务者、妨害公众财产及身体者、妨害一村风俗者、妨害公共交通者、妨害公共卫生者，违反禁约将被处以交纳村费、习惯上之处罚与训诫等惩罚。四是设立息讼会，化除讼累，解怨释仇，接续乡村传统伦理，形成乡村讼事"自化解"机制。五是设立保卫团，旨在抵御外来盗匪，保卫地方治安；在使好人结成团体，稽查坏人，保护地方。保卫团的组织以1编村为1村团，以1行政区为1区团，以1县为总团，凡村中18岁以上35岁以

---

① 太原绥靖公署主任办公室编：《阎伯川先生言论辑要》（第四册），1937年排印本，第148页。
② 山西村政处编：《山西村政汇编》，第7页。
③ 邢振基：《山西村政纲要》，各论，第20页。
④ 邢振基：《山西村政纲要》，各论，第1页。
⑤ 邢振基：《山西村政纲要》，各论，第7页。

下品行端正之男丁均编为团丁。晋省匪盗骤减，社会秩序非常安定，得益于保卫团之设良多。以上 5 项均为《改进村制办法》所规定的要项，除此之外还有整理村财政和设置村监察委员会之举，前者意在防止村中糜费村款，故定每年清查一次；后者专司稽核村款，纠察执行村务之人员。

村政的各项内容，诸如确立村范和村禁约，召开村民会议，设立息讼会和村监察委员会，组建保卫团，整理乡村财政，已经触及到乡村的伦理道德规范、乡村自卫和村民自治建设领域。将传统乡间的村规民约化为"禁约与村范，相辅而行，以村范开其先，以禁约善其后，晋省民风敦厚，乡约社规，沿传已久，今就固有之善良习惯，订为规约，使村中多数善良，得据此条款，共管少数坏人，使此少数坏人，畏社会制裁之力，敛其劣性，步入善途，此等办法，既足补官厅检察之所不及，又可省警察添设之繁费"①，既保证了传统伦理道德的延续，也易于为民众所认可与接受。设立息讼会的主旨与此同出一辙，意欲借助道德的力量，排解乡村纠纷。召开村民会议、整理乡村财政和组建保卫团，已经可以看到随后南京国民政府乡村自治的主要方面与山西村政几乎如出一辙。

（二）从村政到村建设：山西乡村建设十年（1928—1937）

南京国民政府成立以后，乡村自治、乡村建设逐步纳入国民政府的施政范围，而山西村政实验为国民政府乡村自治提供了可资借鉴的模式；同时，国内村治风潮风起云涌，关于乡村恐慌、乡村危机的讨论喧嚣一时，乡村复兴、乡村建设逐渐引起社会各界的普遍关注和力行实践。因应这一时势移易，偏于一隅、独自为政的山西村政也随全国政治环境的变化纳入"训政"轨道，但山西村治又与国民政府的地方自治若即若离，在造产救国、物产证券与按劳分配思想、土地村公有的设想等阎氏理念的主导下，以地方自治、乡村建设的名义推向晋省全境，体现出与国民政府地方自治不同的特征。

"山西村政之目标，在十七年六月以前，则以做好人有饭吃为着眼之点，现复步入村村无讼家家有余之坦途。"② 1928 年 6 月南京国民政府二期北伐完成

---

① 邢振基：《山西村政纲要》，各论，第 7 页。
② 邢振基：《山西村政纲要》，各论，第 29 页。

以后，阎锡山以兵燹之后满目疮痍，民力疲乏，正赖休养生息，恢复元气，复标出"村村无讼家家有余"八字，为此后村政进行之目标。为此，1929 年 2 月 6 日，山西制订实施《村村无讼家家有余各办法简章》，提出了关于村村无讼——包括《奖励村仁化办法》《维持村公道办法》《整顿息讼会办法》《普及法律知识办法》——和家家有余——包括《奖励农家副业办法》《奖励家庭工业办法》《提倡村水利办法》《提倡村林业办法》《合作社暂行简章》《提倡村民储蓄办法》《各村办理勤俭会简章》《取缔游民办法》《奖励走上坡人家扶导走下坡人家办法》——的一揽子计划，力图通过"建立'村民会议''村经济建设委员会''村息讼会'等，以期'人人有工作'，'人人有生活'。'村村无讼，家家有余'而达裕民生，正民行，敦民风之政旨，期能实现亲慈、子孝、兄爱、弟敬、夫义、妻贤、友信、邻睦标准的'村仁化'。山西政治，由此而大著其效"①。

1927 年 8 月 18 日，山西连续公布《改进村制条例》《修订乡村编制简章》《村公所简章》《修订息讼会简章》《村监察委员会简章》《修订地方保卫团条例》等一系列村治规范，理顺乡村治理的内部结构，村治从注重村范禁约等村政事务转向注重村治的制度设置。《改进村制条例》意在使"各县所属乡村，按照本条例编制组织，以立全民政治之基础"。其中第三条规定，编村内按事务之性质，设村民会议、村公所、息讼会、村监察委员会等机构，"村民会议规定全村一年中一切重要事务及选举办理村务各项人员"，"村公所办理全村执行事务"，"息讼会调理村民争讼事件"，"监察委员会专司监察事务"。②《村民会议简章》规定村民会议议办事项包括：选举村长副及村监察委员息讼会公断员；省县法令规定应议事项；行政官厅交议事项；村监察委员提交事项；议订及修改村禁约及一切村规事项；村长副请议事项；本村兴利除弊事项；村民二十人以上请议事项。《村监察委员会简章》赋予监察委员会职务清查村财政、举发执行村务人员之弊端的职责。《修订息讼会简章》赋予"息讼会调解讼事，除命案外，凡两造争执事件请求调处者，均得公断之"的职权。《修订地方保

---

① 《阎公锡山传略》，阎锡山：《阎锡山早年回忆录》，台湾传记文学出版社 1976 年版，第 81 页。
② 山西村政处编：《山西村政汇编》，第 23 页。

卫团条例》规定保卫团应办事项包括：稽查本村窝藏匪类、捕拿土匪盗贼、查禁贩吸烟土金丹。这样，乡村治理的制度架构较前更趋完备。

为有效改进村制，推行村治，1928 年 2 月 17 日还公布了《村民讲演办法》，以期强化村治宣传。1928 年 9 月 13 日公布了《村长副训练会简章》，明确"本会以村长副明白党义娴习村政通晓现行法令为宗旨"，"本会训练，以三民主义村长长副须知及续颁村政法令为主"。1929 年 2 月 28 日，公布《训练村监察员简章》，提升村监察员的履职能力。由此可见，随着南京国民政府地方自治的逐步展开，山西村治也逐渐纳入三民主义的框架之下。

1932 年 3 月，阎锡山在就任太原绥靖公署主任后，着手开始编订《山西省政十年建设计划案》，1933 年 1 月 5 日正式颁布。《山西省政十年建设计划案》以"造产救国"思想为指导，分为总论、省建设之部、县村建设之部三个部分，在用民政治和村本政治的基础上，乡村政治经济建设被纳入省政十年建设规划。在第二篇"省建设之部"中，政治建设包括改善现行政治与完成地方自治，后者对改进村政、筹备自治、举办县村各项救济事业、自治之完成详加规划；经济建设中，农业事项包括改良农事、水利、棉业、创种烟叶、林业、植树、畜产等，涵盖了农业建设的技术改良、乡村副业与特产经济、辟荒垦殖、合作运动、农业教育、积谷仓储及乡村文化建设等。该方案对省县村统制经济的机关也做了规定，省经济建设事项暂由太原经济建设委员会办理；县则设立经济建设局，负责本县生产的调查、登记、探测、试验及统计事项；村设村经济建设董事会，负责本村生产事宜。第三篇为"县村建设之部"，县政十年建设计划及村政十年建设计划由县、村自编，由各县村奉令后组织编定。

1933 年起，各县县政十年建设计划案陆续呈报，从各县呈报计划书来看，县政建设与省政建设的内容大体一致。《清源县县政十年建设计划案》标明的十年建设之途径及目的是："在政治上，改善现行政治，完成地方自治，以树立民主基础；在经济上，增加人民生产，发展公营事业，使十年后全县人民每人每年平均至少增加二十元生产价额之基础。"① 其他各县县政十年建设的途径及目的与此一致，关于政治建设及经济建设的方案及内容与省政十年建设计划

---

① 《清源县县政十年建设计划案》，山西省图书馆藏。

也如出一辙。稍有不同的是，各县县政十年建设计划较为突出地方实际，"均本地方实在情形，注重实行，以期树立县政初步建设之基础，仰副钧座造产救国之宗旨"①。而村政十年建设计划则取《五台县河边村村政十年建设计划案》为蓝本，盖因河边村为阎锡山老家，村政建设遂被立为样板加以推广。②河边村村政十年建设计划也以政治建设与经济建设为两翼。前者以改善村现行政治、完成村地方自治为目标。后者以增加村民生产和发展村公营事业为中心，通过发展农业（包括改良农事、水利、种棉、造林、植树、畜产六项）、矿业、工业、商业、交通以增加村民生产；村公营事业拟建立一处村营织布工厂，10年内以扩充至120架织机为必成量，以200架织机为期成量。

在阎锡山看来，乡村建设"是全盘建设的中心工作"，"唯有乡村建设，才是贴合人民生活的真正建设"③，才能达致造产救国的预期。1929年后，在前期官办村政和村民自办村政的基础上，阎锡山就提出了倡设村营业、使村生产逐渐发展、完成村单位的自足经济组织的设想，但受战事影响未能进行。1932年，省政十年建设规划出台，阎锡山对省政建设的基础——村建设极为重视。村建设的目标在于"（一）要使村民间彼此关系，由意善而情美。（二）要使村民的经济生活，由自足而优裕"④。为此，阎氏开出了严密乡村组织、规范村民行为、健全经济设施、增进村民造产能力的系列举措，村政十年建设计划遂依此而规划设计。自此直至1937年，山西村政纳入省政十年建设计划，转向以发展村公营事业、村自治的村建设阶段。

（三）从治民到民治：阎锡山乡村建设的理论体系

阎锡山就任山西省长后即揭橥用民政治大旗，制订用民政治大纲，倡导用民政治，"夫用民政治者，进化的政治也，养成健全之人格，促成进步的社会之政治也"，"其主旨为发育民智民德民财，俾人人有用，人人进取爱群而

---

① 《平定县县政十年建设计划案》，山西省图书馆藏。
② 《五台县河边村村政十年建设计划案》，山西省图书馆藏。
③ 《阎主任对全省乡村说明村建设的讲话》，《五台县河边村村政十年建设计划案·附录》，山西省图书馆藏。
④ 《阎主任对全省乡村说明村建设的讲话》，《五台县河边村村政十年建设计划案·附录》，山西省图书馆藏。

己"①，即一切施为切就现实，注重自治，力求实效，以培养提高民德，启牖增进民知，振兴发达民财为总纲。1918年4月12日，山西发布《用民政治大纲表》，以"民德民智民财"为施政大纲，突出道德伦理、乡村教育与经济建设，六政三事的提出就是用民政治的具体化。民德培育，以国民道德和社会道德为中心，以养成民众信实、进取、爱群观念为目标。民智启蒙，通过国民教育、职业教育、人才教育、社会教育体系得以实现。国民教育以教育普及为目标；职业教育旨在发展国民经济；人才教育以供给适应时代之行政自治及社会等事业之用为主；社会教育以改良风俗开通知识为主。培植民财，不外农、工、商、矿四个门类。农的方面以增加生产为主，包括水利、畜牧、农桑、种树、植棉、造林、草帽辫、时用作物种植等方面；工的方面以制熟土货仿造外货为主；商的方面以提倡输出、限制输入、发展金融为主；矿的方面以开发地宝、利用投资为主。

以"民德民智民财"为中心的用民政治，目的在于实现"做好人有饭吃"的施政目标。阎锡山自兼理山西民政以来，"即特标做好人有饭吃六字，为施政之鹄的，而先从消除莠民抚恤穷乏着手"。1920年3月，阎锡山手谕各县县长："做好人有饭吃为政治之根本，惟治标办法，应先从做坏事没饭吃的人上着手。其法简，简则易行；其数少，少则易办。各县长应将所管人民中之各项坏人，以及鳏寡孤独疲癃残疾之无人侍养者，调查清楚分别照章抚恤惩治，以免强者利于为恶扰乱治安，弱者艰于自给颠连无告。"②1920年3月20日公布的《消除莠民规则》将莠民界定为曾犯窃盗聚赌窝娼及累犯违警处分者、预备犯聚赌窝娼及违警罪者、土棍、外来客民、无正当职业而形迹可疑者、其他不正行为者。同日公布的《抚恤穷乏条例》也以"使穷乏者不致流离失所为宗旨"③。可见村政推行之初，阎锡山最关注的是乡村社会的秩序稳定，消除可能引起社会动荡的因素。

1928年9月，阎锡山在北平同法国记者解答初步实现民生主义工商办法时又提出了"劳资合一"主张。考究其理论，阎锡山提出了一个以三民主义为

---

① 邢振基：《山西村政纲要》，总论，第6页。
② 邢振基：《山西村政纲要》，总论，第26—27页。
③ 邢振基：《山西村政纲要》，附录，第96页。

幌子,以渐进方式消灭私有财产制度,既免除资本主义复兴,又防除共产党乘隙袭击的理论体系。"劳资合一"理论建立在阎锡山对资产生息(资本与土地)的认识上,认为资产生息所造成的贫富分化、阶级对立等社会问题是实现民生主义的最大障碍,他所主张的劳资合一就是与阶级斗争、社会改良相区别的融合消灭劳资界限、铲除资本生息的手段,并自谓这就是三民主义的民生主义。"劳资合一"理论"是可以蹴破纯农业经济社会,走上产业发达的道路,而在产业发达的进程中,更可无形消灭私有资本主义的一切流弊,和平渐进的完成社会革命,以实现大同社会。那么,民生主义之使命,是同时完成产业革命和社会革命。而劳资合一,确是完成这两种使命的唯一工具"①。阎锡山将三民主义的实现,分为消灭私有资本主义时期、实现集产社会主义时期和实现共产大同主义时期,这也就是实现劳资合一的过程,也就是中国从半工业化、半农业经济的状态达到经济大同境界的进程。其具体方略包括取消私有、发展公营、提倡合作,这也是实现"劳资合一的三条骨干,实施民生主义的三大纲领"。"劳资合一"理论对于乡村建设的意义,首先在于通过劳资合一解决土地与资本问题,"解决中国的土地资本问题,却应该根据劳资合一的原则,从建设公营资产(如国有土地国家资本是)和限制私产(如节制私人资本限制农田是)做起"。阎锡山所主张的解决土地问题的步骤是从平均地权做起,使土地所有权民众化,实现土地农有,渐次使土地所有权归公,而使用权仍属耕者,以实现土地公有私营,最后土地所有权使用权完全社会化,以达到土地国有。节制资本在山西村治中的实践,就是村营公社的提倡,"就是要建设村公营的资本,以经营一切与村民有直接痛痒的各种事业"②。合作运动则既可促进社会经济之发展,亦可训练人民共有的道德观念。这样,就可实现私有制下的资产民众化,公营资产发达以及经营大规模的合作事业。此外,阎锡山对实现集产社会主义和共产大同主义的思想,依然以消灭私有、发展公营与合作运动为基本手段,并将各尽所能各取所值、各尽所能各取所需的概念揉塞进劳资合一理论中,基本不具备实践意义和可操作性,兹不赘述。

---

① 阎锡山:《劳资合一的理论与实际》,《村治》1929年第9期。
② 阎锡山:《劳资合一的理论与实际》,《村治》1929年第9期。

依据"劳资合一"理论,阎锡山进而提出通过组设各级营业公社,以无息借贷、资本复利生息的手段,完成乡村建设基金积累。首先,"即有生产资本之人与劳动者相合为一,农为自耕农,工商为自本自营之工商,凡此小农小商之田地与资本虽皆归私有,但无资本家劳动者之分别。至大工商大农场分别由国、省、县、区、村公办之。在公办农工商下之劳动者,田由公授,资由公给。如此劳动者与生产资本所有者,皆合而为一。即可收去剥削,不怠工,加大生产之效。如此民生问题可顺利走上解决之路"①。其次,阎锡山"以资本生息复利计算增值甚快,……因即提倡组设省、县、村营业公社,就省、县、村各富有之家,酌情无息借贷若干,定二十年清还本金。出资之人并得为营业公社董事,二十年后所得盈余全数作为省、县、村之各项福利建设基金。省营业公社于民国二十年组成,迄抗战开始时,各县亦全部组成,各村亦多数组成。其先组成者,五年之间,多有十倍以上之盈余。利息归公,为公众谋福利,已启其端,而建其基"②。山西乡村建设的实践证明,这一试图消灭私人资本主义、抹杀私有产权、调和阶级矛盾、化除剥削、消弭阶级斗争的乌托邦思想,空想有余而可行不足,徒言大同神话而难有实质性意义。

1934年11月,阎锡山还提出了"物产证券与按劳分配"的思想。11月10日,阎锡山在太原绥靖公署与山西省政府联合扩大纪念周上发表"开辟造产途径,解决失业恐慌"的讲话,提出物产证券的主张,引起国内外各大报纸及经济学界的讨论,后汇印成《物产证券讨论集》。"物产证券与按劳分配的内容要义,在积极方面,以物本位的'物产证券',改革金代值的货币,以消弭因物产滞销而引起失业恐慌的弊害。以'资公有','产私有'的按劳分配,取消私资剥削的罪恶。消极方面,指出马克斯对现社会病之认识及医治的错误,在思想上彻底粉碎共产主义。"③可见,阎锡山是在抵制马克思主义的前提下提出这一理论的。

1935年8—9月间,阎锡山为应对中共土地革命及孙中山"耕者有其田"的思想主张,提出"土地村公有"的设想。8月29日至9月11日,阎锡山以

---

① 《阎公锡山传略》,阎锡山:《阎锡山早年回忆录》,第96页。
② 《阎公锡山传略》,阎锡山:《阎锡山早年回忆录》,第100页。
③ 《阎公锡山传略》,阎锡山:《阎锡山早年回忆录》,第102页。

晋绥绥靖公署主任的身份，召集晋西黄河沿边 21 县县长会同各主管机关长官举行防共会议。9 月 8 日，阎锡山阐述通过土地共有达到防共目的的想法："现在防共办法，是要废除土地私有权，树立土地权公有制，……以和平的方法，达到平均土地的目的。"[①] 9 月 16 日，在晋绥两署联合纪念周时公布了《土地村公有办法大纲》及其《办法说明》。《土地村公有办法大纲》的内容如下：

（一）由村公所发行无利公债收买全村土地为村公有。（二）就田地之水旱肥瘠以一人能耕之量为一份，划为若干份地分给村籍农民耕作。（三）如经村民大会议决，对于村中田地为合伙耕作者即定为合伙农场。（四）如田地不敷村中农民耕作时应由村公所为未得田地之人另筹工作，如田地有余不能耕作时应将余田报请县政府移民耕种，以调剂别村之无地耕作者。（五）农民之耕作年龄定为十八岁至五十八岁，人民满十八岁即有向村公所呈领份地之权，至五十八岁即应将原领之田缴还村公所。（六）耕农有左列情事之一者，村公所即应将所领之田地收回：1. 死亡；2. 改业；3. 放弃耕作；4. 迁移；5. 犯罪之判决，田地收回时对于田地之有效改良工作应给予补偿金。（七）耕农在充当兵役期限内所耕份地应由本村耕农平均代耕。（八）耕农因耕作力之减退或田地之精密工作或栽植特别费工之作物应准使用雇农，但雇农以左列三种为限：甲、其他耕农之有暇力及余力者；乙、十八岁以下五十八岁以上之男丁；丙、劳动年龄内之女子。（九）推行之初，耕农对省县地方负担仍照旧征收田赋。（十）收买土地之公债，其分年还本之担保如左：甲、产业保护税，凡动产不动产均年抽百分之一之产业保护税；乙、不劳动税，凡村民无正当缘故而不劳动者均应比照耕农一份地平均所交之劳动所得税征收不劳动税；丙、利息所得税，凡以资产生息者应按所得利益征收百分之三十为基之累进所得税；丁、劳动所得税，凡劳动而有收入者应就左列标准征收劳动所得税：1. 耕农田地收入十取其一，2. 其余耕农以外劳动者之收入征收百分之一为

[①]《阎将向中央建议土地权公有》，《大公报》1935 年 9 月 9 日，第 3 版，转引自岳谦厚、许永峰、刘润民：《1930 年代阎锡山"土地村公有"理论——以〈大公报〉报道及其所刊文章为中心的讨论》，《山西大学学报》2007 年第 6 期。

基之累进所得税。(十一)坟地宅地暂不收买,田地买归村有后,被买收者如为老弱无劳动能力而又无抚养之人,且其每年应得公债数额不足供生活者,应由村另定抚养办法,老者至于死亡,少者至于成年。(十二)村中山林池沼牧地等公用土地除向属国省县村公有者外一律按土地收买办法收归村公有,其地上有价物应给予补偿金。(十三)村公所应按人口增加情形、土地改良状况,在适当期间将份地重行划分。①

《土地村公有办法大纲》试图提出一条实现耕者有其田的土地改革路线,但事实上却恰恰是一条"耕者无其田"的土地改革设想,私有土地及公田以无利公债的形式收归村有后,村民失去土地产权,耕农收益亦无从保障,骤然实施必然困难重重,激起强烈反弹。因此,阎氏土地村公有的设想仅在五台县河边村附近7村试办后不久即半途而废。

(四)阎锡山乡村建设思想的时代特征

山西村政施行以后,社会各界毁誉褒贬反应不一,阎锡山所提出的"用情政治""主张公道""提倡仁化""做好人有饭吃"及"好人团结"等乡村治理理念,也引起诸多讨论和质疑。米迪刚就注意到,"现在一般人对于山西村治之见解,大别之不外以下数项,一或谓山西村治,系自上而下的,凡属村民,完全处于被动地位,绝无表现自由意志之可能,又或谓山西村治稍有成效者,全在消极方面,而积极方面,殆毫无成绩之可言,正德利用厚生之谓何,实谈不到也,甚或谓山西村治已走入歧途,自今以往,非改弦更张,必致流弊丛生,无能为力矣云云,平心而论,山西村治之由上而下,其成绩全在消极方面云者,尚有可说,不过此等情形,亦属事实上无可如何者也"②。而据梁漱溟的观察,山西村政在治安、识字、禁烟、禁止缠足、方便办理军事征发方面较有成绩,但是"常言说道'盛名之下,其实难副',山西村政的实际,亦不能逃此公例。大概就人民自治一面来说,自治的真精神似乎很少。就官府所推行的

---

① 《阎主任土地改革言论撮要》,《山西建设》1935年第8期。
② 米迪刚:《参观山西村治归来后之感想》,《村治月刊》社编:《村治之理论与实施》,第62页。

几项行政来说，似乎难如所期望，而不免有流弊"①，所以在梁漱溟看来，山西村政也无非是"病民之政"而已。而茹春浦的实地调查则看到山西村治的各项成绩，村民会议及其村长副选举、村禁约、息讼会、义务教育、乡村自卫等方面均使山西乡村发生了显著变化。②无论对阎锡山主导的山西村政的实践如何评价，但他的乡村建设思想独特性还是值得注意的。

首先，阎锡山将编村作为村本政治的落脚点，认为"村为政治实施之基本对象"③，是名副其实的"以村为本"的村本政治。祝君达认为，山西村政的理论根据在于村本主义、用众（用众治众）、全民革命。④阎锡山兼摄民政之初即以村本主义相标榜，编行村制，划定村界，每一编村设村长副及闾长、邻长，办理官厅委托及自治事宜。"村政者，村本政治之谓也，直言之，即以村为施行政治之单位者也。但所谓村者，系指编村而言。"⑤编村以百户左右居民为限，不足百户村庄则联合数村组成，并设立村长副、闾邻长等专司村政，延续了翟城村治的做法和思路，"翟城村的自治和山西省的村政，遂成新时代政治思想的发源地"⑥。

其次，阎锡山提倡民治，意欲通过村治实现地方自治。"村制者，使村民成一自治团体，地方政府为之组织，并与以治权。事属村办，村人自理之。事属县办，村人助理之"⑦。"村政基础立，地方自治始能充分发展，而见诸实行"，"有村制政治，乃有村自治之事实"⑧。迨至 1923 年 7 月，阎锡山召集各县村范委员召开第一次村政会议，复标出"用众"二字。村政一切设施，重人情不泥法律，重感化不假威权，重众治不恃绅治，即所谓"用众治众"。1927 年 8 月召开第五次村政会议，党治开始实行，村政注意三民主义宣传。1928 年 9 月，第六次村政会议召开，训政时期开始，村政又始注重训练民众。⑨然其结

---

① 梁漱溟：《北游所见纪略》，《村治月刊》社编：《村治之理论与实施》，第 22 页。
② 茹春浦：《山西村治之实地调查》，《村治月刊》社编：《村治之理论与实施》，第 46—55 页。
③ 阎锡山：《劳资合一的理论与实际》，《村治》1929 年第 9 期。
④ 祝君达：《山西村政的检讨》，《新农村》1934 年第 9 期。
⑤ 邢振基：《山西村政纲要》，总论，第 1 页。
⑥ 王惺吾：《民运与村治》，《村治月刊》社编：《村治之理论与实施》，第 171—172 页。
⑦ 冯国桢：《村政常识》，上海卿云图书公司 1929 年版，导言，第 4 页。
⑧ 冯国桢：《村政常识》，第 1 页。
⑨ 邢振基：《山西村政纲要》，总论，第 19—20 页。

果如何呢？梁漱溟对此评价道："山西村政在阎公初意，颇期望着做到自治地步，然而自治大概是说不上的。至于政府几项新政借村制来推行，似乎亦足为民病。"因此，梁漱溟认为，"山西村政，若作自治看，则自治之生机已绝"[①]。

最后，中华民族精神与西方制度经验是阎锡山村治理论的主要来源，于村治中尤其注重民众的道德教化。

贺渊认为，阎锡山的治晋思想表现为借助军国主义思想，推崇传统儒家思想尤其是宋明理学，实施"人治"[②]。茹春浦认为阎锡山的村治具有"注重礼治之真精神也"，村治为地方自治之中心，故村治即为实现三民主义之唯一方法[③]；他还认为，"山西村治根本思想简单言之，系以中山先生恢复民族精神及维持忠孝、仁爱、信义、和平诸民族固有的道德之一点为出发点"[④]。王惺吾亦论到："山西自民元以还，阎百川主持军政，即殚其心思才力为民众利益和地方安全，其幕友赵次陇笃于孟子学术思想，于井田学校制产明伦的学理和制度，都能融会变通，拿来应用"[⑤]；"根据《周官》重乡之遗愿及《孟子》教养之思想，施行村本政治，十余年来人民各有生业，教育将近普及，匪盗绝迹，穷乞罕见，狱讼不繁，交通便利，社会秩序异常安定，政治建设日有起色，北伐成功山西效力极伟，阎百川氏归功于其村政"[⑥]。王鸿一指出："按晋省行政，系根据孟子学术思想及《周官》遗意，始而施为六政，继则摄为村政，近复证诸三民主义真谛，五权宪法精神，均相吻合。试行以来，人民利之，全省人民，各有相当生业，故匪盗绝迹，穷乞罕见，社会秩序为各省所不及。"[⑦]阎锡山所提出的村仁化、村范禁约等理念，突出体现了他对道德教化的重视。

"洗心社"的成立充分体现了这一点。1917年3月11日，阎锡山授意成立"洗心社"总社，以"尊重道德，补足学说，力矫陋习"为宗旨。在此之前，他常对赵戴文、孟炳如等人说："凡人自省，乃知己过多。悔过，始觉无过好。

---

① 梁漱溟：《北游所见纪略》，《村治月刊》社编：《村治之理论与实施》，第34—35、36页。
② 贺渊：《1912—1927年阎锡山治晋思想初探》，《近代史研究》1998年第1期。
③ 茹春浦：《村治之理论与实质》，《村治月刊》社编：《村治之理论与实施》，第58、59页。
④ 茹春浦：《山西村政之实地调查》，《村治月刊》社编：《村治之理论与实施》，第55页。
⑤ 王惺吾：《民运与村治》，《村治月刊》社编：《村治之理论与实施》，第170页。
⑥ 王惺吾：《村治之危机与生机》，《村治月刊》社编：《村治之理论与实施》，第7—8页。
⑦ 王鸿一：《建设村本政治》，《村治月刊》社编：《村治之理论与实施》，第9页。

推而言之，人群之幸福，实基于净白之人心，已过人群之悲惨，多由人心污秽所造成。今欲为人群谋幸福，先须去人心之污秽，吾辈应遵从洗心古训，以正人心。"①除了在太原成立洗心总社外，各县亦成立分社，每逢星期日举行集会，军、政、学、绅、商、妇女自由参加，公开讲演，"重在阐明孔孟之儒学，介绍欧美之新知，国内外宿学名流，欣然莅止，民知顿开，民德大进，蔚为文明气象"②。阎锡山不仅提倡"洗心"，还提倡"自省""共省"，并于太原洗心总社建设可容纳5000人的"自省堂"，每逢星期日带领文武官员举行集体自省；发行洗心周刊《来复》，按期印发至各村广为宣讲，至北伐后举行总理纪念周后，始取而代之。"此举大有益于'心理建设'，有助于唤醒人之自觉，提高人之人格与坚定人之意志。"③

从阎锡山在山西的乡村建设实践及理论探讨来看，阎锡山一方面力图探索一套适合山西地方情形的治晋方略，将他提出的村本政治、用民政治、劳资合一、土地村公有等主张付诸实践；另一方面，他又不得不因应时势，顺应孙中山三民主义思想、南京国民政府的地方自治政策；在"服从中央"与"晋人治晋"之间颇有剑走偏锋之势。阎锡山也就是在这样的时局与时势下，将晋省乡村建设推向一个新的境地。

五、其他地方的乡村建设实践

南京国民政府时期，区域性的乡村建设实践者在探索乡村建设与地方社会建设方面也致力良多，考察地方乡村建设实践，对于进一步挖掘民国时期乡村建设思想的丰富内涵，尤其是乡村建设思想与区域社会的互动具有重要价值。本节以广西、青岛两地的地方政府乡村建设实践为个案，钩稽地方政府如何应对乡村危机和思考乡村建设的理念思路与路径模式。一方面，这可以观察南京国民政府的乡村建设制度设计与安排在地方社会的境遇，探讨国民政府与地方

---

① 阎百川先生纪念会编：《民国阎伯川先生锡山年谱长编初稿》，台湾商务印书馆1988年版，第202页。
② 《阎公锡山传略》，阎锡山：《阎锡山早年回忆录》，第82页。
③ 《阎公锡山传略》，阎锡山：《阎锡山早年回忆录》，第84页。

政府在乡村建设领域的互动和纠葛；另一方面，这也可以探讨地方乡村建设实践对 20 世纪前期中国乡村社会变迁的介入，厘清地方社会乡村建设实践与乡村建设思想的互动关系。

（一）广西省乡村建设的实践

南京国民政府时期，广西乡村建设是在"新广西建设"的背景下展开的。新桂系将组建民团、厉行自治、振兴农业、垦殖水利等事业纳入"新广西建设"的范围，政治建设、经济建设、文化建设与军事建设相互因应，探索出一套以"三自"理论为指导的广西乡村建设独特模式。

1. 广西建设与乡村建设

广西地处西南边陲，民初以来政局动荡，干戈连年，建设事业无从谈起。1928 年，广西军政当局开始注意于建设事业。"民国十七年即开始发展交通，振兴工商业，农村建设渐渐酝酿成功"①。"新广西建设"开始启动，获得时人广泛关注。1930 年，广西省政统一，政局趋稳，在李宗仁、白崇禧、黄旭初等新桂系领导人的努力下，"举凡于军事教育建设诸端，具有显著成绩，内中尤脍炙人口者，为民团之创办，公路之开辟，各种工业厂之逐渐设立"②。1934 年 3 月 27 日，广西党政军联席会议决议通过的《广西建设纲领》提出了包括政治建设、经济建设、文化建设、军事建设在内的"最低限度的建设纲领"，其具体内容可参见表 6-2：

表 6-2 广西建设纲领

项目	内容
政治建设	（一）整齐国家民族社会力量，由地方行政集权的建设，以为复兴民族之基础
	（二）以现行民团制度，组织民众，训练民众，养成人民自卫自给自治能力，以树立真正民主政治之基础
	（三）树立廉洁贤明政治，肃清贪官污吏，制裁土豪劣绅，以保障人民生命财产自由
	（四）以量入为出为标准，厉行预算决算制度，并严禁苛细捐税
	（五）整饬行政组织，以提高行政效能
	（六）厉行考试铨叙制度，并确定公务人员之保障

① 汤茂如：《广西建设略谈》，《寒圃》1933 年第 5 期。
② 成立：《广西建设之概状》，《关声》第 3 卷第 6 期，1934 年 3 月 20 日。

续表

项目	内容
经济建设	（七）实施统制经济，发展国家资本
	（八）在统制经济政策下，保育民族资本，奖励私人投资
	（九）用累进税率，征收所得税，营业税及遗产税
	（十）施行社会政策，依法保障农工利益，消弭阶级斗争
	（十一）整理土地，奖励垦荒，振兴水利，以发展农村经济
	（十二）推行合作事业，并兴办农民银行，严禁一切高利贷
	（十三）筹措资金，革新旧式农业，振兴与农业相适应之工业，使农工业平衡发展，以达到工业化为目的
文化建设	（十四）提高民族意识，消弭阶级斗争，为一切教育、思想、艺术、道德、法律、风俗之最高原则，以发扬前进的民族文化
	（十五）实施适应政治、经济、军事需要的教育。国民基础教育，强迫普及；中等教育，注重职业；高等教育，注重建设专门人才之养成；中等以上学校，并实施军事训练
军事建设	（十六）改革军制，由寓兵于团达到国民义务兵役

资料来源：《广西建设纲领》，《群言》第 11 卷第 7—8 期合刊，1934 年 6 月 15 日。

从《广西建设纲领》的内容看，民团制度、整理土地、奖励垦荒、振兴水利、推行合作事业、兴办农民银行、革新旧式农业均与乡村建设密切相关。其提出的自治自卫自给能力的养成、农工业平衡发展及工业化目标的实现，也凸显出广西乡村建设的独特之处。

2. 广西乡村建设的实践

据 1933—1934 年行政院农村复兴委员会对广西省的农村调查，20 世纪 30 年代的广西全省面积约 20 万平方公里，人口约 1 千万，约 200 万户；经济情形以郁江流域最称富裕，桂江、柳江次之，左右江最苦；广西农村中以自耕农最为发达，约占 53%，半自耕农约占 18%，佃农约占 16%，大地主甚少，唯族产颇多，普通农户所有田亩多在 5 亩以下。"农民经济状况，颇见贫苦，改良水利，发展交通，增加生产，实为急务。"在广西地方当局的努力下，"所幸地方教育尚有进步，地方自治组织日见发达，民团训练，尤见精彩，亦足差强人意耳"[1]。广西乡村建设以农林垦牧、地方自治与民团训练较为引人瞩目。

"桂省地广人稀，最宜农林垦牧"[2]，广西乡村经济建设中较为引人注意者

---

[1] 行政院农村复兴委员会编：《广西省农村调查》，商务印书馆 1935 年版，序，第 2 页。
[2] 实业部《中国经济年鉴》编纂委员会编：《中国经济年鉴续编》，第 A172 页。

为振兴农林水利,"近年政府注意造林,积极提倡,公私之造林者,已占极大面积,约有百余万亩"①。广西省政当局自20世纪20年代后期即已注意于农林垦牧,唯因政局不定,经费不充,中多变迁阻辍。1931年,伍廷飏回桂,再续前功加以整顿,对于农林试验场及柳江、南宁、田南、桂林四个林垦区悉心经营;又鉴于农民发展多为水利不讲而致失败,另由省府拨10万元在柳城开办垦殖水利试验区。据行政院农村复兴委员会对广西农村的调查,广西乡村的建设约分三类:县乡村公路之修筑、各区电话网之完成、造林,其中尤以公路和造林成绩最佳。如在造林方面,"冬季之造林,或区有或村有,或为私人所有者乃风起云涌,极为普遍,诚农村极好之现象"②。其中,广西农林试验场、柳江林垦区、广西垦殖水利试验区等皆为广西农林建设的倡导和模范之区。

广西农林试验场设于柳州对河大龙潭,距离柳州城约5公里,面积约4000亩。初名柳江农林试验场,1926年9月设筹备处,1927年8月渐具规模,旋改为广西实业院,1929年2月又改为广西农业局,是年夏因故停顿,1931年10月又恢复为柳江农林试验场,1932年7月,改为广西农林试验场。场内分为农艺、森林试验、园艺、化验、畜牧兽医与病虫害六组。农艺方面,原有地90余亩,1931年复垦旱地300余亩,1932年再垦400余亩,均栽植作物,试验工作计有品种比较、种期比较、土宜料比较等;食用作物计有15类,共96品种;工业作物计有7类,共43品种;药用作物共有3类,共6品种。森林试验工作计有品种观察、电气催种、播种法、播种期、移植期等试验,林木苗圃有数十亩,造林多植本国赤松及外国桉树,占地约3000亩。园艺组分果树、蔬菜、花卉三部,试验工作有类种、肥料、剪枝、种法、播法、播枝、驳枝、病虫害等。化验组为检定土壤性质、分析土壤成分、肥料成分、产品成分等。畜牧兽医组主要负责征集中外优种,调查畜病防疫,研究青色饲料试验、交配法、交尾力、种类比较、饲料配合,并利用孵卵器繁殖中外鸡种,又购意大利黄金蜂两群,已分出多群,由粤选购之蜂15群,发场饲养。病虫害组除用仪器药品、采制标本、饲育害虫配制药剂外,并编订各种防治病虫浅说,调查各

---

① 行政院农村复兴委员会编:《广西省农村调查》,第23页。
② 行政院农村复兴委员会编:《广西省农村调查》,第370页。

地病虫情形，而各种除虫药品亦择要栽种，以供试验而资推广，同时在桂平县设立分场，专门进行试验水稻。

柳江林垦区肇始于1927年，初称柳庆垦荒局，1929年并入柳州、庆远两造林事务所，改称柳江林垦区，归广西农务局管辖，后因故停顿，至1931年恢复。柳江林垦区的主要业务包括垦务、林务两项。垦务方面，发放荒地与公司请领者190713亩，由合村民众领者41712亩，共232425亩，所发放荒地属山地者占76%，属坡地者占20%，余为水田平地鱼塘等荒地，以柳州柳城为最多。林务方面，该区所辖林场有柳城、柳州、宜山、雒容四林场，专责进行培育苗木、推广造林、监督及指导人民植树。柳城林场在沙塘，历年造林面积有8837亩；柳州林场位于柳州狮子岩，历年造林面积有6248亩；宜山林场在该县之龙桥，造林面积有5022亩；雒容林场在东江口，造林面积有1822亩。造林树种，针叶类有松、杉、柏、竹四种，润叶类有樟、渚、栎、桐、槐、楠、桉等30种。各林场并育苗百余种，共计469亩，1934年发给民众造林各种苗木共有60余万株。

"筹办垦务，为复兴农村一大要政。"[1] 广西垦殖水利试验区位于广西中部柳州与柳城沙埔东泉石洞间，广袤约2000平方公里，南北自柳州至沙埔之北，长50余公里，东西自柳城至东泉与石洞之东，宽45公里，全区面积呈菱形，总区在沙塘，南距柳州县城17.5公里，区主任为曾任广西建设厅长的伍廷飏。广西垦殖水利试验区经费由广西省政府每年拨毫洋十万元（约折合沪币七万元）充之。全区人口合计约75000人，分布156村。该处向为沈鸿英所盘踞，陆荣廷亦曾盘踞，因连年战乱，土匪极多，地方经济，甚为枯竭，人口亦疏密不等，全区除东泉附近人口较为稠密外，余皆荒地千里，人口极稀。"该区办理方针，一言以蔽之，即为改造旧农村，建设新农村"[2]。因环境关系，该区建设新农村的步骤，第一步仅先从增加生产着手，逮农民有相当经济力，然后再进而要求农民自治。该区认为第一应使农民人人有饭吃，此为不易之原则，农民人人有饭吃后，第二步即应讲求如何使农民吃得更好，要安乐，同时又认为饭

---

[1] 实业部《中国经济年鉴》编纂委员会编：《中国经济年鉴》，第A160页。
[2] 实业部《中国经济年鉴》编纂委员会编：《中国经济年鉴》，第A162页。

是要大家有得吃，不应少数人有得吃而多数人则没得吃，更不应当劳心者可以吃得更好，吃得安乐，而劳力者就该吃得坏，吃得不安乐，故其一贯主张，实在于"耕者有其田"，实现平等社会，消灭贫富阶级。该区经营步骤分两个时期进行，第一期着手改善乡村经济组织，并实施垦殖政策，第二期除继续上期事业外，并着手各种社会设施与政治设施。经济组织之改善为进入农村之第一步，分三种实业进行：设立借贷处、试办仓库、创设公店。实施垦殖政策为进一步的建设新农村的计划，垦殖方法分为三项：中心农场网，此系划出小部分田地作试验之用，占全区中之 300 亩，此外及果树园艺场等，此种试验区最初亦可由垦民自由耕种，但在垦民耕种区之旁，必有一区用科学方法耕种之田，以示比较，引起农民改良农作之信心；经济农场，此为大规模垦殖农场，每区占田万亩以上，用机器耕种；协作农场，此由私人农场集股开垦，而受该区之指导，该区规定上述田地，由垦民垦熟后即将田地分给垦民，农具牲畜则折价借给垦民，而由垦民分十年将折定之价摊还出资者，森林林木 1/2 给予垦民，1/2 给予出资者，林地则完全由垦民所得，新村实施，至此可告一段落。设立实验学校即为第二期工作，其目的在以学校为社会设施及政治设施出发点，训练一般乡村儿童，提高一般农民知识程度，进而谋农民之独立与自治。

除了乡村经济建设之外，"桂省年来各种事业，均有显著之进步，尤其是民团和公路的成绩，更为全国所称道"。不过"惟公路对于农民，尚未发生若何利益，……原政府之所以便农者，转因之而病农了"。① 但在民团组织、地方自治领域，广西乡村建设也颇有进展。

1922—1923 年间，广西开始筹备自治，各县设有县自治会，厥后自治停顿，改立团务总局。1931 年，团务总局撤销，设立民团参议会；1932 年又改为自治筹备委员会，从事调查户口、划分区域、依次设立区乡村甲各级自治组织。"农民对于自治意义，虽不了解，但其服从性极佳，故上级命令一发，下级即遵照办理，虽不能收完全之功，然总有相当成果，如民团训练之抽调，筑路工人之召集，都能实现他们的计划，因此，不能不承认他们自治组织的健全

---

① 行政院农村复兴委员会编：《广西省农村调查》，第 333、20—21 页。

和成绩。"①地方自治组织在风俗改良、调解息讼、公路建设、植树造林等方面有所注重。风俗改良方面，设立风俗改良委员会，主要对桂省各地乡村"歌墟不落家"、放火烧山等不良风俗加以改革，以渐挽靡风而正薄俗。由于"各县好讼成风，故一有小愤，即不惜牺牲财产以求一日之长者，而土劣得乘机挑唆，以便从中取利，昔日各区之团局董事，以此为利薮"②，故而广西各县还设立息讼会以解除民众诉累。

广西办理民团甚早，1928年黄绍竑主政广西，大力刷新地方保卫制度，开始组织"义务练""民团"，实行征兵制，凡村内16—40岁男子均有服练的义务。编制以5人为班、5班为排、5排为队，由县长或地方驻军及党部施以军事训练、政治训练，负保卫地方之责。唯当时成绩亦颇有限，办理既未普遍，奉行亦不认真，民众对征发施以军事训练反感丛生，故无多大进展。1930年，民团办理仍难普遍，统率亦未尽当，社会秩序时有动摇，迨至桂军由湘返桂，锐意经营，始有注意地方武力、整理统一编制民团的举措。

广西民团的编组，在省政府之下设立民团总指挥部，置总副指挥各1人，总指挥之下分全省为6区，每区置指挥部，设区正副指挥各1人，区统辖之县各设民团司令部，置司令1人，由县长兼任，副指挥1人，由民团总指挥部遴委。各县民团司令部统一指挥由常备队、预备队、后备队、特务队组成的本县民团。常备队训练为期4个月，入队之后即从事训练担任地方警卫，4个月后即行退伍，两个月后办理下一期征调，每期并酌留若干队员。常备队员退伍后即为预备队，地方有警则预备队首先征调，其优秀分子则可充区乡村甲长兼后备队大队长、队长、排长、班长等职。后备队由未被征调为常备队队员之壮丁组成，编制与常备队相同，分期轮流训练，每期6个月。常备队征调队员时，即以后备队员及其他壮丁应选。特务队职责与正式军队之特务团、特务队相同，各县征调壮丁，由各县民团指挥部直接训练，期限1年，期后更征，退伍后为常备队。全省民团经费每年约为30万元，由省府拨给一部分，另一部分则在各县原有警卫费项下开支。

---

① 行政院农村复兴委员会编：《广西省农村调查》，第361—362页。
② 行政院农村复兴委员会编：《广西省农村调查》，第367页。

总而言之，广西乡村建设尤以地方自治、民团自卫、农林垦务方面成绩最为显著。通过乡村政治、经济、文化与社会建设，进而使得民众能够达到"自治自卫自给的地步"①，使广西乡村建设在顺应南京国民政府乡村建设思路的同时，也体现出一定的地域特征。

3. 广西乡村建设理论体系

首先，广西乡村建设体现了新桂系治理广西、"建设广西、复兴中国"的执政理念。1929—1930年间，新桂系在蒋桂战争、中原大战等军阀混战中接连失利，退守广西，李宗仁提出了"建设广西、复兴中国"的口号，打出了"应该为中国复兴而建设广西"②的旗号。黄旭初也曾说道："政治的基础，是建筑在乡村的，政治的基础建筑不稳固，整个政治，就无法弄好。"③为此，广西省政当局接连制订并颁布一系列乡村建设法规，1932年3月，广西当局公布了《广西施政方针及进行计划》；1934年3月，广西当局又制订了《广西建设纲领》；1935年8月，广西党政军联席会议再次修正通过了《广西建设纲领》，发布全省施行。《广西建设纲领》将三民主义作为广西建设的指导思想，将"三自政策"作为广西建设的总原则，大力进行政治、经济、文化与军事"四大建设"，勾画了广西乡村建设的基本理念、具体思路和详细措施。新桂系并且主张乡村建设是广西建设的起点："广西的，亦即整个中华民族的希望在乡村，这是我们大家共有的信念，积极地从事于乡村建设，是'建设广西复兴中国'的起点。"④新桂系进而提出乡村建设的目标是："整饬行政组织"，"组织民众，训练民众"，"扶植人民自治能力，造成民主政治之基础"，"救济农村，发展生产，改良劳苦民众之生活"，"向自给目标前进"。⑤为实现这一目标，广西省政当局独创了乡村建设的诸多经验与做法，使得广西乡村建设在20世纪30年代的中国独树一帜。

---

① 行政院农村复兴委员会编：《广西省农村调查》，第385页。
② 广西省政府十年建设编纂委员会编：《桂政纪实》第一编《总述》，广西省政府十年建设编纂委员会1946年版，第12页，转引自谭肇毅：《评三十年代新桂系的乡村建设》，《学术论坛》1998年第1期。
③ 亢真化：《黄旭初先生之广西建设论》，南宁建设书店1938年版，第23页。
④ 《广西乡村工作须知》，出版地、出版时间不详，总论，第17页。
⑤ 《广西建设纲领》，李宗仁等：《广西之建设》，广西建设研究会1938年版，转引自谭肇毅：《评三十年代新桂系的乡村建设》，《学术论坛》1998年第1期。

其次，广西乡村建设将自卫建设置于乡村工作的中心，"本省的乡村工作，是以民团的自卫建设为中心任务"①。"广西的乡村工作，是以自治自卫自给——三自政策的理论体系为基础，要讲政治建设，经济建设，文化建设，更要讲军事建设的一种工作。""自卫自治自给之三自政策，应为本省建设之总原则，'建设广西复兴中国'的革命目标，即由三自政策之推行而达到之。"所谓自卫，体现出广西乡村建设注重军事建设的特征，"为贯彻当前中国革命之中心任务计，应以最大努力，从事军事建设，充实民族自卫能力"。加强自卫能力建设，其方法不外组织民众、训练民众、推行民团制度。因此，"三自政策是以'自卫'作中心而推进自治与自给的"，为了实现组织民众、训练民众的目的，广西将创办民团作为自卫建设的主要举措。"民团就是一种民众组织的力量，就是用来推行三自政策的集团的力量。……民团组织即自卫组织，亦即三自政策的组织。自卫的军事建设是一切建设的前提，亦即一切建设的保障"②。将自卫视为自治、自给政策的前提和保障，体现了广西乡村建设的基本特征。

最后，广西乡村建设还着重突出"三位一体"的乡村治理格局。所谓"三位一体"，"就是乡村长兼国民基础学校校长兼后备队长：一方要管理民众，一方要教育民众，还要以军事训练民众。'三位一体'是乡村工作的基本精神，绝不是国内其他各地的农村运动所能及的"③。民国广西乡村治理将民团置于基层军事政治经济组织的位置，履行乡村军事、政治、经济建设的职能，基层政权的建立、民团干部的养成与乡村社会的治理，均离不开县以下的基层组织，"广西的乡村建设，尤注意县以下的基层组织"④。为此，国民基础学校、民团后备队、乡（村）公所等基层组织架构，在教育、军事、政治建设方面具有举足轻重的地位。

（二）青岛市乡村建设实践

1931年沈鸿烈就任青岛市长后，开始注重乡区发展，并形成以都市之力救

---

① 《广西乡村工作须知》，总论，第9页。
② 《广西乡村工作须知》，总论，第9页。
③ 《广西乡村工作须知》，总论，第10页。
④ 《广西乡村工作须知》，总论，第11页。

济农村、以农村之兴繁荣都市的青岛乡村建设模式。近代青岛乡村建设尽管没有梁漱溟的山东邹平建设、晏阳初的河北定县实验的声名,但其建设农村的途径开创了民国乡村建设运动的代表模式——"都市化式"。继20世纪30年代学界与政界的推崇后,在新农村建设如火如荼开展之时,青岛独特的城乡并进的建设路径吸引了众多研究者的目光。① 近代青岛的乡村建设何以采取都市化式的建设路径,与其独特的城乡格局、地理资源、特殊的政治经济地位和主持者的建设理念密不可分。

1. 发展都市以救济乡村:20世纪30年代的青岛乡村建设运动

20世纪30年代,青岛市政府发起了旨在促进乡区建设,并被学界誉为"都市化式"的乡村建设运动。② 作为近代以来新兴的沿海港口和工商业中心,青岛在山东、华北地区具有举足轻重的地位。"青岛位居黄海之腹心,为吾国东方之第一重要门户,北绾满冀,东航日美,沪港欧菲,不仅为黄河流域贸易之门户,实握北方航运之枢机,并兼为海防之要隘。"③ 1929年7月,国民政府设立青岛特别市,次年9月改称青岛市,由国民政府行政院直辖。自沈鸿烈就任青岛市长后,青岛市政当局开始注重乡区发展,并形成以都市之力救济农村、以农村之兴繁荣都市的青岛乡村建设模式。

虽然有近代开埠以来的长足发展,但青岛仍是一个被乡村所环绕的都市,"大约乡村面积占百分之七十"④。青岛市的行政区域面积为552平方公里,但是"青岛市市区中,括有乡村数近三百,其居民总数占全市区人口总数十分之六"⑤。据青岛市社会局二十年度(1931)调查统计,青岛乡区共有农民201005

---

① 七十年来,论青岛乡村建设者,除当地所办刊物外,有三类人员:一是当时的参观者、考察者,如李宗黄的《考察江宁邹平青岛定县纪实》(中华书局1935年版),袁植群的《青岛邹平定县乡村建设考察记》(成都开明书店1936年版);二是当时的研究者,如曹康伯的《推动乡村建设工作的一个新方式:青岛市的乡村建设》(《独立评论》第238期,1937年6月),陈序经的《乡村建设运动》(上海大东书局1946年版);三是当代的研究者。此外,一些关于沈鸿烈的资料介绍和20世纪二三十年代青岛城市发展的论著中有所涉及,兹不赘述。

② 陈序经将中国乡村建设模式分为以山东乡村建设研究院为代表的孔家店式、以中华平民教育促进会为代表的青年会式和以青岛市政府为代表的都市化式。参见陈序经:《乡村建设运动》,大东书局1946年版,第27页。

③ 张范村:《青岛最近建设之印象》,《浙江省建设月刊》第8卷第5期,1934年11月。

④ 李宗黄:《考察江宁邹平青岛定县纪实》,中华书局1935年版,第150页。

⑤ 曹康伯:《青岛市政府之乡村建设工作》,《大公报·经济周刊》1937年6月16日,第11版。

人，占全市人口百分之五十强，耕地面积 110239 亩，平均每口约占五分。① 总体而言，青岛耕地稀少、土壤贫瘠，普通农户有耕地近十余市亩者，即称大户，多数农户土地在五市亩以下。② 由于都市市区与乡村的错综结合，自然面临一系列社会经济问题。"此数近三百之乡村与都市，在政治上，经济上，社会上，均相互发生一种极为机微密切之关系。如'乡民愚陋，则工厂招工，军警谋士，得难于选；乡民生活困难，乞讨于都市，则紊乱社会之风纪；乡民缺乏自卫能力，则土匪渐次侵入都市；乡间卫生设备不全，则延及都市'。故为求都市之繁荣，乡村建设工作，当为不可忽视之要图。"③ 由此可见，协调都市与乡区关系、促进市区与乡区的共同发展，成为青岛市政府所面临的棘手问题。正是在这样的背景之下，由青岛市政府发起并推进的乡村建设运动得以发端。

1932 年 3 月，青岛市第 135 次市政会议通过了《青岛市乡区建设办事处规则》，议决设立青岛市乡区建设办事处。"青岛市政府为谋本市之乡区建设起见，设立乡区建设办事处，秉承市政府及主管局台所处理一切事务。"青岛市乡区建设办事处乃是市政府与所属相关局所共同组成的推进乡区建设的机构，"由市政府及工务、社会、教育、公安各局、农林事务所各派职员一人组织之，并由市政府指定一员为主任，均须常驻各该处服务"④，从事乡村建设的调查、建议、指导与协调事宜。1932 年 4 月，青岛市政府陆续设立李村、沧口、九水、薛家岛与阴岛五个乡区建设办事处，并在水灵山岛特设救济专员办公处。乡区建设办事处是青岛市乡村建设的基本推进机构，到 1938 年 1 月青岛沦陷之前，这一乡村建设推进格局基本未变。自此，青岛市政府开始了接近 6 年时间的乡村建设事业。

青岛乡村建设包括六个方面，一是社会方面：整理村治、添设闾邻长、设立村公所、改选村长、改革地方不良习惯、促进地方公益、厉行乡村清洁、改进乡区卫生。二是经济方面：调查农村经济、设立农工银行、指导各区成立各类合作社。三是教育方面：建设乡区学校校舍、充实学额、增加教育经费、改

---

① 许莹涟、李竞西、段继李编述：《全国乡村建设运动概况》第 1 辑，第 649 页。
② 金嗣说：《青岛之农业》，《都市与农村》第 21 期，1936 年 6 月 20 日。
③ 曹康伯：《青岛市政府之乡村建设工作》，《大公报·经济周刊》1937 年 6 月 16 日，第 11 版。
④ 《青岛市乡区建设办事处规则》（1932 年 3 月），青岛市档案馆藏，档号 B32-1-797。

进教学与师资、增设民众学校、推行民众教育。四是公安方面：充实乡区警力、加强乡区防务、整理户籍、催办乡区各村义更、查禁烟赌等不良习惯、办理取缔事项、规划乡区交通、办理调解事件、训练乡区保卫团。五是工务方面：修筑与改良乡村道路、建筑桥梁涵洞。六是农林方面：防除各乡区病虫害、设置农业推广实验区以改进种苗、设置特约农田作示范指导、举办农产展览会奖励农业、推广优良品种家畜、免费分发优良果木、蔬菜种苗发展果树园艺、设置农业推广中心区提倡合作并推进现代农业、栽植乡区行道树。①

青岛乡村建设工作的范畴主要包括自卫、自给与自治三项。"所谓'自卫'，乃一种政治工作，利用稽查户口，成立保卫团，以解决乡村人民之治安问题。所谓'自给'，乃一种经济工作，利用改良农业，发达园艺，提倡工商业，以解决乡村人民之生计问题。所谓'自治'，乃一种社会工作，利用道德之增进，风俗之改良，教育之普及，以解决乡村人民之知识问题。"② 由乡村自卫、自给，进而实现乡村的自治，是青岛乡村建设运动的基本路径。当时对青岛乡村建设运动颇为关注的曹康伯即认为："青岛市乡村建设之出发点在利用乡村建设之工作以适应都市之需要。积极方面，使之促使都市之繁荣，消极方面，使之不致破坏都市之繁荣。而以改善都市与乡村发展上之失调现象为其最终之鹄的。"③ 因此，力图促进都市与乡村的同步协调发展是青岛乡村建设运动的基本特征。

在市政府所属各局的共同努力之下，青岛乡村建设事业取得了令人瞩目的成绩。以李村乡区建设办事处为例，李村区在社会建设、教育改进、社会治安、乡村公共服务以及农村经济改良等方面都取得了长足进展。在社会建设方面，所属93村均选举了闾长与邻长，襄助村长推进乡村自治；设立李村、张村与韩哥庄模范新村，作为所属各村推进乡村建设的模范；1933年设立农工银行，区内农民可以以土地为抵押，获得低利贷款；1934年成立乡区消费合作社，以减少农民日用负担。乡村教育方面，李村所辖93村中，共设立中学一

---

① 青岛市李村乡区建设办事处编印：《李村乡区建设纪要》，1934年；青岛市政府秘书处编印：《青岛市政府三年来行政摘要》（1932—1934年），1935年。
② 曹康伯：《青岛市政府之乡村建设工作》，《大公报·经济周刊》1937年6月16日，第11版。
③ 曹康伯：《青岛市政府之乡村建设工作》，《大公报·经济周刊》1937年6月16日，第11版。

处，完全小学 20 处，初级小学 11 处，小学分校 42 处，各村均设立民众学校，初步建成覆盖全区的教育网络。乡村治安方面，以乡村防务成绩最佳，如购置警备汽车、装设警报电话、添设沿海巡船、积极训练保卫团等均力图增加乡村自卫能力。在乡村工务方面，则以道路修筑成绩最著。关于农业经济方面，积极进行农业推广、防除病虫害、栽植乡村行道树、改良种子、发展果树与菜蔬生产等方面，均取得很大成绩。

2. 青岛乡村建设实践的基本特征

第一，"青岛模式"是 20 世纪二三十年代中国乡村建设运动中发展都市以救济乡村路径的具体实践，体现了以都市引发乡村发展的路径的特点，与建设乡村来发展都市的路径形成 20 世纪前期中国乡村建设的两种基本路径与模式。

青岛乡村建设运动在推进方式与组织机构上具有自身的独特特征。首先，青岛乡村建设运动是由都市而推广于乡村。"各区乡村建设办事处的一切建设工作全是都市已有工作的范围之扩大，都市的工务，教育，公安，社会等一切工作凡是合乎乡村情形为乡村所需要者，就可以把它推广到乡村去，所以两种工作在性质上是没有什么区别的。至于各区的乡村建设办事处不过是一种由都市而推广于乡村中间的引渡机关罢了。"可以看出，青岛乡村建设运动的推进路径乃是政府主导下的都市引发乡村模式，通过已有都市行政体系，延伸到乡村而进行乡村建设。其次，完全利用政治力量来推动乡村建设工作。青岛市政会议、市政府及所属社会、教育、公安、工务、农林各局以及各乡区建设办事处，构成乡村建设运动的推进系统，"这种办法的优点是能够促进一切乡村建设工作效率化同一致化，缺点是缺乏一种自动精神，不能形成一种由下而上的乡村建设运动"[①]。最后，青岛乡村建设运动乃是利用政府机构的人力财力来推进乡村建设工作。青岛市各乡区建设办事处的经费由市政府拨给，工作人员由市政府所属各局委派，因此，一切乡村建设工作都是都市力量在间接推动。都市作为人才与经济中心的地位，使青岛乡村建设运动可以避免出现人才与经费掣肘的困境，而这正是发展乡村引发都市模式所面临的重要问题，在现代国家

---

① 曹康伯：《推动乡村建设工作的一个新方式——青岛市的乡村建设》，《独立评论》第 238 期，1937 年 6 月 13 日。

政府缺乏履行乡村建设能力的情况下，青岛模式无疑开辟了一条都市与乡村互动发展的双向对接机制。

第二，与 20 世纪二三十年代颇有影响与声势的邹平乡村建设模式相比，"青岛模式"更能体现出自身的独特特征。

首先，两种模式的实践路径不一。曹康伯认为，邹平（包括定县）"之乡村建设运动，乃以发展乡村来救济都市，而青岛市之乡村建设运动乃以都市之力量来发展乡村。故前者之乡村建设工作，利用乡村本身固有之力量，而后者之建设工作，则是利用乡村以外之都市力量"①。其次，两种模式的理论基点不一。青岛的乡村建设运动完全基于一种事实上的需要，是为解决青岛市区与乡区错综混合状态而进行的建设运动，乡村建设的主要内容在于乡村的自卫、自给与自治，并无固定的理论体系加以规范与指导，具有更多的实践色彩。"邹平模式"则是以梁漱溟关于中国乡村建设的理论体系为基础的，具有强烈的实验运动特征，力图从邹平乡村建设实验中获得对于中国乡村具有普遍意义的建设模式，从而推向全国，实现发展乡村救济都市的理论设想。最后，两种模式的建设内涵并不一致。在青岛的乡村建设运动中，乡村建设自始而终都是都市建设的翻版，乡村社会建设、教育建设、治安建设、公共服务建设、乡村经济建设由市政府所属各局各司其职，共同策进，力图实现都市与乡村发展的对接与互动。邹平模式则从乡村教育入手，依靠培植乡村社会内部的驱动力量，依靠乡村自身的力量，实现乡村社会的复兴。正是在乡村建设运动路径与模式的意义上，"邹平模式"与"青岛模式"体现出了乡村建设运动推进系统、组织机制与运作方式上的差异。存在这种反向差异的原因，不能不考虑青岛市独特的地理环境，作为一个被乡村围绕的都市，都市市区与乡区的协调发展本身就是青岛城市建设的内在要求；而邹平作为山东中部典型的农业耕作区域，本身尚不具备与都市的互动与连接条件。但是，两种模式的背后所反映的根本差异尚不止此，而是在于 20 世纪二三十年代社会各界对工业化与都市化进程中乡村与都市关系的认识各不一致，由此导致乡村建设路径的根本性差异。

陈序经对民国时期乡村建设运动的三种模式，即山东乡村建设研究院的

---

① 曹康伯：《青岛市政府之乡村建设工作》，《大公报·经济周刊》1937 年 6 月 16 日，第 11 版。

"孔家店式"、中华平民教育促进会的"青年会式"以及青岛市政府的"都市化式"做了系统回顾与批评,并特别强调青岛市政府的乡建模式,"以目下都市的力量去发展乡村"的重要意义。他认为"在今日的乡村建设运动中,除了青岛的工作比较上稍为差强人意外,其他各处的工作好像都不能名实相符"[①]。

在 20 世纪前期关于中国乡村建设路径与模式的争论当中,青岛乡村建设运动模式更具有不可忽视的时代价值。从青岛乡村建设运动短短 5 年的运行轨迹来看,它所体现的是已经初步具有现代化特征的中国都市对广大乡村腹地的"反哺"意义。如果将之放在整个 20 世纪以至 21 世纪之初的中国乡村历史长程中加以反思,则可以认为,青岛乡村建设运动可以视为都市"反哺"乡村、工业"反哺"农业、城市文明"反哺"乡村文明的开端。

南京国民政府时期,乡村建设的多样化实践与乡村建设思想的澎湃活力本就是相互影响的两极。其思想内容的丰富多样与实践模式的多向选取,自然构成百年间乡村建设思想史上值得深入探究的历史阶段。

---

① 陈序经:《乡村建设运动平议(三)》,《农村建设》第 1 卷第 4 期,1939 年 3 月。

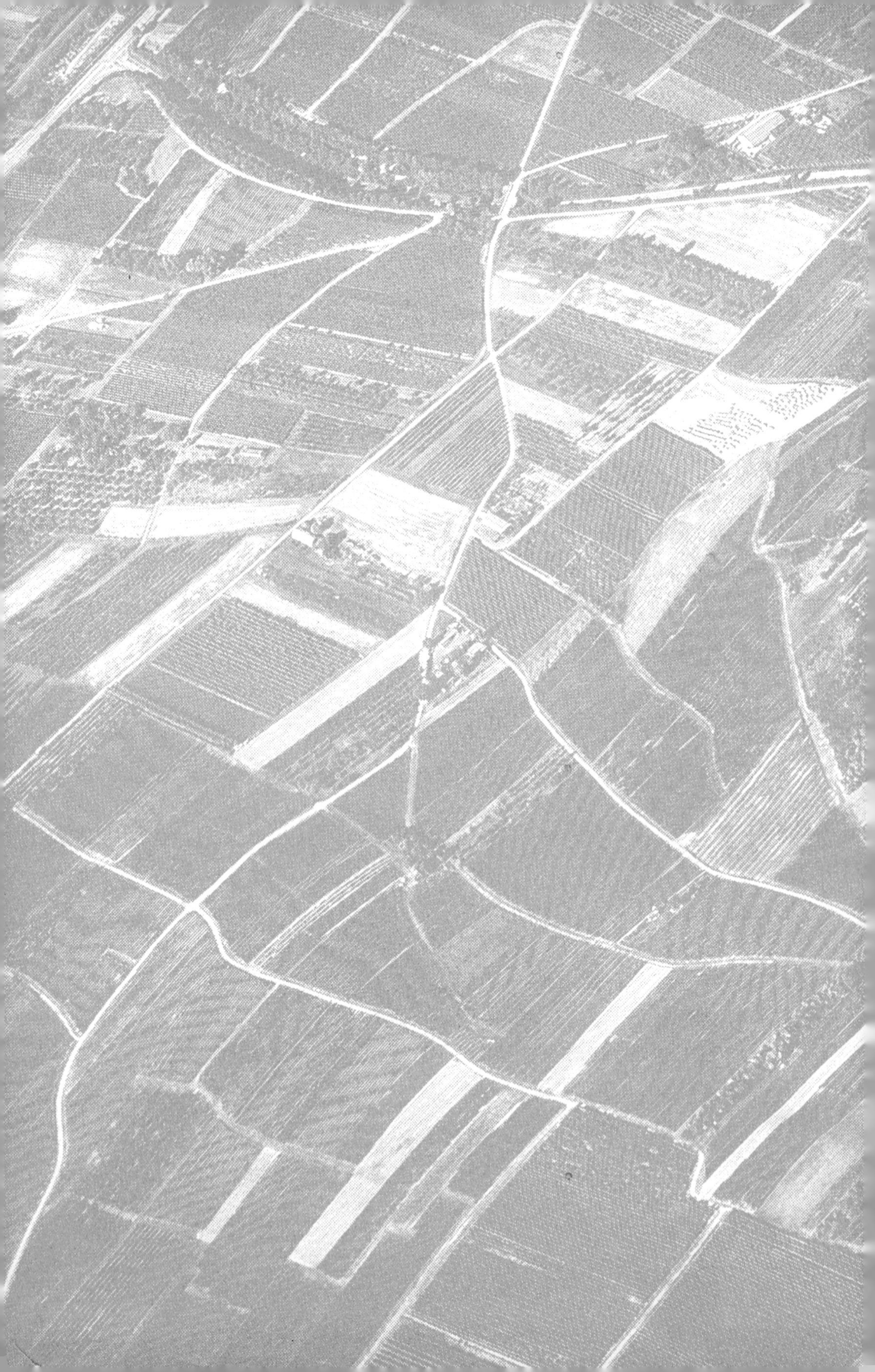